主要撰稿人

沈　冲　杨春贵　李公天
卢俊忠　张永谦　宋惠昌

通俗哲学

韩树英 主编

中国青年出版社

编者的话

这本书主要是为青年朋友自学哲学而编写的。

本书是集体写成的,由韩树英主编。参加编写和修改工作的,主要有:沈冲、杨春贵、李公天、卢俊忠、张永谦、宋惠昌。参加编写某些篇章的有:张绍良(第六讲)、张鹤鸣(第十九讲),陈柏灵、朱满良(第二十讲),向熙阳(第二十一讲),李振霞(第二十五讲),王希和(第二十六讲),毛卫平(第二十七讲),阎树森(第二十八讲),周贵莲(第二十九讲),陈瑞生(第三十一讲),钟洁林(第三十三讲)。高光、吉勇夫、侯才也参加了部分工作。在编写过程中,还得到了其他同志的帮助。

给青年读者写哲学通俗读物,对我们来说还是第一次。本书无论在理论的阐述上还是对实际问题的分析上,都难免有缺点和错误,我们恳切地希望得到读者的批评、指正。

方成同志热情地支持了我们的工作,为本书挥笔作画。在这本书和读者见面的时候,我们对方成同志的创造性劳动致以诚挚的谢意。中国青年出版社同志为本书的编辑和出版也付出了辛勤劳动,在此一并表示感谢。

1981年7月于北京

修订版前言

本书 1982 年出版以来,受到广大读者的欢迎和有关方面的鼓励。我们在此表示深切的谢意。

1990 年和 1995 年本书在应读者的要求再版时,曾作过个别改动。这次再版,主编和本书原作者之一侯才教授又对本书做了某些必要的删改和修订。

编者　2010 年 8 月

目 录

绪论:"时代精神的精华" ························· 001
　　——马克思主义哲学

第一讲:"我不需要这个假设" ··················· 014
　　——世界统一于物质

第二讲:"人不能两次踏入同一条河流" ········ 025
　　——物质是运动的

第三讲:"天上一日,下界一年" ················· 033
　　——空间和时间

第四讲:电脑的"挑战" ·························· 042
　　——意识是人脑的机能

第五讲:"胸有成竹" ····························· 050
　　——意识是物质的反映

第六讲:猫、田鼠、熊蜂和三色堇 ················ 060
　　——世界的普遍联系

第七讲:赫拉克利特是否违反了矛盾律 ········· 070
　　——谈矛盾、对立统一规律

第八讲:存在着神臂的第一次推动吗 ············ 083
　　——再谈矛盾、对立统一规律

第九讲:"不积细流,无以成江海" ················ 092
　　——量变质变规律

第十讲:仿佛向旧东西回复 ······················· 101
　　——否定之否定规律

第十一讲:没有两片完全一样的树叶 ················ 111
  ——个别和一般

第十二讲:"飞碟"之谜 ···································· 122
  ——本质和现象

第十三讲:"持谢邻家子,效颦安可希?" ············ 129
  ——内容和形式

第十四讲:"宁可找到一个因果的解释,不愿获得一个波斯
    王位" ·· 136
  ——原因和结果

第十五讲:黑海风暴和天气预报的产生 ············ 144
  ——必然性和偶然性

第十六讲:从认识"宇宙速度"到人造卫星上天 ······ 152
  ——可能性和现实性

第十七讲:"自然界是一本不隐藏自己的大书" ······ 159
  ——世界是可以认识的

第十八讲:摩尔根和他的著作《古代社会》 ········ 169
  ——实践是认识的来源

第十九讲:魏根纳是怎样提出"大陆漂移"说的 ······ 179
  ——感性认识和理性认识

第二十讲:"真理是在同谬误作斗争中间发展起来的" ······ 190
  ——真理和谬误

第二十一讲:从牛顿到爱因斯坦 ······················ 200
  ——谈真理的客观性、绝对性和相对性

第二十二讲:"布丁之证明在于吃" ···················· 210
  ——实践是检验真理的唯一标准

第二十三讲:最蹩脚的建筑师也比最灵巧的蜜蜂高明 ······ 224
  ——认识世界和改造世界

第二十四讲:把唯心主义从最后的避难所赶出去 ······ 236
  ——两种根本对立的历史观

第二十五讲:打开社会历史迷宫的钥匙 ············ 244
  ——生产和生产方式

第二十六讲:从"秃头的历史观"说起 ………………………… 257
　　——经济社会形态,经济基础和上层建筑
第二十七讲:"一条指导性的线索" ……………………………… 267
　　——阶级和阶级斗争
第二十八讲:"一个被弄得混乱不堪的问题" …………………… 280
　　——国　家
第二十九讲:引人注目的问题 …………………………………… 291
　　——人权和民主
第三十讲:别善恶,知荣辱 ………………………………………… 303
　　——道　德
第三十一讲:"人也按照美的规律来建造" ……………………… 317
　　——艺　术
第三十二讲:"颠倒了的世界观" ………………………………… 328
　　——宗　教
第三十三讲:"知识就是力量" …………………………………… 339
　　——科　学
第三十四讲:安泰和他的母亲 …………………………………… 351
　　——个人和群众

插　图

立场不同,结论不同 ……………………………………………… 003
"只要闭上眼睛,世界上就没有什么悬崖。" …………………… 017
父亲空中正年少,儿子地上已暮年。 …………………………… 038
画鬼从何处取材? ………………………………………………… 056
种瓜得瓜,种豆得豆,种鸡蛋得…… …………………………… 066
"你的脉为什么摸不着?" ………………………………………… 079
××指示:一律抓紧抗旱 ………………………………………… 119
"我看到了苹果,为什么没有看到引力呢?" …………………… 124
"窦尔敦卖西瓜" …………………………………………………… 130
"李白斗酒诗百篇,我也……" …………………………………… 137
"不错,撞着我是偶然的,你的车闸不灵,能不撞人吗?!" …… 147

视而不见 …………………………………… 160

人和武松 …………………………………… 181

甲:下雨好极啦! 乙:下雨糟透了! ……… 192

口大真理多 ………………………………… 203

王伯伯:天在上面! 约翰伯伯:天在上面! … 207

"立竿为何不见影?" ……………………… 220

"挖个坑也能钓大鱼!" …………………… 233

"老把式" …………………………………… 262

"命该如此" ………………………………… 272

在"自由世界"里钱多自由多 …………… 296

如此"破四旧" ……………………………… 310

各人心目中的上帝 ………………………… 330

开不动的船 ………………………………… 352

绪　论
"时代精神的精华"
——马克思主义哲学

我们的社会主义祖国,正处在现代化建设的一个重要发展时期。我们从事社会主义现代化建设,不仅要建设高度的物质文明,而且要建设高度的精神文明。实现这个宏伟目标的任务,已经历史地落在我们这一代青年的肩上。

世界观和哲学

人人都有某种世界观。任何人生在这个世界上,总要和自己周围的人和事接触,通过实践,加上来自各个方面的思想影响和社会的影响等,逐步地认识了各种事物,形成了各种观点,用以指导人的行动。例如,人们有了对自然、社会、国家、人生、道德、恋爱、婚姻、苦乐、美丑、生死的看法,便有了他们的自然观、社会观、国家观、人生观、价值观、恋爱观、婚姻观、苦乐观、审美观、生死观,等等。这些都是对世界的某一方面的事物和问题的看法。如果我们再仔细探究一下,便会发现,在这些"观"之中,人们还形成了对世界事物的最一般的看法,形成了贯穿一切的、起支配作用的最基本的观点,它左右着人们对各种事物的看法和行动,这就是通常说的世界观。

我们不妨通过一些事例来说明。

有一位七十多岁的老太太冒雪爬上海拔一千多米的高山,祈求"神灵奶奶"为她生病的小孙子降福,并保佑她八十多岁的老伴长命百岁。她临下山时,留下一百元钱,专门嘱咐说,这钱是"修庙宇、塑神像"的。这位老太太这么大年纪冒雪爬上高山之巅,是什么原因呢?因为在她的心目中,"神"支配了她一家人的命运。

中国共产党的优秀党员方志敏烈士在敌人的监狱中写了《可爱的中

国》一书。书中有这样的话:"为着阶级和民族的解放,为着党的事业的成功,我毫不稀罕那华丽的大厦,却宁愿居住在卑陋潮湿的茅棚,不稀罕美味的西餐大菜,宁愿吞嚼刺口的苞粟和菜根,不稀罕舒服柔软的钢丝床,宁愿睡在猪栏狗窠似的住所……"方志敏烈士为什么有这样的苦乐观呢?就是因为他有一个共产主义的世界观。

可见,世界观人人都有,只是有自觉和不自觉的区分罢了。那位登高山的老太太可能压根儿没有听说过"世界观"三个字,她并没有意识到自己是受某种世界观的支配;而方志敏烈士却是自觉的共产主义战士,他写下的气壮山河的篇章和表现出来的英勇不屈的行动,是他的共产主义世界观的自觉的体现。

既然世界观人人都有,人人都受某种世界观的制约,问题就不在于你要不要一个世界观,而在于你要一个什么样的世界观。世界观不同,人们的思想面貌和行为表现便大相径庭。这就表明,确立正确的世界观对于我们人生具有多么迫切的意义!要确立正确的世界观,并自觉地运用它来指导自己的行动,就很需要学习哲学。

哲学一词在西方语言中,出自古代希腊。它是由"爱"和"智慧"二字组成的,意思是"爱智慧"。在不同的历史时期,人们对哲学的理解也各不相同。在一定意义上,可以说,哲学乃是以自然和人自身为对象的系统化、理论化的世界观。

哲学和宗教不同。宗教也是一种世界观,它对世界的本质、本原,提出了自己的观点,认为世界是由超自然的力量支配的,是神创造的。但宗教不是理论化的世界观。哲学立足于理论论证,有一整套理论观点,用讲理论的办法使别人接受它的观点。宗教则笃信上帝或神灵的存在,它需要的是内心的信仰,是卑微的个人对超自然力量的膜拜。如果说哲学诉诸沉思的理性,那么宗教则使人沉醉于狂热的感情。

哲学和各门自然科学、社会科学也不同。无疑,任何一门科学都需要理论论证,但是,它所涉及的仅仅是某一特定的领域,它研究的只是这一领域的特殊规律。哲学则不然,它要回答的,是关于世界的本质、本原,关于自然、社会和思维的最普遍、最一般的问题,以及关于人本身及其存在的意义。例如,世界是物质的世界,还是精神的世界?世界上的万事万物是孤立的,还是联系的?是永恒不变的,还是变化发展的?万事万物变

立场不同,结论不同

化、发展的原因是什么？事物的变化发展有没有规律？最普遍的规律是什么？人能不能认识世界、改造世界？如何才能认识世界、改造世界？人自身是如何存在和发展的？人生的意义是什么？等等。对这类问题进行探讨，给予系统、理论的说明，就形成了各种各样的哲学。

每个时代的哲学总是在概括实践经验和各门科学成果的基础上，对这些问题作出不同回答的，因此哲学的发展要受到实践和科学发展的制约。另一方面，一个时代的科学的研究，又总是受到这个时代的哲学思想的影响和支配。

在哲学研究的众多的问题中，基本问题是什么呢？哲学的研究离不开人和人的实践需要。哲学所要回答的中心问题，是人和周围环境的关系问题。与此相联系，它从总的方面研究自然界事物之间、研究人和人之间的关系问题。动物和周围环境也处在一定的关系之中，但是动物没有意识，不存在意识和周围环境的关系问题。人有意识，能够在实践中把自己和环境自觉地区别开来。这样，就必然产生意识和周围环境的关系问题，产生意识和物质的关系问题。这个问题，就是哲学的最高问题。恩格斯说："全部哲学，特别是近代哲学的重大的基本问题，是思维和存在的关系问题。"①这也就是精神（意识）和物质的关系问题。

世界上的一切现象，纷繁复杂，千头万绪，但归结起来，不外就是物质的东西和精神的东西两类。自然事物、自然状况、劳动对象、生产工具、生产关系、工作环境、生活条件等，都是物质现象；思想、感情、理论、路线、方针、政策、意见、计划等，都是精神现象。精神和物质的关系如何，是回答其他哲学问题的出发点。其他一系列哲学问题都依附于这个问题，都是在解决这个问题的基础上展开的。如何回答这个问题，决定着哲学的路线、方向。

哲学的基本问题有两个方面：第一方面，思维和存在哪个在先，哪个在后，哪个是本原，哪个是本原所派生的，也就是哪个是第一性、哪个是第二性的问题；第二方面，思维能不能认识存在，即世界是不是可以认识以及如何认识的问题。

两个方面，第一方面又是首要的。如何回答第一方面的问题，决定了

---

① 《路德维希·费尔巴哈和德国古典哲学的终结》，《马克思恩格斯选集》第4卷，第219页。

这种哲学是唯心主义还是唯物主义。凡是认为物质是第一性的、精神是第二性的,也就是认为物质是世界的本原,物质产生和决定精神,精神是物质派生的,就是唯物主义;凡是认为精神是第一性的、物质是第二性的,也就是认为精神是世界的本原,精神产生和决定物质,物质是精神派生的,就是唯心主义。总之,对物质和精神何者为第一性的不同回答,是区分唯物主义和唯心主义的唯一标准,哲学家们就是因为对这个问题的不同回答而分成唯物主义和唯心主义两大派别的。

有人可能会这样想,什么是第一性的和第二性的这个问题,是哲学家的事情,与我们没有多大关系。话可不能这么说。物质和精神的关系问题,不仅哲学家不能回避,任何一个人也都回避不了,只不过哲学家是用哲学的语言来表述这种关系,而一般的人,却往往体现在他的日常的言行中。比方说,你是个医生,你就得处理好病情和处方的关系,病情是第一性的,处方是第二性的,如果你倒转过来,搞点唯心主义,病人受得了吗?又比方说,你是个法官,你就得处理好案情与判决的关系,案情是第一性的,判决是第二性的,如果你不根据这个原则,凭主观想象办案,就会出错案、冤案、假案,到头来,还得纠正。在实际生活中,凡是办得好的事情,都是自觉地或不自觉地遵循了物质第一性、精神第二性的原则;而一切失误,归根到底,都是由于颠倒了这两者的关系。怎么能说这仅仅是哲学家的事情呢?

唯物主义和唯心主义是哲学上的两条基本路线。它们围绕着哲学基本问题的斗争,贯穿于整个哲学发展史。哲学流派五花八门,种类繁多,都不能超出这两条路线,它们不是属于唯物主义,就是属于唯心主义。这就是哲学上的两大阵营、两个基本派别。

唯物主义的萌芽在原始社会就出现了。人们在实践活动中接触外界事物,形成了朴素的信念,或多或少地意识到外界事物是不依赖于人的精神而存在的。进入阶级社会,唯物主义思想家将人们的朴素信念加以系统化、理论化,形成唯物主义哲学。一般说来,唯物主义哲学的产生和发展,是和进步的、革命的阶级、集团相联系的。因为它们的利益要求正确解决这个哲学问题。

唯心主义的萌芽也在原始社会就出现了。但唯心主义作为一种哲学体系,同样是在奴隶社会中形成的。脑力劳动和体力劳动的分离,特别是剥削制度的存在，这是它产生和发展的社会阶级根源。在阶级社会，剥削阶级的思想家脱离体力劳动，远离生产实践，容易夸大精神的作用，得出唯心主义的观点。处于统治地位的剥削阶级通常也需要利用唯心主义从思想上麻痹群众，尤其是没落、反动的阶级，为了维持其摇摇欲坠的统治，对唯心主义的扶植、提倡不遗余力。除了社会阶级根源以外，唯心主义的产生还有认识论的根源。人的认识是一个复杂的、充满矛盾的发展过程，如果把认识过程的某一方面，比如感觉、思维，片面夸大，看做是可以脱离物质而独立存在的东西，也会陷入唯心主义，而统治阶级的阶级利益就会使它巩固起来。

哲学作为系统化、理论化的世界观，不仅要解决哲学的基本问题，回答世界的本原是什么、思维能否认识存在，而且不能不回答世界是否发展、如何发展的问题，这就是发展观的问题。辩证法和形而上学就是两种对立的发展观。在西方语言中，辩证法一词出自古希腊文，意思是进行交谈、论战。在当时，辩证法是指在辩论中通过揭露对方论点中的矛盾来探索真理的方法。现在我们说的辩证法是指用联系的、发展的、全面的观点看世界，认为世界上的一切事物是相互联系的，是变化、发展的，而变化、发展的根本原因是事物的内部矛盾。形而上学一词，在古希腊文的原意是"物理学之后"。古希腊，有人在编纂亚里士多德（前384—前322年）的著作时，把论述有形物体的著作放在前面，取名为物理学，把研究哲学问题的著作放在这后面，叫做"物理学之后"。汉语的"形而上学"来自古代《易·系辞》中的一段话："形而上者谓之道。形而下者谓之器。"学者们把"物理学之后"译为形而上学。不过，马克思主义哲学所讲的形而上学，通常是另一个意思，是指和辩证法相对立的世界观和方法论。它用孤立的、静止的、片面的观点看世界。辩证法和形而上学的斗争也贯穿于整个哲学史，同唯物主义和唯心主义的斗争交织在一起，并从属于唯物主义和唯心主义的斗争。

按照客观世界的本来面目，它既是物质的，又是变化的、发展的。唯物主义和辩证法理应有机地结合在一起。在古代哲学思想中，有过一定的结合，但这不是建立在科学基础上的有机的结合。在近代，由于社会历史情况的复杂，在哲学体系中，往往出现唯物主义和形而上学同在、唯心主义与辩证法相连。例如，近代资产阶级的唯物主义，就是形而上学的唯物主义;德国古典哲学的辩证法,就是唯心主义的辩证法。不仅如此,以往的一切哲学,包括唯物主义哲学在内,在解释社会历史现象时,都没有一个能摆脱唯心主义的束缚。"山重水复疑无路,柳暗花明又一村",一种全新的哲学终于出现在世界的舞台上。真正科学的系统化、理论化的世界观,开始光照人间。它是我们时代精神的精华,是人类智慧的瑰宝。这就是马克思主义哲学。

马克思主义哲学是科学的革命的哲学

马克思主义哲学产生于十九世纪中叶,它是无产阶级成长和科学发展的必然结果,是无产阶级的科学世界观。从十九世纪三十年代起,无产阶级开始作为独立的政治力量登上历史舞台。为了反对资产阶级的统治,最终完成解放全人类的历史任务,无产阶级需要认识世界和改造世界,就要有自己的哲学武器。马克思说:"哲学把无产阶级当做自己的物质武器,同样地,无产阶级也把哲学当做自己的精神武器。"[①]马克思主义哲学,正是这样应运而生的。这是马克思主义哲学产生的社会阶级条件。

建立科学的哲学,这一任务是由马克思、恩格斯实现的。他们亲自参加了无产阶级的革命实践,总结了革命斗争的经验,而又充分地研究和吸收了当时最新自然科学和以前人类一切优秀思想的成果。

十九世纪上半叶自然科学的巨大发展,特别是细胞学说、能量守恒和转化定律、达尔文的进化论这三大发现,使人们对自然界事物的普遍联系和发展规律有了深刻的认识。这就为科学的哲学的产生提供了必要的自然科学的条件。

马克思主义哲学的产生还有哲学思想发展的前提。它的直接哲学理论来源,是黑格尔(1770—1831)的辩证法和费尔巴哈(1804—1872)的唯物主义。黑格尔的辩证法是唯心主义的辩证法;费尔巴哈的唯物主义是形而上学的唯物主义,在历史观上和以往所有的唯物主义一样,也是唯心主义的。马克思、恩格斯抛弃了黑格尔的唯心主义体系,批判地吸取了他的辩证法的"合理内核";抛弃了费尔巴哈的形而上学和他的历史观的唯

[①] 《〈黑格尔法哲学批判〉导言》,《马克思恩格斯选集》第1卷,第15页。

心主义，批判地吸取了他的唯物主义基本思想。

马克思、恩格斯还批判地吸收了英国古典经济学的积极成果，特别是它的劳动价值论，吸收了英法空想社会主义对资本主义的批判成果和对未来社会的猜想以及法国复辟时期历史学家对阶级斗争的历史作用的论述等。列宁指出："马克思的全部天才正在于他回答了人类先进思想已经提出的种种问题。他的学说的产生正是哲学、政治经济学和社会主义的最伟大代表的学说的直接继续。"①概括了以往人类思想最优秀成果而产生的马克思主义哲学，于是成了时代精神的精华，成了无产阶级解放全人类的思想武器。

马克思主义哲学的产生使哲学的发展在内容、性质和使命上都发生了革命性的变革。

马克思、恩格斯通过揭示物质生产实践在人类认识和历史发展过程中的作用，在人类历史上第一次在科学的基础上把唯物主义和辩证法有机地结合起来，并第一次把唯物主义贯彻到社会历史领域，创立了马克思主义哲学。这是彻底的、完备的唯物主义，是历史上唯物主义发展的最高形态。它的产生是人类认识史上空前的大革命。它成为全部马克思主义学说的哲学基础，在这个基础上形成了马克思主义学说体系的有机的统一。

马克思主义哲学的产生使哲学的性质也发生革命性变化，哲学不再是"科学的科学"而成为科学的哲学，成为科学的世界观和方法论。

在古代，具体科学尚未形成，哲学往往成为各种知识、臆想的总汇。从十五世纪后半期到十八世纪，具体科学得到发展，才从哲学中逐步分化出来，成为独立的科学。但是哲学家们仍然热衷于构造包罗万象的知识体系，把自己的哲学看做是凌驾于具体科学之上、可以代替它们的"科学的科学"。这样的体系，不能不包含许多荒唐的东西，不能成为科学的世界观和方法论。马克思主义哲学建立在具体科学崭新发展的历史条件下，立足于人类科学知识的坚固基础，它尊重实践的检验，因而不含有任何歪曲事实的性质和主观臆测的成分。它概括具体科学的成果，但并不是一切知识的总汇。它研究事物的普遍规律，而把特殊规律留给具体科

---

① 《马克思主义的三个来源和三个组成部分》，《列宁选集》第2卷，第441页。

学去研究。它指导具体科学,但并不代替具体科学。这样,马克思主义哲学既是科学的世界观,又能卓有成效地指导实践活动和科学研究,成为科学的方法论。

马克思主义哲学又是彻底革命的哲学。它有两个最显著的特点:一个是阶级性,另一个是实践性。各种哲学都有阶级性,唯有马克思主义哲学敢于承认自己的阶级性,公然申明自己是为无产阶级服务的。它是无产阶级的哲学,是无产阶级为推翻资本主义制度、建立社会主义社会和共产主义社会的思想武器。马克思主义哲学有鲜明的实践性。它强调理论对于实践的依赖关系,理论的基础是实践,反过来又为实践服务。马克思主义哲学不是书斋中的哲学、坐而论道的哲学,而是实践的哲学。以往的哲学,只是用不同的方式解释世界,马克思主义哲学则不仅解释世界,更重要的是改造世界。它在指导无产阶级改造世界的实践中,为无产阶级制定正确的纲领、路线、战略、策略,制定科学的领导方法、工作方法,提供了理论基础。

马克思主义哲学的生命力,在于它不是僵死不变的教条。随着实践的发展和科学的进步,它不断地充实自己的内容。

列宁在新的历史条件下,把马克思主义哲学推进到一个新的阶段。毛泽东同志运用马克思主义哲学的基本原理,解决中国的政治、经济、军事、文化和党的建设等各方面的问题,对马克思主义哲学作了新的发展。他写的《实践论》《矛盾论》《论持久战》等一系列著作,丰富了马克思主义哲学的宝库。改革开放以来,邓小平等同志创立的中国特色社会主义理论体系,为马克思主义哲学的发展作出了新的重要贡献。

恩格斯说过:"随着自然科学领域中每一个划时代的发现,唯物主义也必然要改变自己的形式。"[1]马克思主义哲学也不会例外。它在概括现代科学的新成果的过程中,必将得到进一步的发展。思想僵化,把马克思主义哲学看成一成不变的东西,是和它的科学本性不相容的。

---

[1] 《路德维希·费尔巴哈和德国古典哲学的终结》,《马克思恩格斯选集》第4卷,第224页。

学习马克思主义哲学的意义

马克思主义哲学是无产阶级的世界观,是全部马克思主义学说的哲学基础,是无产阶级认识世界和改造世界的强大的思想武器,是无产阶级政党制定正确思想路线的理论依据。

学习马克思主义哲学,可以帮助我们树立科学的世界观、人生观和价值观。用马克思主义哲学这个世界观去观察事物,研究问题,指导行动,它就成为方法论,成为我们的思想方法、工作方法、研究方法。所以,学习马克思主义哲学,还能够帮助我们掌握观察问题和解决问题的正确的立场、观点和方法。

过去,在革命战争年代,我们学习马克思主义哲学的目的在于推翻压在中国人民头上的三座大山,正是马克思主义哲学武装了老一辈无产阶级革命家。现在,在新的历史时期,我们学习马克思主义哲学,目的在于建设社会主义,建成富强、民主、文明、和谐的社会主义现代化强国,培养建设社会主义并为共产主义奋斗的一代新人。

那么,具体地说,我们青年应该从哪些方面来认识学习马克思主义哲学的意义呢?

第一,学习马克思主义哲学,可以帮助我们用科学的世界观作为观察国家命运的工具,更好地认识社会发展的规律,把握历史前进的方向。

马克思主义哲学客观地揭示了人类历史发展的客观规律,以人的自由全面发展为最高价值目标,是无产阶级政党制定路线、方针、政策的哲学基础。学习马克思主义哲学能够帮助我们深刻领会党的路线、方针、政策的正确性。党的十一届三中全会重新恢复了我们党的一切从实际出发、理论联系实际、实事求是的思想路线。三中全会以来,党中央制定了一系列正确的路线、方针、政策,开创了改革开放和现代化建设的新局面,使祖国发生了天翻地覆的变化,取得了伟大进步。认真学习马克思主义哲学,了解党的路线、方针、政策的理论依据,在自己力所能及的范围内,自觉地加以宣传和贯彻,是我们的神圣职责。我们这一代青年能否坚持科学的世界观,是关系到我们的事业是否后继有人,关系到我们的社会主义现代化建设成功或失败的根本问题。因此,学习马克思主义哲学,绝不是可有可无的事。

第二,学习马克思主义哲学,能够帮助我们在科学的世界观的指导下,确立正确的人生观、价值观、审美观等,引导我们去寻找生活中的真善美。

青年人喜欢探讨人生的价值,这是一个很吸引人的题目。古今中外,数不清有过多少谈论"人生哲学"的书籍。我们不否认其中某些有教益的思想、格言可资借鉴,但是,从总体上来说,它们不可能帮助青年真正解决建立科学的人生观的问题。为什么呢?因为人并不是什么抽象的人,而是社会的人。以往的任何一种学说、理论,都没有科学地揭示出个人和社会的本质关系,而离开这种关系去谈论人生的价值,是不会得出正确结论的。马克思主义哲学才真正揭示了个人和社会的关系,揭示了社会发展的客观规律和历史前进的方向。社会历史是前进的,尽管有曲折,有险阻,但它的发展的总趋势不会改变,资本主义要被社会主义代替,社会主义要过渡到共产主义,这是历史的必然,是客观的真理。人只有按照社会发展规律的要求,顺历史潮流而动,他的生活才有价值。这种科学世界观给了共产主义者为真理而斗争的坚定信念,引导他们把自己的命运、日常工作和社会主义、共产主义伟大事业结合在一起。只有从这里,才能真正找到人生的意义、人生的价值。

青年人喜欢讲真善美。这和马克思主义哲学也有关系吗?不但有关系,而且只有马克思主义哲学才能正确解决真善美的问题。真和假、真理和谬误,这是人们的认识关系问题,马克思主义认识论帮助我们认识真理。善和恶,这是社会生活中的道德关系的问题。马克思主义哲学揭示了人和人之间的本质关系,为我们区别善和恶提供了锐利武器。美和丑,这是审美关系的问题,马克思主义哲学揭示了美和丑的本质,帮助我们建立正确的审美观。现实生活中,既有真善美,也有假恶丑,这是客观存在的东西。就是在消灭了剥削制度的社会主义社会里,也仍然存在这个问题。如果没有科学的世界观,就不可能分清真与假、善与恶、美与丑。环顾我们的周围,青年伙伴中不是还有人把假的当做真的、把恶的当做善的、把丑的当做美的吗?这些都说明,我们多么需要科学的世界观作为自己的思想和行动的指南。

第三,马克思主义哲学也给我们提供科学的方法论,使我们做好本职工作,为社会主义建设多作贡献。各种工作、各个学科,都有本身一些具体的工作方法、研究方法,但都要接受哲学方法论的指导。在我们这样一个有着十多亿人口、八亿农民的国家,进行现代化的建设,这是一个空前伟大的事业,又是一个艰巨复杂的事业。过去的经验、教训,需要我们总结、吸取;我们对社会主义的认识还要不断深入,我们的政治、经济制度还要不断完善,新情况、新问题层出不穷,等待我们去研究、解决。除了马克思主义哲学,没有任何别的世界观、方法论能帮我们的忙。只有马克思主义哲学能给我们提供正确的立场、观点和方法,指导我们唯物而又辩证地看问题,帮助我们克服实际工作中的主观主义以及思想方法的片面性,使我们在政治、经济、生产、生活、教育、文艺等各方面的工作中,尽量少犯错误,犯了错误也能很快得到纠正。马克思主义哲学不是万能的药方,然而它是我们认识自然、社会的不可缺少的望远镜、显微镜,是我们从事社会主义现代化建设的思想武器。

有的人这样想:"为了现代化建设,当务之急是要掌握更多的文化知识、科学技术,哪能浪费时间去学哲学?"努力学习文化科学知识,是完全正确的,但不能把它和学习哲学对立起来。恩格斯说过:"一个民族要想站在科学的最高峰,就一刻也不能没有理论思维。"[①]马克思主义哲学这一科学的世界观和方法论,就是我们最需要的理论思维方法。它不仅给我们以唯物主义教育,使我们懂得必须绝对尊重事实,按照事物的本来面貌认识世界,而且给我们以辩证的认识、科学的思维方法。科学研究离开唯物主义就会走入歧途,而蔑视辩证法又必定受到惩罚。因此,学习哲学,对于我们学习文化知识、科学知识,不仅不是什么时间的浪费,相反,它恰恰帮助我们赢得了时间,使我们更有效地掌握科学知识。

总之,我们学习、掌握马克思主义哲学,既是建设高度物质文明的需要,也是建设高度精神文明的需要。马克思主义哲学不仅为我们提供了认识世界、改造世界的思想武器,而且使我们在认识世界、改造世界的斗争中,处于最佳的精神状态,朝气蓬勃、英勇顽强地奔向我们的目的地。

学习马克思主义哲学,要讲究方法。基本的方法就是理论联系实际。马克思主义哲学来源于无产阶级和广大人民群众的实践,又是为这个实践服务的。这些基本原理一经和实际相结合,使它具体化,人们就不难理解。在学习中,我们要注意联系现代化建设的实际,执行以经济建设为中

---

① 《自然辩证法》,《马克思恩格斯选集》第3卷,第467页。

心、坚持四项基本原则和坚持改革开放的基本路线,联系我们的思想、工作、生活,并注意运用基本原理分析新情况,解决新问题。马克思主义哲学既然是完整而严密的科学体系,我们在学习时当然也就要完整、准确地领会它的基本原理。仅仅满足背诵几段哲学语录,那是不足取的。总之,学习马克思主义哲学,联系实际,自觉地改造世界观,提高认识能力,这是学习的目的,也是学习的方法。

我们这本书,并没有对马克思主义哲学的各个方面展开阐述,只是根据我们自己的理解,向青年朋友们介绍一些马克思主义哲学的基本知识,希望它能给我们热爱祖国、献身现代化建设的青年提供一份精神食粮。编写马克思主义哲学通俗读物,对我们来说,仅仅是一个尝试,我们谨抱着抛砖引玉的心情,把它奉献给乐于探索哲学真理的青年朋友们。

第一讲：
"我不需要这个假设"
——世界统一于物质

1796年，法国天文学家拉普拉斯(1749—1827)发表《宇宙体系论》一书，提出了太阳系起源的星云假说，认为太阳系是由一团旋转着的气体星云演化而来的。这个假说，从物质自身寻找太阳系形成的原因，对于上帝的"作用"只字不提。后来，拉普拉斯把这本书献给拿破仑，拿破仑对他说："拉普拉斯先生，有人告诉我，你写了这个讨论宇宙体系的大著作，但从不提到它的创造者。"拉普拉斯干脆利落地回答道："陛下，我不需要这个假设。"

拿破仑和拉普拉斯都不是哲学家，说的却是一个重要的哲学问题：世界究竟是神创造的呢，还是从来就有的？是精神的产物，还是从来就有的物质的世界？这就是我们通常说的世界本原问题。过去一些哲学家，曾把这方面问题的研究称做本体论。在马克思主义哲学中，它属于哲学基本问题第一方面的内容。

对世界本原的探讨，是一个既古老而又现实的问题。说它古老，是因为远在人类社会的早期，当文化发展到一定水平，在某种程度上能够区别开物质和精神这两种现象以后，就有不少人去思索物质和精神两种现象哪个在先，有没有离开物质而独立存在的精神现象，世界的本原到底是什么。人们对世界观问题的兴趣，就是从这里逐步产生的。说它现实，是因为直到今天它还具有重大的理论的和实践的意义，它关系到每一个人要建立一个什么样的世界观的根本问题。今后随着实践的深入，科学的发展，视野的扩大，人们对不断出现的新现象、新的科学成果，还有一个沿着什么样的世界观的方向去说明和概括的问题。那么，世界的本原究竟是什么呢？自古以来，不外乎两种回答：一种认为，世界的本原是精神，世界上的万事万物都是精神派生的。这是唯心主义的一元论。另一种认为，世界的本原是物质,世界上形形色色的现象都是物质的不同运动形态。这是唯物主义的一元论。在这一讲里,我们就分别来谈谈这些问题。

唯心主义认为世界的本原是精神

还是从拿破仑的质疑谈起吧!拿破仑在位时,曾把天主教奉为国教。在他看来,拉普拉斯竟把造物主忘却了,是一件不可思议的事情。其实,岂止天主教呢,一切宗教都认为世界是神的创造,这是天经地义的。基督教的《圣经》就叙述了上帝在六天内创造世界的神话:创造光、空气、地、海、植物、日月星辰、鱼、鸟、牲畜、昆虫和野兽。最后,上帝按自己的形象创造出人类。第七天,万物造齐,上帝休息。上帝造物之日,就是世界开创之时。这是一种创世说。

哲学唯心主义在回答世界本原问题的时候,不一定像宗教那样亮出神的旗号,但是,任何一种唯心主义都认为世界是由精神产生和决定的。

例如,古希腊有名的唯心主义哲学家柏拉图(前427—前347)就认为:现实世界是由一种从来就存在的"理念"产生的,世界不过是理念的影子,比方说,我们门前的树木,是树木理念的影子,我们居住的房子,是房子理念的影子,总之,世界上的一切事物,都是由理念产生出来的。再拿德国哲学家黑格尔来说吧,他的哲学有丰富的辩证法思想,是很宝贵的,但他的唯心主义和宗教的创世说却几乎同出一辙。他认为,在万事万物产生以前,就存在一种独立的精神,这不是人的精神,而是宇宙的精神,叫做"绝对精神"。"绝对精神"发展到一定阶段,才先后产生出自然界和人类社会。

我国宋代唯心主义哲学家朱熹(1130—1200),也有类似的说法。他认为"理在事先",即在万事万物产生以前,"理"就存在了。他把最根本的"理"叫做"太极",认为"太极"是"造物之枢纽",万事万物都是由它那里产生出来的。

一切唯心主义都认为精神是世界的本原,至于这个精神是什么东西,唯心主义内部还有不同的看法。上面提到的柏拉图、黑格尔、朱熹等唯心主义者所说的精神,不是指人的主观精神,而是指脱离人而单独存在的所谓"客观"精神,这类唯心主义叫客观唯心主义。另外,还有一类唯心主义者,认为这个精神就是人的主观意识,万事万物也就存在于人的主观意识中,这类唯心主义叫主观唯心主义。

英国的一个大主教、著名的哲学家贝克莱(1684—1753)就是一个典型的主观唯心主义者。他提出一个公式:"存在就是被感知"。意思是说,外界事物就是我的感觉,离开我的感觉,就没有任何存在。

主观唯心主义哲学在我国也同样存在。明代的王阳明(1472—1528)集宋明时期主观唯心主义之大成,有四个字可以概括他的全部哲学,叫做"心外无物",就是说,万事万物,包括月亮、太阳……都存在于他的心中。

可见,主观唯心主义和客观唯心主义,形式各异,本质相同。它们都认为世界在本质上是精神的,精神产生物质、决定物质,精神是世界的本原,是第一性的东西,而物质则是精神派生的,是第二性的东西。这种理解虽然看到了精神的重要作用,但却将其绝对化,从而在根本上颠倒了物质和精神的关系,歪曲了世界的本来面目。

唯心主义哲学不仅和科学不相容,也是违反常识的。我国有句老话说:"画饼不能充饥。"它清楚地告诉人们,事物是客观存在的,不能用任何精神之类的东西代替它。唯心主义哲学家把事物看做精神的产物,看做意识本身,谈论起来,很可能唾沫横飞,但他未必肯下决心在饥饿时"享用"自己的意识,用精神来果腹。在实际生活中,唯心主义是根本不灵的。试问:有哪一位唯心主义者愿意把他的唯心主义原原本本地贯彻于自己的衣食住行之中?没有。他们只好辩解道:哲学理论是一回事,生活实践嘛,那是另一回事。

> **唯物主义认为世界的本原是物质**

和唯心主义哲学所描绘的恰恰相反,世界的本原不是精神,而是物质。

当唯心主义哲学家们提出种种光怪陆离的创世说时,唯物主义哲学家也在探索、思考,提出了自己的见解。与柏拉图同时代,在希腊就有许多被称为自然哲学者的哲人,热心地观察自然,研究自然。他们企图从千变万化、多种多样的物质形态中,寻找一种或几种产生万物的原初物质。万物从它们产生,最后又复归于它们。这是原始的自发的唯物主义。例如,观察到自然界万物生长都离不开水,于是,有人认为世界的本原是水。同时,又有人认为是空气、

"只要闭上眼睛,世界上就没有什么悬崖。"

火,等等。"世界不是任何神创造的,也不是任何人创造的,它过去、现在和将来永远是一团永恒的活火。"这是赫拉克利特(约前540—约前480与470之间)的名言。我国古代的"五行"说,把金、木、水、火、土看做世界的本原。西周末年的史伯就说:"故先王以土与金、木、水、火杂,以成百物。"(《国语·郑语》)春秋时期《管子》中的《水地篇》有这样的话:"水者,何也?万物之本原也。"这些朴素的唯物主义思想,对世界图景的描绘,在今天看来,不免觉得幼稚,但是,在科学水平极为低下的古代,对世界本原的探求,不是诉诸神灵,而是从自然界本身去寻找,却是难能可贵的。唯物主义在以后的发展中虽然出现了各种不同的形态,但是承认世界的本原是物质,承认物质是第一性的、意识是第二性的,却都是一致的。

马克思主义哲学也认为世界的本原是物质,世界是统一的物质世界。这个结论,不是靠猜测,也不是靠推理,而是根据人类长期的实践,概括了自然科学的新成果,发展了唯物主义的哲学思想,作了科学的论证的。

先从天体说起吧。开头,我们提到拉普拉斯的《宇宙体系论》,书中论述太阳系的起源没有提到上帝,与上帝创世说的观点不相吻合,曾引起拿破仑的诧异。在历史上,长期以来,下述观点曾经占了统治地位,认为除了地上的人间世界以外,还存在另一个天上的神灵世界,上帝就在这里居住,支配着宇宙的一切。唯心主义哲学不一定直截了当地提出上帝的住所,实际上也认为在物质世界之外,还有一个非物质世界。十六世纪波兰天文学家哥白尼(1473—1543)的学说,否定了地球居于宇宙中心的"地心说",打破了上帝主宰天体运行的神话。十九世纪,科学家将光谱分析应用于天文观测,发现其他天体与地球一样,也是由相同的化学元素构成的,宇宙天体中的原子、分子的发射和吸收遵循与地面上相同的规律,从而证明天和地并没有根本的不同。现在,我们不仅可以观测银河系,而且可以观测远达100亿光年的河外星系以及各种形式的星系集团,凡观察所及都是物质世界,哪里都找不到神灵可以容身的天堂。宇宙空间,似乎空空如也,其实不空,它充满了实物粒子和场。实物粒子和场是自然界物质已知的两种基本形态。实物粒子表现为间断形态,它们之间的相互作用,依靠场来传递。电场、磁场、电磁场、引力场等,都是场的不同形式。场表现为连续形态。这两种基本形态不可分割地联系在一起,在一定条件下又可以互相转化。非物质的虚无缥缈的神秘世界是根本不存在的。

生命是一种复杂的物质现象。长期以来，由于历史条件的限制，人们在解释生命起源的问题上感到困难，宗教和唯心主义便在这里大做文章，宣称有一种非物质的"生命力"存在，生命是上帝创造的。这是完全没有根据的。今天，尽管关于生命起源的问题还有一些需要继续研究的地方，但是，生命是一种物质的东西，不是上帝创造的，则是毋庸置疑的。现代自然科学证明，生命是核酸和蛋白质的存在方式，生命的出现，是自然界的物质经过化学演化的结果。地球在起初，存在着原始大气，它包含着二氧化碳、甲烷、氮、水蒸气、氨等成分。原始大气在太阳紫外线、闪电等能源的作用下，生成了氨基酸、糖、嘌呤等有机物；这些有机物经过发展，又形成了蛋白质、核酸；蛋白质、核酸在发展中，又进一步结合成具有新陈代谢功能的原始生命。根据化石的发现，可以推断生命起源的时间约在距今三十多亿年以前。现代自然科学模拟原始地球条件合成氨基酸，这在二十世纪五十年代即已获得成功；在六十年代，我国在世界上首次人工合成蛋白质——结晶牛胰岛素。这些都足以说明，生命的出现没有任何神秘的地方。

人为万物之灵。按照创世说，这也是上帝的创造。但是达尔文的进化论证明，现在一切生物的物种，经历了一个由简单到复杂、由低级到高级的发展过程。生物的发展中，不适于生存的被淘汰，适于生存的被保留并繁殖后代，这种过程就是自然选择，它是生物进化的主要因素。长颈鹿所以成为今日世界最高的动物，这绝不是出于上帝的偏爱，赐给它一个长长的脖子，而是它本身演变的结果。长颈鹿是吃树叶的，低处的树叶吃光后，要吃高处的树叶，就看谁的脖子长了。通过自然选择，长颈的种得以保留和发展，进化成了现在的长颈鹿。同样，高级生物是由低级生物进化来的，人也不例外。英国生物学家赫胥黎（1825—1895）研究了动物和人类的关系，首次提出了人猿同祖论。1860年6月，在牛津大学有过一场进化论和神创论的激烈论战。一位权势煊赫的主教大骂进化论与《圣经》教义相违背，然后又对赫胥黎挑衅说："请问：究竟是你的祖父还是你的祖母同无尾猿发生了亲属关系？"赫胥黎义正词严地驳斥了主教，郑重宣告："我曾说过，现在我再重复一遍，一个人没有任何理由为他的祖先是一个无尾猿而感到羞愧。"科学的进化论，打败了反科学的神创论。人是由古猿进化来的。劳动是促成这一转变的决定条件。恩格斯指出："劳动创造了人本身。"①

人类社会是更为复杂的物质运动形态,是物质世界长期发展的产物,是和周围的自然界相统一的。唯心主义者或者把社会生活看做是由神安排的,或者把社会的存在和发展都看做是以思维为基础的。即使以往的唯物主义哲学家也在繁茂芜杂的意识形态掩盖下,看不清社会物质生活条件在社会生活中的决定性作用。马克思、恩格斯把唯物主义原理彻底运用于社会生活,指出物质生活资料的生产是整个社会生活的基础,不是社会的精神生活决定社会的物质生活,而是社会的物质生活决定社会的精神生活,一切社会现象,归根到底,都只能用物质原因来说明。这些问题,我们以后还要专门来谈。

总之,世界按其本质来说是物质的,物质的具体形态又是多种多样的:有非生物的物质形态,有生物的物质形态,还有社会的物质形态。在一定条件下,一种物质形态可以转化为另一种物质形态,但是,不论如何转化,物质总的量不会有任何增加或减少,也就是说,物质就是它自身存在的原因,物质既不能创造,也不能消灭。物质不灭定律、能量守恒和转化定律提供了这方面的证明。那么我们常说为社会主义创造物质财富,或者说创造人间奇迹,这是不是指凭空创造财富或从虚无中制造物质?不是的。这里指的无非是在一定条件下改变物质的具体形态。例如,种庄稼,就是如何想方设法,促使阳光、水分、二氧化碳、肥料等物质形态,更有效地转化为蛋白质和其他养料的物质形态。

世界是统一的物质世界,如果除去物质,那就什么也不会有。唯心主义把精神推到至高无上的地位,认为精神是世界的本原,这是完全站不住脚的。精神本身也是物质的产物,是物质经过长期发展到出现人脑时才产生的。这就注定精神不可能跑到物质前面去成为本原。人们常常以一个公认的事实去揭露唯心主义的荒谬,这就是:有人类,才有精神现象;在人类出现以前,地球、太阳早就存在了。人类年龄大约为三百万年,地球的年龄却超过了四十五亿年,太阳年龄在六十亿年上下。人类的年龄,对于宇宙无穷无尽的历史长河来说,不过是短暂的一瞬。仅仅提出这个事实,不就充分地说明精神绝不是世界的本原吗?

---

① 《自然辩证法》,《马克思恩格斯选集》第3卷,第508页。

物质是世界的本原,这是对世界本原问题的唯一正确的答案。自然科学的发展,必将继续为这一科学结论提供新的论证。当然,这并不是说关于世界本原的认识从此了结,也不是说唯物主义和唯心主义的对立从此就会消失。随着自然科学的发展,唯心主义总要变换手法,对科学成果加以歪曲,用以反对唯物主义。过去如此,今天也如此。例如,现代科学提出了信息问题。信息科学是近年来在控制论、信息论、计算机科学等科学的基础上产生的一门新的科学。它的主要任务是研究信息的性质以及利用和处理信息的一般规律。目前,对信息的研究才开始不久,对它的本质的看法,在科学家中存在这样或那样的分歧,这本来是正常现象。但是,唯心主义却乘虚而入,迫不及待地发起对辩证唯物主义的攻击。例如,有人说,信息是与物质、意识并列的第三个更为广泛的概念,它的天职是消灭唯物主义与唯心主义的对立;甚至说,信息的概念证明,辩证唯物主义是站不住脚的,等等。这完全是无稽之谈。其实,人们对信息并不陌生,我们常用的成语,如"月晕而风"、"一叶知秋"、"一鸣惊人"……说的都是信息传递。物质世界的万事万物都具有各自不同的特征,这些特征会给人们带来一种信息;因此,我们无时不生活在信息的汪洋大海之中。人们离开了对信息的接受与处理,就无法感知世界,也就不可能生存。狭义的说法,信息就是消息,是通讯的内容。广义的说法,信息就是物质的存在方式或运动状态以及这种方式、状态的表述。信息的千变万化,表现了物质的存在方式和运动状态的无限丰富性。信息是各种形态的物质普遍具有的一种属性,是物质系统之间相互联系的一种形式,它不能离开物质而独立存在。到了人类出现以后,因为人有意识,人对信息传递也就带有观念的成分,然而意识也只是人脑这种物质的机能。

总而言之,对世界本原的回答,或者是物质,或者是精神,就是说或者是唯物主义的一元论,或者是唯心主义的一元论,第三种回答是没有的。有人问,哲学上不是有一种二元论吗?是的,哲学史上曾经有过二元论的观点,认为精神和物质各自独立,同为世界的本原,既不是精神产生物质,也不是物质产生精神。法国著名的数学家和哲学家笛卡儿(1596—1650)就是一个典型代表。他认为世界的基础有两个:一个是精神实体——灵魂,它能思维,但没有体积,不占有空间;一个是物质实体,它不能思维,但有体积,占有空间。二者互不依赖,谁也不决定谁。这种观点动摇于唯物主义和唯心主义之间,看起来好像不偏不倚,但由于它不承认物质是世界的唯一的本原,最终还是倒向了唯心主义。笛卡儿在回答什么是物质和精神这两个实体的来源时,说两者都是上帝的创造。可见,二元论并不是独立于唯物主义与唯心主义之外的哲学派别。

> 物质指的是不依赖于人的意识的客观存在

一切唯物主义者都承认世界的本原是物质。但是,这个物质指的又是什么呢?对这个问题的认识,也经历了一个长期的发展过程。直到辩证唯物主义哲学产生,才确立了一个科学的物质观。

我们在上面已经提到,古代朴素的唯物主义哲学家把物质的某些具体形态看做世界的本原,但这些仅仅是物质的个别形态,不能概括所有的物质。那时候,也有一些哲学家意识到要从具体的物质形态中抽象出某种带有普遍性的特性,如古希腊哲学家阿那克西曼德认为,万物的始基是没有固定界限、形式和性质的"无限者",万物从它产生,又复归于它。著名的唯物主义哲学家德谟克利特(约前460—前370)提出了原子论的学说,认为世界是由原子构成的,原子是最小的不可分的物质微粒。这无疑是光辉的思想,但终究是一种猜测。

近代自然科学的发展,赋予原子论以新的内容。十七至十八世纪,英法等国的机械唯物主义者以牛顿的经典力学为基础,认为不同原子按不同比例结合起来就构成万物,原子是"宇宙之砖",是最小的不可再分的物质单位,原子的性质就是物质的不变的属性。这种机械唯物主义的物质观,就它建立在近代物理学的基础上这一点来说,比古代朴素的唯物主义前进了一步,但就其思维方法来说,形而上学的缺陷则是明显的。因为,把一切物质都看成是由微小的不可分割的质点——原子所组成,这并没有抓住物质的各种形态最一般的特性,它只是某些物质形态的特性。而且,原子也不是不可分的。至于在社会生活领域里,什么是物质的东西,什么是观念的东西,人的实践是否是物质的活动,对这类问题,机械唯物主义的物质观就更不可能作出正确的解释了。在这一点上,机械唯物主义者无法把他们的唯物主义贯彻到底,不得不在社会历史领域面前停止了脚步。

马克思、恩格斯创立的科学唯物主义学说,克服了机械唯物主义的缺陷。在他们看来，物质这一概念不是指物质的某一种或某几种具体形态，而是指物质的全体。就是说，应该是对所有的物质领域和形态，包括自然界和社会的一切物质现象的共同本质的概括。恩格斯说过："实物、物质无非是各种实物的总和，而这个概念就是从这一总和中抽象出来的。"①马克思、恩格斯表明自己的唯物主义立场时，通常也首先是从世界观和认识论上，把物质看成是独立于意识之外的东西的总体。如果不是这样看问题，就不仅不能把唯物主义的原则贯彻到社会历史领域，而且难以对自然科学所揭示的某些新的自然现象作出正确的解释。

例如，十九世纪末二十世纪初，物理学的新发现就是对机械唯物主义物质观的一次重大冲击。自然科学家原来认为原子没有结构，不能再分，此时发现原子内部还有电子，原子不是最小的单位。于是唯心主义胡说"物质消失了"，唯物主义不灵了。机械唯物主义的物质观抵挡不了唯心主义的进攻。在这时刻，列宁坚持了马克思、恩格斯的科学唯物主义立场，并把他们的学说推向前进，给物质下了一个科学的定义："物质是标志客观实在的哲学范畴，这种客观实在是人通过感觉感知的，它不依赖于我们的感觉而存在，为我们的感觉所复写、摄影、反映。"②这个定义抓住了物质的最普遍、最本质的特性——客观实在性，从而给人们的实践活动、给科学研究提供了一个正确的世界观、认识论和方法论的方向。自然科学家也只有掌握这个方向，才能在探索大自然奥秘、探索物质的结构和特性的过程中，不致迷失前进的道路。物质是马克思主义的唯物主义的最基本的范畴。

恩格斯说过："世界的真正的统一性是在于它的物质性，而这种物质性不是魔术师的三两句话所能证明的，而是由哲学和自然科学的长期的和持续的发展来证明的。"③情况正是这样。

回顾过去的历史，人们对客观世界的认识无疑已经走了很长的一段路程。然而，物质世界是无限的，认识不会有尽头。过去曾经认为原子不可再分，二十世纪初以来，自然科学对物质结构的研究不仅突破了原子这一层次，发现了原子核，而且突破了原子核这一层次，到达了"基本粒子"

---

① 《自然辩证法》，《马克思恩格斯选集》第3卷，第556页。
② 《唯物主义和经验批判主义》，《列宁选集》第2卷，第128页。
③ 《反杜林论》，《马克思恩格斯选集》第3卷，第83页。

这一层次,发现了三百多种基本粒子。基本粒子也并不基本,科学正在探索下一个层次——夸克(层子)。这些层次,这些粒子,尽管千姿百态,各有特性,但它们的客观实在性是不会改变的。现代物理学使用了"反物质"的概念,有人望文生义,误认为这是对物质的否定。其实,完全不是这么一回事。"反物质"指的是由反粒子构成的物质。比方,反物质的原子就是由反原子核(反质子和反中子的集合体)及在核外运动的正电子构成。最近几年,利用高能加速器在核反应中制造出了反氚核和反氦核。这说明,在宇宙中可能存在着由反粒子组成的实物。粒子与反粒子之间的差别仅涉及电荷符号、磁距等具体特性,它们还有许多其他特性是相同的。"反物质"不是哲学范畴,不是指和物质相反的东西,它同样是物质的一种具体形态。这些科学的发现,在物质观问题上,不仅沉重打击了唯心主义的谬论,而且不断批判着形而上学唯物主义,愈益证实马克思主义哲学的正确性。

我们生活的世界,是物质的世界,离开这个世界,就再没有别的东西。"路漫漫其修远兮,吾将上下而求索。"人们不断探索世界的秘密、人生的意义,但不论如何探索,都不能超出这个物质世界的范围。既没有上帝安身的伊甸乐园,又没有神仙居住的琼楼玉宇。"天堂",就在这个物质世界上。人们的理想、希望、幸福,也只能寄托在这个物质世界上。把这个世界改造得尽可能美好,这就是我们的天职,就是我们人生的意义。我们青年有抱负、有志气,定会施展自己的才华,奋发努力,为实现我国的社会主义现代化,建设更加美好的世界作出贡献。

承认世界的物质性,世界是统一的物质世界,这是马克思主义世界观的基础。

第二讲：
"人不能两次踏入同一条河流"
——物质是运动的

被列宁称为"辩证法的奠基人之一"的古希腊哲人赫拉克利特，曾经说过一句著名的话："人不能两次踏入同一条河流。"这话是有道理的。因为河水在不停地流动，当人第二次踏入这条河流时，接触到的已经不是原来的水流，而是变化了的新的水流。他用这句话说明，世界上的万事万物，就像川流不息的河流，永远处于不停的运动之中，"一切皆变，无物常住"。对于这一思想，恩格斯给予高度的评价。他说："这个原始的、朴素的但实质上正确的世界观是古希腊哲学的世界观，而且是由赫拉克利特第一次明白地表述出来的：一切都存在，同时又不存在，因为一切都在流动，都在不断地变化，不断地产生和消失。"①

世界是物质的，物质是运动的，整个世界就是永恒运动着的物质世界。坚持物质论与运动论相统一，这就是马克思主义哲学对世界最基本的看法，它既反对了认为世界在本质上是精神的唯心主义，又反对了认为物质世界永恒不变的形而上学。

运动是物质的根本属性 运动是物质的根本属性和存在方式。没有什么事物是不运动的。

有些事物的运动变化是明显的，人们可以直接感觉到。唐代诗人李白有一首诗："朝辞白帝彩云间，千里江陵一日还。两岸猿声啼不住，轻舟已过万重山。"说的是景物的运动变化。唐代的另一位诗人贺知章有一首诗："少小离家老大回，乡音无改鬓毛衰。儿童相见不相识，笑问客从何处来。"说的是人的成长变化。

---

① 《反杜林论》，《马克思恩格斯选集》第3卷，第60页。

可是，有些事物由于变化比较缓慢，人们就不容易觉察到。俗话说："稳如泰山。"意思是说泰山最稳固，似乎是不运动的。可是科学告诉我们，一百万年以来，它升高了几百米。我国西南边陲的喜马拉雅山，巍然屹立，看来也好像是从来如此，永远不变化的，然而事实上，它是从"喜马拉雅海"变来的。在西藏聂拉木县海拔4800米的地方，人们发现了海生的爬行动物化石喜马拉雅鱼龙，它生活在一亿八千万年以前。这证明那时这里曾经是极目浩瀚，一片汪洋。后来，海水逐渐退出，形成了陆地。直到距今约二千万年前，喜马拉雅山才横空出世，形成山峰，并一直在上升。近五十万年内，它的主峰珠穆朗玛峰上升了一千六百米。据卫星测量，喜马拉雅山不但在长高，而且在移动，每年大约向北移动六厘米。就连我们首都北京所在的平原，在二三百万年以前，也还是一片白浪滔滔的海湾哩！那时，西部的太行山、北部的燕山已经形成，穿山越谷的飞湍瀑流，裹着大量的泥沙奔腾入海，天长日久，这里就逐步形成了冲积小平原。这是名副其实的"沧海变桑田"。

还有一些事物，它们的变化虽然不一定缓慢，但由于距离我们太远，或者它们太小，我们也不容易感觉到它们的运动。就拿天体中大量存在的恒星来说吧。"恒星"，顾名思义，应该是永恒不动的，其实不然。例如，织女星以每秒14公里的速度向地球方向疾驰，牛郎星以每秒26公里的速度朝地球方向飞奔。那么，为什么我们并不觉得它们有什么运动和变化呢？因为它们离我们太远了：牛郎星离我们16光年，织女星离我们26光年（1光年约为94605亿公里）。距离远，运动就看不出来了。这好比麻雀在我们眼前飞行，我们觉得它飞得很快；而超音速飞机由于在高空飞行，虽然它的速度比麻雀快上百倍，我们反而觉得它飞得很慢。再拿微观世界的基本粒子来说吧，由于它们太小，我们的肉眼看不到，手也摸不着，对于它们的运动，我们更不可能感觉到。那么，它们是不是在运动呢？科学告诉我们，它们同样在不停地运动着，有许多基本粒子，从出生到"衰变"或"湮灭"，只有几百亿甚至几万亿分之一秒，运动的速度是非常之快的，实在称得上"瞬息万变"！

一切事物都在运动着。地球不仅在自转，而且以每秒29.8公里的速度围绕太阳公转。太阳又带着所有太阳系的星体，以每秒250公里的速度绕着银河系的中心转动。整个银河系又在广漠无垠的宇宙空间中疾驰。每一事物的内部,分子、原子、基本粒子也都在不停地运动着。

现代自然科学根据广义相对论提出了黑洞的假说。认为有一种密度很大、质量很高的特殊天体,其周围形成了强大的引力场,任何接近它的东西,包括光在内,都会被它吸引进去,就像掉进无底"洞"一样,不能逃逸出来,就连这种天体本身的电磁波也出不来。这种天体就是所谓的"黑洞"。有人由此断定:在"黑洞"内部,一切运动都停止了。其实,这是不会的。在物质运动中,吸引和排斥是一对矛盾。有吸引,就不会没有排斥。恩格斯说过:"凡是有吸引的地方,它都必定被排斥所补充。"[①]物质进入黑洞之后,排斥尽管退居次要地位,但终究还存在着;而且,物极必反,吸引发展到一定程度,就会向排斥转化。近年来,有人提出了新的"黑洞"理论,认为"黑洞"温度会增高,蒸发会加快,以至引起爆炸。显然,那种认为"黑洞"内部运动会终止的观点是不能成立的。

总之,整个世界,从最小的东西到最大的东西,从自然界到人类社会,无时无刻不处在运动之中。运动是物质的根本属性,是物质的存在方式。

物质和运动是不可分割地联系在一起的。不但没有不运动的物质,而且也没有无物质的运动。有些唯心主义者虽然也讲运动,但把运动看做仅仅是精神的运动,而否认物质的运动。例如,黑格尔认为一切运动都是"绝对精神"在运动;马赫主义者毕尔生说:"万物都在运动,但只是在概念中运动。"有没有精神的运动呢?有。但它是不能离开物质的运动而独立存在的。精神运动,例如人们思想的变化等等,无非是物质运动的一种形式和反映。一方面,它是特殊组织起来的物质——大脑运动的表现;另一方面,又是物质世界运动的一种反映。离开物质、不依赖于物质的"纯粹"的精神运动是没有的。

唯心主义者常常歪曲自然科学的成果,为无物质的运动作论证。十九世纪末二十世纪初,德国化学家奥斯特瓦尔德提出了所谓的"唯能论"。他认为,物质可以"消灭",转化为"纯粹的能","能"才是唯一的实在,一切都是"能"的变化形态。1932年,人们发现一个电子和一个正电子相遇就会湮灭而转化为一对光子,"唯能论"者便趁机鼓吹,物质转化为"能"了。其实,光子和电子一样,是独立于人们意识之外的客观实在;它不仅有能

---

① 《自然辩证法》,《马克思恩格斯全集》第20卷,第587页。

量,而且有质量。电子转化为光子,还是物质不同形态之间的转化。"能"不过是物质的运动,离开物质,"能"就不存在。"物质是一切变化的主体。"①设想无物质的运动同设想无运动的物质,同样是荒谬的。

> **相对静止是物质运动的一种形式**

说到这里,有人可能会说,难道辩证法不承认有任何静止吗?比如,一个人坐在房间里,他不是没有动吗?人民英雄纪念碑屹立在天安门广场,它的东面是革命历史博物馆,西面是人民大会堂,它们之间的位置不是固定不变的吗?

是的,静止确实是存在的。不过,这种静止不是绝对的静止,而是相对的静止,它只是运动的一种特殊形式。

一个人坐在房间里,就他和房间的空间位置来说,他是没有运动的。可是,请不要忘记,人和房子都在地球上,而地球不停地在自转并围绕太阳公转,我们怎么可以说人没有任何运动呢?再说,人虽坐着没动,可是他不停地在呼吸,身体里的血液不断地在循环,每天都有千万个细胞在死亡,又有千万个细胞在新生,怎么能说人是绝对地不动呢?比如,一个正常成年人在安静状态下,心脏每昼夜泵出的血量约为8000升,重量约8吨,是心脏本身重量的三万倍,要用两辆卡车才能运完,可见,人体内血液运动之迅速!同此道理,上面说到的人民英雄纪念碑、天安门广场、人民大会堂、革命历史博物馆之间的空间位置,从肉眼看来,虽然没有发生变化,但是,它们都和地球一起在太空中不断地运行;组成这些事物的各种分子、原子、"基本粒子"也每时每刻都在运动之中。所以,这种情况下的静止只是相对的,只是表明物体在空间上相对的位置没有发生变化。它并不是绝对不运动的。这是相对静止的一种意思。

其次,相对静止还指某一事物虽然处在运动中,但是在一定条件下它还没有发生质的变化,这一事物仍然是这一事物,因而,呈现出相对静止的面貌。例如,人们从出生之日起,直到死亡以前,某人终归是某人;一个社会制度从诞生之日起,只要生产关系没有发生根本变化,社会的性质也就处于相对稳定阶段。但是,这绝不意味着它们没有任何变化。人的一

---

① 《神圣家族》,《马克思恩格斯全集》第2卷,第164页。

生,变化是很大的,不然就不会有前面说到的"儿童相见不相识"的场面了。一个社会在根本性质发生变化以前,生产力、科学技术天天在发展,社会生活天天在变化。所谓静止或稳定,只是说它们在一定的条件下没有发生质变,而处于量变过程罢了。

所以,静止是相对的、有条件的,而运动则是绝对的、无条件的。是动中有静,静中有动,相对静止只是运动的一种特殊形式。我国明代唯物主义哲学家王船山说得好:"静者静动,非不动也。"

把静止看成是绝对静止,否认运动的绝对性,就否认了运动是物质的根本属性,这是形而上学的一个基本特征。形而上学认为世界上的一切都是从来如此、永远如此的:物种是不变的,人是不变的,社会制度等等都是不变的。这种形而上学的观点是反科学的,它为一切反动、没落阶级所拥护。恩格斯说:"辩证哲学推翻了一切关于最终的绝对真理和与之相应的人类绝对状态的想法。在它面前,不存在任何最终的、绝对的、神圣的东西;它指出所有一切事物的暂时性;在它面前,除了发生和消灭无止境地由低级上升到高级的不断过程,什么都不存在。"①

当然,否认事物的相对静止也是错误的,它必然否定事物特殊的质的规定性,导致相对主义、诡辩论。古代有人编了一个喜剧讽刺这种观点。剧本说:一个希腊人借了别人的钱,到期未还,债主来讨债。欠债的人说:一切都是变化的,借钱的那个我,已经不是现在这个我,因此我不欠你的债。债主发了脾气,打了他,两个人撕扭到法庭。法官问欠债的人为什么不还钱,他又把理由重复了一遍。法官问债主为什么动手打人,债主说,一切都是变化的,打人的我已经不是现在的我,因此我并未打人。于是,这场官司就这样不了了之。这个故事喜剧性地说明,借口变化,否认相对静止,否认事物质的稳定性,会走到何等荒谬的境地!

相对静止是事物存在和发展的不可缺少的条件,也是我们正确认识和区别事物的基础。第一,相对静止是事物由低级向高级发展的必要条件。例如,任何一个地方的生物圈都是一个巨大而严密的生态系统,这个生态系统具有相对稳定性;破坏了这种相对稳定性,生物就不能正常发展。盲目毁林开荒、围湖造田之所以不可取,就是因为它们破坏了生态平

---

① 《路德维希·费尔巴哈和德国古典哲学的终结》,《马克思恩格斯选集》第4卷,第213页。

衡,从而破坏了生物的正常发展。社会生活也是这样。没有安定团结的政治局面,现代化建设不能顺利进行;没有一定时期政策的相对稳定,朝令夕改,生产必定遭到破坏。任何一个新的事物产生以后,都需要一个稳定的巩固阶段,否则,就不能为朝着更高阶段的发展准备必要的条件。第二,由于相对静止的存在,才能使各种事物区别开来。在一定条件下,此物就是此物,而不是彼物。如果在一瞬间事物既是此物,又是彼物,事物之间便无法区别,一切正确的认识和科学研究都成为不可能了。第三,相对静止的存在,才使运动成为可以衡量和计算的东西。有静止,才显现出运动。要计算某个物体在空间上的位移,必须选择一个物体作为参考系,而选择这个参考系所以成为可能,就是因为物体本身存在着相对静止。比如,我们计算出火车每小时运行一百公里,就是以它的起点站和终点站为相对静止来计算的。如果火车站不是处于相对静止状态,而是同火车一样地进行相对于地面的机械运动,那火车的运动也就不能显现了。恩格斯说"运动应当从它的反面即从静止找到它的量度"①,就是这个意思。

运动形式的多样性及其转化　　运动,是辩证唯物主义的一个基本范畴,是一个极其广泛的范畴。不能把它归结为某种具体的运动形式。十八世纪法国唯物主义者虽然并不一般地反对运动,但是,他们把运动仅仅归结为机械运动,即事物在空间位置上的移动或数量上的变化,而否认事物根本性质的变化。因而他们的世界观就不能不是机械论的、形而上学的世界观。机械运动只是物质运动的一种形式,而不是唯一形式。恩格斯说:"运动,就最一般的意义来说……它包括宇宙中发生的一切变化和过程,从单纯的位置移动起直到思维。"②物质的具体形态是多种多样的,作为物质的根本属性,运动的形式也是多种多样的。根据现代科学已达到的认识,运动的形式按其发展顺序和复杂程度,大体上可以区别为以下几种基本形式:机械运动、波和粒子的运动、原子的化合和分解的运动、有机体的运动和社会的运动。与此相应,研究这些运动形式的科学便区别为力学、物理学、化学、

---

① 《反杜林论》,《马克思恩格斯选集》第3卷,第101页。
② 《自然辩证法》,《马克思恩格斯选集》第3卷,第491页。

生物学和社会科学。每一种基本运动形式又包括无限多的具体运动形式,例如机械运动包括直线运动和曲线运动、匀速运动和变速运动、上升和下降等;物理运动包括热、光、电、磁、原子和原子核内部的运动等。人们认识物质,就是认识物质运动的形式,因为具体事物的本质和规律只有在运动中才能表现出来。随着科学的发展,人们对物质运动的形式的认识将越来越深入,越来越精密。

那么,物质运动的各种形式之间的相互关系又是怎样的呢?

首先,它们在本质上是互相区别的,各种运动形式都有其特殊的运动规律,我们决不可以把它们混淆起来。

高级运动形式无疑包含有低级运动形式,但不能归结为低级运动形式。例如:人的生命运动包含有机械运动——胃肠的蠕动、心脏的跳动等;也包含有物理运动——体温的变化、脑电流等;还包含有化学运动——食物的分解和化合,等等。但是,生命的本质却在于蛋白质、核酸等的新陈代谢,这是生命运动区别于其他一切运动形式的特殊性。机械唯物主义者把一切运动都归结为机械运动。法国哲学家拉美特利(1709—1751)发展了笛卡儿关于动物是机器的错误观点,提出人也是机器,不过是更为"聪明的机器"。他把人体比作"一架巨大的,极其精细,极其巧妙的钟表",在他看来,人和动物的区别,仅仅是人这种机器比动物这种机器"多几个齿轮"、"多几个弹簧"罢了。这就根本抹杀了生命运动的特殊本质。由人参加的社会的运动是更为高级的运动形式,它具有其他运动形式所不具备的生产力与生产关系、经济基础与上层建筑的矛盾运动,在阶级社会又有阶级矛盾的运动。这是更不能用其他的物质运动形式来代替的。在社会领域中,生产斗争、政治斗争、思想斗争等各种运动形式之间虽然互相渗透、互相影响,但是,也各有其特殊性,同样是不能互相代替的。多年来,我们在实际工作中的一个严重教训,就是用阶级斗争解释一切,单纯用行政命令的办法管理经济,用军事上的大兵团作战的方法搞生产。

其次,各种运动形式之间又是相互联系、相互转化的。高级运动形式都是从低级运动形式发展而来的;在各种运动形式同时存在的情况下,依着一定的条件,它们之间也是可以互相转化的。例如,摩擦可以生热,可以发电,就是机械运动可以转化为物理运动;热引起燃烧,就是物理运动转化为化学运动;化学化合又可以放热、发电,转化为物理运动;热和电可以推动机器的运转,又变成机械运动,等等。

恩格斯说:"既然我们面前的物质是某种既有的东西,是某种既不能创造也不能消灭的东西,那么运动也就是既不能创造也不能消灭的。"① 就是说,运动是绝对的、永恒的,它只能从一种形式转化为另一种形式,这种转化的能力永远不会消失;转化前后,运动的总量是不会发生变化的。人们既不能凭空创造运动,也不能使运动化为乌有。在运动转化的过程中,失去一种质的运动,必定产生另一种质的相当量的运动。例如,当机械运动转化为热运动时,427公里的机械能必定产生与之相当的1000卡的热量;当电运动转化为热运动时,如果导体两端的电压为1伏特,通过的电量为1库仑,那么在导体上必然产生0.24卡的热量。这就是自然科学中的能量守恒和转化定律,恩格斯把这个定律叫做"伟大的运动基本规律"。②

总之,运动是绝对的,静止是相对的,相对静止之中存在着绝对的运动,这就是唯物辩证法的运动观。懂得了这个原理,我们就要有发展的眼光,把一切事物都作为一个过程去对待,对人、对己、对事、对一切科学技术和思想理论,都不能把它们看死。自然界在不断地变化,社会在不断地发展,我们要使自己的思想同客观实际相符合,就要不断地研究新事物,总结新经验,提出新办法,不断地有所发明、有所创造、有所前进。本本主义、经验主义、思想僵化等之所以是错误的,就是因为它们不是用发展的观点而是用静止的观点去看事物,使自己的主观脱离了客观。当然,我们也要看到,事物在绝对的运动中存在着相对静止,在一定条件下保持相对稳定状态。看不到这一点,也是违背事物本身发展的辩证法的,同样是主观主义的表现。

---

① 《自然辩证法》,《马克思恩格斯选集》第3卷,第492页。
② 《反杜林论》,《马克思恩格斯选集》第3卷,第53页。

第三讲：
"天上一日，下界一年"
——空间和时间

南北朝人任昉的《述异记》中有这样一段故事：晋朝人王质入山砍柴，看到几个小孩下棋。他看完一局，砍柴斧子的木把已经烂掉了，回到村里一看，所有的人都不认识。原来他在山上不到一天的时间，山下已经过去一百年了。《西游记》中也有类似的故事，说的是孙悟空在天宫当了十多天的弼马温，回到花果山时，群猴说："恭喜大王，上界去十数年，想必得意荣归也。"孙悟空觉得惊奇，才十多天，何以说十数年？群猴答道："大王，你在天上，不觉时辰，天上一日就是下界一年哩。"

这些都是神话故事。可是却启发人去考虑这样一个哲学问题：在物质的不同领域，时间是否会起变化呢？马克思主义哲学和现代科学回答了这个问题。

时间和空间是辩证唯物主义物质论的重要范畴，为了正确理解物质和运动的问题，不能不正确把握这两个范畴。

> **空间、时间是运动着的物质的存在形式**

你看过《飞向太平洋》这个影片吗？它记录了我国发射运载火箭获得圆满成功的过程。这枚运载火箭是1980年5月18日上午发射的，它溅落在太平洋南纬7°、东经171°33′为中心，半径70海里圆形海域范围内的公海上。这里涉及的发射和溅落的时刻和地点，就是时间和空间。我们认识任何物体，都不能离开它的空间、时间。那么，什么叫空间、时间呢？

关于空间和时间的概念，古人早就有接触了。"宇宙"二字，就包含有空间和时间两个方面，"四方上下曰宇"，"往古今来曰宙"。用现代科学的语言来表述，空间是物体的伸张性，或称广延性，这就是指物体的一定长度、宽度和高度。各种物体之间又有位置关系，有排列顺序，如前后、左右、上下。物体的这种广延性和排列顺序，就是空间。而物体存在的持续性和先后顺序，就是时间。

空间是运动着的物质的存在形式。没有运动着的物质，就不会有它存在的空间。例如，没有制造出运载火箭，就谈不上火箭的体积、规模，更不会有它的溅落位置。同样，运动着的物质又不能离开空间而存在。试问：离开了一定的空间，哪里还会有运载火箭的存在和运行呢？任何物质的运动只有在空间中才能运动。任何物体，大至宇宙天体，小至微观粒子，都不能没有它的空间形式。物质的运动，必须以空间的存在作为前提，因为任何物体的运动，都必然包含位置的移动。离开空间，运动是不可能的。

时间也是运动着的物质的存在形式。时间和空间一样，不能脱离物质而独立存在。没有物质，也就没有时间。例如，没有发射运载火箭这件事，就谈不上什么发射时间，同样，正如不能没有空间而存在一样，物质也不能没有时间而存在，运动着的物质只能在时间内才能运动。发射火箭，当然只能在一定的时间内进行。一切物体的运动，都有一个持续过程，没有时间，运动根本不可能发生。物体有寿命长短之分，而不存在有没有时间的区别。宇宙天体，有的寿命长达百亿年；基本粒子，有的寿命却只有一百亿分之一秒。从寿命的长短来看，何等悬殊！但不管怎样悬殊，毕竟都经历了一定的时间。离开时间来谈论物质的运动是不可思议的。

空间、时间同运动着的物质不可分割，还可以从空间的三维性和时间的一维性得到说明。

"维"这个字来源于拉丁文，意思是"完全地加以度量"。一维，指在一条线上的度量；二维，指在一个平面上的度量；三维，指的是空间的度量，即通过空间的任何一点，都可以引出三条互相垂直的直线。任何物体都有长度、宽度和高度，这就是空间的三维性。（当然，三维空间坐标系的度量形式，除直角坐标系外，还有球坐标系。它们在度量物体的空间属性时，是等效的。）时间有什么性质呢？它具有一维性。时间只能沿着一个方向前进，由过去到现在，由现在到将来，一去不复返，这就是时间的一维性。在物理学中，有"四维"的概念，这指的又是什么呢？指的就是三维的空间和一维的时间的结合。例如，我们要知道人造卫星的运行情况，就不仅要了解卫星在空间的纬度、经度、高度,而且要了解卫星在什么时间处在这样的位置上。可见,"四维"并没有否定空间的三维性和时间的一维性。在现实世界中,空间就是三维的,时间就是一维的,这是不依人的意志为转移的。就拿时间的一维性来说,我国有句"返老还童"的老话,这是不是否定了时间的一维性呢?没有。我们知道,延长人的寿命是可能的,更新人的部分器官,使之"返老还童",也是可能的,但任何一位老翁都不可能返回到他的幼童时代。"时乎时乎不再来",时间是不能逆转的。正因为这样,自古以来,流传着许多珍惜时间的名句、谚语,诸如岳飞的"莫等闲白了少年头,空悲切",俄国作家屠格涅夫的"没有一种不幸可与失掉时间相比了"等,这些话不仅富有哲理,而且极有教益。

总之,空间、时间是运动着的物质的存在形式。没有运动的物质,空间、时间就不存在;而运动着的物质又只有在空间、时间之内才能运动。空间、时间和运动着的物质,是不可分割的。

空间、时间的客观性

既然空间和时间是运动着的物质的存在形式,那么,物质是不依赖于意识的客观实在,作为它的存在形式——空间和时间,不言而喻是客观的了。然而,在唯物主义哲学看来是理所当然的事情,在唯心主义哲学那里,却采取了颠倒的形式。唯心主义哲学一般不否认空间、时间的观念,只是不承认它们的客观性。比方说,英国主观唯心主义哲学家贝克莱,就认为空间只是视觉、感觉和动觉的主观结果。而时间呢?他认为,如果从其中抽出我们精神的思想连贯性,那么它就什么也没有了。德国哲学家康德(1724—1804)的唯心主义时空观也很典型。他认为,空间、时间不是客观事物所固有的,而是存在于人的头脑中的主观形式。人们在感知外界事物时,用这种感性认识活动的形式去整理杂乱无章的感觉,给事物打上空间、时间的印记。这也就是说,空间、时间是依赖于人的。当代一些唯心主义者,也歪曲现代物理学的成果,极力否认时间、空间的客观性质,把时间、空间说成是反映我们知觉的主观方面,他们特别否认微观过程在时间、空间中存在,否认时间、空间范畴可适用于原子世界。

这种把时间、空间说成是主观形式的观点,当然是荒谬的。人所共知,物质世界在人类出现以前,就已经在空间、时间中运动了,空间、时间怎能依赖于人而存在呢?

如前所说,空间、时间所以是客观的,就是因为它们是物质的存在形式。物质是客观的,作为它们存在形式的空间、时间也必定是客观的。列宁说:"唯物主义既然承认客观实在即运动着的物质不依赖于我们的意识而存在,也就必然要承认时间和空间的客观实在性。"①把空间、时间和物质自身相割裂,显然是错误的。我们知道,几何学是研究空间形式及其数量间关系的一门科学。古希腊数学家欧几里得将人们在实践中积累的几何知识系统化,创立了欧几里得几何学。在欧氏几何学中提出了平行公理,并由此推出三角形内角之和等于180度。十九世纪三十年代,俄国数学家洛巴切夫斯基创立了非欧几里得几何学。他证明,在同一平面上,通过某一点,至少可以对已知直线引出两条平行线;三角形三内角之和小于180度。十九世纪五十年代,德国数学家黎曼又证明,在同一平面上,通过某一点,不能对已知直线引出平行线,三角形三内角之和大于180度。这些互相矛盾的论断,究竟哪个正确呢?都是正确的。欧几里得几何学所反映的是地面狭小范围内空间的特性,洛巴切夫斯基的非欧几何学所反映的是广大宇宙空间的特性,而黎曼的非欧几何学所反映的则是非固体的物质形态的空间特性。爱因斯坦的相对论,提出了造成空间弯曲的实际的物质因素——引力场,指明空间在每一点上的曲率取决于引力场在这一点的场强。这就是说,不同的物质领域,决定了不同的空间特性,空间绝不是和物质无关的。

空间、时间是随物质运动而变化的

我们不仅要认识空间、时间是客观的,反对唯心主义,而且要善于用辩证的观点来认识空间、时间,和形而上学唯物主义划清界限。

马克思主义以前的唯物主义者,大都认识到时间、空间的客观性。早在古代希腊,德谟克利特(约前460—前370)等哲学家,就提出时空客观性问题。但是,马克思主义以前的唯物主义,特别是近代的唯物主义,带有形而上学的性质,他们承认时间、空间的客观性和绝对性,而不理解其相对性。物理学家牛顿(1642—

---

① 《唯物主义和经验批判主义》,《列宁选集》第2卷,第176页。

1727)的时空观,是形而上学唯物主义时空观的代表。牛顿从直接经验出发,承认空间、时间是客观的,但又把空间、时间看做是脱离物质而独立存在的"绝对空间"、"绝对时间"。他认为,空间像一只大的空箱子,有物体也好,没有物体也好,它在那里固定不动地摆着。时间像一条河流,不论事物发生什么变化,它总是均匀地、持续地流动着。总之,空间、时间与运动着的物质无关,它们不会因为物质运动而发生任何变化。他还认为,空间和时间也是彼此分离、不会互相影响的。

牛顿的时空观反映了人们对宏观物体低速运动观察的经验,是能够为人们的常识所接受的,所以,它能够在二百多年的时间内被奉为经典。

十九世纪末二十世纪初,新的实验事实有力地冲击着牛顿的时空观,1905年爱因斯坦的狭义相对论应运而生,这才结束了牛顿时空观在自然科学中的统治。

爱因斯坦的狭义相对论证明,空间、时间是随物质运动速度的变化而变化的,空间和时间也是互相依赖的。例如,当物体以接近光速的速度运动时,物体沿运动方向向上的空间延伸会缩短,内部过程的时间会变慢。根据计算,当飞船速度达到每秒299900公里时,飞船上的米尺,便只相当于地面上的0.02米;飞船上的1秒钟,则相当于地面上的50秒。这一状况,不仅表明空间、时间依赖于运动着的物质,而且表明空间和时间互相依赖、不可分割。飞船空间缩短,时间变慢,其实就是空间的缩短,转化为时间的变慢。三维空间和一维时间,既是有区别的,又是统一的。

这么说来,空间、时间随物质运动的速度而变化,岂不是有可能出现类似"天上一日,下界一年"的情景?是的。人们根据相对论的原理,有理由设想,当飞船以上述速度飞行时,将会出现异乎寻常的情形。1971年美国科学家设计了一个环球飞行的原子钟实验。用两只极为精确的同步的原子钟,一只留在地面,另一只放在飞机上绕地球飞行。飞行一圈以后对钟,飞行的钟却比地面上的钟慢了5.9×10^{-8}秒(一亿分之5.9秒)。同此道理,宇航员以近光速度在空中飞行一年,就相当于地面上的五十年。他回到地面时,就会出现这样的情况:他本人依旧青春年华,而他的妻子却已老态龙钟、发脱齿落了。

爱因斯坦的广义相对论还认为,引力场的空间、时间的特性,依赖于物质质量的分布。物质质量愈大,分布愈密,引力愈强,则空间便愈弯曲,

父亲空中正年少，儿子地上已暮年。

时间的流逝便愈缓慢。这一认识,已为自然科学的实验所证实。

　　空间、时间随物质运动的变化而变化,这雄辩地说明,空间绝不是脱离物质而独立存在的空箱子,时间也不是与物质运动无关的"均匀的流",它们都是运动着的物质的存在形式,与物质是不可分割的。形而上学唯物主义把空间、时间与物质割裂开来,不能解释空间、时间何以变化的事实。有些唯心主义者利用了时空概念的这种可变性,否认时空的客观性。这时,形而上学唯物主义就难以把唯物主义坚持到底了。恩格斯在谈到空间、时间与物质不可分割的时候说过:"物质的这两种存在形式离开了物质,当然都是无,都是只在我们头脑中存在的空洞的观念、抽象。"①只有用辩证的观点,理解空间、时间与物质的不可分割的内在联系,才能在时空问题上彻底贯彻唯物主义。

空间、时间是无限和有限的辩证统一

　　从空间、时间是运动着的物质存在形式这一命题中,还可以知道:空间、时间是无限的,又是有限的。就是说从物质世界的全体来说,空间、时间是无限的,从物质存在的具体形态来说,它的空间、时间又是有限的,一句话,空间、时间是无限和有限的辩证统一。

　　关于空间、时间的无限性和有限性的关系问题,是一个比较复杂的问题。自古以来,许多科学家、哲学家为此绞尽脑汁。公元二世纪,托勒密提出"地球中心说",认为地球是宇宙的中心。十六世纪,哥白尼推翻了"地球中心说",认为太阳是宇宙的中心。意大利的布鲁诺(1548—1600),这位被教会野蛮烧死在罗马鲜花广场的杰出思想家,积极维护哥白尼的学说,同时纠正了哥白尼把太阳看做宇宙中心的不正确观点,认为宇宙是无限的,没有固定的中心。他指出,在我们生活着的太阳系之外,还有无数的世界。

　　布鲁诺的看法是正确的。运动着的物质是无限的,这就决定了它的存在形式——空间、时间也是无限的。空间从大的方面说,无边无际,从小的方面说,无穷无尽。从地球到太阳,够远的了,平均约有149600000公

---

① 《自然辩证法》,《马克思恩格斯选集》第3卷,第556页。

里,光大约要八分多钟才能到达。但同银河系的直径相比,这一距离简直微不足道:银河系直径为10万光年。然而银河系在茫茫宇宙中,又不过是沧海一粟。今天,我们借助于射电望远镜,可以觉察距离地球100亿光年的星系。但这也还是宇宙的有限部分。原子是够小的了,一个氢原子直径大约是 10^{-8} 厘米,但它的原子核更小,直径只有 10^{-13} 厘米。原子核里面又有更小的质子、中子。质子、中子、电子这些基本粒子,也还不是最小单位,它们是不可穷尽的。宇宙从时间上说,没有开端。现在我们可以觉察距离100亿光年的星系,也就是说这种星系在100亿年前就存在了,然而这绝不是宇宙的开端。宇宙从时间上说,也没有终止,物质的运动是无限延续的。

整个物质世界,空间、时间都是无限的,但个别事物的空间、时间又是有限的。无限不是脱离有限而单独存在的,它就存在于有限之中,通过有限表现出来。所以,空间、时间是无限和有限的辩证统一。

当然,我们不能因为个别事物的空间、时间是有限的,或者因为我们所觉察到的宇宙是有限的,就否定整个宇宙在空间、时间上的无限性。如果认为物质世界在空间上有限,那么在空间之外,又是谁的世界?如果认为物质世界在时间上有开端,那么在开端之前,又是谁在那里安身?这就会引出一个超时空、超现实的神灵世界,也就无法和宗教神学、唯心主义划清界限了。

在空间、时间问题上,我们掌握了辩证唯物主义的基本观点,对于批判唯心主义、形而上学,对于克服宗教迷信,坚持完整的科学的世界观,有重要的意义。

要有时间观念,有空间观念,这对于我们的工作、生活,也有实际意义。空间、时间,与我们每个人都密切相关。我们在空间、时间中生活,在空间、时间中从事实践活动。因此,我们不论做任何工作,都不能不考虑空间、时间问题。我们讲一切从实际出发,也就是要求一切依时间、地点、条件为转移。把空间、时间置于一边,要贯彻唯物主义的思想路线,是不可能的。

高尔基说过这样的话:"世界上最快而又最慢,最长而又最短,最平凡而又最珍贵,最容易被忽视而又最令人后悔的就是时间。"这是生活经验的总结,又是对时间的辩证了解。昼夜交替,寒暑更迭,时间在不停地流逝,它一去不复再来。时间对我们来说,是多么宝贵啊!浪费时间,就是浪费生命。我们青年,风华正茂,朝气蓬勃,时间更显得珍贵。让我们珍惜自己的年华,努力学习,加倍工作,为祖国、为人民作出更多的贡献。

第四讲：
电脑的"挑战"
——意识是人脑的机能

北京中医医院的一位老大夫，擅长治疗肝病，慕名前往求医的人很多。他每天热情接待病人，却总苦于应接不暇。1979年，科研部门帮他收了一个"徒弟"，一下子扭转了被动局面。这个"徒弟"开一个处方只需十几秒钟，半天就可以看一千多病人。这个"徒弟"怎能这样神通广大呢？原来它是一台电子计算机。这台电子计算机，可以根据肝病的八个主型、三十六个亚型和病人的具体情况，开出两亿多种不同的处方，做到因人而异，对症下药。

这是电子计算机应用于医学上的一个事例。电子计算机自从二十世纪四十年代问世以来，已经愈来愈广泛地应用于各个方面。例如，它能控制轮船、飞机和火箭的航行，闪电般地进行最复杂的运算，能回答问题、下棋、代替人做一些劳动，等等。电子计算机科学的发展，方兴未艾，它给哲学研究提出了新的课题。我们应该认真地加以研究，以便丰富和发展马克思主义哲学。但是，也有人提出这样的问题：既然电子计算机（人们称它为电脑）能够代替人的部分脑力劳动，具有模拟人的部分思维的功能，这不是说机器也能够思维吗？这样，马克思主义哲学关于"思维是人脑的机能"的命题还能不能成立呢？

这的确是一个很重要的问题。因为它直接和物质第一性、意识第二性的原理密切相关。物质第一性、意识第二性，首先表现在物质是意识的根源，意识是物质长期发展的产物，是人脑这种高度组织起来的特殊物质的机能。如果认为机器也可以思维，思维可以离开人脑而独立存在，那么，对上述原理又如何理解呢？所以，研究一下意识究竟是怎样起源的，它和物质是什么样的关系，机器到底能不能思维，就是很必要的了。

意识的产生，是物质的反映形式长期发展的结果

意识、思维这样一些精神现象是从来就有的吗？在这个问题上，唯物主义和唯心主义的回答是根本对立的。客观唯心主义者认为，意识是永恒存在的东西，它先于物质并且创造出物质；主观唯心主义者认为，一切物质不过都是人的头脑中的意识。他们的共同点是否认先有物质、后有意识，否认意识是物质的产物这样一个唯物主义真理。自然科学的发展，完全证明了他们这种理论的荒谬。

意识并不是像物质那样从来就有的，而是物质发展到一定阶段才出现的。一切物质形式都具有反映能力，这种反映能力有一个由低级到高级的发展过程。在自然界发展的一定阶段上，通过生产劳动，猿脑发展为人脑，才出现意识这种特殊的反映形式。列宁说："假定一切物质都具有在本质上跟感觉相近的特性、反映的特性，这是合乎逻辑的。"①这一假设，由一系列科学发展的成果所证实。现代信息科学证明，这些反映都是借助一定形式的信息传递和交换实现的。

自然界的无机物，只有物理或化学反应。潮汐是海水对月球、太阳和地球之间引力变化的反应；月光是对太阳光的反应；矿石呈现不同的色彩，是对氧化作用的反应。这些无机物在外界刺激下发生的变化，仅仅是一种与感觉相似的简单的反映形式。这种简单的反映形式伴随着简单的信息运动。

无机物经过长期发展，产生了有机物，才出现了生物的反映形式。这种反映形式借助复杂的信息运动，给生命带来了自我控制的新的功能。在植物和低等动物身上，这种反应最初表现为刺激感应性，也就是说，它们对于直接作用于自身的环境有一种感应的能力，能够对来自外界的信息（刺激）作出某种趋利避害的迟缓反应。例如，葵花随着太阳的运行而转动，含羞草碰到外来物体时收拢自己的叶子，变形虫能逃避不利于它的化学药品。植物和低等动物的这种反应就是根据信息而产生的控制，它能使有机体适应变化了的外界条件。这种反映形式虽然还不是感觉，但是已经包含了感觉的萌芽。

由于有机体和环境之间关系的复杂化和刺激数量的增加，某些生物

---

① 《唯物主义和经验批判主义》，《列宁选集》第2卷，第89页。

体的表面逐渐形成了特殊的感觉细胞,这就产生了感觉能力。感觉器官的进一步发展和各种感觉器官的专门化,形成了神经系统,用以建立各种感觉器官之间的联系。神经系统的进一步发展,出现了中枢神经系统(包括脑和脊髓)与周围神经系统。高级动物通过神经系统和周围环境相联系,调节运动器官,作出反应,这就是反射。

反射是有机体对外界刺激的一种迅速而确定的反应,分为无条件反射和条件反射两类。无条件反射是某种刺激物直接引起的反射。这是一切有神经系统的动物生来就有的,是一种低级的神经活动。如食物直接刺激口腔引起分泌唾液,眼睛在强光下瞳孔缩小,某些动物的耳朵在倾听微弱声音时竖起来,都是无条件反射。蜘蛛结网也是一种无条件反射。条件反射则是由某种刺激物的"信号"引起的反射,是动物发展的高级阶段,即脊椎动物才具有的。如给狗进食时,人发出呼唤声,多次重复,这种声音就会成为食物的信号。狗一听到这种信号,即使没有食物,它也会分泌唾液。马戏团里的动物表演,猪牛在规定时间便溺,都是经过训练建立起来的条件反射。这种无条件反射和条件反射的能力,就是动物的心理或低级的"意识"。当然,这还谈不上是我们讲的人类的意识。

由于高等动物具有条件反射的机能,因而能够进行复杂的活动。据报载:新加坡有些经过专门训练的猴子,已能听懂25个马来语单词。人们只要发出命令,它们就会飞快地爬到高大的树枝上,采摘主人需要的树叶和花朵。科学家为了研究热带植物,常常带着这些"助手"到森林去采集标本。上海西郊公园有一头猩猩,它经常为游人表演难度较高的体操和杂技,它还戴上眼镜穿针引线,缝补手帕,并挥动手帕向观众致意。显然,像猿猴这样的高等动物,已经具有萌芽状态的意识了。

高等动物发展到人类,才产生了意识。人和动物一样,具有第一信号系统,即条件反射,但是人还具有动物所没有的第二信号系统,即由语言引起的另一类条件反射。人类在第一信号系统和第二信号系统的基础上进行的思维活动,就是意识活动。随着意识的产生,出现了语言等新的信息形式,物质的信息运动也具有观念的成分。"思维着的精神",用恩格斯的话来说,就成了"地球上的最美的花朵"。①

---

① 《自然辩证法》,《马克思恩格斯选集》第3卷,第462页。

思维这种最高级的反映形式,是人的社会劳动的产物。人类和动物不同,它不是简单地适应自然环境,而是通过劳动有意识地变革自然环境,使之适合自己的需要。在劳动过程中,人才可能把自己同自然界区别开来,有计划、有目的地改造客观世界,达到对客观世界本质和规律性的认识,形成抽象思维的能力。

在对意识的产生和意识的本质的理解上,马克思主义哲学和旧唯物主义有原则的区别。旧唯物主义只是从生理学上来说明意识活动,把意识看成仅仅是人类自然生理现象。意识固然有生理的基础,不能忽视,然而它是社会实践,首先是劳动的产物,随社会实践的发展而发展。它是一种社会现象。正像马克思、恩格斯说的:"意识一开始就是社会的产物,而且只要人们还存在着,它就仍然是这种产物。"①

从物质反映形式的发展过程,我们可以看出,在无生命和有生命的物质中,都具有某种反映特性。但是,只有在物质的长期发展过程中,产生了人类,才出现了意识这种最高级的反映形式。

意识是人脑的机能

为什么只有人类才有思维呢?这是因为人类具有高度组织起来的特殊的器官——人脑,思维是人脑的机能。

古人受到科学知识不足的限制,弄不清思维和人脑的关系,常常把心脏看做是思维的器官。孟子说:"心之官则思。"现在,当然没有人再把心脏看做是思维的器官。自然科学早已告诉我们,思维的器官不是心脏,而是大脑。

人的大脑皮层包括了一百四十亿以上的脑细胞,不同的区域与相应的感觉器官相联系,形成了一个完整的中枢神经系统。大脑是中枢神经系统的调节中心。大脑的枕叶司视觉,颞叶沿大脑侧沟的部分司听觉,其他如额叶、顶叶等各有专职,分工极其细致、严密。

人的精神活动,如感觉、记忆、思维,它们分别起着获得信息、储存信息以及分析、处理信息的作用,都与大脑不同部位的生理活动相联系。例如,有这样的事实:一个加拿大医生给病人做手术,用微电极刺激大脑皮层右侧颞上叶,病人突然说"我听到管弦乐的音乐声",并情不自禁地哼唱

---

① 《德意志意识形态》,《马克思恩格斯选集》第1卷,第35页。

起来。这就是用微电极的刺激代替神经系统传输来的信息,触发了储存在大脑皮层的关于管弦乐的记忆。这位医生认为,记忆可能像录音带,刺激大脑的某一点,就可以把记忆"磁带"放出来。又如,在下丘脑有"好感中枢"和"厌恶中枢",两者相距仅半毫米,用微电极刺激前者,可使人心情愉快,乐此不倦;但是,刺激稍偏,即可能触及"厌恶中枢"而引起相反的情绪和行为。这些材料说明,人脑的确是人的精神活动的物质基础。人的意识与人脑这一特殊物质是不能分开的。

人的思维依赖于大脑。大脑受到损害,就会影响思维,以至失去思维能力。苏联有一著名物理学家叫朗道,幼时被人称为神童,十二岁进大学,同时学习两个系的课程。他在物理学方面作出了重要贡献,1962年获得诺贝尔奖金。正当他年富力强的时候,突遇车祸,脑部受到严重损伤,失去了思考能力和记忆能力。此后,虽然他又活了六年,但再也不能进行科学研究了。

语言是思维的工具。有语言,人才能思维。语言是在社会劳动中产生的。人在劳动中,需要交流思想,于是形成了自己的发音器官,产生了语言。语言的产生,使人类的思维能力得到提高,促进了人脑的发展。大脑皮层由此形成了语言中枢。语言中枢又分化为说话、书写、听语、认识词义四个中枢。这些语言中枢,保证人类语言活动的进行,是只有人脑才具备的。动物没有语言中枢,对于它们来说,作为条件反射的信息,只能是实物或某种特定的信息;然而对于人类来说,作为条件反射的信息,不仅可以是实物或某种特定的信号,而且可以是语言。这就是为什么人们会"谈虎色变"的道理。有人把小黑猩猩带到人的生活环境中来,教它学习语言。到了三岁的时候,小黑猩猩会叫"妈妈"、"爸爸",会说"杯子"等单词,但只停留于此。对某些高等动物是否能掌握语言的研究,在继续进行,这是有意义的。像黑猩猩这样的高等动物,经过人的诱导、训练,可以学会一些语言。但由于它们的脑中没有形成语言中枢,毕竟不可能像人类那样掌握语言。人脑具有思维的特殊机能,这是任何动物的脑子所不具备的。

自然科学证明,客观事物作用于人的感官,由神经系统传达到大脑,引起大脑皮质活动,用思维工具的语言对感觉材料进行概括,便形成了对事物的认识。意识是人脑的机能。唯心主义者鼓吹意识可以脱离物质而存在,是根本违背科学的。德国有个唯心主义哲学家叫阿芬那留斯

(1843—1896),是经验批判主义这一主观唯心主义流派的创始人之一。他否认思维对头脑的依赖关系,断言"思维也不是头脑的产物,甚至也不是头脑的生理机能"。列宁曾尖锐地批判这种唯心主义哲学,称之为无头脑的哲学,"是不用头脑思想的理论"。[①]

"灵魂不死"的观点为什么是错误的呢?也就是因为它把精神现象看做可以脱离人脑而单独存在的东西。我国南北朝时期杰出的唯物主义思想家范缜(约450—约510),就有力地批驳了这种观点,提出了"形存则神存,形谢则神灭"的神灭论思想,明确指出精神不能脱离肉体而存在。他把肉体和精神的关系,生动地比作"刃之与利",即肉体好比是刀口,精神好比是刀口的锋利,锋利是不能离开刀口而存在的。他说:"未闻刃没而利存,岂容形亡而神在。"他的卓越思想,至今闪烁着光辉。

意识是人脑的机能,这一科学论断有力地证明了物质第一性、意识第二性的唯物主义原理,不仅与唯心主义是根本对立的,而且同"物活论"、庸俗唯物主义的观点有原则的区别。哲学史上,有一些唯物主义者不了解意识只是高度组织起来的物质——人脑特有的属性,认为一切物质都有意识,都有感觉和思维的能力。这种万物有灵的"物活论"观点,给宗教和唯心主义留下了地盘,不可能把唯物主义贯彻到底。十九世纪五十年代,欧洲流行一种庸俗唯物主义哲学,它把意识也看做是物质,认为大脑产生思想,就像肝脏分泌胆汁、肾脏分泌尿液一样,这就从另一个极端混淆了意识和物质的界限。列宁指出:"把思想叫做物质的,这就是向混淆唯物主义和唯心主义方面迈了错误的一步。"[②]意识是物质(人脑)的特性,并不是物质本身。如果认为意识也是物质,二者没有本质的区别,那么,哲学基本问题也就不存在了,唯物主义和唯心主义的对立也就消失了。这显然是极其错误的。

电脑不能脱离人脑

既然思维是人脑的属性和机能,离开了人脑,思维就不能实现,那么,电脑的出现又如何解释呢?现在我们可以回到开头提出的这个问题了。

电子计算机作为二十世纪科学技术的伟大成果,它

---

① 《唯物主义和经验批判主义》,《列宁选集》第2卷,第74页。
② 《唯物主义和经验批判主义》,《列宁选集》第2卷,第249页。

的广泛应用,有力地推动了整个科学技术的发展,引起生产技术的革命,对社会生活各个方面都产生了巨大和深远的影响。过去许多难以办到的事情,由于它的出现,而变成了现实。比如,一百多年前,数学家提出了"四色定理"的猜想,说画地图,不管多么复杂的地图,只要四种颜色就够了,三种颜色不够,五种又不必要,四种正合适。这个定理是对的,但没有得到证明。一直到1976年,美国两位数学家用电脑才完成了这个定理的证明。电脑运算了1200个小时,做了200亿个逻辑判断。有人估计过,要是没有电脑,用人工算,一个人每天工作24小时,要算30万年。电脑模拟人的思维,可以代替人的一部分脑力劳动,这是没有问题的。辩证唯物主义无疑将从这一成就中吸取营养,丰富自己的学说。

然而,电脑的出现,并没有改变辩证唯物主义关于思维是人脑的机能这一观点。有人说,电脑可以思维,它"将超过它的主人"而"统治人类"。这种说法是毫无根据的。

首先,电脑对人的思维的模拟,乃是人脑给予的,是人的思维的结晶。如果说电脑能够"思维",那么这种思维归根到底是人脑的产物。

1979年,在美国纽约州立大学进行过一次熟练的牌手与电子计算机系统的赌博。这位牌手运用真真假假的策略,连续赢了几局。后来,电脑识破了对方的牌路,改变打法,转败为胜。这部电脑所以能够吸取教训,正是由于设计人将应付各种施诈的方法编入了程序。在电脑背后起作用的还是人脑。电脑的"记忆",实际上是人把大量信息放到储存器中保存起来;电脑的推理实际上是人把演绎所用的逻辑教给了机器;电脑所作出的结论,不过是人所输入进去的程序和数据的逻辑结果。机器不能输出任何未曾输入的东西。再聪明的机器,都不过是人设计、制造和控制的,只能说人由于创造出这些机器而变得更加聪明,不能说机器比人更聪明,更说不上什么机器统治人类了。

其次,电脑对人的思维的模拟,和人的思维本身存在着质的差异。如果说机器能够思维,那么,这种思维应当加上引号。因为电脑的"思维"是通过一个个电子原件的装置来实现的,电子运动是物理的运动形式,电脑只服从于物理的运动规律。人的思维则属于社会的运动形式,它包括物理的运动形式,但不能归结为物理的运动形式。人的思维,是在改造客观世界的自觉的、能动的实践过程中产生和发展起来的。人了解他正在做的事情的意义,而机器则只遵循某种规则而已,二者是不能混淆的。

据说,最早利用伊利亚克电子计算机作的乐曲已经出版,叫做《伊利亚克弦乐四重奏组曲》。它的"作曲"方式就是利用选择规则来组合音符,使之成为人们可以接受的排列。所以,一些音乐家说,这种曲子"只能使人感兴趣,很少具有人的才能"。因为人的作曲要从社会实践中汲取养料,搜集素材,获得激情,它要创新,而不是根据物理学的某种规律去连接各种音符。电脑的"作曲",充其量只能是某种智力技术,而不是艺术创作。

一切工具都不过是人体的延长。挖土机是人手的延长,车轮是人腿的延长,扩音器是人嘴的延长,电脑不过是人脑的延长。但是,谁都知道,挖土机不是手,车轮不是腿,扩音器不是嘴,电脑也绝不是人脑。因而说电脑能够思维,甚至认为它能代替人、统治人,完全是不能成立的。电脑对人的思维的模拟,今后肯定会继续得到很大的发展,但它永远不会代替人脑。人脑把智慧给予电脑,电脑又使人脑变得更加聪明。人将由于电脑的出现和发展,日益摆脱一部分烦琐的脑力劳动,而将精力用于更富于创造性的工作上去,从而使人脑得到新的发展,使人的思维发挥更大的作用。思维是人脑的机能,电脑不过是人脑的延伸。这就是我们的结论。

第五讲：
"胸有成竹"
——意识是物质的反映

宋朝有个画家叫文与可,善于画竹。他画的竹子栩栩如生,受到大家的赞扬。他的朋友晁补之写了一首诗称赞他,其中有两句说:"与可画竹时,胸中有成竹。""胸有成竹"从此作为脍炙人口的成语,流传至今。文与可"胸中"的"成竹"从何而来呢?是天生的吗?不是。是冥思苦想、主观自生的吗?也不是。它是客观存在的竹子在人的头脑中的反映。原来,文与可在他住处的周围种了许多竹子,一年四季观察竹子的变化。他对竹枝、竹叶在各个不同时期的形状、姿态,都有透彻的了解,因而当他画竹时,能够做到"下笔如有神",快速地画出各种各样生动逼真的竹子。如果文与可不跟竹子打交道,那么不论他如何构思,也不会做到"胸有成竹",更不会成为画竹的高手。这也就是说,人光有脑子,还形成不了意识,人只有用脑子去反映外部世界之后,才会产生意识。

唯物主义哲学关于物质第一性、意识第二性原理,包含两层意思:第一,物质是世界的本原,意识是物质发展到出现人脑时才产生的,是人脑的机能;第二,意识的内容是对物质的反映。我们了解了第一个问题之后,还要进一步来谈谈意识是物质的反映这个方面的问题。

> **感觉是客观世界的直接反映**

意识对物质的反映,是通过感觉、思维等形式进行的。感觉是意识的初级形式,我们认识任何事物,都是从感觉开始的。一个苹果摆在我们面前,我们看见它是红色的,闻到它是香的,摸到它是硬的,咬它一口尝尝,还发现它是甜的。这些,都是苹果作用于我们的感觉器官而产生的感觉。这些感觉综合在一起,我们的脑子里就有了对这一苹果的映象。如果我们的感觉器官受到损伤,发生了故障,不能产生感觉,那么我们对这一苹果也就不会有任何的了解。俗话说:"一叶障目,不见泰山;两耳塞豆,不闻雷霆。"一个闭目塞听、没有感觉的人,是不会产生任何认识的。我国有一个民间故事,叫"瞎子摸鱼"。传说,古时候有两个瞎子,在锅里煮了一条鱼。吃时,两人都在锅里捞鱼,结果谁都没有捞到。两人都说是对方捞来吃了,互相埋怨,争吵不已。邻居听见了,走过来一看,连忙说:"你们不要吵了,鱼还在锅台上放着呢!"没有视觉,会发生这类笑话,倘若同时没有嗅觉、触觉、听觉、味觉等,又会发生怎样的情景呢?可以肯定,他的脑子将是一纸空白。有感觉,才会有客观事物在头脑中的映象。感觉是我们意识的起点。

但是,仅仅承认感觉是意识的起点,还不是唯物主义。主观唯心主义也承认感觉是意识的起点。在第一讲里,我们不是提到贝克莱那个"存在就是被感知"的公式吗?他说:"人们观察到一定的颜色、滋味、气味、形状、硬度结合在一起,就承认这是一单个的物,并用苹果这个词标志它;另外一些观念的集合构成了石头、树木、图书以及诸如此类的感性实物。"一言以蔽之,苹果也好,其他物体也好,都是"观念的集合"或"感觉的组合"。客观事物,在贝克莱看来,不过是人的感觉而已。可见,仅仅承认感觉是意识的起点,是不够的,凭这一点,还不能区别唯物主义和唯心主义。唯物主义当然承认感觉是意识的起点,但不停留于此,还要问:感觉又是从哪里来的?只有进一步承认感觉是外部世界的反映,才把唯物主义和唯心主义区别开来。

可见,对感觉的承认,也有两种不同的出发点。唯心主义承认感觉,把感觉等同于客观事物,认为感觉是第一性的东西;唯物主义承认感觉,认为感觉是客观事物的反映,是第二性的东西。显然,唯心主义是错误的,它抹杀了反映与被反映的区别。拿苹果来说,我们关于苹果的种种感觉,都是苹果的各种特性的反映。例如,圆的感觉,这是苹果的形状的反映;红的感觉,这是苹果的色泽的反映,等等。我们头脑中苹果的映象,当然依赖于这些感觉的综合,但苹果本身并不是这些感觉的综合或"组合"。苹果是不依赖于我们的感觉而独立存在的。弄清反映与被反映的联系与区别,是唯物主义反映论的一个重要内容。下面,我们再进一步来谈谈这个问题。

感觉是对客观事物的反映。就是说感觉的产生,必须以客观事物的存在为前提。以照相为例,倘若你不出现在照相机面前,就不会照出你本人的照片。十九世纪德国生理学家米勒认为,感觉的产生不决定于外界刺激,而是决定于感觉器官的特性。这是不正确的。现代生理学、心理学的实验材料证明,任何感觉都是客观事物作用于人的感觉器官的结果。客观事物、现象刺激人的感觉器官,引起神经兴奋,经由神经系统传达到大脑,人便产生了感觉。音波作用于耳膜,使人有了声音的感觉;不同波长的可见光作用于视网膜,使人有了颜色的感觉;不同的气味作用于嗅觉,使人有了这样那样味道的感觉……总之,只有当客观事物作用于人的眼、耳、鼻、舌等感觉器官时,才会产生感觉。没有客观事物的刺激,任何感觉都不可能产生。

感觉作为意识活动的一种形式,有它自己的特点。它对外界事物的反映是直接的,不必通过任何中间环节。例如,我们感到某种葡萄是酸的,为什么会产生这种感觉呢?因为我们吃了这种葡萄,我们的味觉器官和这种葡萄发生了直接的联系。主观唯心主义哲学所以会把感觉和客观事物完全等同,也不是无缘无故的,从它的认识论根源来说,就是抓住了感觉这一特点,加以夸大,把直接反映夸大为完全等同。其实,反映,不论是多么直接的反映,也不论这种反映多么符合客观事物的原形,它只能是反映而已,不会成为客观事物本身。反映者和被反映者,第二性的东西和第一性的东西,是不能混淆的。费尔巴哈在批判主观唯心主义者的时候,说过这样颇有风趣的话:"如果猫看见的老鼠只在它的眼睛中存在,只是它的视神经的感觉,为什么猫用爪子去抓老鼠,而不去抓自己的眼睛呢?因为猫不想因为爱戴这些唯心主义者而去死于饥饿,并且忍受痛苦。"①

综上所述,我们便可以对感觉作如下的概括:感觉直接反映客观事物,其内容是客观的;但感觉存在于人的头脑中,其形式又是主观的。一句话,感觉是客观事物的主观映象。因此,唯物主义的反映论是正确的,它既看到感觉与客观事物的直接联系,看到感觉对于客观事物的依赖关系;又看到二者的区别,没有把它们混同。感觉与客观事物的关系,是反映与被反映的关系,客观事物是第一性的,感觉是第二性的。没有被反映者,就不会有反映,离开了唯物主义反映论这一基本原则,就会滑到唯心

---

① 《费尔巴哈哲学著作选集》上卷,第526页。

主义方面去。

思维是客观世界的间接反映

意识对物质的反映,不限于感觉,感觉是意识的低级形式。意识还有它的高级形式——思维。人的感觉能力是在劳动过程中逐步完善起来的,它和动物的感觉能力尽管有本质的不同,但感觉毕竟还是人和动物所共有的,而思维则是人类所特有的。

思维和感觉比较,大不相同。感觉给予人的,是具体事物的个别特性;思维给予人的,是同类事物的一般特性。感觉给予人的,是具体、生动的形象,即事物的现象方面;思维给予人的,是事物的全体和本质方面。还以苹果为例吧,比方说,在感觉中出现的,是具体苹果的一定的形状、颜色;在思维中出现的,则是各种苹果所共有的形状、颜色。感觉告诉人们某一苹果的具体特征,思维则告诉人们关于苹果的本质。感觉使你感知这个梨、那个苹果的具体形象,思维则使你把握既非梨也非苹果然而又包括它们在内的"水果"。你能摸到一个个梨、苹果,但你无法摸到抽象的"水果"。

这就是说,思维具有抽象的特点,它和感觉是有区别的。思维的产生,不是客观事物直接作用于感官引起的,它和客观事物不发生直接的联系。既然如此,又怎样解释思维也是客观世界的反映呢?这是一个比较复杂的问题,形而上学的唯物主义正是在此陷入了窘境。而客观唯心主义又正是抓住了思维这一特性,加以夸大,使之成为完全脱离了物质的抽象物。柏拉图的"理念",黑格尔的"绝对精神",朱熹的"理",都可以从这里找到它们的认识论根源。因此,弄清楚思维的特点,对进一步批判唯心主义,克服形而上学唯物主义的缺陷,都很有必要。

形而上学唯物主义承认反映论,但不能科学地解释思维对客观世界的反映过程。为什么呢?原来,形而上学唯物主义的反映论带有消极的、直观的性质。就是说,它把反映看做是简单的照相式的反映,不了解人对客观世界的认识是一系列的复杂过程,因而,不能把握思维是如何反映客观世界的。马克思主义的反映论,则揭示了思维与客观世界的联系。

思维虽然不是客观事物直接作用于我们的感官引起的,但它同样是客观世界的反映。不过,这种反映不是直接的,而是间接的。在思维和客观事物之间存在着中间环节,这就是感觉。思维依赖于感觉提供的材料,经过一系列的抽象过程,形成某种概念。这种概念看起来不论多么抽象,归根到底,来源于客观世界,反映客观世界。以"水果"来说,"水果"这一概念的产生,固然不是"水果"作用于人的感官的结果,但试想想,如果人不感觉到梨、苹果等客观事物的具体形象,如何会产生"水果"这一概念呢?柏拉图把概念叫做理念,认为理念在先,具体事物在后,先有个"水果"的概念,然后才有苹果、梨子,先有了"人"的概念,然后才产生出张三、李四等个人。这就根本颠倒了思维和客观事物的关系。

科学发展的历史,完全驳倒了唯心主义对思维本质的歪曲。事实证明,思维不论多么抽象,都是对客观事物的反映。以科学规律为例,它无疑是高度的抽象,但任何规律的发现,都不是科学家头脑任意创造的产物。物理学上的电磁感应定律,是英国科学家法拉第发现的。1831年,法拉第在实验过程中,看到一个线圈的电路忽通忽断时,另一个邻近的线圈里产生了电流。后来,他又设计了另一个实验——用磁铁插入线圈。他发现在插入的瞬间,线圈也产生了电流。从这些感觉材料出发,他将电、磁、运动、变化等现象联系起来,概括出电磁感应定律。可见,规律的发现,同样是对客观事物进行观察研究的结果。归根到底,也是对客观事物的反映。事情正像毛泽东同志说的:"军事规律,和其他事物的规律一样,是客观实际对于我们头脑的反映,除了我们的头脑以外,一切都是客观实际的东西。"①

在自然科学中,最抽象的莫过于数学这门科学了。数学与客观事物的关系,有时不是很容易看得清楚的,但是,任何数和形的概念,都无非是客观事物的数量关系和空间关系的反映,都是从客观世界中得出来的。例如,欧洲语言中来源于希腊语的"几何"一词的原意,就是丈量土地。古代埃及为兴建尼罗河水利工程,曾经进行过测地工作,几何学就是在这个基础上发展起来的。我国公元一世纪的《九章算术》一书中,有这样的话:"今有积五万五千二百二十五步,问为方几何?"这是"几何"一词的汉语来源。恩格斯在《自然辩证法》中,还以水的蒸发解释微分,以水蒸气的凝结解释积分,说明数学概念就是自然界事物的变化过程的反映。

---

① 《中国革命战争的战略问题》,《毛泽东选集》1951年版第1卷,第179页。

前一讲已经说过，思维活动是借助语言进行的。巴甫洛夫关于高级神经系统的学说，从生理学的角度说明了人的反映不仅和动物一样具有借助感觉反映客观世界的第一信号系统，而且具有借助语言进行抽象思维的第二信号系统。第二信号系统是构成第一信号系统的那些事物和现象的标志，是信号的信号。实验表明，用语言代替实物作为刺激物，在人脑活动中仍然出现同样的生理过程。这就说明，思维活动并不神秘，它确实也是客观事物的反映。

思维，作为客观事物的间接反映，不像感觉那样直接反映客观事物，但它反映了事物的本质、内部联系和规律，因而不但没有离开客观事物，相反，恰恰是更深刻地反映了客观事物的面貌。

马克思说："观念的东西不外是移入人的头脑并在人的头脑中改造过的物质的东西而已。"① 这就是马克思主义哲学的科学论断。

> 迷信、神话、幻想无一不是客观世界的反映

既然没有被反映者就不会有反映，又为什么人的思想往往会出现一些在实际生活中并不存在的东西，例如神灵鬼怪，这又作何解释呢？

原来，神灵鬼怪在实际生活中虽然不存在，但构成神灵鬼怪的"零件"，在实际生活中却是存在的。《聊斋志异》的《画皮》篇，描绘了一个狞鬼的形象。此鬼"面翠色"，"齿巉如锯"，"卧如猪嗥"，"身变作浓烟"……这里说的"翠色"、"锯"、"猪嗥"、"浓烟"，哪一样不是客观存在的事物和现象呢？所谓狞鬼，不过是这些东西反映在人的头脑中，又经过人的头脑的重新制作罢了。

我们再看神灵形象：弥勒佛挺胸腆肚，女观音点着吉祥痣，耶稣披着长袍，济公不修边幅，等等。每一个形象，都可以在人间找到它的原型。有趣的是，不同民族的神灵形象，都带有那个民族的不同特征，同为女神，古希腊的维纳斯体态丰满，优雅而又健美，《红楼梦》中的警幻仙子，则皓齿丹唇，纤腰细步。古希腊哲学家色诺芬尼（约前565—约前473）说过："如果牡牛和狮子都生得有手，也会像人那样做成艺术品，则它们也同样

---

① 《〈资本论〉第一卷第二版跋》，《马克思恩格斯选集》第2卷，第217页。

画鬼从何处取材?

会描绘神灵并且也会给神灵一个像它们自己的形象一样的身体。"这话是对的。神灵的形象,正是人们按照自己的形象塑造出来的。山西的云冈石窟,有佛像十万左右,分布在四十几个洞里。大佛像高大雄伟,显示出举世独尊、无与伦比的气概,象征着最高统治者的威严,其他佛像按品级高低排列,全都服从于大佛,洞中的飞天和侏儒,则代表奴隶和民众。这些,不就是当时社会的阶级关系、等级关系的反映吗?

神话小说《西游记》中的孙悟空的形象,是我们所喜爱的。孙悟空的机智、勇敢、疾恶如仇、坚韧不拔等性格,其实就是我国古代人民在反抗压迫中形成的可贵品质的真实反映。

人们常把不切实际的幻想叫做"黄粱美梦"。然而即使梦幻,它与客观现实也不是毫不相干的。常言说:"日有所思,夜有所梦。"这是有道理的。做梦和人在清醒时的正常思维活动不一样,但梦中的内容,毕竟根植于现实世界。做梦也是一种生理现象,当人入睡时,大脑并未停止活动,人们平日的活动在大脑皮质留下的印象,以及睡眠中来自体内或体外的刺激,传到大脑皮质,就会构成五花八门的梦境。因此,梦境不论多么离奇曲折,还是可以在现实生活中找到它的印迹。做梦尚且如此,更不必说在清醒时头脑中出现的意识能够不是外部世界的反映了。当然,这种反映,有正确的反映,还有不正确的反映。错误的思想,荒唐的迷信观点,种种不切实际的幻想,都是不正确的反映,或者说是对客观世界歪曲的、虚幻的、颠倒的反映。这些,我们是应该加以区别的。

但是,也有一些幻想,虽然还不是现实的东西,却并非胡思乱想,而是有着一定的客观依据,所以是极有价值的。这类幻想,当然不能说是对客观世界的歪曲的反映。它们表明,人们不满足于现状,要求进一步改造世界。特别是那些建立在一定的科学知识和经验基础上的科学幻想,它们表现了人们对未来美好生活的憧憬,对于推动人类科学技术的发展起着重大作用。例如,空中运载工具的出现,就同幻想密切相关。人们在古代就从鸟的飞行中得到启示,幻想着自己也能在广阔的天际"展翅飞翔"。传说我国春秋战国时期著名的工匠鲁班,曾经制造出能飞的木鸟。近代以来,人们终于发明飞机、宇宙飞船,实现了古代人们飞天的幻想。科学需要幻想,文艺创作需要幻想,各行各业也都需要幻想。列宁说过:"幻想是极其可贵的品质。"有幻想,才有发明创造。青年人思想活跃,富于这样的幻想,这正是一大长处。

总之,感觉是客观世界的直接反映,思维来源于感觉,归根到底,也是客观世界的反映。一切观念的东西,都根源于客观世界,都这样或那样地反映了客观世界,这就进一步说明了唯物主义关于物质第一性、意识第二性的论断是正确的,和这个论断相反的唯心主义是错误的。

从第一讲开始,我们从各个角度讲了物质第一性、意识第二性的原理,这是哲学基本问题即物质和意识关系问题的第一个方面。由于对物质和意识何者为第一性的不同回答,把哲学家区分为唯物主义者和唯心主义者,同时,区分了唯物主义和唯心主义哲学上的两条基本路线。列宁在批判现代资产阶级哲学马赫主义时指出:"从物到感觉和思想"这是唯物主义路线,"从思想和感觉到物"这是唯心主义路线。① 前者主张的是物质第一性、意识第二性,后者主张的是意识第一性、物质第二性。有两条哲学路线,就有两条思想路线。坚持从物到感觉和思想,就要坚持一切从实际出发;坚持从思想和感觉到物,也就是坚持从头脑、从主观愿望出发。两种出发点,体现了两条根本对立的思想路线。

对于一个无产阶级政党来说,用哪一条思想路线来指导自己的行动,从实际出发还是从主观臆想出发,这是事关革命和建设成败的重大问题。在民主革命时期,中国共产党领导的革命运动几经曲折,在毛泽东同志的领导下,经过延安整风运动,彻底揭露了"左"右倾机会主义的思想根源,清算了王明的"左"倾错误,在全党确立了唯物主义的思想路线,坚持一切从实际出发的原则,坚持用马克思列宁主义、毛泽东思想来分析我国的实际,从而制定了正确的政治纲领和路线,取得了民主革命的彻底胜利;建国以后,又取得了生产资料私有制的社会主义改造等伟大胜利。在社会主义事业的前进过程中,由于党的指导思想一度偏离了唯物主义原则,主观的指导不符合客观实际,导致了"文化大革命"。党的十一届三中全会重新确立和恢复了马克思列宁主义、毛泽东思想的思想路线,马克思主义的唯物主义又恢复了应有的权威,我们的社会主义祖国又出现了中兴的大好局面。坚持唯物主义的思想路线,从实际出发,从科学地分析我国的国情出发,走出一条有中国特色的社会主义道路,经过这样的道路,把我

---

① 《唯物主义和经验批判主义》,《列宁选集》第2卷,第36页。

国建设成社会主义现代化强国,这是我国各族人民的希望所在。

坚持唯物主义思想路线对于无产阶级政党或对于领导者固然是重要的,对我们普通人是不是也那么重要呢?其实,对政党也好,领导者也好,普通人也好,道理是一样的,只不过发生影响的范围、方面、大小有不同罢了。当我们说到物质和意识何者是本原的问题时,说的是划分唯物主义和唯心主义的标准,那么承认物质第一性、意识第二性的唯物主义观点,在实际生活中又有什么意义、有什么要求呢?唯物主义世界观就是按事物的本来面目去了解事物,而不附加任何外来的成分,就是要从实际出发,而不要从头脑出发,一句话,就是要实事求是。"实事求是"一词,出自《汉书·河间献王传》。毛泽东同志对它的含义作了新的解释:"'实事'就是客观存在着的一切事物,'是'就是客观事物的内部联系,即规律性,'求'就是我们去研究。"[①]实事求是,是毛泽东思想活的灵魂的一个基本方面。它是一种科学方法、科学态度、科学精神,是我们党的学风。它和任何形式的武断、盲从、迷信、墨守成规等态度都是水火不相容的。我们每一个人都要懂得用唯物主义的态度去观察世界,观察国家大事、天下大事,也要懂得用唯物主义的态度去处理我们的工作、生活和学习。任何人要做有益于人民的事情,都需要有这种态度。实现社会主义现代化,振兴中华,尤其需要发扬这种唯物主义的科学精神。

一切唯物主义哲学都承认物质第一性、意识第二性,承认物质决定意识,那么,是不是说意识对物质就不起什么作用了呢?不是的。马克思主义哲学不仅承认物质决定意识,而且承认意识对物质有反作用,这后一个问题,我们将在以后有关部分再谈。

[①] 《改造我们的学习》,《毛泽东选集》1953年版,第3卷,第821页。

第六讲：
猫、田鼠、熊蜂和三色堇
——世界的普遍联系

前面五讲，集中讲了在世界本原问题上唯物主义和唯心主义的对立，讲了辩证唯物主义关于物质第一性、意识第二性的原理。从这一讲开始，我们要讲辩证法和形而上学的对立，进一步研究物质世界是怎样变化、发展的，它具有哪些普遍规律和基本范畴，这也就是唯物辩证法要回答的问题。

当我们接触物质世界时，首先遇到的是一幅错综复杂、普遍联系的画面，达尔文在《物种起源》一书中，讲了这样一个例子：猫、田鼠、熊蜂、三色堇(俗称"蝴蝶花")，在自然界中是种属相距甚远的动植物。乍看起来，彼此互不相干，似乎没有什么联系。其实不然。三色堇属堇菜科植物，是依赖熊蜂传递花粉受精的；一个地方熊蜂的数量，又跟田鼠的数量直接相关，因为田鼠常常破坏熊蜂的蜂窝；而田鼠的多少，又与猫的多少不可分割。这样，猫、田鼠、熊蜂、三色堇之间，就有了生死攸关的联系：猫吃田鼠，猫多则田鼠少；田鼠毁掉蜂窝，田鼠少则熊蜂多；熊蜂能替三色堇传递花粉，熊蜂多则三色堇繁茂。这个例子多么生动地表现了事物之间的相互联系和相互作用。它表明自然界中的动植物，被一种关系复杂的网联系在一起。事实上，这种联系之网，不仅在生物界存在着，而且在整个自然界和人类社会都存在着。物质世界的各种事物、现象、系统和过程，无不处在普遍联系和相互制约之中。

什么是辩证法的观点？什么又是形而上学的观点呢？从物质世界的普遍联系出发，唯物辩证法坚持用联系的、发展的、全面的观点去观察世界，从而揭示了物质世界存在和发展的普遍规律。和辩证法相反，形而上学看不见普遍联系，用孤立、静止、片面的观点去看世界，把世界看成是互不相干的既成事物的偶然堆积，对客观世界作了歪曲的反映。是否承认事物的普遍联系,这是辩证法和形而上学分歧的出发点。恩格斯说过:"辩证法是关于普遍联系的科学。"① 我们研究唯物辩证法,就得从研究事物的联系开始。

事物联系的普遍性

我们讲的联系,是客观事物、现象之间,以及事物、现象内部各方面之间的相互依赖和相互制约的关系。这种关系不论在自然界还是在人类社会,都不是只为个别或局部的事物所具有,也不是只在某一段时间里存在,而是无处不有,无时不在,具有普遍的性质。拿我们的地球和太阳来说,两者尽管相距一亿五千万公里,但却有着密切的联系。太阳对地球有巨大的吸引力,而地球对太阳也有很强的离心力,这两种力处于平衡状态,才使得地球以每秒30公里的速度围绕太阳旋转。太阳每分钟将2.5×10^{18}卡的热能(相当于500万吨煤燃烧发出的能量)倾注到地球上,离开了太阳,地球上生命也就完结了。就拿种庄稼来说,常言道"水是庄稼宝,离它活不了","庄稼一枝花,全靠肥当家","有收无收在于水,多收少收在于肥"。为什么水和肥这样重要?因为水和肥是庄稼生长不可缺少的条件,离开了水和肥,庄稼就不能生长。事物的相互联系,对于纷繁复杂的社会现象更是如此。例如,国民经济的各部门、各环节,都是相互联系、相互制约的,只要某一部门、某一环节发生问题,就会不可避免地影响到别的部门和别的环节。发展经济是发展文化、教育的条件,发展文化、教育转过来又成为经济发展的条件,社会生活的各个方面构成了互相联系的整体。

像这样的例子是不胜枚举的。当我们环视周围各个相殊的事物时,就会看到,任何事物都与其他事物联系着,不是这一事物变化的原因,就是那一事物发展的结果;不是这一运动序列中的一个环节,就是另一过程不可分割的组成部分。事物之间存在互相制约、互为存在和发展的条件,这种普遍的联系,使得人类社会、地球,乃至浩瀚无垠的宇宙,成为一个有机联系的统一整体,而不是无数偶然事物的简单堆积。

那么,世界上有没有绝对孤立的事物呢?没有。

首先,任何事物都是作为事物某种系统而存在的。所谓系统,就是指

---

① 《自然辩证法》,《马克思恩格斯全集》第20卷,第357页。

由各种要素、各个部分相互联系而形成的有机整体。一个事物本身就是一个系统,同时它又是另一层次系统的一个要素或一个方面。比方说,我们居住的地球是一个系统,而地球又与八大行星一起围绕太阳旋转而形成太阳系这个更大的天体系统。又比方说,人体是一个系统,它又是由消化系统、循环系统、呼吸系统、生殖系统、神经系统……构成的。人体内的各个系统,又由它的各个要素和部分构成,如消化系统是由口腔、咽道、食管、胃肠、肝和胰等器官所组成。如果把人体中的某一个部分孤立起来考察,那么,它就什么也不是了。黑格尔讲过一句很平常而又很深刻的话,他说:"譬如一只手,如果从身体上割下来,名虽可叫做手,实已不是手了。"列宁很欣赏这句话,指出:"身体的各个部分只有在其联系中才是它们本来应当的那样。脱离了身体的手,只是名义上的手。"①其实,这个思想也不是黑格尔首创的。在古代朴素的辩证法思想中也有反映。古希腊的亚里士多德(前384—前322)在论述部分和整体的关系时,就说过:"在任何状态中或在某一状态中的一只手不能统算是人的一个部分;只有那只活着的能工作的手才算是人的一个部分,假如是一只死手,那就不算是人的一个部分。"②可见,事物作为系统而存在是客观事实,很早就被人们所认识。朴素的系统思想,早在我国的古代就反映在人们的实践活动中。我国古代天文学就揭示了天体运动和季节变化的联系,以及这种变化和农作物生长的联系,并据以编制出历法,制定了指导农事活动的节气。系统的思想,在我国古代和古希腊得到了反映。随着科学、技术的发展和人类社会的进步,事物作为系统而存在的事实愈来愈明显,形而上学的局限性愈来愈暴露。拿国民经济这个系统来说,它是极其严密的、由各个经济部门组成的、有许多层次的有机整体。工业系统中有重工业和轻工业……重工业中有冶金、电力、煤炭、石油、建材……轻工业中又有纺织、食品、制药……农业系统中,有农业、林业、牧业、禽业、渔业、虫业、微生物业、副业……在这个多层次的庞大系统中,若把钢从工业系统中孤立出来,把粮从农业系统中孤立出来,其结果,必然把经济生活搞乱,造成国民经济各部门比例的严重失调。

---

① 《哲学笔记》,《列宁全集》第38卷,第217页。
② 《形而上学》,商务印书馆1959年版,第147页。

其次,事物又是作为过程而存在的。所谓过程,就是指任何事物、系统都有它产生、发展和灭亡的历史。我们说,物质是不灭的,物质世界是无限的,可是,具体的事物和系统又是有限的、有生有灭的。因此,任何事物不仅具有作为系统而存在的横的方面,也具有作为过程而存在的纵的方面,就是说,既有横的左邻右舍方面的联系,也有纵的古往今来方面的联系。比方说,发展钢铁工业不仅存在着国民经济各部门的比例关系,也存在着钢铁工业本身发展的历史联系。例如,我国的钢产量1949年是15.8万吨,1952年是135万吨,1978年是3178万吨,1989年是6008万吨,能不能孤立地强调钢铁工业的重要,离开历史的联系,任意地提出几个"快点"的口号,提出过高的指标呢?不能。钢铁工业的发展,不仅受各部门比例关系所制约,同时,也受它自己的基础所制约。一切事物都是在它自己的历史发展中存在的,离开了历史的联系,同样会变成荒唐的不可理解的东西。我们常常说,搞现代化要从我国的国情出发,这个国情,就包括了这里所说的历史联系。

> **联系和发展**
> **两种发展观**

前面说到事物作为过程而存在,这就涉及事物的运动、变化和发展的问题。什么是发展?发展也就是联系,就是事物的纵的联系、历史的联系、前进过程中的新旧的联系。

什么是运动?讲唯物主义原理时,我们说运动是物质的固有属性。那么,物质又为什么会运动呢?恩格斯在讲到整个自然界是各种物质相互联系的体系时,说道:"这些物体是互相联系的,这就是说,它们是互相作用着的,并且是这种相互作用构成了运动。"[①]从机械运动直到社会运动,我们可以看到物质的运动,正是事物在相互联系中发生相互作用的结果。

什么是变化?变化是运动的哲学概念,包括宇宙中的一切变化,从单纯的位置移动直到思维的变化;但是,并不是任何的变化都是发展。

那么,什么又是发展呢?变化有量的变化,也有质的变化,只有事物在量变的基础上发生质的变化,从旧质转化为新质,在前进过程中出现新

[①] 《自然辩证法》,《马克思恩格斯选集》第3卷,第192页。

事物,才是发展,才是辩证法所说的发展。

在发展问题上有两种相互对立的见解。形而上学地看事物,认为发展就是量的增加或减少,一种事物只能重复地产生同样事物,而不能转化为另一事物,不能发生根本性质的变化。这种观点,即使口头上不得不承认发展,实际上也否认了事物的发展。辩证法从联系的观点看事物,认为发展就是从量变到质变,是旧事物转化为新事物,是事物从简单到复杂、从低级到高级的前进变化。唯物辩证法是没有片面性弊病的关于发展的学说。

以上可以说明,唯物辩证法是关于联系的科学,因此它也是关于发展的科学。

总之,世界上的万事万物都是作为系统和过程而存在的,是纵横交错、普遍联系着的,绝对孤立的事物从来没有。对于唯物辩证法来说,不是承认不承认事物的普遍联系,而是应该如何区分事物的多种多样的联系。这些联系,对事物的存在和发展具有什么意义呢?下面,我们就进一步来谈谈这个问题。

事物联系形式的多样性

事物和现象的联系不仅是普遍的,而且这种联系的形式和性质又是多种多样的。事物联系的形式和性质的多样性,是由物质和运动的形式及关系的多样性决定的。从不同的角度来说,联系可分为直接联系与间接联系、本质联系与非本质联系、主要联系与次要联系、必然联系与偶然联系、内部联系与外部联系,等等。

事物联系的最普遍的形式是直接联系和间接联系。所谓直接联系,是指事物和现象之间,以及事物和现象内部不同方面之间,不通过中间环节而发生的相互依赖和相互制约的关系。这种联系是比较明显的。间接联系,则是需要通过中间环节才能发生相互作用的联系,这种联系显得比较曲折和迂回。

我国古代不少寓言故事里,反映有这方面的思想。比如有个"城门失火,殃及池鱼"的故事,说从前有个地方,城门下面有个池塘,一群鱼儿在里边游戏。有一次忽然城门着了火,一条鱼儿看见了大叫说:"不好了,城门失火了,快跑吧!"但是其他鱼儿不以为然,认为城门失火,离池塘很远,用不着大惊小怪。除了那条鱼儿外,众鱼都没有逃走。这时,人们拿着装水的东西来池塘舀水救火。过一会儿火灭了,池塘的水也被舀干了,满池的鱼儿遭了殃。这个故事告诉人们,火—水—鱼是有联系的,池塘的水能灭城门的火,这是直接联系,鱼儿与城门失火则是间接联系,它是通过池水这个中间环节而发生联系的。

直接联系与间接联系构成了事物的普遍联系。一个事物与其他事物,不是处于直接联系就是处于间接联系,完全没有联系的事物是不存在的。事物的直接联系与间接联系,往往交错在一起,可以表现为一系列的转化过程,也可以表现为环环相扣的链条,从总体上说,形成一个复杂的联系之网。

事物的联系按性质说,又可分为本质联系与非本质联系。这种区分是重要的。本质联系是事物内在的、必然的联系,是事物发展过程中稳定的反复起作用的因素。俗话说"种瓜得瓜,种豆得豆",就是说种下的瓜种和豆种,在正常的条件下一定要结出瓜和豆。在瓜种、豆种与长出的瓜、豆之间的联系,是本质联系。至于同样的瓜种,种出的瓜有大有小,就不是本质联系了。又如社会主义社会与共产主义社会之间的联系,也是本质联系,因为只有通过社会主义社会,我们才能到达人类最美好的理想境地——共产主义社会。如果背离社会主义的道路,另外去寻找什么别的道路,除了混乱和倒退之外,我们什么也得不到。可见,本质联系是事物必然的确定不移的关系,是事物发展过程中的规律性的表现。非本质联系,是事物外部的、偶然的联系,是事物发展过程中易逝的、暂时起作用的因素。比如,在社会主义社会的发展过程中,也会出现重大的挫折和倒退。在我国社会主义建设三十多年中,就有过两次挫折,尤其是"文化大革命",是一次重大的挫折,当我们总结这一沉痛的历史教训时,发现这一切与个人崇拜盛行是有联系的。那么,能否由此得出结论说,个人崇拜与社会主义制度有着本质的联系呢?不能这样说。因为,没有任何根据说明社会主义制度非搞个人崇拜不可。个人崇拜这种现象与社会主义制度之间的联系,不是必然的、本质的,而是偶然的、非本质的,它不是由社会主义制度本身造成的,相反地,它和社会主义的本质是不相容的,是必须加以克服的。在社会主义现实生活中发生过的这种现象,来自另一种联系,是由政治生活不健全以及封建的残余思想影响等原因造成的,或者

种瓜得瓜,种豆得豆,种鸡蛋得……

说是由于社会主义制度还不完善所造成的。只要把路线搞正确了,进行相应的改革,使社会主义制度逐渐得到完善,这种现象是可以避免的。如果我们对本质联系和非本质联系不加区分,在揭露我们社会中的弊病时,连社会主义制度也加以否定,那就大错特错了。可见,区分本质联系和非本质联系,在实际生活中很有必要。

在事物的发展过程中,不同的联系起着不同的作用。直接联系能直接、及时地影响事物的发展进程,间接联系只能以间接、曲折的方式影响事物的发展。本质联系决定着事物的发展方向和道路,非本质联系只能在既定的方向上对某一事物的发展过程起加速或延缓的作用。事物联系的多种形式和不同的作用,使客观世界展现出千姿百态的画面和层出不穷的变化。

规律是事物的本质联系

对事物多种多样的联系都不应忽视,而尤其重要的是要把握住本质的联系,因为它不是外在的、偶然的东西,而是指明了事物发展的内在的必然趋势。科学的任务就在于揭示事物和现象之间的本质联系,阐明事物发展的内在的规律性。讲唯物主义,我们说规律是客观的;讲辩证法,我们说规律就是事物的本质的内在的必然的联系。具体说来规律有哪些特征呢?

首先,就主观和客观的关系来说,规律具有客观性。就是说,它是客观事物本身所固有的,而不是客观事物之外的某种"先天形式",也不是由人给予客观事物的。不管你认识它也罢,不认识它也罢,喜欢它也罢,不喜欢它也罢,它总是存在着,并且以不可抗拒的力量发生作用。比如,生产关系一定要适合生产力性质的规律,不以资产阶级的意志为转移,它发生作用的结果是资本主义制度必然要被社会主义制度所代替。对于在我们这里曾经搞什么"穷过渡"的人来说,这一规律也总是和他们的主观愿望作对,使他们到处碰壁。

其次,规律与其他各种联系形式相比较,又具有必然性、反复性、稳定性和普遍性等特点。必然性是指不可抗拒的趋势和非这样不可的倾向。比如,社会主义制度终究要战胜资本主义制度,这是必然的。不管社会主义的航船在大风大浪里要遇到多少急流险滩,要经历多少迂回曲折,最终一定会胜利地到达光辉的彼岸。反复性表现在,在相同的条件下,规律所表现的联系会重复出现。现象是多样的、易变的,规律是现象中的稳定的东西。普遍性表现在,对于相同性质的事物和条件,规律是普遍适用的。拿万有引力定律来说,它表明两个物体间引力的大小与它们质量的乘积成正比,而与物体间的距离的平方成反比。这一规律对地球范围内的物体适用,对宇宙间庞大的星体也适用。当然,规律的普遍性也有它的相对性。有的规律在整个自然界起作用,如能量守恒定律;有的只在某种物质运动形态里起作用,如生物界的遗传与变异规律;有的在整个人类社会起作用,如生产关系一定要适合生产力发展的规律;有的则只在某一社会形态里起作用,如资本主义社会的剩余价值规律。只有一种规律是在自然界、人类社会和思维中普遍起作用的,这便是唯物辩证法的规律。

唯物辩证法是关于普遍联系的科学

我们在本讲的开头就引用了恩格斯的话:辩证法是关于普遍联系的科学。事物是相互联系的,人们只有在相互联系中才能认识事物。事实上,人们认识事物,也就是认识事物的相互联系。反映各个领域中的特殊联系的,是各门具体科学的任务。例如,物理学研究电、热、光等方面的联系,生物学研究生物的遗传和变异等方面的联系。辩证法反映的,则是事物的普遍联系。恩格斯把辩证法规定为"关于自然、人类社会和思维的运动和发展的普遍规律的科学"。① 这些普遍规律,包括对立统一规律、量变质变规律和否定之否定规律,以及辩证法的范畴。构成辩证法基本规律的对立和统一、量变和质变、肯定和否定,也都是辩证法的基本范畴。此外还包括个别与一般、本质与现象、内容与形式、原因与结果、必然与偶然、可能与现实等范畴。各对范畴都从不同方面揭示了客观世界的联系,是基本规律的补充。三个基本规律中,对立统一规律是最根本的规律,是辩证法的实质与核心。唯物辩证法的范畴也都是对立的统一,反映了事物的矛盾联系。

唯物辩证法的规律,作为宇宙的最普遍的规律,在一切领域中都是适用的。但是,辩证法的规律并不能代替各个领域的特殊规律。它只能对

---

① 《反杜林论》,《马克思恩格斯选集》第3卷,第181页。

各门具体科学提供科学的世界观和方法论,决不能代替各门具体科学本身的研究。

形而上学是和辩证法对立的一种错误的世界观和方法论。它否定事物的普遍联系,把世界上的万事万物看成是彼此孤立、毫无联系的东西,即使承认联系,也只是承认外部的偶然的联系,不承认内在的必然的联系。这种孤立、静止、片面的思维方法,和客观事物作为系统和过程而存在的本来面目是不相符合的。但是,形而上学的思维方法也有它的由来,在西方,它反映了近代自然科学早期阶段研究方法的局限。古代希腊哲学家认识世界图景具有朴素的辩证法思想,他们虽然正确地看到了现象的总画面的一般性质,却不了解细节。由于深入了解这些细节的需要,十五世纪下半叶兴起的近代科学,有必要把自然界分解为各个部分、各个门类分别进行研究,但由此却留下一种习惯,这就是把自然界的事物和过程孤立起来,撇开广泛的总的联系去进行考察。这种孤立、静止、片面的观察,深入了对特定的局部的研究,可是,把它作为一种普遍的哲学思维的原则去观察世界、处理问题,就极为有害了。自然科学的进一步发展本身,又冲破了形而上学的局限性,出现了近代辩证法的思维方法。二十世纪四十年代以来,随着自动控制技术发展的需要,和控制论、信息论一起,系统论愈来愈引起人们的重视,它要求人们进一步研究事物的普遍联系的特点。近年来,由于科学发展和生产实践、社会实践越来越深入复杂的系统,因而形成了一门新的科学——系统工程。这门科学就是从普遍联系的观点出发,自觉地对复杂的系统进行调节,使统筹兼顾、全面规划、局部服从全局等行之有效的方法系统化、精确化,并且运用数学的语言加以表达。现在,系统工程方法的应用已经相当普遍,在工程设计、企业和国民经济的管理、军事指挥等系统,起了很好的作用。在哲学上,系统论的发展进一步证实了唯物辩证法关于普遍联系观点的正确性,同时它又为发展这种观点提供了重要的科学思想资料。

第七讲：
赫拉克利特是否违反了矛盾律
——谈矛盾、对立统一规律

本书第二讲曾介绍过赫拉克利特的名言："人不能两次踏入同一条河流。"这是正确的。因为任何事物在它存在的同时又在变化着，所以他认为，一切都存在，同时又不存在。这个辩证法的深刻见解，曾受到亚里士多德的非议。亚里士多德在他的名著《形而上学》中有这样的话："传闻赫拉克利特曾说'同样的事物可以为是亦可以为非是'，这是任何人所不能置信的。"①在亚里士多德看来，"既是而又非是"、"既在而又不在"这一类表述，显然违反了形式逻辑的矛盾律。

亚里士多德博学多才，被马克思称为"古代最伟大的思想家"。他不仅是形式逻辑的奠基人，而且对哲学、物理学、天文学、生物学、心理学、伦理学、政治学和美学都很有研究。可是，在批评赫拉克利特这个问题上，他就不怎么高明了。事实上，不是赫拉克利特违反了形式逻辑的矛盾律，倒是亚里士多德把辩证法的矛盾和形式逻辑的矛盾混为一谈了。

> **辩证矛盾和逻辑矛盾不是一回事**

那么，究竟什么是矛盾呢？在日常生活中，我们通常是在两种不同的意义上使用矛盾这个概念的。一个是指人们在叙述问题、回答问题时出现的首尾不一、互相打架的现象；一个是指客观事物本身存在着两种既互相对立又互相统一的倾向。前者说的是逻辑矛盾，即违反形式逻辑的矛盾律造成的思维错误。后者说的是辩证矛盾，它是客观事物、系统、过程等本身所固有的本性及其在人们思想上的反映，是辩证法研究的对象。

---

① 《形而上学》，商务印书馆 1959 年版，第 62 页。

说起逻辑矛盾，人们便常常想到《韩非子》中那段卖矛卖盾的故事。故事说，有一个楚国人拿着矛和盾在大街上兜售。他说：我的矛是世界上最锋利的，能穿过任何最坚固的东西。接着，他又说：我的盾是世界上最坚固的，没有任何利器能穿过它。于是，旁边有人问：如果用你的矛去刺你的盾，怎么样？这个楚国人张口结舌，无言以对。

这个楚国人所犯的错误，就在于他违反了形式逻辑的矛盾律。你看，他的两句话是不能同时成立的：第一句话肯定了他的矛乃世界之最，无坚不摧，而第二句话实际上又把它否定了，因为既然他的盾没有任何利器能够穿过，自然他的矛绝不是无坚不摧的了。反过来也是一样。既然他的矛能够穿透一切，那就绝不能说他的盾是能够抵御一切的。这就叫自语相违或自相矛盾。形式逻辑的矛盾律要求人们在叙述问题时，严格遵守逻辑规则，即对同一事物、同一时间、同一关系，不能既肯定又否定。违反了这条规则，就会引起思想混乱。因为这条规则反映了客观事物的真实情况，在客观实在中有它的基础。违反形式逻辑的这种矛盾，显然是应该排除，而且是必须排除的。

那么，辩证法不是也讲矛盾吗？是的，辩证法是讲矛盾的。但是，辩证法所讲的矛盾和形式逻辑所讲的矛盾不是一回事。形式逻辑不允许思维有矛盾，是指的对同一事物、同一时间、同一关系不能有两个互相对立的判断。如果出现这种情况，那么必定有一真一假。客观事实正是这样，比如，我们不能说"帝国主义既是剥削制度，又不是剥削制度"。如果这样说，就违背了形式逻辑的矛盾律。辩证法所讲的矛盾与此不同，比如，我们说"帝国主义既是真老虎，又是纸老虎"，这是正确的，没有违背形式逻辑。为什么呢？因为它是从不同的关系方面来说的，在战略上我们必须如实地把它看做纸老虎，而在战术上又同样必须如实地把它看做真老虎。所以，我们说"帝国主义是真老虎，又是纸老虎"，这反映了帝国主义本身固有的矛盾，是客观情况的真实反映。辩证法所说的矛盾，正是指的客观事物本身包含有既对立又统一的这种情况，以及这种情况在人们思想上的正确反映。

自古以来，许多哲学家从各个侧面看到了各种矛盾现象。在我国，春秋末期的史墨就提出过"物生有两"的哲学命题。这是中国哲学史上较早出现的关于事物是由对立面构成的辩证法命题。他说："体有左右，各有妃耦。王有公,诸侯有卿,皆有贰也。"我国春秋时期著名思想家老子提出"有无相生,难易相成,长短相形,高下相倾,声音相和,前后相随",一切都是相辅相成的,各以自己的对立面为存在的前提。他并且进一步指出,对立的事物是相互转化的,"祸兮福之所倚,福兮祸之所伏"。战国时期的《周易·系辞上》有"一阴一阳之谓道"的命题。不能只有阴没有阳,或者只有阳没有阴,这是古代的两点论。在古希腊,有的人看到有限和无限的矛盾,有的人看到爱和恨的矛盾,等等。其中,对客观矛盾观察得最深刻的,要数我们开头提到的赫拉克利特了。他说:"统一物是由对立面组成的,所以在把它分两半时,这两个对立面就暴露出来了","宇宙中各个部分都可以分为相互对立的两半:地分为高山和平原,水分为淡水和咸水……气候分为冬和夏、春和秋"。他不仅从统一中看到了对立,而且从对立中看出了统一。他说:"没有那些非正义的事情,人们也就不知道正义的名字。""互相排斥的东西结合在一起,不同的音调造成最美的和谐","疾病使健康舒服,坏使好舒服,饿使饱舒服,疲劳使休息舒服"。就是说,这些对立面都是相互依存的:没有正义无所谓非正义,没有坏无所谓好,没有饿无所谓饱,没有疲劳就没有休息,没有疾病无所谓健康。在科学还不发达的古代,人们还不懂得对立面的相互依存和相互转化都是有条件的道理,但是,在当时的条件下,能够提出这样深刻的见解,确实是难能可贵的。

当然,古代哲学家的这些辩证思想是朴素的、直观的,缺乏科学的论证,所以,只能说是猜到了客观世界的矛盾图景。而马克思主义唯物辩证法的矛盾学说,不是靠猜测,也不是靠直观,而是以自然科学和社会科学提供的大量材料为依据作出的科学概括。这就和古代的朴素辩证法大不相同了。

矛盾的同一性和斗争性

矛盾都是由对立面组成的。那么,对立面之间的关系是怎样的呢?这就是辩证法的矛盾规律即对立统一规律要研究的具体内容了。

辩证法告诉我们,一切矛盾着的对立面,既有同一性,又有斗争性,这是矛盾的两种根本特性。

所谓同一性,又叫统一性、一致性,说的是对立面之间具有这样一种关系,即矛盾双方互相依赖、互相渗透、互为存在的条件,离开其中一方,他方就不能存在。例如,没有纪律,就没有自由;没有正确,无所谓错误;没有先进,无所谓落后;没有战争,无所谓和平;如此等等。反过来也是一样。所有的对立面,都是不可分割地联系在一起的。恩格斯针对那种硬要把对立面分割开来,只承认一方而否定另一方的形而上学观点,指出,这种做法就等于"把一条磁石从中间切断,要在一段上面只有北极而没有南极,在另一段上面只有南极而没有北极"。① 这当然是不可能的。有人说,民主是个好东西,我只要民主,不要集中。其实,离开集中,民主本身也就不存在了,没有集中的民主,那叫极端民主化、无政府主义;反过来,否定民主,只要集中,那就无所谓集中了,变成了个人独裁、专制主义。

有人说,无产阶级和资产阶级是两个根本对立的阶级,难道能够说它们之间也有同一性吗?有的。在资本主义社会制度下,它们之间有一致性,即同样有着对生产资料的关系问题,这是它们有同一性的条件。它们在对生产资料的关系上,一方是有,另一方是无,形成了两个极端,形成对立,而又联系在一起。它们共同存在于一个社会统一体中:正是因为资产阶级占有了生产资料,无产阶级才失去了生产资料;正是因为有资产阶级剥削,才有无产阶级受剥削;正是因为资产阶级的富有,才造成了无产阶级的贫困。所以,马克思说:"没有雇佣劳动,就没有资本,就没有资产阶级,就没有资产阶级社会。"②这样说,是否意味着无产阶级就不需要革命了呢?当然不是。无产阶级的历史使命就是进行革命,消灭资产阶级和其他一切阶级;而阶级彻底消灭之日,就是无产阶级自身"消亡"之时。在我国,资产阶级作为一个阶级已经消灭,无产阶级也就从根本上摆脱了受剥削、受压迫的地位,它已经不是原来意义上的无产阶级,而成了作为国家主人的工人阶级。

所谓斗争性,是指对立面的另一种关系,即矛盾双方互相排斥、互相对立、互相否定的这样一种性质。有矛盾就有斗争。物理现象中的作用和反作用,生物之间的生存竞争,人类社会中正确与错误、先进与落后的斗争,阶级社会的阶级斗争等,都是对立面的斗争。我们说一切

---

① 《自然辩证法》,《马克思恩格斯选集》第3卷,第494页。
② 《1848年至1850年的法兰西阶级斗争》,《马克思恩格斯选集》第1卷,第401页。

对立面之间的矛盾都是不可调和的,就是说它们永远处于斗争之中。有人说,在党内和人民内部,我们强调要讲团结、讲友谊,这时还有没有斗争呢?当然是有的。在党内和人民内部,总会产生一些分歧,总会有正确与错误的矛盾、先进和后进的矛盾,因而需要开展批评与自我批评,这就是斗争。正是通过进行这种斗争,不断克服分歧,解决矛盾,才使我们团结的思想基础更巩固,使我们的友谊更健康、更发展。取消一切必要的思想斗争,任凭分歧、错误思想发展下去,团结就会遭到破坏,友谊也不能长存。

这里需要指出的是,和同一性一样,辩证法所讲的斗争性是一个内容十分广泛的哲学概念,是一个高度抽象的概念,它所指的是对立面之间互相排斥、互相对立、互相否定的这样一种相互作用。而这种相互作用的具体表现形式是多种多样的。有人一听到讲斗争性,就和"批判"、"打倒"一类概念联系起来,这是不正确的。批判、打倒固然也是斗争,但这只是斗争的一种形式,而不是唯一的形式。采取何种斗争形式,这是由矛盾的性质决定的。人民内部的认识问题、学术思想问题,一般应当采取说服教育、批评与自我批评以及"百花齐放,百家争鸣"这样一些"斗争"形式去解决。我们要把斗争性和斗争形式这两个概念区别开来,它们之间是普遍和特殊的关系。不能把斗争性归结为某种斗争形式,也不能因为某个事物不具有某种斗争形式而误认为它不包含有斗争性。

那么,矛盾的同一性和斗争性的关系又是怎样的呢?它们之间是相对和绝对的关系。同一性是相对的,斗争性是绝对的,绝对的斗争性就存在于相对的同一性当中。二者也是不可分割的。这是因为:

第一,任何矛盾的同一,都是包含差别和对立的同一,是包含斗争的同一,因此是具体的、相对的同一,不是绝对的、抽象的、僵死的同一。而斗争则是绝对的,正如差别是绝对的一样。如果否认了斗争的绝对性,把它也看成是相对的,看成有时存在、有时不存在的,那么就等于说,同一有的时候是不包含斗争的,这种同一,正是抽象的、绝对的同一,恰恰是形而上学的观点。

第二,任何具体矛盾的存在都是有条件的,都有其产生、发展、灭亡的历史,没有什么永恒不变的统一体。所以,对于一个具体矛盾来说,矛盾双方互相依存的同一性,只能是暂时的、易逝的、相对的。资产阶级和无产阶级的同一性,曾经被一些人认为是永恒的、不变的,可是,经过社会主义革命,消灭了资本主义剥削制度,这种同一性不就再也不存在了吗?有些矛盾,看起来年年如此、永远如此,这种矛盾的同一性似乎是永远不变的,可是,仔细考察一下,并非如此。拿领导和群众之间的矛盾来说,抽象地看,五十年代存在,六十年代存在,七十年代存在,今后永远都会存在。但是,在不同的历史时期,这种矛盾的同一性是有不同的具体内容的。在个人崇拜盛行的时候,某些领导与群众之间矛盾的同一性,不是表现为一方指示、另一方照办吗?随着领导体制的改革、社会主义民主的发展,这种同一性必将被新型的、平等的领导和群众的关系所代替。所以,矛盾的同一性是有条件的、暂时的、相对的;如果把它看成是无条件的、永恒的、绝对的,那就否认了变化和发展。而斗争性的存在则是无条件的、绝对的,正如运动、发展是绝对的一样。有矛盾就有斗争,有斗争才能发展。如果把斗争性看成是相对的,认为有时会有,有时会没有,那么,就否认了矛盾本身的绝对性、普遍性。矛盾的同一性使事物保持在量变阶段;而不论在量变阶段还是质变阶段,斗争性都是无所不在的。

总之,无条件的、绝对的斗争性存在于有条件的、相对的同一性当中,二者不可分割地联系在一起。否认斗争性,同一就变成了抽象的、僵死的同一。同一性又制约着斗争性,同一性的情况和性质不同,斗争的内容、性质和斗争的方法也就不同。因此,我们既不能离开斗争性讲同一性,也不能离开同一性讲斗争性。多年来,我们片面强调斗争性,不讲或很少讲同一性,似乎只要讲斗争,不管怎样斗,都是辩证法,这是完全错误的。离开具体的同一性,抽象地讲斗争,只能是乱斗一气。列宁说:"马克思主义要求我们一定要用历史的态度来考察斗争形式问题。离开历史的具体环境来提这个问题,就等于不懂得辩证唯物主义的起码要求。"[①]所以,我们不但要承认斗争性,同时也要承认同一性,要研究矛盾双方是怎样的同一,又是怎样的斗争,这才叫辩证法。

上面谈到了什么是矛盾、什么是对立统一规律的具体内容。那么,矛盾是不是普遍的呢?

---

① 《游击战争》,《列宁全集》第11卷,第197页。

矛盾的普遍性

矛盾是普遍的现象。第一，没有什么事物是不包含矛盾的；第二，没有什么时候是不存在矛盾的。从空间上说，它无处不在；从时间上说，它无时不有。无论自然界、人类社会还是思维，无论过去、现在或者将来，矛盾都是普遍存在的。正像毛泽东同志说的："没有矛盾就没有世界。"[①]事物、系统、过程都是矛盾，是对立的统一。有些自然科学家尽管不愿意承认辩证法，但是，当他们发现反粒子、反物质等的存在时，他们事实上就承认了矛盾的客观存在。矛盾的普遍性是由人类的全部实践和科学发展的历史所证明的，对立统一规律是普遍适用的辩证法规律。

我们说矛盾是普遍的，并不是说人们对各个领域的一切矛盾都揭示无遗了。自然科学和社会科学不断提供的事实说明，原来人们认识不清的矛盾或者根本不认识的矛盾，都是客观存在着的。

物理学中关于光的本质的争论，就是一个典型的例证。从十七世纪末期，科学家们就开始研究光的本质究竟是什么，其中有两种相反的意见。一种意见以惠更斯为代表，认为光的本质是一种机械波，由发光体引起，和声波一样依靠介质来传播；另一种意见以牛顿为代表，认为光的本质是由发光体发出的弹性微粒所组成。双方各持一端，互不相让，只是由于牛顿的威望，微粒说占据统治地位达一个世纪之久。后来由于发现了一些微粒说所不能解决的现象，而波动说却能够解决，波动说于是又占了上风。但是，科学的进一步发展表明，两种说法都有合理因素，它们又都只知其一，不知其二。直到二十世纪初，爱因斯坦推广了普朗克的量子论，创立了光的量子论，才把这两种各执一端的学说统一起来。原来，光既具有波动性，又具有微粒性，光的本质应该是波与微粒的对立统一。

对社会主义社会的认识，也有一个从空想到科学的过程。在最早的一些空想社会主义者那里，"社会主义"被看成只有和谐没有矛盾的社会。意大利人托马佐·康帕内拉（1568—1639）写了一本书，名叫《太阳城》。在这本书里，他把社会主义社会描写为没有不劳而获和贫富不均，没有奴隶和仆人，没有贵贱之分，没有吃闲饭的人，没有脑力劳动和体力劳动的差别，没有城乡差别。这是对人类社会美好前景的憧憬。但是他认为在

[①] 《矛盾论》，《毛泽东选集》第1卷，第305页。

未来社会里,人们的生活都是统一的,住同样的房子,穿同样的衣服,吃同样的伙食,上同样的学校,没有差别,没有矛盾。十八世纪英国的空想社会主义者欧文,为了实现他幻想中的和谐社会,搞了一个实验。他在1824年辞去工作,带着四个儿子和少数门徒到美国去,在那里购买了三万英亩土地,建立了一个名叫"新和谐"的移民区。结果,当然是失败了。到1828年,资本主义世界的重重矛盾就把它给淹没了。

社会主义社会并不是只有和谐,没有矛盾,只是矛盾的性质和情况与资本主义不同罢了。它不仅存在着生产力与生产关系、经济基础与上层建筑、先进和落后、正确与错误、领导与群众……的矛盾,也还存在着真与假、善与恶、美与丑这一类矛盾。在我国也有一些天真的人,曾经真诚地希望在社会主义社会生活中一片光明,不应该有一点黑暗面,不能有任何矛盾。可是,在现实生活里,却不是这样。事实上,这也是不现实的。即使旧的矛盾逐步解决了,新的矛盾还会产生。在当前现实生活中,阶级斗争现象还在一定范围内存在,还有敌我矛盾。在政治生活中,民主与集中、自由与纪律的矛盾;在经济生活中,生产力和生产关系、积累和消费的矛盾;在思想上,正确与错误、先进与落后、革新与保守的矛盾,是永远存在的。列宁说,在社会主义社会中,对抗将消失,矛盾仍存在。这是完全正确的。就是到了共产主义社会,也仍然还有矛盾。唯物辩证法的发展观告诉我们,事物正是在不断解决矛盾中前进的。

承认矛盾是客观存在的,矛盾是普遍的,具有世界观、认识论、方法论的重大意义。这就要求我们坚持"两点论",学会在对立中把握统一,又在统一中把握对立,反对任何一种片面性。学习辩证法,就是要克服形而上学的片面性。宋朝的苏轼有一首诗:"横看成岭侧成峰,远近高低各不同。不识庐山真面目,只缘身在此山中。"说的是看山要有全面的观点,横看是岭,侧看是峰,只看一面,都不是庐山的本来面目。我们看人、看事,分析形势,对待工作,总结经验,都要有两点论的观点。"攻其一点,不及其余",正是我们多年来犯"左"倾错误的一个思想根源。要么肯定一切,要么否定一切;讲政治,就不要业务;讲生产,就不要生活;讲积累,就不要消费;讲重工业,就忽略农业和轻工业;讲粮食重要,就忽视多种经营;讲自力更生,就不要外援,如此等等。我们拨乱反正,就是要全面处理社会主义社会的各种矛盾,要从对立中正确地把握统一。在反对一种片面性时,要注意防止和纠正可能产生的另一种片面性,不能又走上另一个极端。这样,我们的事业才能沿着正确的方向不断地向前发展。

> 矛盾的特殊性

矛盾普遍性的原理为我们正确分析事物指出了正确的方向。但是,仅仅承认矛盾的普遍性,是不够的。物质世界丰富多彩,矛盾也千差万别,各种物质的运动形式都包含有特殊的矛盾,矛盾的普遍性,就存在于这些千差万别的特殊的矛盾之中。比如,同是矛盾,无机物和有机物就有区别。生命有机体的矛盾,是同化和异化的矛盾。所谓同化,是指摄取一定的物质转化为机体的一部分。所谓异化,是指把机体内的物质分解后排出体外。同化与异化的矛盾是生命机体的特殊矛盾。据估计,人体中的水分子,每七天更新一遍,蛋白质每过八十天也更新一遍,人体中的所有原子,过一年以后,98%都已经更新了,就是说,生命机体的存在,是以一部分细胞的不断死亡为条件的,这就是生命过程的生与死的对立统一。而无机物就没有这种矛盾。又比如,我国的社会主义事业是由各条战线组成的,这些战线也都有各自要处理的特殊的矛盾。正是这些特殊的矛盾,才使各行业互相区别开来。

不同的事物,包含着不同的矛盾,即使同一事物,在发展的不同过程和阶段上,矛盾的具体情况也是不同的。人类社会经历了五种社会形态,这些不同的历史过程所包含的矛盾,是各不相同的。帝国主义和自由资本主义,是资本主义发展中的不同阶段,这两个阶段的矛盾也各有其特点。同是社会主义事业发展过程中的矛盾,生产资料私有制的社会主义改造完成前后又各不相同。

在矛盾的特殊性中,我们要特别注意各种矛盾地位的特殊性。在一个复杂的事物中,往往包含有许多矛盾。这些矛盾在事物发展中所起的作用是不同的,其中必有一种矛盾起着主导的、决定的作用,规定和影响其他矛盾的存在和发展,这就是主要矛盾;而其他的矛盾则处于次要的和服从的地位,这就是次要矛盾。抓住并正确解决主要矛盾,就可以带动其他矛盾的解决,从而有力地推动事物的发展。所以,在众多的矛盾中,善于抓住主要矛盾是很重要的。在革命建设工作中,由于各种矛盾错综复杂,善于抓住主要矛盾,就显得更为重要,否则,就没有中心,没有重点,

"你的脉为什么摸不着?"

力量分散，就不可能有正确的战略和策略，也就不能收到预期的效果。

主要矛盾和次要矛盾的区别，也不是一成不变的。随着事物发展过程和阶段的推移，主要矛盾也是变化的。在三大改造完成以前，我国社会的主要矛盾是工人阶级和资产阶级之间、社会主义道路和资本主义道路之间的矛盾。在这个时候，抓住这个主要矛盾，是正确的。三大改造基本完成以后，这个矛盾基本解决了，这时主要矛盾是人民对于经济文化迅速发展的需要同当前经济文化不能满足人民需要的状况之间的矛盾。因此，大力发展社会生产力就成了这个时期的主要任务。可是，由于我们仍然把工人阶级和资产阶级的矛盾当做主要矛盾，使我们工作的着重点长期不能转移到经济建设上来。有人怀疑党的十一届三中全会确立的政治路线，认为是什么"偏纲丢线"，也正是由于思想僵化，看不到主要矛盾与次要矛盾已经发生了转化。

强调抓住主要矛盾，并不是说可以忽视和放松次要矛盾，而是要给它们以各自应有的地位。如果把主要矛盾看成是唯一的矛盾，用全力去解决它，而不以一定的必要的力量去解决非主要矛盾，那就把两点论基础上的重点论，变成了形而上学的一点论。比如，过去我们在经济工作中曾经孤立地抓钢铁，忽视农业和轻工业；在农业方面只注意抓粮食，忽视多种经营，都发生了严重的不良后果，影响了经济的协调发展。主要矛盾解决了，可以促进、带动次要矛盾的解决，但是不能代替次要矛盾的解决。而解决次要矛盾又可以反过来影响主要矛盾的解决。所以，我们在工作中要统筹兼顾，全面安排，既突出重点，又照顾一般，既反对平均使用力量的无重点论，又反对单打一的一点论，而要坚持两点论基础上的重点论。

在矛盾的特殊性中，我们还要注意区分矛盾性质的特殊性：是对抗性矛盾还是非对抗性矛盾，是敌我矛盾还是人民内部矛盾。矛盾的性质不同，解决矛盾的方法也不同。人民内部矛盾是在根本利益一致基础上的矛盾，例如，认识上正确与错误的矛盾，领导与群众的矛盾，局部利益和全局利益的矛盾等，都是这样的一些矛盾。这些矛盾可以通过批评与自我批评的方法，通过制定一些正确的方针、政策（例如兼顾国家、集体、个人利益）去解决。而敌我矛盾则是根本利益对立的矛盾，只能通过专政的方法去解决。在社会主义建设的新时期，大量的矛盾是人民内部矛盾，学会从政治上、思想上、经济上正确处理这些矛盾，是我们经常遇到的重大课题。我们要防止人民内部矛盾激化,决不能用简单粗暴的方法,更不能用解决敌我矛盾的方法去对待人民内部矛盾。正确处理人民内部矛盾,是团结全国人民胜利进行现代化建设的一个重要保证。

矛盾的客观性

矛盾是普遍的,矛盾的具体形式又是各不相同的。某种事物究竟包含有什么样的矛盾,这是一种客观存在。人们既不能抹杀某种矛盾,也不能主观任意地制造某种矛盾。矛盾的这种客观性,要求我们分析矛盾、处理矛盾时,必须采取客观的态度,从实际出发,实事求是。所以,列宁在谈到辩证法的要素时,第一条就提出"观察的客观性"。①

哲学家黑格尔和诗人歌德有一段耐人寻味的对话。1827年的某一天,黑格尔去拜访歌德,谈话中涉及辩证法问题。下面是他们俩的对话。

黑格尔:

归根到底,辩证法不过是每个人所固有的矛盾精神,经过规律化和系统化而发展起来的,这种辩证才能,在识别真伪时起着巨大的作用。

歌德:

但愿这种巧妙的辩证技艺没有经常被人误用来把真说成伪,把伪说成真。

黑格尔:

你说的那种情况,当然也会发生,但也只限于精神病患者。

……

看来,诗人歌德是深入生活的,他对"辩证技艺"的忧虑,并非没有一点根据。黑格尔很幽默,他认为那种情况的发生,只限于精神病患者,也是击中要害的。

列宁说,马克思主义辩证法所讲的矛盾,"是实际生活中的实际矛盾,即辩证的矛盾,而不是字面上的、臆造出来的矛盾"。② 矛盾的客观性,一方面是说,人们不能主观地、任意地去制造或抹杀某种矛盾,有多少矛盾

---

① 《辩证法的要素》,《列宁选集》第2卷,第607页。
② 《论工人政党对宗教的态度》,《列宁选集》第2卷,第379页。

就得承认多少矛盾,不管人们喜欢也罢,不喜欢也罢,它总是客观地存在着的;另一方面,矛盾的性质和具体情况也是客观的,决不能想当然或从某种主观愿望出发,把这种矛盾说成是那种矛盾。例如,不能随心所欲地把人民内部矛盾说成是敌我矛盾,不能把学术上的矛盾说成是政治上的矛盾,不能把不是阶级矛盾说成是阶级矛盾,也不能把次要矛盾说成是主要矛盾,或把主要矛盾说成是次要矛盾,如此等等。主观辩证法不过是客观辩证法的反映。我们坚持矛盾的客观性,就是要弄清当时当地客观存在着的矛盾究竟是什么、它有怎样的性质和情况,从而采取正确的解决矛盾的方法。离开了对实际情况的分析,离开了唯物主义去讲矛盾,只能走入唯心主义诡辩论。

第八讲：
存在着神臂的第一次推动吗
——再谈矛盾、对立统一规律

前一讲着重讲了什么是矛盾和它的特性。那么，认识矛盾，对认识物质的运动，把握科学的发展观有什么意义呢？让我们先从下面这个真实的故事谈起吧。

1691年，英国科学家波义耳逝世。他在遗嘱中，以五十英镑的年俸作为酬劳，征求神学家或牧师讲"道"：用"科学"的发现来证明上帝的存在。牧师本特雷被选为第一个宣讲人，他在讲道中运用了牛顿的《自然哲学之数学原理》一书。为此，他向牛顿提出了一些问题：太阳系最初是怎样开始运动的？行星又是怎样从静止到运动的？牛顿给他回了四封信，大意是说，按照万有引力的原理，地球和太阳之间存在着引力，但是，如果仅仅存在这种引力，地球就会被吸引到太阳那里去，地球就不会按照目前的轨道运转；因此，除了"一个指向太阳的重力"，还必须有"一个大小适当并使之沿切线方向运动的横向推动"，只有这个引力和推动力的合力，才能"使地球围绕太阳做圆周运动"。那么，这个横向的切线力是从哪里来的呢？牛顿写道："没有神力之助，我不知道自然界中还有什么力量竟能促成这种横向运动。"不仅地球，"各行星的绕日转动不可能由重力得来，而且需要有神力来推动它们"。这就是有名的牛顿的神臂的第一次推动。

作为伟大的科学家、自发的唯物主义者，牛顿为什么竟会得出这样荒唐的结论呢？这是和他的形而上学世界观分不开的。牛顿是个机械论者，他认为运动就是机械运动，而机械运动都是由外力推动的。那么，第一个外力是什么呢？他无法回答这个问题，加上他根深蒂固的神学观念，只能求助于上帝。可见，形而上学的外因论必然导致唯心主义。

那么，运动的真正根源是什么呢？下面我们就来谈谈这个问题。

> **事物的"自己运动"**

黑格尔总爱说这样一句话:"矛盾引导前进。"他认为矛盾是"一切运动和生命力的根源;事物只因为在本身之中包含着矛盾,所以它才能运动,才具有趋向和活动"。"凡有限之物即是自相矛盾,由于自相矛盾而自己扬弃自己"。对于黑格尔的这个思想,列宁非常重视,他在《哲学笔记》中写道:运动和"自己运动","一切自己运动的原则",这就是黑格尔主义的"实质"①,即合理内核。

是的,运动本身就是矛盾。前面曾经说过,就连最简单的机械运动之所以能够发生,也只是因为物体在同一瞬间既在某一个地方,又不在某一个地方。这种矛盾的连续产生和解决就构成了机械运动。天体是怎样运动的呢?1755年德国哲学家和自然科学家康德在《宇宙发展史概论》一书中提出,地球和太阳系是历史上形成的,是由充满宇宙的混沌状微粒物质,在引力和斥力的相互作用下,逐渐演变而来,形成有规律的运动的。四十一年以后,法国科学家拉普拉斯进一步使这个假说科学化,这个假说被人们称为"康德—拉普拉斯假说"。这个假说虽然是初步的和不完善的,但是,它从太阳系本身的内部矛盾去说明太阳系运动的根源,这种研究问题的方向是正确的。正如恩格斯所说,它"包含着一切继续进步的起点"。②

生命是一种比较复杂的运动形式,它的发生也是由于自身内部的矛盾。生物在每一瞬间由于同化和异化的矛盾,都有旧的细胞死亡、新的细胞产生。所以,每一个生命有机体永远既是它自身,又不是它自身。恩格斯说:"生命也是存在于物体和过程本身中的不断地自行产生并自行解决的矛盾;矛盾一停止,生命就停止,死亡也就到来。"③

社会之所以不断向前发展,是因为社会内部存在着生产力和生产关系的矛盾。生产力的发展,打破过时的、旧的生产关系,这时,社会就进入一个新的发展阶段。资本主义必然要灭亡,这不是哪一个人的主观愿望,而是由于它不可克服的内在矛盾——生产的社会化同生产资料的私人占有制的矛盾所决定的。目前,我国正在继续深化政治制度和经济制度的

---

① 《列宁全集》第38卷,第147页。
② 《自然辩证法》,《马克思恩格斯选集》第3卷,第450页。
③ 《反杜林论》,《马克思恩格斯选集》第3卷,第160页。

改革。改革,就是前进,就是发展。这个任务的提出,也是根源于我们社会存在的生产力和生产关系、经济基础和上层建筑的矛盾。正确地解决这些矛盾,改革一切束缚生产力发展的东西,我国的生产力就会高速度地发展,现代化的实现才能有可靠的保证。

说到这里,就可以看出:事物是"自己运动"的;事物的内在矛盾、对立面的统一和斗争,正是事物运动、发展的动力和源泉。

既然运动和发展根源于事物的内部矛盾,构成某一系统的要素之间的矛盾,即内因,那么,事物的外部矛盾,这一系统和环境的矛盾,即外因,在事物的发展中是不是就不起任何作用呢?不是的。首先让我们举一个有趣的例子。1952年,北京植物园在辽宁省新金县泡子屯一个干涸了的旧池塘里,挖出了一些古莲子,据鉴定,这些莲子埋在地下已有千年之久。植物园的科学工作者参考后魏的农书《齐民要术》中有关莲子的栽培方法,把古莲的尖头小心锉开,再用清水不时地喷淋,使这些沉睡千年的古莲发了芽,以至开出鲜艳的荷花。在这里,外因的作用不是十分明显的吗?类似的例子比比皆是:恶劣的天气毁掉一茬庄稼,外敌的入侵使某一个国家灭亡,名师培养出高徒,办得好的工读学校挽救了大批失足的青少年……这是因为,事物是普遍联系的,一个具体事物的存在和发展,不仅由于它内部包含有矛盾,而且还由于它与周围的其他事物也处于矛盾之中。事物的外部矛盾,即外因,在事物的发展中有很大的影响,它可以加速或者延缓事物的发展。如激光照射种子,蒸汽催育秧苗,这些外因都对种子和秧苗的生长起了加速发展或改善质量的作用。当事物的内部矛盾中提供了某种变化的可能性时,某种外因便常常成为把这种可能变为现实的决定性条件。如没有一定温度,鸡蛋孵不出小鸡,矿石也炼不出铁,等等。

既然唯物辩证法也承认外因在事物发展中的重要作用,那么,它与形而上学的外因论又有什么区别呢?这是有原则区别的。第一,从整个物质世界来说,唯物辩证法坚持内因论,认为物质的运动在于它本身的内部矛盾,物质和运动是不可分割的,运动是物质本身固有的属性,根本不存在什么物质以外的精神的第一推动。至于某个具体事物的运动,虽然离不开一定的外因,但对于该事物来说是外因,而从整个物质世界来说,仍然是物质世界的内因。事物之间的相互作用,从局部看是外部矛盾,从世界的全局看，仍然是内部矛盾。所以，就整个物质世界来说，它的运动不存在什么外因。第二，就一个具体事物来说，内因是变化的根据，外因是变化的条件，外因要通过内因才能起作用。千年古莲子经过适当的人工处理可以开花、结果，外部条件固然重要，但首先是因为古莲子内部包含有此种发展的可能性，即存在着此种变化的根据，如果这些古莲子烂了心，或者我们去给一些小石头创造种种外部条件，它们是绝不会开花结果的。在大体相同的环境下，人们进步的快慢，主要决定于内因。北京一位下乡知识青年1969年到农村插队，周围没有名师，环境相当艰苦，但是，他以顽强的毅力，在劳动之余自学医学和外语，经过十年奋斗，学会了阅读和翻译英文医学书籍，并能阅读一些简单的德文和日文资料，成功地做了三千多例大小手术，后来成为医学院的研究生。一个国家，革命能不能胜利，建设能不能成功，主要靠国内人民的努力，所以马克思主义向来认为革命既不能输入也不能输出。我国的建设需要外援，其中包括技术、设备、资金方面的外援，决不能搞闭关锁国政策；但是，基本的立足点是独立自主、自力更生，只有在这个基础上，外援才能发挥作用。正如毛泽东同志一贯强调的，我们的方针要放在自己力量的基点上，自己找出适合我国情况的前进道路。

总之，唯物辩证法认为，事物的内部矛盾是事物发展的根本原因，事物的发展是事物自己的必然运动；而一事物和他事物的互相影响、互相作用，则是事物发展的第二位的原因。这种辩证法的发展观同形而上学外因论的发展观，是根本不同的。

向自己的他者转化

矛盾双方又统一又斗争的辩证运动造成的结果是什么呢？这就是对立面向自己的他者转化。例如，被统治者转化为统治者，劣势转化为优势，失败转化为成功，困难转化为顺利，黑暗转化为光明，谬误转化为真理，退却转化为前进，战争转化为和平，如此等等。为什么事物恰恰是向自己的他者、自己的对立面转化，而不是随便向其他什么事物转化呢？这是因为对立双方有着同一性，例如，谬误和真理都是有关人们的认识问题，是对同一事物产生的两种相反的认识。它们既互相对立又有同一性，所以，在一定条件下谬误能够转化为真理，真理也能够转化为谬误。每一方都向自己的他者转化。对立面之间的同一性,仅仅是转化的根据,仅仅是提供了向自己的他者转化的可能性,而对立面的斗争,则是实现这种转化的决定因素、决定性的条件。正是有了这种对立面转化,才有旧事物的死亡、新事物的产生,才有事物根本性质的变化,一句话,才有发展。

有些不懂得辩证法的人,对矛盾转化的现象感到茫然不解:何以会从这一个变成那一个?要弄清楚这个问题,就要对矛盾的状况作进一步的分析。

任何事物都包含着矛盾,但是矛盾着的两个对立面并不是平起平坐、势均力敌的。其中,一方为主,居支配地位;一方为次,居从属地位。事物的性质主要是由取得支配地位的矛盾的主要方面所决定的。比方说,一件好事,它也包含了不好的成分、因素,但主要方面是好的。所以说,它是好事。又比方说,旧中国是大地主大资产阶级专政的国家,居统治地位的是国民党反动派,共产党、革命力量虽然存在,但不占统治地位。可是,由于矛盾双方互相排斥、互相斗争,原来的主次方面并非是一成不变的,而是此消彼长、不断变化着的。当矛盾的次要方面逐渐增长,以至超过、压倒原来的主要方面时,事物的性质也就发生了根本的变化,旧中国也就转变成了新中国。

从矛盾的转化中,我们可以看到两种情形:一种是向后的、倒退的转化,一种是向前的、进步的转化,这两种转化都是存在的。从第一种情况来说,如从党的成立到抗日战争时期,我们共产党就有过两次大的挫折。一次是国共合作的北伐战争时期,形势本来很好,后来失败了;另一次是土地革命战争时期,根据地的建设本来也搞得很好,后来却丢失了90%,这是从胜利向失败的转化。在日常生活中,好变坏、进步变成落后的事例也不少。但是,从自然界、人类历史发展的总趋势来说,矛盾的转化却是前进的、上升的运动。尽管在前进的过程中,会遇到种种曲折,会出现某种逆转,但是,归根到底,新生的事物总要战胜腐朽的、落后的事物。正因为这个缘故,在民主革命时期,当革命处于低潮、革命的力量还是星星之火的时候,毛泽东同志总是用这个辩证法的宇宙观教育全党,要坚信"星星之火,可以燎原"。1935年1月党的遵义会议确立了毛泽东同志在红军和党中央的领导地位,从此,打开了中国革命的新局面,使我国革命由挫折、失败转化为胜利。

在社会主义革命取得胜利,无产阶级已经从被统治者转化为统治者之后,对立统一规律是否还有普遍意义呢?还要不要做转化工作呢?回答是肯定的。阶级矛盾基本解决了,人和自然的矛盾就突出起来了。从总体来说,我们的国家还是一个不发达的社会主义国家。要使它成为富强的、发达的社会主义国家,仍然要做艰苦的转化工作。

辩证法承认矛盾的转化,同时认为转化离不开一定的条件,转化的根据虽然存在于事物的内部,但是,没有一定的条件,矛盾的转化就不可能实现。

促成一事物转化为其他事物的条件是多方面的,有客观的条件,也有主观的条件。当客观条件具备了转化的可能性时,主观条件就成为实现转化的主要的、决定性的东西了。我国民主革命时期也是经历过曲折的。1935年之后,民主革命所以得到顺利的发展,是因为在毛泽东同志的领导下,党中央纠正了王明的"左"倾错误,确立了一条马克思主义的正确路线;这就是一个关键性的条件,它对民主革命能在1949年取得胜利,实现从旧中国向新中国的转化起了决定性的作用。在社会主义时期,新中国成立以来,我们的事业取得了巨大的成就,但这是经历了曲折过程取得的。由于党在指导思想上的"左"的错误,由于林彪、"四人帮"利用了毛泽东同志晚年的错误思想进行反革命破坏,导致了"文化大革命"的发生,我们的事业遭受了严重的挫折。粉碎"四人帮"以后,党的十一届三中全会重新确立了正确的思想路线、政治路线和组织路线,使我们现代化建设的胜利有了可靠的保证。但是,正确路线是实现现代化的重要条件,却不是唯一的条件,比方说,有了正确的路线,还要有坚决贯彻这条路线的各族人民、各级干部,尤其是年青一代的长期努力奋斗,没有后面这样的条件,现代化建设同样是不能成功的。

要促进事物的转化,就要创造转化条件。《淮南子·人间训》里有一段"塞翁失马"的故事。其中说,住在边塞上的一个老头,一天丢了马,别人来安慰他,他说:这怎么就不算是好事呢?几个月之后,这匹马果然带了一匹好马回来了。别人又来祝贺他,他说:这怎么知道就不是坏事呢?不久,他的儿子骑了这匹好马,把腿摔坏了。别人来安慰他,他又说:这怎么就不算是好事呢?果然,不久发生了为帝王争夺霸权和地盘的战争,他的儿子因为坏了腿不能上战场,保全了性命。这个故事包含了朴素的矛盾转化的思想,就这一点来说,有可取之处;可是,它却忽视了转化必须要有一定的条件,这就很容易导致好亦是坏、坏亦是好、好坏不分的诡辩论。

我们常说,坏事可以变成好事,这是对的。但坏事本身并不就是好事,要把它变成好事,需要创造一定的条件。这个条件就是要正确地总结经验教训,吃一堑长一智,从而在今后的工作中把事情办得更好。在经济工作中,由于经验不足,常常发生这样或那样一些失误,这也是难以完全避免的。发生错误以后,就要从中吸取必要的教训,把前车之覆当做后车之鉴,以后避免重犯同类性质的错误,这叫"交学费",交了学费,学了本领。可是,如果有人屡犯错误,给党和人民造成不应有的严重损失,又不从中吸取教训,还美其名曰"交学费",这就不是什么辩证法,而是诡辩论了。

我国古代流传过许多包含着矛盾转化思想的历史故事,现实生活中也有着成千上万的例证,如低产转化为高产,贫穷转化为富裕,后进转化为先进,困难转化为顺利,失败转化为成功。在人才成长方面,近年来有不少奇迹般的佳话为人们所传颂,比方说,工人成了专家;原来只有小学程度的人,经过努力,达到了大学毕业的水平,考取了研究生;残疾者掌握了几门外语;下乡知识青年成了作家,等等。要问他们何以能够从无知转化为有知,从知之不多转化为知之甚多,从较低水平转化为较高水平呢?具体情况千差万别,但都离不开刻苦自学这个条件,没有这个条件,奇迹是不会出现的。毛泽东同志指出:"没有一定的条件,斗争着的双方都不会转化。"[1]这是真理。

> **对立统一规律是辩证法的核心**

这两讲,我们讲了辩证法的矛盾规律,即对立统一规律。毛泽东同志曾经指出,如果我们把矛盾问题的各个方面都弄清楚了,那我们就在根本上懂得了唯物辩证法。

当然,这不是说,唯物辩证法就只有这一个规律,而没有其他方面的内容了。辩证法是一个完整的科学体系,前面已经说过,它包括三个基本规律和一系列的范畴。但是,这些规律和范畴并不是并列的。马克思说:

---

[1] 《关于正确处理人民内部矛盾的问题》。

"两个相互矛盾的方面的共存、斗争以及融合成一个新范畴,就是辩证运动的实质。"①恩格斯也指出,关于对立统一"构成辩证自然观的核心"。②列宁继承和发挥了马克思和恩格斯的这一思想,明确地指出,对立统一规律是辩证法的实质和核心,并从理论上作了论证。毛泽东同志在《矛盾论》中提出"对立统一的法则,是唯物辩证法的最根本的法则",并从多方面发挥了对立统一规律的内容,提出矛盾的普遍性和特殊性的关系问题是矛盾问题的"精髓"。

那么,为什么说矛盾规律是唯物辩证法的实质和核心,是唯物辩证法的最根本的规律呢?

第一,从辩证法与形而上学的根本分歧看,是否承认矛盾,是辩证法同形而上学斗争的焦点,是区别辩证法与形而上学的最后的分水岭。形而上学观点的根本特点是片面性,它的公式是:"是就是,不是就不是;除此以外,都是鬼话。"这就从根本上排除了矛盾。而否认了矛盾,也就否认了发展的源泉和动力,因而也就否认了发展。

第二,从对立统一规律与辩证法的其他规律和范畴的关系来看,矛盾规律是理解其他一切规律和范畴的钥匙,它像红线一样贯穿于其他全部规律和范畴之中,其他规律和范畴都是从各个侧面对矛盾规律的具体化和展开。如量变质变规律是量变与质变的对立统一,否定之否定规律是肯定与否定的对立统一,其他范畴也都是从某个侧面反映世界最普遍、最本质联系的对立统一。所以,不懂得对立统一规律,从根本上来说,就是不懂得辩证法。

第三,作为方法论来看,对立统一规律是我们认识世界和改造世界的最根本的方法。从唯物辩证法来说,认识世界,就是认识事物的矛盾;改造世界,就是解决事物的矛盾。如毛泽东同志所说:"这个辩证法的宇宙观,主要地就是教导人们要善于去观察和分析各种事物的矛盾的运动,并根据这种分析,指出解决矛盾的方法。"③

坚持对立统一规律,对我们坚持党的思想路线有十分重要的意义。党的思想路线要求我们一切从实际出发。什么是实际?实际是矛盾着的

---

① 《政治经济学的形而上学》,《马克思恩格斯选集》第1卷,第111页。
② 《反杜林论》,《马克思恩格斯选集》第3卷,第54页。
③ 《矛盾论》,《毛泽东选集》第1卷,第304页。

实际。实际存在着的,就是各种矛盾以及由这些矛盾推动的事物发展过程。从实际出发,就是从这个矛盾着的实际出发。所以,不懂得对立统一规律,就不能把党的思想路线贯彻到底。建国以来,我们所犯的各种"左"的错误,究其思想根源,无非表现在两个方面:一是直接违背了物质第一性、意识第二性的唯物主义原理,夸大了主观意志和主观努力的作用;再一个方面,就是形而上学片面性、绝对化,最后也使主观脱离了客观。比如,经济战线上生产资料私有制的社会主义三大改造基本完成以后,还有没有阶级斗争?当然有,绝不能放松这方面的斗争。但是,我们把它夸大了,把次要的东西说成是主要的东西,把局部的东西说成是全局的东西,把不属于阶级斗争的东西也看成是阶级斗争现象,因而对阶级斗争形势作出了违反实际的估计。再比如,工作方法上的"一刀切",也是一种片面性,把某种条件下是正确的方法当成是普遍适用的,把特殊的东西说成是普遍的东西,把相对的东西说成是绝对的东西,结果,造成了主观主义瞎指挥。这些情况表明,片面性也是主观性,也是思想路线不端正的表现。所以,反对形而上学,是我们坚持党的思想路线不可缺少的方面。

  对立统一规律既然如此重要,那是不是说,学习辩证法,仅仅学习对立统一规律就可以了呢?不能这样说。辩证法的其他规律都是普遍的、客观的规律,辩证法的范畴是客观世界普遍、本质联系的反映,它们在辩证法体系中各有自己的地位,在事物发展中各有自己的作用,不能互相代替。对立统一规律主要是说明事物发展的源泉和根本动力,说明发展过程的实际内容是对立面的统一和斗争。至于其他方面的问题,就要由其他的规律和范畴来说明了。我们说对立统一规律是最根本的规律,那就意味着还存在其他的规律;说对立统一规律是辩证法的核心,那就意味着还有围绕核心的东西;说对立统一规律是辩证法的实质,那就是说,还有实质在各个方面的表现。因此,在学习了对立统一规律以后,我们还要进一步研究辩证法的其他规律和范畴。

第九讲：
"不积细流，无以成江海"
——量变质变规律

用作题目的这句话，出自我国战国时代荀子写的《劝学篇》。在这篇文章中，他还说了许多类似的话，像"积土成山"、"积水成渊"、"不积跬步（半步）无以至千里"，等等。比他早一点的老子在《道德篇》中也说："合抱之木，生于毫末；九层之台，起于累土；千里之行，始于足下。"这些富于哲理的话，说明早在两千多年以前，我们的先人就已经朴素地认识到事物的质变是由量变积累起来的。当然，由于历史条件的限制，他们并没有明确地用质、量这样一些科学概念，也没有把它作为一条普遍规律加以科学地论证，即便如此，也是难能可贵的了。

那么，作为唯物辩证法基本规律之一的量变质变规律，包括一些什么内容呢？研究它又有什么意义呢？下面我们就来具体谈谈这个问题。

> **事物都是质和量的统一**

《史记·秦始皇本纪》上有一段指鹿为马的故事，说的是赵高当了宰相以后，阴谋篡夺帝位，但又怕大臣们不服，于是想试探一下，看到底有多少人顺从自己。一天，他牵了一头鹿献给秦二世，说这是一匹马。秦二世说："你弄错了，怎么把鹿说成是马？"赵高便问在场的官员们，这究竟是鹿还是马？有的人直说了，这是鹿；有些善于察言观色、看风使舵的阿谀之徒便说，这是马。赵高认为说鹿的都是些异己分子，后来便罗织罪名，把他们一一贬黜甚至杀害了。

鹿和马是两种在质上不同的东西，是不能混淆的。世界上各种各样的事物，所以是这物而非他物，是由于每一事物都有区别于其他事物的特殊的质。生物和非生物不同，动物和植物相异。山川湖海，日月星辰,飞禽走兽,草木虫鱼,这些东西我们所以能够把它们区别开来,是因为它们各有自己特殊的质。所谓质,用哲学上的话来说,就是指事物内部固有的规定性,是一事物和他事物相区别的特殊性。这种规定性,是由事物内部的特殊矛盾所决定的。某一事物的质发生了变化,这一事物就不再是这一事物而变成另外的事物了。人们认识事物首先认识它是什么,也就是首先认识它的质。所以,认识质,是人们认识事物的基础。

那么,一个事物是不是只有一种质呢?不是的。前面我们说过,事物的质是由事物内部的特殊矛盾所决定的,而事物往往又包含有许多层次、方面的矛盾,因此事物的质也是多方面的。拿人来说,人能制造、使用工具进行生产劳动,这是人区别于动物的质。在阶级社会中,各个阶级的人又有各自的阶级性,这又是人具有的不同的阶级的质。在同一阶级的人中,有在工厂里生产的,有在服务性行业工作的,有当清洁工的,有当医生的,有从事科学、文化、教育等各种事业的,这又构成了社会分工上的不同的质。所以,我们在研究事物的质的时候,应当根据事物的本来面目和不同的实践目的,去把握它某一方面的质,把主要的和非主要的、根本的和非根本的质区别开来。

事物的质是事物内在的规定性,它通过其属性表现出来。所谓属性,就是事物的质同别种事物发生关系时的表现。换句话说,就是一事物与他事物发生关系时表现出来的质。例如,不同质的化学物质在和水、火等发生关系时,会表现出不同的属性。属性是从一定方面表现出来的质,而质则是各种属性的内在的有机的统一,标明了不同于他物的界限。

事物不仅有质的规定性,而且有量的规定性。所谓量,是指事物规模的大小、运动速度的快慢、颜色的深浅、数目的多少,等等。同一质的事物可以有不同的量,也就是说,在一定的范围内,量的增减不会影响某一事物的存在。例如,在标准的大气压下,水的温度在0℃~99.975℃之间,水的物理性质不会改变,始终保持液体的状态。所以,相对于事物的质来说,量是事物外在的规定性。一种事物,规模可以大一些,也可以小一些,颜色可以深一些,也可以浅一些,在一定限度内,这些都不影响它的质的规定性。那么,量这种外在的规定性是不是就不重要呢?不是的。正确地把握事物的量,对于深刻地认识事物的质具有很重要的意义。在化学上,仅仅了解化合物的组成部分,不懂得各个组成部分量的多少,还是不能制成某种化合物的。国民经济是由在质上不同的各个部门组成的,这些不同的部门又总是表现为一定的量的比例关系。比例关系协调了,国民经济才能持续地高速度发展,比例关系失调了,经济的发展就会遭到破坏。没有量的统计,就无法研究经济现象,也就不能正确地指导经济建设。在革命战争年代,恰当地进行敌我双方力量的估量;在建设年代,正确分析经济发展的水平和速度,是制定正确的战略、策略和方针、政策的依据。做任何工作,都不能忽视它的量的方面。毛泽东同志说过:"胸中有'数'。这是说,对情况和问题一定要注意到它们的数量方面,要有基本的数量的分析。任何质量都表现为一定的数量,没有数量也就没有质量。"①

任何事物都是质和量的对立统一。没有无质之量,也没有无量之质。那么,数学不是纯粹研究量的科学吗?是的。恩格斯说过:"数学是数量的科学。"②但是,如果寻根究底,你就会发现,数学中数和形的概念,都是从现实生活中概括出来的,这些量都是同某种质相联系的。即使看来是纯粹的量,也存在着质的差异。例如,正数与负数,整数与分数,奇数与偶数等,都是质的不同。所以,恩格斯又说:"数是我们所知道的最纯粹的量的规定。但是它充满了质的差异。"③

质和量的统一,还表现在二者的互相制约上。质是量的基础,量总是一定质的量。离开了质,量是毫无意义的。当我们说量的多少的时候,总是指的什么东西(质)的多少。而且,质决定着量,没有一定的质,就没有一定的量。有的工厂单纯追求产值和产量,产品粗制滥造,这些产品不受消费者欢迎,成了滞销品,积压下来,这种不具备一定的质的量是虚假的。另一方面,量又制约着质。也就是说,没有一定的量,也就没有一定的质。比方说,没有一定数量的建筑材料,就建不成一座房屋;没有一定数量的水,就形成不了一个湖泊;没有一定数量的树木,就不成其为森林;没有生产力高度发展的水平,就不可能建成共产主义;等等。可见,一定的量,对

---

① 《党委会的工作方法》,《毛泽东选集》1960年版,第4卷,第1143页。
② 《自然辩证法》,《马克思恩格斯全集》第20卷,第601页。
③ 同上,第602页。

构成一定的质,绝不是无关紧要的。

要善于把握事物的度

掌握事物的质与量的统一,很重要的一点,是要善于把握事物的度。

十九世纪俄国的著名作家克雷洛夫写了一篇寓言《杰米扬的汤》。内容说,主人公杰米扬用鲜美丰盛的鱼汤款待客人。这本来是一件好事。可是他一盆接着一盆地请客人吃,没有休止,最后客人忍无可忍,逃席而去,从此再也不敢登门。

这个故事说明,任何事物都有保持其一定质的数量界限。好客、热情也要掌握一定的度。在一定界限内,量的变化不会改变事物的质,而一旦超出这个界限,量的变化就会引起质的变化。鲜美的鱼汤无疑是款待客人的佳品,过量了,岂不就变成灾难?在自然现象和社会现象中,任何事物都有其"度",这是普遍现象。例如,每种气体都有其凝结点,每种液体都有其冰点和沸点,每个生物都有其生命的界限,所有这些"关节点",都是引起事物质变的界限。在这种关节点以内,事物保持相对稳定,保持一定的质。这种使事物保持特定质的量的界限,在哲学上,我们就称之为"度"。在标准的大气压下,$0°C \sim 99.975°C$,这就是水的度,超出这个界限,就不是水,而是冰或者水蒸气。

我国古代的思想家很早就注意到掌握事物的度具有重大的方法论意义。孔子说:"过犹不及。"这句话正是可以理解为掌握"度"的重要性。"过"与"不及"都不是辩证法。"不及",达不到一定的度,不能保证一定事物的质。"过",则是超过一定的度,使事物的质受到破坏。可见,如果说右是"不及","左"是"过",那么"右"不好,"左"也不好,"左"并不比"右"好。一些人认为:"左"比"右"好,这是不对的。"过"看起来好像是前进,是发展,但因为它超过了一定的度,结果就不能不倒退。列宁说过一段很深刻的话:"只要再多走一小步,仿佛是向同一方向迈的一小步,真理便会变成错误。"[①]这是千真万确的。由此可见,善于掌握事物的度,对于避免左右摇摆,是很重要的。

[①] 《共产主义运动中的"左派"幼稚病》,《列宁选集》第4卷,第257页。

量变和质变

事物的质和量都不是凝固不变的,而是发展变化的。量的变化引起质的变化,这是事物发展的普遍规律。

黑格尔在谈到这个问题的时候,举过大量通俗而生动的事例。他在《小逻辑》一书中说:"譬如,问一粒麦是否可以形成一堆麦,又如问从马尾上拔去一根毛,是否可以形成一秃的马尾?"这种看起来好像不相干的量之增减亦有其限度,只要最后一达到这极点,则继续再加一粒麦就可以形成一堆麦,继续再拔一根毛,就可产生一秃的马尾。这些例子与一个农夫的故事颇有相似之处:据说有一个农人,当他看见他的驴子驮着东西愉快地行走时,他继续一两一两地不断增加它的负担,一直到后来,这驴子担负不起这重量而倒下了。一切事物的变化,都是从量的变化开始。由于量的变化,随后引起质的变化。常言说:"千里之堤溃于蚁穴。"一个小小的蚁穴,对于偌大的堤坝有什么妨害呢?然而,这是不能小看的,这个蚁穴如不消除,它就会逐渐加大,终于引起质变,造成堤溃的不可收拾的局面。黑格尔的下面一句话,是值得记取的。他说:"一种量的变化之发生,最初好像是完全无关轻重似的,但后面都蕴藏着别的事物。"古人说"防微杜渐",这是说当错误或坏事还处在量的积累的情况下,就要加以防止,不让事情发生根本的质的变化。这些道理,对我们的思想修养来说,也是适用的。

量变和质变是事物发展的两种状态。量变是一种逐渐的、不显著的变化,它不影响事物的相对稳定性,不改变事物的根本性质。质变则是渐进过程的中断,是事物根本性质的变化,是从一种质向另一种质的飞跃。事物的发展为什么会呈现出这样两种状态呢?这是由于事物内部的矛盾发展的情况所决定的。在前一讲谈矛盾的转化时,我们说过,事物的内部矛盾,有主要方面和次要方面。事物的性质,主要决定于占支配地位的矛盾的主要方面,矛盾的主要方面和次要方面既统一又斗争,当这种斗争尚未引起双方地位的改变时,事物的性质就没有变化,这时事物处于量变状态。当这种斗争由于力量对比而不断变化,最后引起双方地位的改变,也就是原来的主要方面降为次要方面,原来的次要方面上升为主要方面时,事物的性质便起了变化,事物就实现了质变,就转化为自己的他物。所以,量变质变规律是事物矛盾规律的一种具体表现、展开和补充。

量变引起质变，一种情况是单纯数量的增加或减少，引起质的变化。上面列举的马尾变成秃尾、"千里之堤，溃于蚁穴"，都属于这一类。有些事物，当其数量开始发生增减时，往往不容易看出这种量变的意义，而需要经过量变的一定积累后，才能明白其意义。马尾掉毛，如果不掉到相当的程度，人是不敢说这个马尾会变成秃尾的。但是，也有许多事物，当其数量的增减一经发生时，其质变也就随之发生了。我国农村有句谚语说："一条小驴拉不动，两条小驴拉得欢。"一个变成两个，事物的面貌就根本改观了。门捷列夫元素周期表表明，元素的性质取决于该元素的核外电子数即核电荷数，称为原子序数。氢元素的原子序数为1，增加一个核外电子，原子序数为2，就变成了氦；再增加一个核外电子，就变成了锂；再增加一个，就变成了铍。由于原子序数的增加，元素呈周期性变化，即由活泼的氢元素，变成不活泼的氦元素，再变成金属元素，如此等等。

量变引起质变，不仅表现在数量增减改变事物的性质上，而且表现在数量没有增减，由于构成事物的各种成分在内部组织上的变化引起的质变。物质系统在构成的要素的数量没有增减的情况下，仅仅由于排列或连接的不同，就可以产生出不同质的功能和效用。系统工程就有所谓最优性的要求，即在不同的方案、设计中，要选择最优的系统方案。一定数量的士兵，仅仅由于组织和部署的不同，在战斗力上就表现出质的差异。化学中葡萄糖和果糖都由碳、氢、氧三种元素组成，分子式都是 $C_6H_{12}O_6$，但由于分子中原子的空间排列不同，使它们具有不同的性质。葡萄糖具有醛和多元醇的化学性质，果糖则没有醛的化学性质。

量变和质变不同，不能混淆。但是，量变和质变又具有相对的性质：在一定场合下的质变，可能成为另一场合下的量变，反之亦然。例如，二十世纪四十年代以后，由于出现了原子能工业、电子计算机和空间技术，引起了科学技术的巨大变革。原子能工业的出现，对于原子核物理学来说，是一个质变；然而对于被人们称为第三次技术革命来说，又是一个量变。当前，由于各种科学继续向前发展，这种量的积累，又必然会形成质变，出现新的突破，可能又会产生再一次的科学技术革命。

总之，事物由量变引起质变，质变以后，在新质的基础上又开始新的量变,如此循环往复,事物便不断地由低级阶段进入高级阶段,于是事物的发展就表现为连续性和非连续性的统一。量变质变规律,又可称为量变和质变互相转化的规律。这是事物发展的普遍的辩证法规律。

反对两种错误倾向

上面的叙述,说明量变和质变是辩证统一的,二者既互相区别,又互相联系。量变是质变的准备,质变是量变的必然结果。这是唯物辩证法对量变和质变相互关系的正确表述。和唯物辩证法相反,形而上学把量变和质变的对立绝对化,割裂了二者的联系。

一种表现是,认为事物的发展不存在量变的过程,质变是突然发生的。十八世纪法国自然科学家居维叶的"激变论",就是这种观点的一个典型。他认为,地球发生了多次灾难性的大变化。每次灾变来临,江海横溢,岩浆漫流,旧的生物被毁灭,以后别的生物又迁移到这里来。灾变不断发生,旧生物不断被毁灭,别的地方的生物又不断迁来,如此循环往复,因此不同地层才有不同生物化石的发现。他的继承者发展了这种观点,认为灾变是全球性的,因此灾变发生时全部生物都毁灭了;以后,地球上的生物是由上帝重新创造的。这种"激变论",不了解生物物种的出现是一种量变积累的结果,因而不能用生物本身的发展来解释生物的进化,只好求助于神的创造。在革命斗争中,"左"倾冒险主义者否认革命需要积蓄力量的准备过程,幻想在一个早上取得革命的胜利,这也是否认量变的一种表现。在社会主义革命和社会主义建设时期,这种否认量变的必要准备的思想也有表现。例如,对生产力发展要有一个量的积累过程估计不足,急于进行生产关系的变革,这种倾向在人民公社化运动中表现得尤为突出。欲速则不达,结果,还不得不实行调整。实践证明,所谓"穷过渡",完全是反辩证法的。

割裂量变与质变的另一种表现是:只承认事物的量变,否认事物的质变,这是形而上学思想的本质的表现。量变是质变的前提,没有量变就没有质变。但是,量变毕竟不等于质变,而没有质变,事物就不会发生根本的变化,就不会有飞跃,就不会有新事物的产生和旧事物的灭亡,一句话,就没有事物的发展。质和量是相互适应的。量的增加在一定质的范围内是有限的。没有新的质,也不会有量的新的变化。社会主义革命之所以必要,社会主义革命的历史必然性,归根到底就是因为旧的生产关系限制了生产力的发展。只承认量变、不承认质变的观点,叫做庸俗进化论。这是形而上学用以对抗唯物辩证法的一种手法。我们在以前说过,孤立、静止、片面地看问题,是形而上学的思想特征。而庸俗进化论表面上看来也承认发展,但实际上是否认发展的。实用主义者胡适就说过:"实验主义注重具体的事实与问题,故不承认根本的解决。它只承认那一点一滴做到的进步。"显然,在胡适看来,"点滴进步"和根本解决是不相容的,他的所谓承认"进步",目的是反对"根本解决",即反对中国人民从根本上推翻帝国主义、封建主义和官僚资本主义的反动统治。这是地地道道的改良主义。我国新民主主义革命的辉煌胜利,新中国的诞生,旧中国的灭亡,是对这种庸俗进化论的最有力的驳斥。事实说明,在旧中国,如果只有那一点一滴的"进步",是无济于事的,正如列宁说的"资本主义自己替自己造成了掘墓人,自己造成了新制度的因素,但是,如果没有'飞跃',这些单个的因素便丝毫不能改变事物的总的状况,不能触动资本的统治"。[①]

重视知识的量的积累,对于立志成才的人们,是必不可少的。正如本讲题目所言"不积细流,无以成江海",任何人的成就,都离不开知识的积累。徐特立同志早年赴法勤工俭学时,有人问他:"你年纪大,用体力做一点适当的工倒还容易,要用脑力去学法文,是不是要比较难一点呢?"他这样回答:"不一定,事情慢慢来。我今年四十三岁,一天学一个字,一年可学三百六十五个字,七年可学二千五百五十五个字,到了五十岁时,不就是一个通法文的人了吗?假如一天学两个字,到了四十六岁半,就可以学通一国文字。"后来,经过四五年,徐老终于能读法文科学书籍了。万丈高楼一定要有牢固的地基,攀登科学技术的高峰,也必须有坚实的基础。学习不可投机取巧,也不能好高骛远,而应当老老实实,一步步深入,一点一滴积累。这是学习获得进步的规律。巴甫洛夫在临去世前告诫青年人:"我对我国有志于科学的青年有什么祝愿呢?首先,循序渐进。我一说起有成效的科学工作这条最重要的条件时就不能不感到激动。循序渐进,循序渐进,循序渐进。"我们应该牢牢记住这个经验之谈。

---

① 《欧洲工人运动中的分歧》,《列宁选集》第2卷,第393页。

质变是飞跃	量变达到一定的程度,就要引起质变,这是一切事物发展的普遍规律。任何质变,都表现为渐进过程的中断,即飞跃。但飞跃的形式是多种多样的。通过急风暴雨的革命战争,推翻三座大山,变旧中国为新中

国,这是一种飞跃形式,通过发展生产,提高科学技术水平,变不发达的社会主义国家为现代化的社会主义强国,也是一种飞跃形式。前一种称为爆发式的飞跃形式,后一种称为非爆发式的飞跃形式。在社会现象中,爆发式的飞跃,通常是解决对抗性矛盾的飞跃形式;非爆发式飞跃,则是解决非对抗性矛盾的飞跃形式。认为在社会主义条件下只有量的积累,没有质的飞跃,是错误的。质变、飞跃,无非是指事物内部对立面的转化。有矛盾存在,就有矛盾的同一和斗争,就有矛盾双方的转化,就有飞跃。当然,如果条件还不成熟,人为地去搞"飞跃",或者把飞跃的形式只归结为爆发式的飞跃,把哲学意义上的飞跃,简单地与政治革命等同,无休止地搞政治运动,搞"急风暴雨",这就会造成极大的混乱了。社会主义向共产主义发展,要经过一系列小的飞跃、质变,而每一种质变又都是量的积累的结果,经过这一系列量的积累,最后才能出现大的飞跃,过渡到共产主义。

总之,在量变与质变的关系上,我们只能按照辩证法办事,反对形而上学的两种错误倾向,坚持量变和质变的辩证统一。我们在实现现代化的建设中,在日常工作和学习中,都应该努力按照这个规律办事。

第十讲：
仿佛向旧东西回复
——否定之否定规律

前面我们讲到：事物内部都包含着矛盾，矛盾又同一又斗争，促成矛盾双方的转化，引起事物的质变；质变是在量变的基础上发生的，承认质变，承认旧质过渡到新质、旧事物转化为新事物，就是承认事物的发展。那么，新质和旧质有没有联系呢？质变和量变的一系列的互相转化，是按照什么方向进行的？发展是直线的，还是曲线的？这些都是质量互变规律还没有说明，有待否定之否定规律来加以说明的。浩荡的黄河，一泻千里，遇到高山峡谷，便要"盘涡倒卷"，呈现出"萦回九曲"的壮观景象，这显示了什么？我国著名历史小说《三国演义》，第一句话便是"话说天下大势，分久必合，合久必分"，这种现象又应该作怎样的理解？这些都涉及运动、发展过程的方向、途径等问题，涉及否定之否定规律。

> **否定是事物发展的环节**

为了理解否定之否定规律，首先要搞清什么是否定。

把一只昆虫踩死，把一粒麦种磨碎，或者写上一个"A"，然后又把它涂掉等，这是不是否定呢？是的，这也是某种否定，这是从外部来的否定。辩证法所讲的否定，不是指这种情形。

恩格斯说："在辩证法中，否定不是简单地说不，或宣布某一事物不存在，或用任何一种方法把它消灭。"①辩证法所讲的否定，是指事物的自我否定。这种自我否定，不是从事物外部任意强加给事物的，而是事物内部矛盾运动的必然结果。

---

① 《反杜林论》，《马克思恩格斯选集》第3卷，第181页。

任何事物都包含着肯定因素和否定因素,在这两个对立面中,有一方是主要的,它决定事物的性质,保持事物的存在,这就是事物的肯定因素。另一方则是非主要方面,是促使现存事物走向灭亡的方面,这就是事物的否定因素。这两种因素互相斗争着,否定因素不断发展,当它上升为主要方面时,事物的性质就发生了根本的变化,导致了旧事物的灭亡和新事物的产生。这就是否定。可见,在辩证法中,否定和质变,和新事物的产生、旧事物的灭亡,是同一个过程。它不是消极的东西,而是发展的环节。没有否定就没有发展。马克思说:"任何领域的发展不可能不否定自己从前的存在形式。"[①]他又说:"辩证法在对现存事物的肯定的理解中同时包含对现存事物的否定的理解,即对现存事物的必然灭亡的理解。"[②]一切事物都是通过自身的否定而向前发展的。

让我们看看事实吧!

在资本主义社会中,资产阶级居于统治地位,是矛盾的主要方面,这种情况决定了社会的性质,因而它是这个社会的肯定因素。无产阶级处于被统治地位,是矛盾的非主要方面,是这个社会的否定因素。资产阶级和无产阶级互相依存又互相斗争,结果,无产阶级日益壮大,最后通过夺取政权而上升为主要方面,这时,资本主义社会就被否定,而为社会主义社会所代替了。

说到这里,很自然要问:作为社会主义社会的肯定方面——无产阶级,是否也有一天被否定呢?用辩证法的观点看问题,这是毫无疑义的。早在新中国诞生的前夕,毛泽东同志就说过:"消灭阶级,消灭国家权力,消灭党,全人类都要走这一条路的。"[③]但是,无产阶级的被否定和资产阶级的被否定却全然不同,无产阶级是人类社会最后一个被剥削阶级,它并不是也不可能是被另外一个什么新的阶级、集团所否定,而是在生产力发展的基础上,随着阶级的完全消灭而消灭。我们要坚持共产党的领导,坚持无产阶级专政,归根到底,是为了促进生产力发展,创造条件,使阶级(包括工人阶级)很自然地归于消灭,这时,社会主义社会就被共产主义社会所否定了。总之,人类社会都是通过自身的否定而不断地向前发展的,

---

① 《道德化的批评和批评化的道德》,《马克思恩格斯选集》第1卷,第169页。
② 《〈资本论〉第一卷第二版跋》,《马克思恩格斯选集》第2卷,第218页。
③ 《论人民民主专政》,《毛泽东选集》1960年版,第4卷,第1473页。

社会主义社会也没有例外。

在自然界中,也同样经历着自我否定的过程。

在物理运动中,由于物体内部温度和压力的改变,引起各种物体聚集状态的改变,一种形态被另一种形态所否定。液态是对固态的否定,气态是对液态的否定,等离子态是对气态的否定,超固态是对固态的否定,等等。

在化学运动中,存在着吸引和排斥的矛盾。当原子之间的吸引成为主要矛盾时,原子便化合成分子。这时吸引是肯定因素,排斥则是否定因素。当作为否定因素的排斥上升为主要方面时,分子便被否定,而分解成为一个一个的原子。化合是对分解的否定,分解是对化合的否定。这就是化学运动的基本过程。

在生物运动中,同化和异化的矛盾过程,也是生物体的自我否定过程。同化是生物的肯定因素,异化是生物的否定因素。就生物体本身而言,同化就是合成自身,异化就是分解自身,这样,既建设,又破坏,既肯定,又否定,由此推动着生物体中的物质和能量不断地更新,构成新陈代谢,这就是生命的运动过程。

在思维领域,也是通过自身的否定而发展的,人们对客观世界的认识,并不是正确认识的简单累积,而是一个既肯定又否定的过程。任何一门科学都是经过无数肯定与否定而向前发展的。拿哲学思想来说,古代朴素的辩证法是对世界整体的认识,它初步反映了客观世界各种现象相互联系、相互作用的一般状况,而没有展开对世界各个部分的具体认识,这种朴素的辩证法思想因不能适应自然科学发展的要求而被形而上学否定了。形而上学注重对世界各个部分分门别类的研究,却又忽视了对世界的整体认识,随着自然科学的进一步发展,它又被更高级的辩证法所否定了。

总之,任何肯定的事物都包含有它的否定因素,都因其自身的矛盾运动而向其否定方面转化。世界上没有什么永恒肯定的事物,一切肯定的东西在一定条件下都是要被否定的。只有经过否定,才会有新东西的产生和旧东西的灭亡,所以说,否定绝不意味着事物发展的中断,而是事物发展过程中具有决定作用的一个环节。

否定中包含着肯定

新事物是对旧事物的否定,新旧事物之间显然有着本质的区别。但是,这种否定并不是一刀两断,把旧事物简单抛弃,而是既否定、又肯定,既抛弃又保留,也就是说,否定只是抛弃旧事物中消极的成分、过时的东西,同时,又保留其中的积极因素、生长着的新东西。比如,社会主义对资本主义的否定,只是抛弃它阻碍生产力发展的资本主义生产关系及其腐朽的上层建筑,对资本主义社会几百年来所创造的巨大生产力、文化科学知识以及某些有益的生产经验及经营管理方法等,就不是抛弃,而是保留,加以改造,使它在社会主义生产方式中继续发展。这种既克服又保留的关系,在哲学上叫做扬弃。所以,否定既是旧事物向新事物发展的环节,又是新旧事物之间联系的环节。把否定看成单纯的破坏,这是形而上学的否定观,它把否定过程中的克服、破坏的方面绝对化了。把否定看成是既克服又保留,看成是发展的环节,这是辩证法的否定观。

十月革命以后,俄国曾经出现过一个所谓的无产阶级文化派。他们宣称,无产阶级应当创造出与以往文化毫无共同之点的自己的更高类型的文化,要抛弃全部的"过去","继承的联系是不需要的",扬言对资本主义制度下的科学技术要予以"革命的摧毁",建立所谓无产阶级的几何学、数学、天文学。他们的诗人写道:"为了我们的明天——我们将拉斐尔火葬,我们要把博物馆破坏,我们将艺术的花朵摧残。"他们甚至断言,革命前保留下来的铁路是资产阶级的,马克思主义者利用这样的铁路是不体面的事,需要把它挖掉,建筑新的无产阶级的铁路。对这些貌似革命、"左"得出奇的叫嚣,列宁称之为"昏话"。斯大林对这些人嘲笑说,他们由此获得了一个外号,叫"穴居野人"。不料,这种"穴居野人"式的愚蠢行为,竟在我国一度重演。在"文化大革命"中,由于"左"的路线的影响,中华民族的光荣历史、世界的优秀文化遗产,一律被冠以大、洋、古和封、资、修的罪名,一概抹杀。

在唯物辩证法看来,事物所以能够从简单到复杂、由低级到高级向前发展,就是因为新事物对旧事物的否定,不是单纯的否定,而是保持了肯定东西的否定。它一方面克服了旧事物中过时的消极的东西,另一方面又保留其中的积极的成分,并加以改造和充实,带来了旧事物所不曾有的新内容,这样,它就具有了更为优越的性质。马克思主义之所以比以往的社会学说高明,并不是由于它把人类历史上的一切积极成果加以抹杀,而是由于它善于吸收和改造几千年来人类思想和文化发展中的一切有价值的东西。列宁说:"无产阶级文化并不是从天上掉下来的,也不是那些自命为无产阶级文化专家的人杜撰出来的,如果认为是这样,那完全是胡说。无产阶级文化应当是人类在资本主义社会、地主社会和官僚社会压迫下创造出来的全部知识合乎规律的发展。"[①]这说的完全是事实。我们自己的历史和现实也充分地说明了这一点。

我国新民主主义革命的胜利是辉煌的,它是对一百多年的半封建半殖民地乃至延续了几千年的封建社会的否定。社会主义的新中国和半殖民地半封建的旧中国有着质的区别,不可同日而语。然而,就是这样一个使中国人民饱受苦难的旧中国,也不是只有糟粕而没有可以吸取的精华。单就中国人民的爱国主义思想而言,就是极为宝贵的精神财富。几千年来,中华民族经历过无数次的大风大浪和兴衰变化,却一直稳固地凝聚在一起,并保持着伟大民族的生机和活力,其中,不正是具有伟大凝聚力和向心力的爱国主义精神在起作用吗?社会主义的爱国主义无疑增添了旧时代所不可能有的无产阶级国际主义和建设社会主义的新内容,无论在广度和深度上都大大发展了,但是,不可否认,它正是我国人民的爱国主义传统的继承和发扬。今天,每当我们吟诵着岳飞的《满江红》和文天祥的"人生自古谁无死,留取丹心照汗青"等诗篇,都会激发起热爱我们伟大的社会主义祖国的浓情,不正是说明这种联系吗?

可见,否定中包含着肯定,是辩证否定观不可忽视的一个重要方面,看不到这一点,就会割断历史,陷入虚无主义。

否定之否定

上面,我们讲了什么是辩证法的否定。那么,否定之否定又是什么呢?

无论是自然现象或是社会历史,无论是客观世界或是思维领域,我们都会遇到一种仿佛向旧东西回复的情景。例如,开头提到的"合久必分,分久必合"的合—分—合,原始社会的公有制—阶级社会的私有制—共产主义社会的公有制,生物生长过

[①] 《青年团的任务》,《列宁选集》第4卷,第348页。

程的种子—植物—种子,认识过程的实践—认识—再实践,哲学发展过程的古代朴素的辩证法—形而上学—唯物辩证法,还有战争中的进攻—退却—进攻,政治生活中的团结—批评—团结,国民经济发展中的平衡—不平衡—平衡,以至日常生活中的工作—休息—工作,等等。有一些研究历史的人,看到这种周而复始的现象,便断定历史是循环的,翻来覆去兜圈子,没有什么发展和进步,这就是所谓的"历史循环论"。这种观点显然是不正确的。我们说,以上所列种种,不是什么循环,而是辩证法所讲的否定之否定。

前面说过,事物总是通过否定而向前发展的,这种发展不会有止境。肯定的东西被否定了,而否定了旧事物之后产生的新事物,又不是永恒不变的。它同样要被它内部所包含的否定因素所否定,为更新的事物所代替。于是,就出现了这样一种情况:从肯定阶段走向否定阶段,从否定阶段走向否定之否定阶段,即肯定—否定—否定之否定的辩证发展过程。所谓否定之否定,就是指事物发展经过两次否定的结果。

也许有人问:既然事物通过否定而发展是无止境的,那么,了解否定这个环节就行了,何必又要突出"否定之否定"呢?原来,这里面是有道理的。首先,一般地说,在事物发展过程中,经过两次否定,事物的运动就表现为一个周期。以最常见的种麦子为例,播下的麦种被由它生长起来的植物所否定,经过出苗、拔节、开花、结实,最后又产生麦粒,麦粒成熟了,麦秆被否定,这就完成了种麦子的一个周期。其次,事物经过两次否定,会出现和肯定阶段相似的某些特征。否定是某物向自己的他者、自己的对立面转化,经过第二次否定,他者又转化为自己的对立面,即在形式上又转化为某物本身,这样,在否定之否定阶段,就会出现和肯定阶段相似的某些特征、特性,即上面所列举的仿佛向旧东西回复的情景。然而,这仅仅是"仿佛"而已。否定之否定并不就是肯定阶段的简单回复,而是更高级的某物、更高级的新东西。例如,在否定之否定阶段出现的麦粒,无论在数量上、质量上和肯定阶段的麦粒都大不相同了。从上述两种情形可以看出,事物经过两次否定,完成一个周期,"周而复始",就经历了一个小的圆圈。这种周期的不断重复,就酷似一串圆圈了。事物发展经历上一个圆圈,只是仿佛向旧东西回复,因此这并不是封闭的圆圈。一串这样不封闭的圆圈的连续,就表现为螺旋式上升的运动,或者也叫做波浪式的前进运动,正如一开始我们说的,黄河"萦回九曲"而不是沿着一条直线奔腾向前泻入大海的。《三国演义》关于"分""合"的说法,往往被人视为"循环论",是有原因的,因为作者并不了解经过第二次否定的"合",已经具有了新的内容。可见,对事物发展过程的这种螺旋式上升运动,只理解为从肯定到否定的转化,是不够的,只有真正理解否定之否定的过程,才能正确地把握事物发展的全过程。

当我们说否定之否定是辩证法的基本规律之一时,总有人对它的普遍性表示怀疑,他们把否定之否定当做一个现成的公式,套用到任意选择的两次否定过程,这显然是不正确的。否定之否定规律和辩证法其他两个规律一样,是自然界、社会和思维发展的最一般规律,在自然、社会和思维的各个领域中都是普遍起作用的。但是,它不同于对立统一规律和量变质变规律,它的作用要在一个较长的过程中,即事物运动完成一个周期才能显现出来。例如,地质的发展是一个否定之否定的过程。原始地壳,经过海洋、气象及风化等的作用而破裂,这是第一次否定。这些碎裂的物体,一层层淤积在海底,由于海水的高压又形成了新的岩层,这就是否定之否定。这是一个漫长的过程。又如,从原始共产主义社会的公有制,到阶级社会的私有制,是第一次否定;从私有制到共产主义社会的公有制是否定之否定,这也是一个漫长的过程。在这里,它和矛盾的无处不在、无时不有的情况,便有所不同。其次,对于包含有复杂矛盾的事物,对于某种系统,经过否定之否定的总的发展,包括了其内部的各个方面的、各种各样的否定之否定的发展,是这些发展的综合。如果离开了公有制和私有制这对矛盾的对立转化,离开这个角度,企图在几次私有制社会的更替中,去寻找否定之否定的特征,自然就对不上号了。例如,认为奴隶制是私有制否定了原始公有制,而封建制对奴隶制的否定的结果,仍然是私有制,并没有回复到公有制。然而,这并不是否定之否定规律没有普遍性,而是错误地把否定之否定当做现成公式乱套的结果。

对于复杂的事物,对于社会这种大的系统,其中的某一种质、某一方面,经过否定之否定过程,可能完成其发展的周期,但这并不等于这种事物、系统全部发展的结束。以后的发展,还会表现为其他方面的矛盾斗争,表现为其他方面的主要矛盾的解决。认为共产主义之后还要全面恢复私有制,这不是客观地运用这个规律,而是主观地套用。否定的方式在这里首先取决于过程的一般性质,其次取决于过程的特殊性质。也就是说,事物发展过程的否定之否定,只有对事物内部矛盾的发展进行具体分析,才能揭示出来,它是普遍存在的,而表现形式又是多种多样的,不能主观地加以运用。

> **发展是前进性和曲折性的统一**

否定之否定规律,和对立统一规律、量变质变规律一样,都是自然界、社会和思维发展的普遍规律,只是各自所揭示的方面有所不同罢了。对立统一规律揭示了事物发展的动力,揭示了发展过程的实际内容;量变质变规律揭示了事物发展是通过什么形式实现的;而否定之否定规律则揭示了事物发展的前进趋势和迂回曲折的途径。对立统一规律是辩证法的最根本的规律,是辩证法的核心,掌握了对立统一规律所揭示的事物内部的矛盾关系,就不难理解否定之否定所揭示的矛盾发展过程的一些特点。那么,对否定之否定规律为什么有人感到不好理解甚至有某种神秘感呢?这就不能不联系到第一个提出这条规律的哲学家黑格尔了。黑格尔是一个辩证法家,在他所处的历史条件下,他觉察到了事物发展的肯定—否定—否定之否定的过程,并利用了当时所能掌握到的丰富知识来证明这个规律。但是,黑格尔是一个唯心主义者,他不是把否定之否定看做客观事物本身的规律,而是作为一条思维的规律强加于自然界和历史,把一切事物都塞到他的正题(肯定)—反题(否定)—合题(否定之否定)的三段式的思维的逻辑发展框框里,并以此作为构造他哲学体系的先验杠杆,"从这里就产生出整个牵强的并且常常是可怕的虚构"。① 马克思主义的敌人、修正主义者曾攻击马克思主义的辩证法是黑格尔的三段式的应用。后来,有一些研究马克思主义哲学的人,也对否定之否定避而不谈了。其实,唯物辩证法的否定之否定规律,并不是黑格尔的唯心主义先验公式,而是和辩证法其他规律、范畴一样,是对客观过程规律性的揭示。它不是证明的工具,而是作为研究的指南,具有世界观、认识论和方法论的意义。

在现实事物的发展过程中,否定之否定规律总是同辩证法的其他规

---

① 《自然辩证法》,《马克思恩格斯选集》第3卷,第484页。

律和范畴连接在一起发生作用,表现出发展是复杂的运动过程。否定之否定规律表明:发展是新事物对旧事物的否定,总趋势是一个从低级到高级、从简单到复杂的上升运动、前进运动。这说的是发展过程的前进性。那么,是不是说发展过程就不会有曲折呢?不是的。否定之否定规律表明,事物的发展并不是直线式的。一出好戏,有序幕、尾声,有高潮,也有过场。一部出色的文艺作品,必定构思奇巧,情节曲折。"文似看山不喜平"。不平,就是波澜起伏。做到一波未平,一波又起,方能引人入胜。唐朝诗人常建有一句诗:"曲径通幽处。"苏州的园林之所以能吸引游人,是因为它的建筑设置,时而峰回路转,时而豁然开朗,杂以山石花木,曲廊幽径,造成无穷佳境,良多趣味。紧张工作之后,要有必要的休息,休息又是为了更好地工作,这是生活的真理。

  自然界、人类社会和思维,都是曲折地向前发展的。由于事物、系统中包含着各种矛盾和不同的侧面,由于新旧斗争的复杂性,在发展过程中甚至会出现局部的、暂时的倒退现象,形成在总的前进运动中包含着某些方面的后退运动的复杂情况。生物的进化是从低级到高级的上升运动,但有时也会出现返祖现象。社会历史的发展更加复杂,从来都是曲折前进的。法国1789—1794年资产阶级革命之后,经历了资产阶级和贵族的反复较量,旧王朝两次复辟,资产阶级为了取得政治统治,进行了三次革命斗争。社会发展要通过人的实践来实现,历史发展不仅有由客观条件所决定的曲折性,也交织着由于人们主观错误所造成的曲折性。列宁说:"难道历史有一种新生产方式是不经过许许多多的失败、错误和毛病而一下子就确立起来的吗?"①当然没有。社会主义社会的发展和历史上出现的任何新事物一样,也要经历同旧事物的复杂斗争,既有成功又会有失误、挫折,沿着曲折道路前进。

  民主革命时期,在革命转变的关头,毛泽东同志总要向我们指出:"前途是光明的,道路是曲折的。"②右倾机会主义者在挫折和困难面前丧失信心,看不到革命的光明前景。"左"倾冒险主义者一味追求高潮的连续,幻想走直路,结果总是碰壁。两者都违反了辩证法的真理。历史证明,他

---

① 《伟大的创举》,《列宁选集》第4卷,第14页。
② 《关于重庆谈判》,《毛泽东选集》1960年版,第4卷,第1162页。

们都是错误的。对于社会主义事业的发展,毛泽东同志的上述教导同样也是真理。这是革命乐观主义精神和求实精神的统一,这种精神来自唯物辩证法的发展观。

对于交织着各种矛盾的事物的发展来说,它的前进趋势,是由主要矛盾的解决和新事物发展的历史必然性所决定的。倒退是局部的,是矛盾发展的次要方面,它并不能改变发展的光明前景。

发展过程中出现的新事物,是对旧事物的否定力量。从长远的观点看来,它在发展中受挫折只是暂时的现象。刚刚产生的新事物,不管看来是多么弱小、多么稚嫩,不管要经历什么样的曲折,它总要逐步成长壮大,最后完全战胜旧事物。合乎规律地产生和发展的新事物,是不可战胜的。

发展是否定之否定的过程,是前进性和曲折性的统一。无产阶级和革命人民代表着新生力量,社会主义是当代的新事物。掌握否定之否定规律,就是要坚定地站在新事物的一边,支持新事物的成长;就是要向前看,在事物的曲折发展过程中,在任何逆流袭来的时候,都能立定脚跟,站稳革命立场。在实现社会主义现代化的各项工作中,我们应该掌握这个规律观察事物,来指导我们的行动,为新事物的发展而奋斗。

第十一讲：
没有两片完全一样的树叶
——个别和一般

德国哲学家莱布尼茨(1646—1716)曾经当过宫廷顾问。据说,有一次他在宫廷中讲学,说:"凡物莫不相异","天地间没有两个彼此完全相同的东西"。宫女们听了这番话以后,纷纷走入御花园,去寻找两片完全没有区别的树叶,想以此推翻这位哲学家的论断。结果,她们当然是大失所望,谁也没能找到这样的树叶。因为粗粗看来,树上的叶子好像完全一样,可是仔细一比较,却是大小不等、厚薄不同、色调不一、形态各异,都有其特殊性即个性。但是,我们可以肯定,她们捡回来的又都是树叶,而不会是其他什么东西,尽管树叶各不相同,它们都是树叶,都包含有作为树叶的一般性即共性。这里,我们就遇到了一个哲学问题:个别和一般的关系。个别和一般是唯物辩证法的一对重要范畴。

个别和一般的关系,是我们在日常生活中随时都会碰到的。例如,人是一般,张三、李四是个别;河流是一般,黄河、长江是个别;国家是一般,中国、美国是个别,等等。所以,个别就是各种具体事物、系统和过程的特殊本质,一般则是同类事物、系统和过程的共同本质。个别和一般的关系,也就是事物的个性与共性、特殊性与普遍性的关系(二者是对立的统一)。

> **一般存在于个别之中**

任何一个具体事物都是个别和一般的统一。世界上的事物所以千差万别,是因为它们包含有各自特殊的矛盾,具有区别于其他事物的特殊的本质,也就是具有其个性。然而,世界上的事物又是互相联系的,同类事物中包含有某种共同的本质,也就是有其共性。所以,个别和一般互相联结,不可分割。我们说,"张三是人","黄河是河流","中国是国家",这些最简单的命题都包含着个别和一般的对立统一。你到一个单位去找张三,也可以说去找人,这没有错,因为个别就是一般,张三是人。可是,你如果既不找张三,也不找李四,硬要找一种抽象的、一般的人,那是永远也找不到的。世界上没有脱离个别的一般,也没有不同一般相联系的个别。正如列宁所说:"个别一定与一般相连而存在。一般只能在个别中存在,只能通过个别而存在。任何个别(不论怎样)都是一般。"①

有的读者可能会说,你讲的这个道理是很平常的,"张三是人"、"黄河是河流"这些话,连小孩子都会说,难道还会有什么人搞不清楚吗?是的,这个道理是很平常的。其实,一切真理都是平凡的,没有什么神秘的地方。可是,不论在哲学史上还是在现实生活中,确实有人搞不清或者故意歪曲这个道理。

两千多年以前,我国有个叫公孙龙的哲学家,曾经提出过一个"白马非马"的著名命题。这个论点如果是说"马"和"白马"是两个概念,"马"的概念比"白马"的概念要广泛得多,它包括了白马、黑马等,二者不能等同,这是对的,而且应该说这是两千多年前在逻辑问题上的一种发现。但是,有的故事说,他夸大了这种差别,认为二者既然存在差别,也就没有必然的联系。据说,有一次他牵着一匹白马出关,当时战争频繁,马是不许出关的,把关的人对他说:"喂!公孙龙先生,你的马留下吧,法令规定是不许马出关的。"公孙龙说:"嘿!我牵的是马吗?不是,我牵的是白马,不是马,白马和马是两回事,不能混为一谈。"这个故事的真实性如何,我们暂且不论,可是,认为白马不是马,这就不对了。白马和马是有差别的,白马是一种特殊的马,而马则包括白马、黑马、黄马等,当然"不能混为一谈",比如我要一匹白马,你随便拉来一匹黑马或者黄马,就不行,因为我要的是一种特殊的马,即白马,而不是随便一种什么马。可是,这种差别不能夸大,白马尽管特殊,它仍然是马。在这个故事里,公孙龙的错误就在于他夸大了白马和马的差别,而否定了二者的统一,只看到白马的个性,而抹杀了白马作为马的一般的共性。这样,就走到了诡辩论。

无独有偶。也是在两千多年以前,古希腊的柏拉图认为,除了我们看到的个别人和个别房屋以外,还有一种一般的"人"、一般的"房屋",个别

---

① 《谈谈辩证法问题》,《列宁选集》第2卷,第713页。

的人有生有死，个别的房屋有建有毁，而一般的"人"、一般的"房屋"是永恒不变的。他把这种"一般"称做"理念"，认为这是唯一真实的存在，而个别事物不过是它的影子罢了。这样，他就走到了一般创造个别的客观唯心主义。

　　说到这里，也许有人会以为，"白马非马"、在个别的房屋之外还有一般的房屋这一类说法，不过是一种笑谈罢了，在实际生活中是不会有什么人把个别同一般割裂开来的。其实不然。比如，在"左"倾错误的影响下，有些人总是习惯于按一个模子要求青年，而抹杀青年的个性，思考问题要按一个框子，说话要按一个调子，甚至穿衣服也要固守某一种风格，特别是对业务上冒尖的青年，总想把他们压平，严重地束缚了青年思想的健康发展，阻碍了人才的成长。其实，社会主义时代的青年，既应该有共同的政治方向，又应有其充分发展的个性，他们应当多方面地施展自己的才华，发展自己的兴趣和爱好。抹杀人的个性，这正是封建专制主义余毒的表现。再比如，现在我们大家都正在从事现代化，这是全国人民共同的、一般的任务，这个一般的任务就体现在各行各业、各项具体工作之中。我们每个人做好了本职工作，也就是为现代化贡献了一份力量。可是，有人却不这样看，他们觉得自己的工作太平凡、太琐碎，为实现现代化使不上劲，甚至认为自己干的工作低人一等，没有出息。其实，在我们社会主义国家里，任何一个工作岗位，包括那些看来极其平凡的工作岗位都是和现代化这个总目标联系在一起的，都是现代化事业不可缺少的一个组成部分。列宁曾经对青年们说，我们"应当这样安排自己全部的学习任务：在任何乡村和任何城市里，每天都能实际解决共同劳动中的某种任务，哪怕是最微小、最平常的任务"。[①] 一般就存在于个别之中，伟大的事业，是由无数平凡的事业汇成的。只要我们树立为社会主义事业奋斗的思想，努力刻苦钻研本行业务，行行都可以出状元。一切立志为现代化献身的青年都应当这样对待自己的工作：把远大的理想同脚踏实地的工作结合起来，在平凡的工作中看到它对实现现代化的重要意义，立足本职，埋头苦干，争取成为本行业、本战线的突击手和专家。

[①]《青年团的任务》，《列宁选集》第4卷，第359页。

> **个别比一般丰富**

前面我们讲到个别和一般相互关系的一个方面,即统一的一面。除了这一面,它们之间还有差别的一面、对立的一面。也就是说,个别和一般是对立的统一,而不是绝对的等同。一般只是若干个别事物的共同本质,个别比一般要丰富得多。列宁说:"任何一般只是大致地包括一切个别事物。任何个别都不能完全地包括在一般之中。"[①]

明朝冯梦龙的小说《警世通言》中讲了一个故事。据说,宋朝宰相王安石有一首没写完的《咏菊》诗,开头两句是:"西风昨夜过园林,吹落黄花满地金。"苏东坡看后,不以为然,心想:菊花敢与秋霜鏖战,至死焦干枯烂,并不落瓣,诗中说"吹落黄花满地金",岂非"乱道"!于是依韵续诗两句:"秋花不比春花落,说与诗人仔细吟。"王安石见到续诗,心中不快,但想到,苏东坡不晓得黄州菊花落瓣,也怪他不得,于是密报天子,调他到黄州当了个团练副使。苏在黄州为官一年,一日重九之后到后花园赏花,不禁大吃一惊:只见菊花棚下,满地铺金,枝上全无一朵。至此方知,同为菊花,竟也有落瓣与不落瓣之分!

其实,菊花的个性是十分丰富的。就大小说,有的超过一尺,有的不到半寸;就颜色说,有的洁白,有的墨绿,有的橙黄,有的粉红;就花型说,有单瓣类、连座类、反卷类、飞舞类;就花期说,有的开在秋分之前,有的开在立冬之后,真是千姿百态,五彩缤纷。"菊花"指的只是这些形形色色菊花中的共同的、一般的属性,而没有包括每一种菊花的所有属性。

世界是物质的,这是一切具体事物的共性。而物质的形态又是多种多样、无限丰富的,其中有生物和非生物的区别,生物又有植物、动物、微生物三大类。据现在所知,植物有三十多万种,动物有一百多万种,微生物有十万多种。它们各有自己的生活特征和性能。"物质"这个一般,只是概括了这些千差万别事物的共同本质——它们是不依赖于人们的感觉而存在并能够为人们的感觉所反映的客观实在;至于各种具体事物的个性,物质这个一般就没有完全包括进去。同样的,物质是运动的,各种具体事物都有其产生、发展和灭亡的历史,这是一般,是共性;但是,各种事物发展所经历的过程又各不相同,仅仅说到发展变化,就没有包括各种事

---

① 《谈谈辩证法问题》,《列宁选集》第2卷,第713页。

物发展变化的特殊性。中国有句老话:"人生七十古来稀。"随着生活条件的改善和医疗水平的提高,人的平均寿命越来越长,七十岁已经并不罕见,但是,目前最高一般也就是百八十年的历史。说到天体,它的寿命就长得惊人了。如果以地球上的"年"来计算,太阳大概已经有六十亿年了,地球年轻一些,也有四十五亿年之久。而微观世界的运动又有很大不同。除了电子、质子比较稳定,现在还搞不清它们到底能"活"多久以外,其他基本粒子都是短命的。中子算是长寿的,平均寿命也只有 15.3 分钟左右,各种介子和超子,一般只能存在几亿分之一秒,甚至几千亿、几万亿分之一秒。可见,"运动"这个一般也没有包括各种具体运动形式的一切个性。我们仅仅认识到物质、运动这些一般,还不能区别事物,不能认识事物的特殊本质。

青年们都喜欢看文艺作品。好的文艺作品,往往都具有鲜明的个性,体现了个别和一般的有机统一。恩格斯说:"每个人都是典型,但同时又是一定的单个人,正如老黑格尔所说的,是一个'这个',而且应当是如此。"①文艺上的典型,必须是个别与一般的统一,没有个性就没有典型化。我国清代伟大的现实主义作家曹雪芹的名著《红楼梦》,之所以能够长期流传,至今仍然是一部脍炙人口的小说,就是因为它里面的人物栩栩如生,都有鲜明的个性。同是封建主子、又是兄弟,贾政是一个昏庸无能但却道貌岸然的封建卫道士,而贾赦却是一个荒淫无耻的老色鬼;同是精明泼辣的女主人,王熙凤的泼辣中暗藏着狠毒和两面三刀,而探春的泼辣中则体现着封建主子的威严;同是受迫害的女子,尤二姐无可奈何地忍辱受凌,尤三姐则敢于大胆反抗;同是封建的叛逆者,贾宝玉表现为反对仕途经济和男尊女卑,林黛玉则表现为蔑视世俗的孤高自傲与多愁善感。每个人物既有独特的个性,又是一定阶级和阶层的代表,生动地体现了个别与一般的对立统一。这样的作品才能有强烈的感染力和教育作用。

单一、特殊、一般,个别一般相互转化

个别和一般的统一,不但表现为它们的不可分割、互相联结,而且表现在二者在一定条件下互相转化。在一定范围内是一般的东西,在更大的范围内又是个别的东西;在一定范围

---

① 《恩格斯致敏·考茨基》,《马克思恩格斯选集》第 4 卷,第 453 页。

内是个别的东西,在更小的范围内又成为一般的东西。对于动物来说,人是个别,而对于张三来说,人又是一般。在这里,我们实际上遇到了三个概念:单一、特殊和一般。单一是指单个存在着的事物、系统和过程,一般指许多单一事物、系统和过程中的共性,特殊则是单一和一般的中间环节。比如,张三是单一,人是特殊,动物就是一般。对于特殊来说,单一是个别,而对于一般来说,特殊又是个别。史前的人已经知道,"摩擦是热的一个源泉"。这是单一、个别的判断。几千年以后,人们认识到:"一切机械运动都能借摩擦转化为热。"这就是一个特殊的判断。后来人们又发现:"任何一种运动形态都能够而且不得不直接或间接地转变成其他任何运动形态。"这就是最普遍、最一般的判断。在这里,特殊的判断对于单一的判断来说是一般,而对于最普遍、最一般的判断来说又是个别。

个别和一般不但随着事物空间范围的变化而转化,而且随着时间的发展在一定条件下互相转化。技术上的某种新创造,在开始的时候总是表现为单一的个别的东西,后来普及、推广开来,就变成一般的、普遍的东西了。原有的先进事物普及之后,又会出现更先进的东西,这些新东西又逐步由个别发展到一般。个别和一般的这种互相联系、互相转化,就形成了一种普遍的联系和发展的辩证运动。

个别和一般的这种相互转化,对于我们的实践活动有重要的意义。我们不能离开一定的条件去抽象地谈论个别和一般。某种理论、经验、方针、方法,它们的一般性意义,都是有界限的,超出一定的界限,一般就转化为个别。比如,军事斗争的规律,对于所有军事斗争来说,是一般规律,是有普遍的指导意义的。但是,超出军事斗争的范围,对于经济工作、思想文化工作来说,就成了特殊的规律。如果用打仗的具体办法来搞经济搞文化技术工作,或者反过来,用搞经济搞文化技术工作的具体办法来指挥打仗,都是不恰当的。所以任何一门具体科学的理论,任何被实践证明是行之有效的经验,它们的普遍性意义,都是有条件的;离开一定的条件,滥用这些理论和经验,必定要走向事情的反面。正如列宁所说的,任何真理,如果把它说得过火,加以夸大,把它运用到实际所能应用的范围以外去,便可弄到荒谬绝伦的地步,而且在这种情形下,甚至必然会变成荒谬绝伦的东西。

> **从个别到一般，从一般到个别**

搞清个别和一般的对立统一关系，在认识和实践上有着重大的意义。

这里有从个别到一般、从一般到个别的两个过程。首先是从个别上升到一般。在实践中，人们总是同一个一个的具体事物打交道，首先认识到的是个别事物的特殊本质，然后才有可能进行抽象和概括，认识到诸种事物共同的本质，从个别进到一般。一般并不是孤立存在的东西，它寓于个别之中，没有个别就没有一般，不认识个别也就无法认识一般。认识个别乃是认识事物的基础和前提。所以，我们看问题不要从一般的定义出发，而应当从客观存在着的事实出发，从分析这些事实中找出一般性的方针、政策、办法来。列宁在批判俄国主观唯心主义者米海洛夫斯基时指出："从什么是社会、什么是进步等问题开始，就等于从末尾开始。当你还没有专门研究过任何一种社会形态，甚至未能确定这个概念，甚至未能去认真研究事实和客观地分析任何一种社会关系的时候，你怎能得出关于一般社会和一般进步的概念呢？"① 马克思根本反对这种从尾开始而不是从头开始的认识方法，抛弃了关于一般社会和一般进步的抽象议论，而是对一种具体社会（资本主义社会）、一种进步（资本主义进步）作了深入的分析，揭露了它固有的矛盾和特殊的运动规律，从而进一步发现了人类社会发展的一般规律。这种从具体事物的分析入手，从中发现一般性原理、原则的方法，也就是从个别到一般的方法。

其次，是从一般到个别。任何一般都只能大致地包括个别，个别比一般丰富，所以，我们在认识了一般之后，又要以这种一般性的认识为指导，去深入地研究那些尚未研究过的个别，从而去检验、丰富和发展一般性的认识。

马克思主义揭示了无产阶级革命和建设发展的一般规律，为无产阶级的解放指明了根本的道路。但是，马克思主义并没有、也不可能详尽无遗地指出一切国家和民族的具体特点。正如列宁所说："在资本主义的世界经济中，即使有七十个马克思也不能够把握住所有这些错综复杂的变化的总和；至多是发现这些变化的规律，在主要的基本的方面指出这些变

---

① 《什么是"人民之友"以及他们如何攻击社会民主主义者？》，《列宁选集》第1卷，第11页。

化及其历史发展的客观的逻辑。"①各个国家、民族在政治、经济、文化、历史传统等方面的特殊性,决定了各国无产阶级在运用马克思主义一般原理的时候,必须对自己的特殊历史条件和社会条件进行深入的分析,把一般同特殊结合起来,使一般性的原理、原则具体化。一切带有普遍性的理论、方针、政策、办法,都是一般性的东西。即使那些正确反映了事物发展的一般规律的东西,也只能成为我们研究问题的向导和指南。我们在研究具体问题时,必须把一般和个别结合起来,不能用一般代替个别。

在实际工作中,有的同志满足于一般号召,对上级指示照抄照转照搬,不注意同本地的实际情况相结合,以为既然文件传达了,原则话说过了,也就万事大吉了。这是一种懒汉思想和形式主义的工作作风。上级的指示,一般是综合全局情况提出的,是普遍的、共性的东西。但是,各个地区、部门、单位的具体情况千差万别,我们在贯彻的时候,必须根据实际情况把它具体化。既要有原则的坚定性,不能借口情况特殊而不去执行;又要有因地制宜的灵活性,在具体要求、部署和做法上有自己的特殊性。简单照抄照转照搬,上下一般粗,从一般到一般,结果还是一般,上级的指示并不能够真正落实。

学习和推广先进经验,也有一个一般和个别相结合的问题。任何一种先进经验都是在一定历史条件下产生的,其中既包含有某种共性的东西,又有个性的东西。我们在学习和推广这些经验的时候,必须加以分析:哪些是一般性的东西,是应该学习、也可以学习的;哪些是特殊性的东西,没有一定的条件是不能学习、也学习不了的。对于其中一般性的东西,在学习的时候,也要同本单位、本部门的实际情况相结合,通过自己的特殊性把它体现出来。否则,是必然要犯瞎指挥、"一刀切"的错误的。那种认为只要是先进经验,就必须样样照搬,照猫画虎,不许走样,不许有任何创造和发展,这是一种错误的想法和做法。至于把某些先进经验神化,把它的每一项具体措施都看成如同法律一样,用行政命令的办法硬性推广,甚至把产生先进经验的部门和地方的一切人和事,都看成是正确的,是"真理的化身",不允许作一点分析,那更是一种蒙昧主义,是必须加以反对的。

---

① 《唯物主义和经验批判主义》,《列宁选集》第2卷,第331页。

××指示:一律抓紧抗旱

具体问题具体分析

从个别到一般,又从一般回到个别,认识的开端和终结,即过程的起点和终点,都是个别。因此,认识个别事物的特殊性,是我们"认识事物的基础性的东西"①,是我们正确地改造事物的关键。而要认识特殊,就必须对具体问题进行具体分析。

毛泽东同志在《中国革命战争的战略问题》一文中指出:"不了解中国革命战争的特点,就不能指导中国革命战争,就不能引导中国革命战争走上胜利的途径。"②同样,我们也可以说,不了解中国社会主义现代化建设的特点,也就不能指导中国的现代化建设,就不能实现中国的社会主义现代化。我们的现代化,是社会主义的现代化,它与资本主义的现代化具有根本性质的区别,对于资本主义国家的经验,特别是他们先进的科学技术和科学管理方法,无疑是必须学习的,但是这种学习必须同我们的特点相结合,有分析、有批判地学习。就是同其他社会主义国家比较起来,我们的现代化也有自己的特点,我国人口众多,农民又占多数,原来的经济基础十分薄弱,所以,在学习其他社会主义国家的经验时,也只能借鉴,不能照搬。就全国来说是这样,对于一个地区来说,也是如此。我国幅员辽阔,地区差别很大,现代化建设的发展也很不平衡。因此,在国家统一计划的指导下,各地区都应当从实际情况出发,具体分析自己的特点,看到自己的长处和短处,努力做到扬长避短,发挥优势,创造出适合本地情况的具体形式、步骤和方法,以达到实现现代化的总目标。

本本主义者不懂得由个别到一般、又由一般到个别的马克思主义认识论,根本颠倒了这个人类认识真理的正常秩序。他们夸大一般,否认个别,既不了解只有研究个别才能上升到一般,也不了解认识一般以后又必须回到个别。他们拒绝对任何具体情况作任何具体分析,而把一般真理看成是凭空产生的东西,当做纯粹抽象的公式去到处乱套,以为这是可以直接解决一切具体问题的灵丹妙药。其实,世界上根本就没有包医百病的灵丹妙药。正如列宁所说:"如果要开一张包治百病的丹方,或者拟定一个适用于一切情况的一般准则……那是很荒谬的。"③东汉时期我国杰

---

① 毛泽东:《矛盾论》。
② 《毛泽东选集》1951年版,第1卷,第186页。
③ 《共产主义运动中的"左派"幼稚病》,《列宁选集》第4卷,第223页。

出的医学家华佗早就懂得这个道理。据说,有一次他给州官倪寻和李延二人看病,二人都说头疼。华佗检查后,给倪寻开了通泄药,给李延开了散发药。二人看了药方,十分惊异,说,我们二人的症状相同,开的药方为什么不一样?华佗解释说:倪寻身体外部没有病,病是从身体内部伤食引起的;李延身体内部没有病,病是从外部受寒引起的,故而治疗方法不同。两人回去按方服药,果然都好了。这就是"对症下药"这个成语的来历。所谓"对症下药",就是具体问题具体分析。我们平常说的"看菜吃饭"、"量体裁衣"、"到什么山唱什么歌"、"一把钥匙开一把锁"等,说的都是这个意思。

列宁说:"用抽象的概念来代替具体的东西,这是革命中一个最主要最危险的错误。"[①]毛泽东同志在《矛盾论》中,特别注重矛盾特殊性的分析,指出,矛盾的普遍性和特殊性、共性和个性的关系问题是"关于事物矛盾的问题的精髓,不懂得它,就等于抛弃了辩证法"。学习辩证法,我们一定要很好地掌握这个精髓,把矛盾的普遍性与特殊性结合起来,把一般和个别的关系搞清楚。

---

① 《论口号》,《列宁选集》第3卷,第113页。

第十二讲：
"飞碟"之谜
——本质和现象

"飞碟",这是当今世界上的一个不解之谜。据报道,1947 年 6 月 24 日,美国一个灭火器材公司的老板肯尼思·阿诺德,驾驶私人飞机在华盛顿州的喀斯喀特山上空飞行,当他飞近雷尼尔峰时,突然遇到几个圆形物体,构成一个交叉的队形,在距他约 25 英里之内高速飞过。后来他对新闻记者说,这些东西"像一个碟子掠过水面那样飞行"。从此,"飞碟"一词在全世界不胫而走。各地不断有人报告看到了"飞碟"——不明的空中飞行物。其形状多种多样,有火球状的、圆锥形的、草帽形的、轮胎形的、雪茄形的……甚至有过飞机遇到"飞碟"后坠毁或消失的报道。还有人拍下了"飞碟"的照片。看来,"飞碟"这种自然现象确实是存在的。那么,"飞碟"究竟是什么东西?它的本质是什么?人们的看法却大不相同了。有的说,这是错觉、幻觉,是气球或行星和流星;有的说,这是人们对空中物体如陨石、云块、鸟群、人造卫星、球状闪电等的误认;有的说,它是"外星人"派来的,是"宇宙人"来地球旅行和探险的使者……

看来,揭开"飞碟"之谜,现在还为时尚早。那么,人们看到这种自然的现象,为什么还不能立刻认识它们的本质呢?这就涉及现象和本质的矛盾。人们认识某种事物的本质固然必须通过它的现象,但现象本身并不就是本质。

> **现象和本质是有区别的**

本质和现象是对立的统一,是事物的两个不同的方面。它们有联系,又有区别,二者不是一个东西。马克思说:"如果事物的表现形式和事物的本质会直接合而为一,一切科学都成为多余的了。"①

---

① 《资本论》第 3 卷,第 923 页。

大家都熟悉《十五贯》这个故事：尤葫芦被杀，十五贯钱被盗，而恰好尤的养女苏戍娟听了养父将她卖与人家的戏言而出走，她在路上遇到了伙计熊友兰，熊的身上正好也带着帮主人办货的十五贯钱。无锡知县过于执，主观武断，仅仅根据这些表面现象，便作出了熊与苏通奸谋财害命的论断。你看他的逻辑："看她艳如桃李，岂能无人勾引？年正青春，怎会冷若冰霜？她与奸夫情投意合，自然要生比翼双飞之意。父亲拦阻，因此杀其父而盗其财，乃人之常情。"又说："如今你与奸夫双双被捉，十五贯赃款在此。""罪证"既已确定，于是他大笔一挥：斩！可是，苏州知府况钟不停留在这种表面现象，经过调查研究，终于抓到了真正的杀人盗财凶手娄阿鼠，推翻了过于执的错误判断，为熊、苏二人平反了一起冤案。

娄阿鼠与熊友兰的手里都有十五贯钱，这是现象。前者是偷来的，后者是帮主人办货用的，本质不同，是不能混淆的。男女同行，这也是现象。偷情通奸者固然可以同行，偶然相遇者也可以同行。仅仅根据男女同行这个现象，是不能对事物的本质作出判断的。《吕氏春秋》的《疑似》篇中说："疑似之迹，不可不察。"比如说，有些石头，表面看去好像玉；有些劣剑，看上去跟名剑一样；有些夸夸其谈的人，似乎很有学问。这些表面上相似的东西都是容易使人迷惑的，因此"不可不察"，就是要调查研究一番。也有另外一种情况：有些事物表面上看是不同的，但实质却可能完全一样。这些，都需要加以分析，才能认识它们的本质。

那么，现象与本质的区别在什么地方呢？

第一，现象是外露的，因而可以为人的感官直接所感知；而本质是深藏于事物内部的，既看不见，也摸不着，只能靠思维去把握。例如，苹果落地、水往低处流、月球绕地球运动、潮水的涨落，这些现象都是可以看见的，可是它们的本质——万有引力，谁也看不见，这是经过对大量同类现象的研究以后才能够发现的。

第二，本质是同类现象中一般的、共同的东西，现象则是本质在各个方面的具体表现。本质比现象普遍、深刻，现象比本质丰富、生动。例如，资本家雇佣工人，榨取工人生产的剩余价值，这是资本主义经济制度的本质，而这个本质的表现则是多方面的，如贫富悬殊、工人失业、经济危机等，都是这一本质在现象上的具体表现。

第三，现象是多变的，本质则具有相对稳定性。本质由事物内部的根

"我看到了苹果,为什么没有看到引力呢?"

本矛盾所决定,只要这个根本矛盾没有解决,事物的本质是不会改变的;在本质没有改变的情况下,现象却可能发生变化。现在,某些西方"马克思学家"提出了"工人阶级正在消灭"的观点,认为在西方许多工人有了小汽车、电视机、电冰箱等,劳动条件和生活水平都有了很大的提高,因而无产阶级已经永远丧失了革命意识。这是完全错误的。马克思说:"'无产者'在经济学上只能理解为生产和增殖'资本'的雇佣工人。"①无产阶级的本质在于他们不占有生产资料,靠出卖劳动力而受资本家的剥削。至于他们的劳动条件和生活水平,随着历史条件的变化和科学技术的发展,自然会不断有所变化。但是,这些并不能消除他们对资本家的依附关系,也没有改变他们受剥削的经济地位。所谓"工人阶级正在消灭"的观点,正是把现象的某些变化歪曲为事物本质的变化。

现象和本质的联系

既然事物的现象和本质是有区别的,那么,为什么我们又能够透过现象认识事物的本质呢?这是因为,像任何矛盾着的双方一样,现象与本质,不但有对立的一面,而且有统一的一面,现象是本质的现象,本质是现象的本质,二者具有同一性。

现代西方自然科学流派中,有一种叫做"演算主义"的"新理论",认为在科学实验中,人们从科学仪器上所看到的各种现象,例如光的谱线、粒子的径迹等,并不是实验中事物的物理、化学运动本质的显现,而是与事物本身毫不相干的主观符号,事物本身是什么,人们是无法知道的。这种观点夸大现象与本质的对立,把现象看做是主观的东西,和本质毫不相干。

事实上,现象与本质并不是互不相干的,现象是本质的外部表现,它总是从某一个侧面反映出事物的本质;本质是现象的内部联系,本质总要表现为某种现象。如列宁所说:"本质在表现出来,现象是本质的。"②世界上既没有离开本质的纯粹现象,也没有不表现为现象的赤裸裸的本质。科学仪器上反映出来的各种现象如反映在底片上的光谱、宇宙射线在云

---

① 《资本论》第1卷,第674页。
② 《黑格尔〈哲学史讲演录〉一书摘要》,《列宁全集》第38卷,第278页。

室中的径迹等,都是一定的物理、化学运动本质的表现。天空中有时会出现一个拖着长尾巴的、轮廓不清的天体——彗星,在我国民间称之为扫帚星,有人认为它的出现预示灾祸即将来临。其实,它本质上是一种主要由低沸点物质(如氨和甲烷)构成的天体。这种天体,在冰冷的外层空间是稳定的,一旦靠近太阳,冰块变成蒸汽,在太阳风的作用下,组成彗星的蒸汽和尘埃,就在背离太阳的方向形成一条尾巴。长尾巴彗星这种现象,就是由低沸点物质构成的天体在一定条件下的表现。我们常常用"五光十色"来形容自然界的丰富色彩,太阳光就有红、橙、黄、绿、青、蓝、紫七种颜色,这些不同的颜色正是波长不同的电磁波运动的本质表现。

在社会生活中,人的社会本质即人们的政治立场、世界观、思想感情等,总是要通过他的言行表现出来的。一个没有任何言行的人,我们是无法对他作出关于他的本质的判断的。当然,这样的人在世界上根本就不存在。当我们说雷锋是伟大的共产主义战士的时候,我们是研究了他的全部言行之后作出的科学概括。他一生做出的大量好事,充分表现了他的崇高的共产主义思想品质。

科学研究的任务,在于通过事物的现象揭示其本质。本质和规律性是同等程度的概念。规律就是本质的关系或本质之间的关系。我们认清了事物的本质,就能掌握其运动发展的规律。本质通过现象表现出来,不从现象入手,便无法认识本质。由于本质总是表现为各种现象,所以,研究事物的本质必须占有丰富和全面的材料,然后加以去伪存真、去粗取精、由此及彼、由表及里的分析,才能科学地揭示其本质。如果占有的材料不完全,是零碎的和片面的,就不能正确地认识事物的本质。

认识本质必须从现象入手,但是又不能停留在现象的认识上。毛泽东同志说,现象只是入门的向导,一进了门就要抓住它的实质。罗列一大堆表面观象,不加分析,不区别主要的和次要的、偶然的和必然的,有闻必录,甲乙丙丁,开中药铺,是不能达到对事物本质的认识的。一个医生看病,当然要望、闻、问、切,西医还要触、扣、听、查(包括各种化验)。但是,这些只是检查疾病的手段,在掌握了疾病的各种表现之后,就要下诊断,也就是要揭示疾病的本质,然后才能对症下药。头疼医头、脚疼医脚之所以不可取,因为它们只是停留在现象的认识上。就以发烧这种现象来说,就是许多不同本质疾病的表现,感冒可以发烧,肺结核病可以发烧,许多急性炎症都可以发烧。如果见到发烧的病人,不问青红皂白,一律用退烧药,那肯定是要误事的。改革开放以前,我们到农村去,常常看到这种现象:"出工人等人,干活人看人,收工人追人",群众的积极性不高,为什么会这样呢,问题的本质在哪里呢?就是因为搞平均主义,吃大锅饭。这些现象正是严重"左"倾错误的经济政策这个本质的表现。问题的本质找到了,对症下药,通过落实各种生产责任制,实行按劳分配,多劳多得,局面就会改变。

假象是本质的歪曲表现　在各种现象中,人们常常可以看到一种特殊的现象,如军事上有所谓"围魏救赵"、"声东击西",人们形容某些惯于耍两面派的人是"佛面兽心",等等。我们把这类现象叫做假象。假象也是一种现象,但它比一般的现象复杂一些,给人们认识上带来不少麻烦。为了更好地通过现象认识事物的本质,关于假象问题也得好好研究一下。

在《红楼梦》第65回里,作者借兴儿的口,对凤姐作了一个淋漓尽致的刻画:"嘴甜心苦,两面三刀,上头笑着,脚底下就使绊子,明是一盆火,暗是一把刀,他都占全了。"正是因为凤姐身上有许多假象,"好妹妹"不离口,使尤二姐上了她的圈套,终于被逼自杀。但是,尤二姐一直到死,都没有看出凤姐阴险毒辣的本性。

这就告诉我们,事物的现象是很复杂的。有些现象同事物的本质是一致的,这叫真相;有些现象正好同事物的本质相反,是以歪曲的方式、颠倒的方式表现本质的,这就叫假象。假象从反面来表现事物本质,如列宁所说,"假象=本质的否定的本性"。①

也就是说,假象是从反面表现本质的,因而它容易给人的认识造成错觉,使人们上当受骗。

但是假象也是客观存在的东西,是本质在特定条件下的一种表现,而一切客观存在的东西都是可以认识的。只要我们从客观实际出发,运用科学的理论和方法,对大量的假象进行深入的分析,一切假象都是可以被识破的。唐代大诗人白居易有这么几句诗:"周公恐惧流言后,王莽谦恭

---

① 《黑格尔〈逻辑学〉一书摘要》,《列宁全集》第38卷,第137页。

未篡时。向使当初身便死,一生真伪谁复知?"其实,谣言可能暂时玷污一个清白的人,伪装也可能得逞于一时。但是,它们都经不起历史的检验。我们看到,周公的为人,王莽的下场,事实俱在,历史已经给他们作出了公正的结论。

假象之所以能够被识破,不仅因为它们是客观的,而且还因为它们具有不彻底性、不稳定性的特点。经验告诉我们,任何一种假象,尽管错综复杂,但是总会显露出一些蛛丝马迹,有其征兆可寻,有其端倪可察,有其前因后果可供思索。假象在实践中总是可以识破的。

第十三讲：
"持谢邻家子,效颦安可希?"
——内容和形式

《庄子·天运》中说,美女西施因为心口痛,皱着眉头,按着胸口在路上走,因而别有一番风姿。邻居的一个丑女人(后人把她叫做东施)看见了,认为很美,也去学西施的样子,结果弄得更加丑陋不堪。唐朝著名诗人王维引用这个典故,在《西施》中说:"持谢邻家子,效颦安可希?""效颦",就是仿效皱眉蹙额的样子。后来,人们便把那种不顾实际情况胡乱模仿而弄巧成拙的做法叫"东施效颦"。"东施效颦"之所以不可取,因为美是内容与形式的统一,离开内容,单纯追求形式,必然是矫揉造作,适得其反。

岂止于美?世界上一切具体事物都是内容和形式的统一。一定的内容要求一定的形式来表现,一定的形式服务于一定的内容,内容变化了,形式也迟早要随之变化。内容和形式是世界普遍联系的一个重要方面,是唯物辩证法所研究的另一对重要范畴。

内容和形式的对立统一

构成事物的内在要素,它们的矛盾统一,以及由此决定的事物的特性、运动过程,我们称之为内容。例如一部文学作品,必须通过塑造具体而又生动的艺术形象再现现实生活,以及这一现实生活所体现的思想感情。这里包括题材、主题、人物、事件等要素,这是作品的内容。内容诸要素不是杂乱无章地堆积在一起,而是以一定的方式结合在一起,形成一个有机的整体。这种把内容诸要素统一起来的结构或内容的外部表现方式,我们称之为形式。例如,作品的内容总是通过一定的体裁、结构、风格和语言等艺术形式表现出来的。

内容和形式的关系也是对立的统一,它们是不可分割地联系在一起

"窦尔敦卖西瓜"

的。没有无内容的形式,也没有无形式的内容。作品的内容有好坏之分,形式有文野之别,但是不可能没有任何内容或形式。乙醇(普通酒精)和甲醚都是由碳、氢、氧元素组成的。它们的化学分子式相同,但由于原子在空间的排列方式不同:

二者的性质也就不同,乙醇是液体,甲醚是气体。由此可见,乙醇,有乙醇的内容和形式;甲醚,有甲醚的内容和形式。人类的生产活动,是具有一定生产经验和劳动技能的劳动者,使用生产资料(劳动资料与劳动对象)实现物质资料生产的过程。在这个过程中,劳动者和生产资料这些要素的总和,就是生产力,它是社会生产的内容。这些要素在不同的社会中总是以不同的方式结合在一起,形成不同的生产关系,这是社会生产的形式。在资本主义社会,劳动者不占有生产资料,只能以雇佣劳动的形式把自己同资本家占有的生产资料结合起来,忍受资本家的剥削和压榨,否则便不能进行生产。在社会主义生产方式中,劳动者直接占有生产资料,为自己和全社会进行生产,再也不受资本家的剥削和压榨了。所以,任何一个社会的生产都是生产力与生产关系的统一,也就是生产的内容和形式的统一。

在这里需要指出,内容和形式的区别是相对的,而不是绝对的。在一定的关系中作为内容的东西,在另一种关系中可能成为形式;在一定关系中作为形式的东西,在另一种关系中也可能成为内容。对于一部文学作品来说,体裁、结构、风格、语言等是形式,而在文艺理论著作中,这些又都成为研究的内容。相对于生产力,生产关系是形式,相对于政治经济学这门科学,生产关系又是这门科学所研究的内容。如此等等。所以,内容和形式同唯物辩证法的其他诸对范畴一样,在一定的条件下是互相转化的。

内容决定形式

在内容和形式这一对矛盾中,内容决定形式,形式必须适应于内容。

马克思说:"手推磨产生的是封建主为首的社会,蒸汽磨产生的是工业资本家为首的社会。"[①]生产关系即生产的社会形式是由生产力即生产的内容所决定的。目前我国的经济结构,是在社会主义公有制占绝对优势的前提下,实行多种经济成分和多种经营形式并存,其中包括全民所有制、集体所有制,少量的个体经营等形式,就是由我国多层次的生产力水平所决定的。

无产阶级通过革命,建立无产阶级专政,这是无产阶级革命发展的普遍规律。但是,由于各个国家的具体历史条件不同,实现无产阶级专政的具体形式也是不同的。在法国出现过巴黎公社的形式,在俄国采取了劳动者苏维埃的形式,在我国,则采取了人民民主专政的形式。上述各种政权形式,实质都是无产阶级专政,这是一般;而采取了不同形式又是因为具体内容有所不同,这是特殊。所以,一个事物形式的特殊,归根到底是由特殊的内容所决定的。

内容决定形式,还表现在内容的变化,要求形式也必然随之变化。内容总是比较活跃、易变的,而形式一经形成,则具有相对稳定性,是比较不活跃的。因此,形式和内容之间总是处于矛盾之中。随着内容的发展,新内容的产生和壮大到一定程度,原来基本适合并能促进事物内容发展的形式,逐渐成为内容进一步发展的桎梏,这时,就要求改变旧形式,建立适合新内容的新形式。新形式的建立,意味着旧矛盾解决,又开始新内容与新形式的矛盾运动。所以列宁说:"内容和形式以及形式和内容的斗争。抛弃形式,改造内容。"[②]在人类历史上曾经创造过巨大生产力的资本主义生产方式,之所以一定要被社会主义生产方式所代替,就是因为资本主义生产关系这个形式已经再也容纳不下充分发展了的生产力这个内容。我国在五四运动以后,白话文之所以代替了文言文,也是因为旧的语言形式已经不适合于民主和科学思想,不适合于变化了的社会生活的新内容了。在我们的工作和学习中,劳动组织、经营方式、服务办法、操作程式、

---

① 《政治经济学的形而上学》,《马克思恩格斯选集》第1卷,第108页。
② 《辩证法的要素》,《列宁选集》第2卷,第608页。

学习方法等,都应该采取适合内容的最好的形式,而且内容变化了,就应该及时改进形式,不能墨守成规。

马克思主义哲学关于内容决定形式的原理,要求我们在观察和处理问题的时候,首先要注意事物的内容,根据内容的需要来决定形式的取舍、改造和创新。形式主义的错误在于,它把形式提到首位,认为形式决定内容,或者认为形式本身就是一切。艺术创作中的形式主义认为,艺术的价值和意义不在于内容的正确、丰富和深刻,它离开内容去追求形式上的变化多端,把情节、线条、色彩、声音、节拍看成就是一切,认为艺术的全部任务就在于创造形式美,甚至主张艺术"越没有意义越好"。这种观点,完全割裂了内容和形式的统一,是形而上学的也是唯心主义的艺术观。一个人如果不讲心灵美,工作不努力,学习不求上进,一味追求华衣丽服等外在的形式,这种作风,难免遭到人们的议论和讥笑。毛泽东同志写过一篇文章叫《反对党八股》,指出,党八股也是一种形式主义作风。这种人写文章、作报告,空话连篇,言之无物,或者甲乙丙丁,开中药铺,"不提出问题,不分析问题,不解决问题……没有什么真切的内容"。这是"幼稚的、低级的、庸俗的、不用脑筋的形式主义的方法"。在实际工作中,形式主义的工作作风和工作方法,表现为华而不实,哗众取宠,追求表面上的轰轰烈烈,并无实际行动,学习先进单位经验,不是因地制宜,而是生搬硬套,照葫芦画瓢,如此等等。这类形式主义作风,对于贯彻党的路线和政策妨碍极大,是实现四化的绊脚石,必须坚决加以纠正。

形式反作用于内容　我们反对形式主义,并不是说形式就不重要。形式对内容有巨大的反作用。电子计算机形式的变化即不断地微型化,就有力地促进了电子计算机内容的发展。从电子管、晶体管、集成电路、大规模集成电路到超大规模集成电路,每一次形式的变化,都对电子计算机的功能和应用带来新的丰富的内容,使电子计算机在科学研究、生产技术、经济管理以至日常生活中日益发挥广泛的作用。在艺术创作中,再好的思想内容,如果没有完美的艺术形式,也不能充分地表达出来,并发生强烈的艺术感染力,一切有成就的艺术家都非常注意在艺术形式上下工夫。那些标语口号式的作品所以不能流传久远,就是因为它们没有感人的艺术形式。毛泽东同志说,我们要求"政治和艺术的统一,内容和形式的统一,革命的政治内容和尽可能完美的艺术形式的统一"。①

形式对内容的反作用有两种不同性质的情况:适合内容的形式促进事物的发展,不适合内容的形式则阻碍事物的发展。因此,我们在注重内容的同时,要善于选择、利用和创造适合于事物发展的形式,革除、破掉那些阻碍事物发展的形式。

从事物的具体内容出发,根据不同的时间、地点、条件,选择与内容相适应的形式,对于促进事物的发展,具有重要的意义。党的十一届三中全会以后,在农村我们逐步建立和完善了各种形式的生产责任制,极大地调动了农民的社会主义积极性,就是一个有力的证明。

正确地选择和创造适合于内容的形式,同时就必须否定、革除、破掉那些与内容不相适应的形式。这是一个问题的两个方面。解决人民内部矛盾,我们要采取和风细雨的、批评与自我批评的形式,自然就要否定那种抓辫子、打棍子、戴帽子等简单粗暴的形式。我们在经济管理和国家政治生活中,要采取有利于广泛地调动各方面积极性的管理形式,自然就要逐步改革那些权力过分集中的管理形式。

当然,对于旧的形式,也要采取分析的态度。有些旧形式已经完全丧失了积极作用,必须从根本上加以抛弃,例如腐朽、过时的生产关系,平均主义的分配形式,八股形式,等等。而有一些旧形式,在新的条件下,还可以加以改造和利用,仍然可以为新内容服务。例如商品、货币、价格、工资、利润等旧经济形式,在社会主义阶段仍然是必要的,经过改造,可以为社会主义内容的经济生活服务。毛泽东同志说:"对于过去时代的文艺形式,我们也并不拒绝利用,但这些旧形式到了我们手里,给了改造,加进了新内容,也就变成革命的为人民服务的东西了。"②这就是说,对于旧形式也有一个批判地继承的问题。一切新形式的创造,都不是凭空出现的,而是在新内容的基础上,在批判、改造以至在某种程度上利用旧形式的过程中创造出来的,是一个推陈出新的过程。正如列宁所说:"我们现有的工作内容(争取苏维埃政权、争取无产阶级专政)是这样持久,这样有力,这

---

① 《在延安文艺座谈会上的讲话》,《毛泽东选集》1953年版,第3卷,第871页。
② 《在延安文艺座谈会上的讲话》,《毛泽东选集》1953年版,第3卷,第857页。

样强大,它能够而且应该在任何形式中,不论新的或旧的形式中表现出来,能够而且应该改造、战胜和征服一切形式,不仅是新的,而且是旧的形式——这并不是为了同旧形式调和,而是为了能够把一切新旧形式都变成使共产主义获得完全胜利的和最终的、决定的和彻底的胜利的武器。"①

---

① 《共产主义运动中的"左派"幼稚病》,《列宁选集》第4卷,第256页。

第十四讲：
"宁可找到一个因果的解释，不愿获得一个波斯王位"
——原因和结果

德谟克利特（约前460—前370），是古希腊唯物主义哲学家的杰出代表。他博学多才，著作多达五六十种，涉及哲学、逻辑、数学、天文、生物、医学、伦理、教育及文学艺术等各个方面。为了寻求真理，他在年轻时花尽了父亲分给他的全部财产，到过埃及、巴比伦、印度等许多东方国家，获得了大量的科学知识。马克思、恩格斯称他是"经验的自然科学家和希腊人中第一个百科全书式的的学者"。[①] 德谟克利特为什么如此博学多才？他有强烈的求知欲望，以探求事物之间的因果关系为最大快乐。他曾经说："宁可找到一个因果的解释，不愿获得一个波斯王位。"这句话说得非常之好。科学的任务，就在于探求因果联系。这一讲就让我们研究一下原因和结果这一对唯物辩证法范畴之间的关系。

> **因果联系是先行现象引起后继现象的必然联系**

俗话说："无风不起浪，有水才行船。"任何现象的出现，都不能没有原因。李白、杜甫成为我国文学史上两颗灿烂的明星，绝不是无缘无故的。

传说李白"五岁诵六甲，十岁观百家"，杜甫"七龄思即壮，开口咏凤凰"，他们有着过人的天资。然而，天资仅仅是成功的一个条件，决定性的原因在于他们毕生辛勤的劳动。高尔基说过："人的天赋就像火花，它既可以熄灭，也可以燃烧起来。而逼使它燃烧成熊熊大火的方法只有一个，就是劳动，再劳动。"这话是千真万确的。我们有句常用的谚语："只要工夫深，铁杵磨成针。"就是

---

① 《德意志意识形态》，《马克思恩格斯全集》第3卷，第146页。

"李白斗酒诗百篇,我也……"

出自李白的故事。相传,他小时候一次出游,遇见一位老太太用铁杵磨针,深为这种锲而不舍的精神所感动,从此笃志力学。他后来写诗、作文章,能做到"笔走群象,思通神明","日试万言,倚马可待",与他从幼时开始的专心攻读是分不开的。同样,杜甫能做到"笔落惊风雨","文思泉涌",也是苦学的结果。他的名言"读书破万卷,下笔如有神"成为历来著作家的座右铭。"读书破万卷",才能做到"下笔如有神",其间存在着因果联系。在同样的条件下,"多一分耕耘,就多一分收获","多一分劳动,就多一分果实",正是这个道理。

那么,从哲学上说,什么叫原因,什么叫结果呢?简单地说,引起某种现象的现象,就是原因;被某种现象引起的现象,就是结果。"熟能生巧","熟"是原因,"巧"就是结果。原因与结果之间的联系,有两个明显特点:第一,二者是引起和被引起的关系,所以原因总是在先,结果总是在后,原因和结果是先行后续的关系。常言说:"钟不敲不响。"敲是响的原因,总是先敲后响,不会倒过来,成为先响后敲。第二,因果联系是必然联系,只要有一定的原因出现,就不可避免地产生一定的结果。以上两点必须同时具备,才是因果联系,缺一不可。比如,不能说在先的就一定是原因,在后的就一定是结果。白天与黑夜,是先行后续的关系,但不是因果关系,因为它们之间并不是引起与被引起的关系。"在此之后"不等于"由此之故"。也不能说,凡是必然的联系都是因果联系。因果联系只是必然联系中的一种,而不是全部。例如,内容与形式、个别与一般等,虽然也是必然联系,但它们之间不存在引起和被引起的关系,也不存在先行与后续的关系,因而不能说是因果关系。数学上的函数关系,如在"距离=速度×时间"这个公式中,速度不变,时间的变化与距离的变化成正比,这种必然联系由于不是先行与后续的变化,也不能说是因果联系。所以,如果给因果联系下个完整的定义,那就应当是:因果联系是由先行现象引起后续现象的一种必然联系。

因果联系是普遍的,原因和结果也是对立的统一。原因与结果相互依存,没有无因之果,也没有无果之因。有些现象,我们尚不知道它的原因,但它的原因是存在的;有些现象,我们还不了解它将产生怎样的结果,然而它的结果也是会产生的。如果说存在着无因之果,那就等于说这个结果是从虚无中产生的;假使说存在着无果之因,那么它本身也就不成其为原因了。

因果联系是客观的

因果联系是客观世界本身固有的,还是人们主观臆造的或者是神灵赋予的?这是因果关系问题上唯物主义和唯心主义斗争的焦点。

十八世纪英国哲学家休谟(1711—1776)认为,事物本来不存在什么因果联系,我们只是在经验中看到一种现象随着另一种现象产生,但是我们毫无根据判断前者是原因,后者是结果。在他看来,因果联系只是一种主观的、心理上的习惯联系,只是感觉和观念的一定顺序的联系。稍后一点的德国哲学家康德把因果性看成仅仅是思维的形式,这种思维形式不是客观事物本身联系的反映,而是头脑中先天就有的。他说,经验给予我们的只是一堆杂乱无章的材料,只有依靠头脑中先天存在的因果性等范畴去加以整理,才使这些材料具有一定的顺序。十九世纪奥地利的物理学家、主观唯心主义哲学家马赫说得更加彻底:"在自然界中,既没有原因,也没有结果。""因果律的一切形式都是从主观意向中产生的。"

唯心主义者对因果性的这种看法,是同他们对哲学基本问题的解决联系在一起的,是反科学的。唯物主义者从物质第一性、意识第二性出发,必然得出相反的结论,认为因果关系是客观事物本身所固有的。列宁说:"'物本身中'含有'因果依存性'。"[①]王安石写过一首梅花诗:"墙角数枝梅,凌寒独自开。遥知不是雪,为有暗香来。"梅花产生了"暗香",确实存在着因果联系,这绝不是王安石主观虚构出来的。拿我们众所周知的事实来说,环境的严重污染损害了人们的健康,人们能视而不见吗?世界大小霸权主义的侵略扩张,破坏了今日世界的和平与安全,各国人民又怎能熟视无睹?显然,事物的因果关系,是客观存在,抹杀不了的。

人类的实践,确凿地证明了事物的因果联系的存在。人们在实践中不仅可以考察到大量的因果联系的事实,而且可以造成一定现象,从中引出另一种预期的结果。例如,对环境污染加以治理,藏污纳垢的河沟又会出现清澈的流水,烟雾迷漫的都市会再现碧空如洗的风光。外国有些物

---

① 《唯物主义和经验批判主义》,《列宁选集》第2卷,第158页。

理学家认为,微观世界的任何种粒子,例如电子,是不受因果规律支配的,是自由选择运动道路的。可是,现代物理学的实验证明,电子和正电子在适当条件下能够产生两个光子。只要知道了它们撞击时的角度和运动的速度,我们就可以正确地预见新形成的两个光子的运动方向。微观世界也是遵循着因果规律的。

否认事物的因果联系的存在,就会把事物看做混乱的、无章可循的东西,否定事物的客观规律。

肯定因果联系的客观性,还必须注意和唯心主义的目的论划清界限。这种观点把一切现象都看做是神意安排的结果,杜撰出根本不存在的因果联系。以前有些迷信的人,由于不懂得日月星辰变化的科学道理,认为正月初一发生日食是"老天发怒,要降灾难到人间了"。其实,所谓"老天爷"根本就不存在,更谈不上它和人间沧桑变化的因果关系了。我们应该相信科学,破除迷信,自觉地认识客观世界本身固有的因果规律,并按照这个规律办事。

因果联系是辩证的

在因果性问题上,我们不但要反对唯心主义,而且要反对形而上学。要充分认识因果联系的辩证性和复杂性。

原因和结果也是对立的统一。在具有因果联系的两个事物中,一个是原因,一个是结果。我们不能倒果为因,也不能倒因为果。否则,就会颠倒黑白、混淆是非。无产阶级要革命,因为存在着资产阶级的压迫。前者是果,后者是因。如果倒因为果,认为无产阶级革命是因,它引起了资产阶级的压迫,那就十分荒谬了。

但是,原因和结果的区别又是相对的、可变的。第一,某种现象在一定条件下是原因,在另一种条件下它又是结果。这是因为,事物的发展是一个无限的链条,甲现象引起乙现象,乙现象又引起丙现象,丙现象又引起丁现象。乙对甲来说是结果,但对丙来说又是原因。例如,枪的撞针撞击雷管,使雷管发火,雷管引爆,使弹壳内火药爆炸;火药爆炸,将弹头射出枪膛,枪弹射中敌人的心脏,使敌人死亡……这就是由原因—结果形成的链条。第二,在许多场合下,原因和结果又是相互作用的,互为因果。生产的发展,是科学技术发展的动力;而科学技术的发展,又必然极大地促进生产的发展。人类作用于自然界,改造自然界,但自然界也报复了人类,如破坏生态平衡,造成粮食减产,就是这种报复的表现。在社会主义社会中,生产的发展是人民生活改善的原因,而人民生活的改善,又会促进生产的发展,成为生产进一步发展的原因。过去多年来,我们片面强调生产决定生活,而忽视生活的改善对生产的促进作用,结果积累过多,人民生活长期得不到改善,严重挫伤了人民群众的生产积极性。正确的办法,应当是在发展生产的基础上不断改善人民的生活。从上述可以看出,某一现象作为原因或结果,只有在一定场合下才能确定。如果把它放在事物的普遍联系当中,那就不能说它只是原因或只是结果了。恩格斯在谈到原因和结果的辩证关系时讲得很好:"原因和结果经常交换位置;在此时或此地是结果,在彼时或彼地就成了原因,反之亦然。"[1]因此,我们在把握事物的因果关系时,不可简单化。那种认为原因只能是原因、不能同时又是结果,或者反过来,认为结果只能是结果、不能同时又是原因的观点,都是形而上学的观点。

因果联系的辩证性质,还表现为因果联系的复杂性。它要求我们在研究因果关系时,坚持全面的观点和具体分析的方法,不能陷入形而上学的一点论。

首先,一种原因可以引起多种结果,一种结果也常常来自多种原因。在这个问题上,同样不能简单化。同是感冒,可以由多种病毒感染造成。美国在1943年和1945年曾经采取一种免疫措施,大大降低了流行性感冒的发病率。但在1947年,这种免疫的疫苗却失效了,流感又流行起来,原因是这时的流感病毒菌株不同于前几年流行的那一种。所以,要预防流感这种结果,就要寻找造成它的多种原因。毛泽东同志指出辛亥革命的失败有以下原因:一、没有分土地;二、不晓得镇压反革命;三、反帝不尖锐。这也是一果多因。只有作这种全面分析,才能如实反映事物的因果联系,正确总结经验教训。官僚主义现象之所以在我们国家政治生活中存在,不仅是由于旧社会恶习的遗留,还由于我们的社会主义体制本身还不很完善,一些具体制度存在着弊病,如国家管理体制上权力过分集中、权限职责范围不明、机构臃肿,等等。如果我们只看到旧社会遗留的一

---

[1] 《反杜林论》,《马克思恩格斯选集》第3卷,第62页。

面,不同时从我们现行的体制中去寻找原因,也不可能全面地做到对症下药,消除官僚主义。至于一因多果,也是屡见不鲜的。我国宋代著名科学家沈括(1031—1095)在《梦溪笔谈》一书中曾记载这样一件事:一天,某人房屋被雷所击,结果,墙壁和窗纸被熏黑了,银器完全熔化了,钢刀在刀鞘内熔为液体。这就是一种原因在不同事物上造成了多种不同的结果。封建专制主义在思想政治方面的遗毒,造成了多方面的危害,个人崇拜、官僚主义、家长制、干部领导职务终身制、搞特权等,都直接间接和这种遗毒有关。因此,我们在注意批判资产阶级腐朽思想的同时,还必须把肃清封建主义残余影响作为一项重要的任务。

其次,在分析一果多因时,必须注意区别内因和外因、主要原因和次要原因、主观原因和客观原因、直接原因和间接原因,等等。只有这样,事物发展的客观过程才能得到科学的说明。历史上常有人搜集了许多奇闻逸事当做大事件的小"原因"——而事实上这只是一种导因,只是一种外部刺激。这当然是不能完全说明事物发展的真实动因的。建国以来,我们所犯的"左"倾错误,是由多种原因造成的。我们在分析这些原因时,就不能仅仅归结为某种个人的原因。这种原因当然是存在的,但必须还要看到社会历史的原因。1944年,毛泽东同志在谈到总结党内路线斗争经验时指出:"不应着重于一些个别同志的责任方面,而应着重于当时环境的分析,当时错误的内容,当时错误的社会根源、历史根源和思想根源。"[①]我们总结建国以来的经验教训,同样应当采取这种科学的态度。简单化,就不可能得出正确的结论。再以我们个人的情况来说,犯错误常常有客观原因,也有主观原因。有些人往往只强调客观原因,回避主观原因,这就不能真正接受犯错误的教训。为什么在同样的条件下,你犯了这种错误,而别人没有犯,或者犯错误的程度不一样呢?这就要从自己的主观方面来找原因了。

对于一因多果,也应这样看待。某种原因产生的结果,往往是多种多样的。多果,有主要结果,也有次要结果;既可能有积极的结果,也可能有消极的结果;有好的结果,也有可能有坏的结果。全面地看到这些,才能对行为的后果作出正确的评价,通过总结经验,肯定积极的结果,注意防止

---

① 《学习和时局》,《毛泽东选集》1953年版,第3卷,第942页。

和克服消极的结果,使我们的工作做得更好。

　　探索事物的因果联系,认识自然界和社会的奥妙,是科学的使命。巴尔扎克,近代法国最杰出的作家,说过这样一句很有教益的话:"打开一切科学的钥匙都毫无异议的是问号,我们大部分的伟大发现都应该归功于如何,而生活的智慧大概就在于逢事都问个为什么。"提出探索事物的因果联系,科学才能有所建树,这也正是人的智慧的所在。癌症发病的原因,我们现在还不很了解。但是,我们相信,一旦了解以后,我们就能进而找到根治的办法,造福于人类。我国战国时期的屈原写了一篇《天问》,一口气提出了一百七十二个问题,从天文地理到博物神话,涉及的范围极其广泛。这篇巨著,启发人的智慧,至今光辉不灭。一切准备献身于科学的青年,都应学习这种求知的精神,学习孔夫子来一个"每事问",勇于探索和思考,不断揭示事物的因果联系,争取有更多的发现、发明和创造。

第十五讲：
黑海风暴和天气预报的产生
——必然性和偶然性

1854年11月14日，黑海上空突然出现的一场风暴，使停泊在巴拉克拉瓦港口的英法舰队受到严重损失。巴黎天文台台长勒维烈受命对这次风暴进行调查。他搜集了欧洲各地的气象情报，发现在一天以前，这个风暴曾出现在地中海上空。因此，他认为只要建立一定数量的气象台站，利用有线电报迅速传递情报，风暴是可以预报的。他的意见得到法国政府的支持，不久，第一张用电报传递情报的天气图在法国诞生，天气预报的工作就这样开始了。

黑海风暴袭击英法舰队，对于天气预报的产生来说，是个偶然事件，它导致了天气预报的产生。这说明偶然性在事物的发展中是有重要作用的。但是，天气预报的产生仅仅是由于偶然的原因吗？这里有没有客观的必然性？如果没有这次偶然事件，天气预报会不会产生呢？这就涉及唯物辩证法的另一对范畴——必然性和偶然性的关系。

<u>必然性和偶然性的区别</u>

那么，什么是必然性，什么是偶然性？让我们先从两个浅显的例子说起吧。

大家知道，人总是要死的，这是一种必然性。不管是什么人，尽管可以创造各种条件延年益寿，却不可能不老不死。封建君主秦始皇梦想长生不死，派人到处寻找灵丹妙药，但是，他最终只活了四十九岁，不可避免地死掉了。生命的根本矛盾是新陈代谢，这个根本矛盾规定了人的出生、发育、成熟、衰老、死亡的自然过程，但人死的具体情形又是各不相同的。有的年逾古稀而寿终正寝，有的未及成年而遽然夭折；有的死亡于疾病，有的牺牲在战场；有的葬身车祸，有的丧生海底。所有这些，对于人的死来说，都不是必然地、不可避免地通过这种情况发生的,而是由许多偶然的因素促成的。秦始皇恰恰死于公元前210年,而不是早一年或晚一年,是死于出巡途中,而不是死于宫廷之内,这就是一种偶然性。假如那个时候他不去出巡,而是留在宫殿里,那么,他的死,却可能出现另外一种情形。

马克思、恩格斯在《共产党宣言》中说:"资产阶级的灭亡和无产阶级的胜利是同样不可避免的。"①这是历史的必然性。这种必然性是由资本主义社会的根本矛盾——生产资料的私人占有制同生产社会化的矛盾所决定的。尽管资产阶级可以在一定时间、一定范围内对生产关系作一定的调整,使生产关系同生产力的矛盾出现某种短时期的、局部的、不稳定的缓和,从而造成生产力一定程度的发展,但是,只要资本主义社会的根本矛盾没有解决,它那种人剥削人、人压迫人的本质就不会改变,因而,无产阶级的社会主义革命就是必然的、不可避免的。至于某个国家的社会主义革命在某年某月发生,是通过一个怎样的事件爆发的,是由哪些人发起和领导的等,对于这场革命来说则是偶然的。这种偶然性,能加速和延缓革命的进程,但不能改变社会主义代替资本主义这个人类历史发展的总趋势。

通过上面两个事例,我们可以看到,必然性就是事物发展过程中不可避免的、一定要出现的趋势;偶然性则是事物发展过程中可能出现、也可能不出现,可能这样出现、也可能那样出现的现象。两者产生的原因不同:前者是由事物内在的本质原因即根本矛盾所决定的,后者是由事物外在的非本质原因即非根本矛盾所决定的。两者在事物发展中所起的作用也是不同的:前者在事物发展中处于支配地位,决定事物发展的前途和方向,后者只能加速或延缓事物发展的进程,只能对事物的发展起这样或那样的影响。

> **偶然性是必然性的表现形式**

必然性和偶然性是不同的,但又不是互不相干的两个东西,它们之间的关系也是对立的统一。必然性通过偶然性来表现,偶然性的背后存在着必然性。

---

① 《马克思恩格斯选集》第1卷,第263页。

第十五讲:黑海风暴和天气预报的产生 145

黑海风暴事件对于天气预报的产生来说,确实是一种偶然因素。假如英法舰队不是那个时候停泊在那个港口,那次事件便不会发生。谁也不能说这次破坏是一定要发生,是根本不可避免的。可是,天气预报的产生仅仅是由于偶然的原因吗？不是的。在这种偶然性的背后存在着必然性。这一点,只要分析一下当时的历史条件就清楚了。首先,当时的气象科学有了相当的发展。温度表、气压表等重要气象仪器早已出现,太阳辐射、温度、气压和地球自转对气流、天气的影响,也已被人们所认识。其次,有线电报的普遍使用,为气象情报迅速传递提供了客观可能。特别是,资本主义经济的发展,对天气预报提出了迫切的要求。这些情况表明,天气预报的产生是十九世纪中叶科学技术和经济发展的必然结果。如果没有这些条件,即使发生一千次风暴袭击事件,天气预报也是不可能产生的。而一旦具备了这些条件,即使不发生这次风暴袭击事件,通过别的事件,它也是一定要产生的。

恩格斯说:"所谓偶然的东西,是一种有必然性隐藏在里面的形式。"① 必然性和偶然性,是不可分割地联系在一起的。在事物发展的过程中,没有纯粹的必然性,也没有纯粹的偶然性,它们总是结合在一起而发生作用的。每一事物的发展不仅由其内部矛盾所决定,而且受到各种外部矛盾的影响。必然性决定发展的趋势,而偶然性则使这种趋势发生各种各样的摇摆和偏离。这样,事物的发展既是合乎规律的,同时又是丰富多彩的。必然性通过偶然性表现出来,而凡是偶然性在起作用的地方,在它的背后,我们都可以找到某种必然性。

巴西队的贝利是世界上第一个获得千球纪录的足球运动员,号称球王。他练就一身绝招:既有鱼跃顶球的高超技术,又有凌空射门的过硬本领,带球能连续过人,射门善踢曲线球,飘忽不定,使守门员难以捉摸。他的千球纪录的产生有着必然性,而这种必然性又是通过大量的偶然性表现出来的:他在这种球赛中攻入一球,在另一球赛中射入两球；在这场球赛中以近攻人网,在另一球赛中以远射破门。没有必然性,这些大量的偶然性不会发生；没有偶然性,产生千球纪录的必然性就无从表现。可见,必然性支配着偶然性,偶然性又表现着必然性。

---

① 《路德维希·费尔巴哈和德国古典哲学的终结》,《马克思恩格斯选集》第4卷,第240页。

"不错,撞着我是偶然的,你的车闸不灵,能不撞人吗?!"

科学上的某一发现恰好由张三来完成,而不是由李四来完成,对于这项发现本身来说,是一种偶然性。但是,这种偶然性不过是必然性的表现。科学史上许多重要发现,往往同时为几个人所独立完成,就充分证明了这种必然性的存在。比方,牛顿和莱布尼茨同为微积分学的创始人,达尔文和华莱士分别得出了进化论中的自然选择的结论。在历史上,恰巧某个伟大人物在一定时期出现于某个国家,这是偶然现象,因为如果这个人物不出现,也肯定会有别的人物来代替他。只要客观上有了这种需要,或迟或早总要出现这样的人物。偶然性表现了必然性,而必然性总要通过偶然性为自己开辟道路。

必然性和偶然性不仅互相依存,而且在一定条件下互相转化。在一定场合是必然的,在另一场合可能是偶然的;在今日是必然的,在他日可能是偶然的。某个伟大人物恰好出现在某一时期某一国家,对于历史发展来说,这是偶然的;而他所以成为一个伟大人物,对于他自身来说,又有其必然性,例如,他勤奋好学、英勇顽强、密切联系群众,等等。由于事物发展过程的推移,偶然性的东西转化为必然性的东西,或必然性的东西转化为偶然性的东西,都是屡见不鲜的。在原始社会,生产力水平极低下,自然经济是必然的,产品交换是偶然的,而随着生产力和分工的发展,商品经济又成为必然的,而自然经济又成为偶然的了。"毛孩"身上长满了毛,科学上叫返祖现象。这种现象,在人类的祖先——古代类人猿那里是必然的,但对今天的人类来说又是偶然的现象了。必然性和偶然性不仅是对立的,又是统一的,它们在一定条件下互相依存,又在一定条件下互相转化。

否认必然性或否认偶然性都是形而上学的观点

形而上学把必然性和偶然性看成是不能相容的东西。它或者认为一切都是偶然的,没有什么必然性;或者认为一切都是必然的,没有什么偶然性。这两种观点都是错误的。

前者叫"非决定论"。这种观点把世界上的事物看成偶然现象的堆积,认为没有什么必然的规律,随便一个什么微小的变化都可以改变事物发展的方向。比如,私有制为什么会产生?这本来是原始社会末期生产力发展的必然结果。可是,十八世纪法国的卢梭却说,这是纯粹偶然的原因:"谁第一个把一块土地围起来,硬说'这块土地是我的'并找到一些头脑十分简单的人相信他所说的话,这个人就是文明社会的真正编造者。"① 如果当时出现一个卓越人物,他拔掉围地的木桩,并且警告人们:"慎勿听信这个骗子。"那么,私有制便不会出现了。这种观点不是用经济发展的必然性来解释历史,而是用偶然出现的某个大人物的优劣来解释历史,否认历史发展的必然性。在中国兜售实用主义的胡适说得更加露骨,他认为任何一个微小的偶然事件都会在历史上留下"不可磨灭的结果和影响","他吐一口痰在地上,也许可以毁灭一族一村,他起一个念头,也许可以引起几十年的血战。他也许'一言可以兴邦,一言可以丧邦'"。这样,历史就成了一笔糊涂账,没有任何规律可以遵循了。这种观点,必然把个人看做是历史的主宰,陷入唯心史观。

否认必然性,这是产生某种消极人生观的理论根源。有的人认为,一切事物既然都是偶然的、变化莫测的,那么个人的荣辱进退、成功失败,靠的就是运气,因而也就用不着去认识和掌握必然性。由这里出发,或者走上侥幸取胜的冒险主义,或者消极地听从不可捉摸的命运的摆布。

另一种错误观点认为世界上的一切都是必然的,没有什么偶然性。这种观点叫机械决定论。

十七世纪荷兰哲学家斯宾诺莎认为,所谓偶然性,只是我们不知道它的原因而已,只要我们知道了它的原因,它就是必然的。十八世纪法国哲学家霍尔巴赫断言,自然界中没有任何偶然的东西,我们使用偶然一词,乃是为了掩盖自己的无知。他说:"我们所看见的一切都是必然的,也就是说,都不能不是这样。"

这是把必然性和因果性混为一谈了。任何现象都有因果性,但有因果性的不一定都是必然现象。偶然现象和必然现象一样,也有它产生的原因,但偶然现象不会因为有原因,或者原因已为我们认识,就成为必然现象。张三出门踩在西瓜皮上摔了一跤,瓜皮滑,摔跤有原因,可是张三恰好踩在上面,不是必然的。李四的左腿被蚊子咬了两口,这也可以找到原因,然而绝不是不可避免。如果这些都是必然的,"不能不是这样",那么我们在事先看见张三脚下有块瓜皮时就用不着提醒他,李四的左腿被

---

① 卢梭:《论人与人之间不平等的起因和基础》,第85页。

蚊子咬住时,他也应处之泰然,无须驱赶。注定如此,人又何必违抗?否认偶然性,这是陷入宿命论的另一途径,也是产生某种消极的人生观的又一理论根源。

通过偶然,认识和实现必然

否认必然性与否认偶然性都是错误的,只有把两者辩证地结合起来才是正确的。我们应当着重把握必然性,同时又不忽视偶然性,善于从偶然中认识必然,利用偶然去实现必然。

为什么要着重把握必然性?因为必然性是事物的本质原因引起的,是带规律性的东西,它决定事物发展的方向。我国南宋时期的诗人辛弃疾在一首词中说得好:"青山遮不住,毕竟东流去。"事物发展的必然性,如滔滔江水,奔腾向前,不可阻挡。一切带有必然性的东西,它总是要实现的。我们认识并掌握了必然,在行动中就获得了真正的自由。

那么,怎样认识必然性呢?

必然性存在于偶然性之中,偶然性表现着必然性。所以,我们必须从偶然性中去把握必然性。

我国已故的著名科学家竺可桢,解放后二十三年如一日,每天前往北海公园观看物候的变化:何日冰雪融化,哪天桃花盛开,何时柳莺飞来……他写了几十年的日记,一直到他逝世的前一日,每天都记有气候、物候的内容。他认为,作为科学研究,就是要从这些零星的、乍看起来微不足道的大量偶然性的材料中引出必然的、规律性的东西来。

善于抓住偶然的机遇,是科学家具有发明创造力的一种表现。青霉素的发现过程正是这样一个富有启发性的例子。英国细菌学家弗莱明(1881—1955)长期研究杀菌剂。1928年,他偶然地发现,在生长葡萄球菌(一种能引起人体化脓的细菌)菌落的培养基上,原来是黄色的菌落变得透明了。显然,这是发生了裂解。原来在这个菌落的附近出现了一个霉菌(青霉菌)的菌落。弗莱明对这种霉菌进行深入研究,便导致了药物青霉素及其他一系列抗菌素的发现。

这里应该指出,善于抓住偶然性同碰运气完全是两码事。有的人存在一种侥幸取胜的心理,平时不是扎扎实实地进行学习和研究,而是指望碰到一个偶然的发现一举成名。这是一种不切实际的幻想。法国细菌学家巴斯德说过:"在观察的领域中,机遇只偏爱那种有准备的头脑。"所谓有准备的头脑,就是有充分的知识的积累,有追求真理的渴望,有刻苦钻研的精神和科学的思想方法。没有这些,即使千百次地遇到某种机遇,那也如同过眼烟云,转瞬即逝。"不经一番寒彻骨,怎得梅花扑鼻香?"科学是一种艰苦的劳动。谁多一分劳动,就多一分收获。任何偶然的发明,都是经过长期研究的结果。

偶然性所以值得注意,还由于它在事物发展中起着加速或延缓的作用。因此,善于抓住有利的偶然因素,避免可能出现的不利因素,对于实践的成败,常常是至关重要的。正确估计和利用偶然性,可以使我们及时抓住时机,促进事物的发展;而忽视偶然性,则必定失掉时机,推迟事物发展的进程。1936年的西安事变,对于抗日民族统一战线的形成来说,是一个偶然事件,我们党及时抓住这个事件,迅速地促成了抗日民族统一战线的形成。在国民经济中,由于意外的自然灾害,由于某些环节上的偶然失误,由于国际关系上某种事变的突然发生,都会影响到经济的正常发展。所以,我们在制定国民经济发展计划的时候,必须注意留有余地,充分估计可能发生的偶然事件,方能掌握主动权。又如,在同自然灾害作斗争中,我们对各种偶然发生的因素不可掉以轻心。有灾无灾,要作有灾的准备;大灾小灾,要作大灾的准备;多种灾害和一种灾害,要作多种灾害的准备,等等。这样,才能做到涝来抗涝,旱来抗旱,虫来抗虫,大灾大抗,小灾小抗,永远立于不败之地,确保农业丰收。

总之,客观必然性是不可抗拒的。在历史发展中,新生的东西总要战胜腐朽的东西,革命的东西总要战胜反动的东西,先进的东西总要战胜落后的东西。同时,由于偶然性的存在,这种发展过程又总是曲折、迂回的。只要我们坚持按必然性办事,并正确估计和利用偶然性,我们就会少走弯路,少犯错误,我们的事业就可以较为顺利地向前发展。

第十六讲：
从认识"宇宙速度"到人造卫星上天
——可能性和现实性

人类早就向往飞向太空,去探索那无限浩渺的宇宙的奥秘。十九世纪末,俄国科学家齐奥尔科夫斯基(1857—1935)发表了人造卫星简样,经过反复计算,得出了火箭要摆脱地球引力所需要的速度——7.9公里/秒(第一宇宙速度)。这个设想揭示了宇宙航行的可能性。然而,由于科学技术水平的限制,当时还不能把火箭送上天。只是到1957年苏联科学家用一支三级火箭成功地发射了第一颗人造地球卫星,宇宙航行的可能才变成了现实。人造地球卫星上天以后,这种现实又包含了新的可能,即继续提高火箭发动机的推动力和自动控制系统的精确度,创造出11.2公里/秒的速度(第二宇宙速度),就能摆脱地球引力束缚,绕太阳运行,再多加适当速度可环绕金星和火星飞行。1969年7月,美国"阿波罗—11号"载人宇宙飞船登月成功,又把这种可能变成了现实。事物的发展都是通过可能性转化为现实而实现的,可能性向现实不断转化的过程就是事物无限发展的过程。今天的现实由昨天的可能性发展而来,而今天的现实又成为明天的现实的可能性,如此循环往复,事物便不断地由低级向高级发展。所以,掌握可能性和现实性的辩证关系,对于我们认识和促进事物按照其固有的规律向前发展,是很重要的。

可能性和现实性的对立统一

可能性和现实性也是对立统一的关系。它们包含着根据和条件、原因和结果、必然性和偶然性等多方面的复杂的联系。

可能性和现实性是互相对立的两个范畴。可能性,指的是包含在现实事物中、预示事物发展前途的种种趋向;现实性则是现在已经存在的客观实在,是已经实现了的可能性。事物的某种发展,最初都是作为可能性出现的,但是可能不等于现实。金通过加热可能熔化,但在温度低于1064摄氏度时,它还不会熔为液态。一块布可能成为衣服,但布还不是衣服。可能不一定都会变成现实,因为在事物发展的过程中总是存在两种互相对立、互相否定的可能性。成功的可能性的实现,就否定了失败的可能性。反之亦然。金可能熔化,也可能不熔化;布可能变成衣服,也可能不变成衣服。所以,可能性和现实性不是一个东西,它们是互相对立的两个方面。

区别可能和现实是重要的。抹杀两者的差别,不是走向诡辩,就是陷入幻想。列宁曾经指出:"民族战争可以转化为帝国主义战争,而帝国主义战争也可以转化为民族战争",但是,"只有诡辩家才会根据一种战争可以转化为他种战争的理由,来抹杀帝国主义战争和民族战争之间的差别"。[①] 因为转化仅仅是一种可能,还不等于现实。我们常说,"坏事可以变成好事"。但坏事本身还不是好事,要把坏事变成好事,把这种可能变成现实,还需要做大量的工作,需要一定的条件。我国社会主义制度的建立,为持续地按照较高速度发展社会生产力提供了客观可能性。可是,如果我们不懂得经济科学、管理科学、自然科学,不按客观规律办事,这种可能还不会自动地变为现实,社会主义制度的优越性还是不能充分发挥出来。斯大林说:"必须把我国制度所具有的可能性和利用这种可能性,即把这些可能性变成现实严格区分开来。"[②]

可能性同现实性不仅是对立的,同时又是统一的,即互相联系、互相转化的。亚里士多德就说过,神的木头雕像潜在于一块木头之中,雕刻家在雕像中使未经雕琢的大理石中的可能性变成现实。又说"活人是否按可能性来说是死人呢",这些见解,都初步接触到了可能性和现实性的对立统一的关系。只有在客观事物的发展中具有可能性的东西才会变为现实。现实的东西不会在可能性之外出现,没有可能性的东西永远不会变成现实。也不能从现实之外去寻找可能性,可能性总是包含在现实自身之中。

发展就是可能性和现实性的对立统一。可能性向现实的转化,根源于事物内部固有的矛盾性。事物在发展过程中,它本身包含有保持其存

---

① 《论尤尼乌斯的小册子》,《列宁全集》第22卷,第302页。
② 《联共(布)中央委员会向第十六次代表大会的政治报告》,《斯大林全集》第12卷,第296页。

在的肯定方面和代表新事物萌芽的否定方面,包含有事物发展的根据、必然性。有了根据,事物就具有发展的某种趋势,也就是有某种发展的可能性。矛盾双方互相斗争,此消彼长,当否定方面克服了肯定方面,新事物出现的可能性就合乎规律地变成了现实。

可能性转化为现实,又必须具备一定的条件。"点石成金",在古代不能变成现实,那时的炼金术士把铅和铜等一般金属加在一起熔炼,只是瞎碰一气。现在则已变成了现实。科学证明,铅和黄金的区别在于铅的原子核比黄金多三个带正电荷的质子,只要从铅中打出三个质子,铅就变成黄金。而要把这种可能性变成现实,需要有一个条件,这就是某种高能加速器;没有这个条件,铅就只能是铅,而不会变成黄金。前面说到的宇宙航行的可能性成为现实的例子,也说明这种转化必须具备必要的条件。毛泽东同志在《论持久战》中说到了创造条件对于可能性转化为现实性的意义。他说:"我们主张为着争取最后胜利所必要的一切条件而努力,条件多具备一分,早具备一日,胜利的把握就多一分,胜利的时间就早一日。"① 这个道理,对于我国实现社会主义现代化,对于搞好我们的日常工作和学习,都是普遍适用的。创造出一切必要条件之时,就是可能性转化成现实之日。缺少任何必要条件,可能性都不能转化为现实。

可能性和不可能性

唯物辩证法所讲的可能性,并不是人们头脑中主观任意的设想,而是以客观事物本身所包含的具体矛盾为根据的。有了某种根据,才有某种可能性;没有某种根据,就没有某种可能性。所以,在实践中我们必须正确区别可能性和不可能性。

俗话说:"不能逼公鸡下蛋。"因为公鸡没有下蛋的客观根据。古往今来,不知有多少人设想过制造永动机,期望机器一经开动,不需增加任何能量就能永远不停地运转下去。但是,由于这种设想没有客观根据,违背了能量守恒和转化定律,因而是永远也不可能实现的。英国著名科学家焦耳(1818—1889)年轻时有过一段追求永动机的经历,失败以后,醒悟过来得出结论说:"不要永动机,要科学。"他踏上科学的道路以后,终于在热

---

① 《论持久战》,《毛泽东选集》第2卷,第422页。

力学方面作出了贡献。一切在科学研究和实际工作中希望获得成功的人们,都要立足于争取那些可能做到的事情,不要把那些根本不可能的东西当做可能的东西去追求,否则,只能误入歧途,白白浪费时间和精力。

当然,什么是可能性,什么是不可能性,往往并不是一眼就可以看清楚的。永动机的追求者把不可能的东西看成了可能的东西,而有时人们也会把可能的东西误认为不可能的东西,因而放松了主观努力,失去了本来可以成功的机会。1781年以前,科学界曾经普遍流行一种观念,认为太阳系的范围以土星为界,土星之外,再不可能发现其他行星了。所以,从1750年到1769年之间,尽管有好几位天文学家观察到另一个行星十二次之多,但始终未加注意。1781年,赫歇尔认定天王星是行星,才把人们认为土星之外不可能再有行星的观念打破了。被常识认为是不可能的东西,未必就是不可能的。春秋时代,我国著名的医学家扁鹊有一次到虢国,适逢虢国太子刚死,正在办丧事。他问了太子的病情,认为有可能不是真死,于是立刻进行抢救,果然把太子救活了。大家称赞他有"起死回生"之术。人死了还能复活吗? 不能。"起死回生"是不可能的。扁鹊之所以能把太子救活,是因为太子之死是假死而不是真死。医学上认为,人的死亡有一个从"临床死亡"到"生物学死亡"的过程。"生物学死亡"是真死,再高明的医生也无法使死者复活。"临床死亡"则是假死,呼吸停止,尚有微弱心跳,或者心跳停止,尚有微弱呼吸。这时,及时抢救,就有可能复活。扁鹊的高明之处,就在于他把假死和真死区别了开来,抓住假死可以复活的可能性把太子救活了。可见,区分可能性和不可能性对于人们的实践活动是有重大意义的。

现实的可能性和抽象的可能性

可能性又有两种情况:一种是在现阶段能够实现的,或者经过人的主观努力能够创造出必要的条件把它实现出来的可能性,因而可以把它提到议事日程上来,这种可能性叫现实的可能性。另一种可能性虽然在现实中并不是完全没有根据,但是,在现阶段还不能变成现实,或者经过人的主观努力仍然不能创造出使它转化为现实的必要条件,因而不应该把它提到议事日程上来,这种可能性叫抽象的可能性。

黑格尔在谈到这种可能性时指出,它不过是用抽象的形式去玩弄充足理由律。在这种观点看来,任何事物都是可能的,只要你为它找到一个理由就行了。比如,月亮今天晚上会落到地球上来,这也是可能的,因为月亮与地球是互相分离的物体,很可能落到地球上来,正如抛在空中的石头会落到地上一样。又比如,信奉伊斯兰教的土耳其君主成为基督教的教皇也是可能的,因为他既然是一个人,就有可能转而皈依基督教。这种可能性虽然和不可能性有所区别,但却是毫无意义的。黑格尔说得好:"一个人愈是缺乏教育,对于客观事物的特定联系愈是缺乏知识,则他在观察事物时,便愈会驰骋于各式各样的空洞可能性中。明智和有实践经验的人,决不受那种可能性的骗。"

有一种可能性虽然不是主观的、虚幻的,确实是可能的,但是,这种可能性在目前的条件下还不能实现,只是在将来才是可能的。这也是抽象的可能性。例如,地震蕴藏着巨大的能量,一个8.5级地震的能量相当于一座100万千瓦发电厂十年间连续发出的总能量。人们可不可以化害为利,利用地震的能量来为人类开辟新的能源呢?从长远看,不能说没有这种可能性,因为一切能量都是互相转化的。但是,现在科学技术发展的水平还不能创造出这种转化的条件,因而这种可能性仍然是抽象的可能性,不是现实的可能性。

我们过去的经济工作中"左"的指导思想的错误,就在于不顾现实的可能性,急躁冒进,把只有在将来才能办到的事情硬要拿到现在来办。表现在生产关系方面,不顾生产力的实际水平,急于过渡,认为生产资料所有制公有化程度越高越好,规模越大越好,急于向大集体过渡,向全民所有制过渡,向共产主义过渡,结果事与愿违,使生产力的发展受到破坏。表现在发展生产力方面,不顾国力、民力负担,急于求成,盲目追求发展的高速度、生产的高指标、基本建设的大规模,结果欲速则不达。周恩来同志说:"我们应当努力去做那些客观上经过努力可以做到的事情,不这样做,就要犯右倾保守的错误,我们也应该注意避免超越现实条件所许可的范围,不勉强去做那些客观上做不到的事情,否则就要犯盲目冒进的错误。"① 建国以来,我们在经济工作中指导思想方面的"左"的主要错误,正

---

① 周恩来1956年1月30日在政协二届二次会议上的报告。

是经常去做那些"客观上做不到的事情"。这个教训是异常深刻的,我们必须牢牢记取。

那么,是不是说非现实的可能性都不能谈了?不是的。科学需要幻想,认识那些有意义的非现实的可能性,有助于预测未来,促进科学的发展。有些非现实的可能性,在将来的某一天有可能成为现实的可能性,正如今天许多现实的可能性,在过去曾经是非现实的可能性一样。在十九世纪末,诺贝尔曾设想用爆炸产生的高温高压来合成金刚石,未能实现。今天,用爆炸来生产小粒度的金刚石,却是一种投资少、产量高的方法。以前,人们总以为金属是不烧不熔的,现在,人们用铋、铅、锡、镉制成的合金,却可以用开水溶化。但是,幻想终究不是现实。研究可能性和现实性这对范畴,要求我们着重把握现实的可能性,努力促使其转化为现实。"千里之行,始于足下",我们订计划,办事情,务必脚踏实地,从实际出发。

争取好的可能性
防止坏的可能性

现实的可能性也并不是只有一种。由于事物矛盾斗争的具体情况以及它同周围事物的复杂联系,既有必然联系又有偶然联系等,事物发展的趋势往往存在着多种可能性。我们分析问题,要估计到各种可能性,才能有备无患。对某种可能性的实现来说,又有相反的可能性。一粒种子下地,可能生根开花,也可能腐蚀烂掉;办一件事情,可能成功,也可能失败;报考学校,可能被录取,也可能落榜;我们向不正之风作斗争,可能受到支持和鼓励,也可能一时受到压制和打击;如此等等。归结起来,对于人类的实践活动来说,有好的可能性,也有坏的可能性。它们都是现实的可能性。当然,从总的发展趋势和长远过程来看,客观规律发生作用的结果,新事物总要战胜旧事物,真善美总要战胜假恶丑,这是必然的,发展的大方向是不可改变的。但是,又不能不看到,对一定的具体过程来说,两种可能性都是可能变成现实的。对于革命事业来说,坏的可能性的实现尽管是暂时的,它终归要被否定,但是,它也会给历史的发展造成重大的损失。因此,我们要积极争取最好的可能性的实现,而防止坏的可能性的实现。由于存在着两种可能性,所以我们订计划、做工作、想问题,不能一相情愿地只考虑好的可能性,否则,一旦坏的可能性变成现实,就会陷入被动,不知所措。

充分估计到各种可能性,这并不是消极的,而是积极的。防止坏的可能性,正是为了争取实现好的可能性。在任何情况下,我们都要尽最大的努力使好的可能性变为现实。在这个过程中,发挥认识和实践的主体的人的能动作用有着十分重要的意义。在社会领域中,实现好的可能性离不开人的主观努力。在自然界中,可能性向现实的转化,是自发地进行的;而在人作用于自然的范围内,人们的能动性发挥得如何,对自然改造的结果也是大不相同的。在改造自然、改造社会的斗争中,好的可能性并不是自发地实现的,不能守株待兔。我们应当积极地、正确地发挥主体的能动作用,按照客观事物固有的规律性,根据实际需要和可能去创造种种必要的条件,促使好的可能性转化为现实。

第十七讲：
"自然界是一本不隐藏自己的大书"
——世界是可以认识的

在本书的开头，讲了哲学基本问题的第一方面，即物质和意识何者是本原、何者是第一性的问题。接着，又讲了唯物辩证法的规律和范畴。从这一讲开始，要进一步研究哲学基本问题的另一个方面，即我们的思维能否认识现实世界？能否正确地揭示其规律性？如果能够的话，又是怎样实现的？等等。这就是通常叫做认识论方面的问题。有哲学上的两条基本路线，也就有认识论上的两条路线。

研究认识论，首先碰到的问题是：人的思维究竟能否认识现实世界？

从哲学史看，大多数哲学家，包括所有的唯物主义者和彻底的唯心主义者，都主张世界是可以认识的。荀子说得好："凡以知，人之性也。可以知，物之理也。"这就是说，人有能力去认识世界，世界是可以被人认识的。费尔巴哈讲得更加形象，他说："自然界是一本不隐藏自己的大书，只要我们去读它，我们就可以认识它。"这是唯物主义者的回答。

可是，也有人提出怀疑。早在公元前五世纪，古希腊的克拉底鲁就认为事物变动不居，无法把握。他说，对什么都说不出正确的东西来，因为当一个人张口说话时，这个人想说的东西正在消失，由其他东西代替了，结果，说什么都不符合现实。

我国先秦哲学家庄周（约前369—前286）也有类似的思想。他讲了个寓言式故事，说有一次庄周做梦，变成蝴蝶，不知自己是庄周；醒后才知道自己不是蝴蝶，是庄周。他由此搞不清楚：究竟是庄周梦到自己是蝴蝶呢，还是庄周是蝴蝶做的梦？这些，都表现为怀疑论。

古代的怀疑论思想，到了近代，便发展成为不可知论的哲学派别，它的代表人物是英国的休谟和德国的康德。不可知论者断言：世界是不可认识的，或者至少是不可能彻底认识的。这种思想在现代资产阶级哲学

视而不见

中还很有影响,从实证主义、实用主义到新实证主义等哲学派别,都接受了不可知论的思想。所以,不可知论尽管是荒谬的,还得认真对待。

人能够认识世界

前面说过,意识的内容是对客观世界的反映。而人类对客观世界的反映,是一个从不知到知,从知之不多到知之较多,从现象到本质,充满矛盾的辩证过程。如果坚持唯物主义的反映论,把辩证法应用于反映论,是不难得出世界能够认识、认识是一个过程的正确结论的。但是,如果抓住认识过程的某一个环节加以夸大、绝对化,也会得出世界不能认识的荒谬结论。不可知论就是如此。

从休谟和康德的理论中,我们可以看到不可知论具有如下一些特征:

夸大了感觉的局限性。休谟认为,人的认识只能同自己的感觉打交道,在感觉之外有什么东西,是不是有东西,我们都不知道。

认识世界要同自己的感觉打交道,对不对呢?对的。但并不是只同感觉打交道,感觉之外还有客观世界,只有当客观事物作用于人的感官时,才会产生感觉。我们到剧场欣赏歌舞,被演员优美的歌声、动人的舞姿吸引住了。歌声传进我们的耳朵,舞姿映入我们的眼帘,我们陶醉在艺术享受之中。可是,一个眼睛失明、耳朵全聋的人,即使给他找到一个最好的座位,他也不可能得到这种享受。认识外部世界,也是这个道理。如果我们的感觉器官全部失灵了,不能接受外界事物的刺激,就不会产生任何感觉,我们就什么也不懂。休谟却不是这样看。打个比方说,感觉在他眼里,就像封闭的围墙,永远把人困在里面,围墙之外是什么世界,人是不知道的。人的认识只限于感觉这道围墙之内的主观世界。舞台上的表演使你入迷,按照休谟的逻辑,你不是在欣赏艺术家的表演,只不过是在欣赏自己的感觉罢了。列宁在批判这种不可知论的观点时说,他们把感觉当做人和外部世界之间的墙壁、屏障了。

感觉是墙壁、屏障吗?不是。在第四讲里我们已经说过,感觉是客观世界的主观映象,它反映了客观世界的内容。观众在剧场产生美感,固然与他的艺术修养有关,但首先应该归功于舞台艺术家的精湛表演和辛勤劳动,难道这还有什么异议吗?

也许有人会提出这样的问题:感觉与客观事物并不总是一致,人们有时把老鹰视为飞机,有时又把云块当做飞船,甚至在科学研究中也会出现错觉,这怎么解释呢?

这类情况的确是存在的。1895年一位天文观察者宣布,他看见一个黑点经过日面。人们根据他提供的观测资料,认为这是一个未知行星,并命名为"火神星"。后来,世界各地天文工作者根据计算出来的轨道,进行了二十多年的观测、搜寻,连"火神星"的影子也找不见,原来那个轰动一时的黑点,不是什么行星,而是太阳上的一个黑子。这说明感觉是有局限性的,人对客观世界的认识不能停留在感觉上面。但是,能否由此从总体上否认了感觉的可靠性呢?不能。某种感觉对事物的反映,虽然是片面的、表面的,但总是反映了客观事物的某一方面、某一部分,是我们进一步认识事物的基础。片面夸大感觉的局限性,以至否认感觉的客观内容,是不可知论在认识论上的一个重要根源。

夸大现象与本质的对立,是不可知论的又一表现。这种情况,在康德的哲学中表现得更为明显。康德和休谟都是不可知论者,但他们的论点有些区别。康德承认在人的感觉之外有客观存在的东西(他叫"自在之物"),也承认感觉是这个东西作用于人们而引起的。这是他哲学中的唯物主义因素。但他和休谟一样,把感觉看做屏障,认为人的认识不能超出外部世界作用于感官引起的表象,也就是说,不能超出主观世界的范围。人的认识只能停留在现象的此岸,不能抵达对岸去认识本质,即自在之物。

这样,康德虽然承认了"自在之物"存在,却又认为人的认识只能把握它的显现者——现象,至于"自在之物"本身是什么东西,人是无法知道的。"自在之物"成了神秘莫测、不可捉摸的东西了。

现象和本质是有区别的。依靠感觉只能反映事物的现象,而不能直接反映事物的本质,这也是事实。但是,现象与本质之间并没有不可逾越的鸿沟,现象是本质的现象,本质是现象的本质,这个道理,我们在现象与本质的辩证法范畴里已经说过了。从认识论的意义上说,人们对客观世界的认识总是从现象到达本质的。感觉只能把握现象,而人借助于思维,却可以透过现象把握事物的本质。人类的感觉运动是和思维相联系的。把感觉的界限夸大为认识的界限,割裂了现象与本质的联系,是康德陷入不可知论的重要原因。

不可知论还有一条"根据",就是:有限的认识无法把握无限的世界。的确,客观世界是无限的,而个人的生命又是有限的,有限的生命如何能认识无限的世界呢?这是一个矛盾。庄周说:"吾生也有涯,而知也无涯,以有涯随无涯,殆矣。"意思是说,我的生命是有限的,而认识是无限的,以有限的生命去追求无限的认识是徒劳的。这里,就包含了不可知论的思想。康德的不可知论把这类朴素的思想理论化,他认为从有限的经验对象去追求无限的宇宙总体,是无法解决的矛盾。

人类对客观世界的认识总是通过个人去实现的。个人认识的有限性与客观世界的无限性的确是一个矛盾,任何个人,都不能穷尽对世界的认识。革命导师雄才伟略,高瞻远瞩,也不能"洞察一切"。个人的认识总是很有限的。那么,有限与无限的矛盾是不是就无法解决呢?不是。我不知道的,别人可能知道;一个人不知道的,大家集合起来就会知道;我们这一代不知道的,我们的后代会知道。个人对世界的有限的认识,世世代代汇合起来,就会成为人类对世界的无限的认识。回顾人类认识的历史,也是这样。认识总是一步步进行,一步步深入,由不知到知,由知之不多到知之较多,由不完全确切到比较完全确切。拿人类对物质结构的认识来说,古代人提出了万物是由不可分的原子组成的朴素猜测。十九世纪,人们通过实验证实了原子的存在。从二十世纪以来,又发现了原子核,并认识到原子是由电子和原子核组成的,还发现了质子和中子,认识到原子核是由质子和中子组成的。人们把电子、质子,中子都叫"基本粒子",提出了层子模型和夸克的科学假说。近年来,又发现了胶子存在的迹象,说明有比"基本粒子"更深的物质结构存在的可能性。可见,个人的认识,或某一时代的认识,虽然是有限的,但总是越来越深刻、越来越精确地反映世界。人们总是通过已知事物去认识未知事物的。这种从已知向未知的不断扩展,就是人们从认识有限向认识无限的永无止境的进军。二百多年前,运用牛顿引力公式,准确地计算出月球和地球的距离,证明了天地间物体的运动遵循着相同的力学规律,从而把人们对于动力学规律的认识,扩展到对天体运动的研究中去。又如,人们根据对地球上有机分子化学反应和生命起源的认识,分析天际间的有机分子,预言在银河系或河外星系的天体上,生命形成的过程正在进行或已经形成,从而开始了对于地球外生命的科学研究。这些事例,都是人们不断地从有限去认识无限的例证。哥白尼提出太阳系学说,牛顿发现力学规律,爱因斯坦建立相对论,"江山代有才人出,各领风骚数百年"。个人的认识从不同的方面反映世界,日积月累,世世代代发展下去,人们就能够认识世界的无限多的方面。试想,如果我们的前人相信了不可知论,放弃对客观世界的探求,又怎么会有今天的物质文明呢?

可见,不可知论者抓住认识过程的某一环节,加以绝对化,得出世界不可知论的结论,是站不住脚的。

> **实践是对不可知论最有力的驳斥**

不可知论是荒谬的。在马克思主义以前,就有过许多哲学家从不同的方面对它作过批判。例如,黑格尔用辩证法对康德割裂现象与本质、有限与无限的辩证统一所作的批判,就是和康德针锋相对的。康德说,"自在之物"、本质是不可认识的,只能认识现象。黑格尔说,再没有比对"自在之物"、本质更容易认识的东西了。因为现象是本质的表现。离开了现象的本质,就是空洞无物的东西,就是空话。认识现象,就可以进而认识本质。康德把有限规定为此岸,无限规定为彼岸,认为有限与无限的对立是不可克服的,认识只能停留在此岸而不可能达到彼岸。在有限与无限之间,设下一道不可逾越的鸿沟。黑格尔认为,有限与无限是辩证统一的,不仅无限包含着有限,而且有限也包含着无限,不论有限或无限都只能作为对方的对方而存在。这些,都是相当出色的辩证思想。所以,恩格斯说:"对驳斥这一观点具有决定性的东西,已经由黑格尔说过了,凡从唯心主义观点出发所能说的,他都说了。"① 费尔巴哈从唯物主义的感觉论也批判过不可知论。他强调感觉是客观世界的主观现象,"盐味是盐的客观特性的主观表现"。针对不可知论夸大感觉的局限性,费尔巴哈指出感觉不是把人和外界隔开的墙壁,而是把二者联结起来的通道,人的感觉能力是不受限制的。列宁在《哲学笔记》中引了费尔巴哈如下的一段话:"我们没有任何理由设想,如果人有了更多的感觉器官,他就能够认识自然界更多的属性或事物。在外部世界中,不论在无机界或有机界中,没有什么更多的东西。人恰恰具有使他从世界的完整性、整

---

① 《路德维希·费尔巴哈和德国古典哲学的终结》,《马克思恩格斯选集》第 4 卷,第 221 页。

体方面来感知世界所必需的足够的感官。"列宁对这一思想很赞赏。写道:"如果人有了更多的感官,他能否发现世界上有更多的事物呢? 不能。"①借口感官的局限性否认世界的可知性,是没有理由的。

但是,无论黑格尔或是费尔巴哈,不管他们的理论批判多么有意义,都不能彻底驳倒不可知论。黑格尔是个唯心主义者,在他的眼里,世界,不论是自然还是社会,都不过是绝对观念的体现。所谓世界可以认识,实际上是说绝对观念可以认识绝对观念,思想自己可以认识思想本身,这并没有解决人的主观认识和不依赖于思想而独立存在的客观世界的关系。黑格尔的可知论是唯心主义的可知论,不可能根本驳倒不可知论。费尔巴哈是唯物主义的可知论者,他是站在唯物主义反映论的立场上批判不可知论的,但他缺少辩证法。虽然他正确地指出了"自然界是一本不隐藏自己的大书",是可以认识的,但却不能有力地证明人们对这本"大书"的理解和书本身的内容为什么是一致的。所以,恩格斯说:"费尔巴哈所附加的唯物主义的东西,与其说是深刻的,不如说是机智的。"②总之,马克思主义以前的哲学家对不可知论的批判是有贡献的,但这些批判只停留在理论的论证上,没有击中要害,不能彻底驳倒它。

那么,怎样才能驳倒不可知论呢? 马克思主义哲学第一次指出:对不可知论最令人信服的驳斥是实践。就是说,对不可知论的批判,固然可以作理论上的分析,但是,最根本的是依靠实践。恩格斯在《路德维希·费尔巴哈和德国古典哲学的终结》这部名著中说:"既然我们自己能够制造出某一自然过程,使它按照它的条件产生出来,并使它为我们的目的服务,从而证明我们对这一过程的理解是正确的,那么康德的不可捉摸的'自在之物'就完结了。"③这样,马克思主义哲学就明确地解决了一个在认识论中被哲学家们神秘化了的难题。

的确,从实践的观点看问题,不可知论是完全站不住脚的。我国动物学家采用人工授精的办法使熊猫产崽,并存活下来,这说明动物学工作者对于熊猫的妊娠、生育的认识是正确的。1965年,我国科学家用化学方法在世界上第一次人工合成的结晶牛胰岛素,具有牛胰岛素的生物活性,

---

① 《列宁全集》第38卷,第64页。
② 《路德维希·费尔巴哈和德国古典哲学的终结》,《马克思恩格斯选集》第4卷,第221页。
③ 《马克思恩格斯选集》第4卷,第221页。

开辟了从非生命系统合成蛋白质的新纪元。这就证明我们对牛胰岛素化学结构生成条件的认识是正确的。又如,人们把飞船送上月球又使之重返地面,说明人们对宇宙航行的规律的认识是正确的。我们对硅片加工,使之成为各种不同功能的大规模集成电路或超大规模集成电路,并用来组装成各种不同用途的电子计算机。这说明我们对硅片中电子运动的规律的认识是正确的。这些工业的、科学技术的实践,不是有力地证明了世界是可以认识的吗?对自然界的认识是如此,对人类社会和思维的认识也莫不如此。实践的成功,证明了人们对客观事物的特性和规律的认识是正确的,证明人们能够认识这些特性和规律。

事实上,人们在实践中,每天都把许许多多的"自在之物"转变成被认识了的"为我之物"。特别是在科学技术获得巨大发展的今天,电子计算机、原子弹、氢弹、宇宙飞船、人造卫星、激光器等,都是前所未有的。无数过去被认为不可理解、不可思议的事物,被科学的发展一一认识了。世界可以认识,这是人类能够存在和发展的条件。如果人类没有认识世界的能力,就不会有几百万年的人类发展史,也不会创造出今天这样高度发达的科学文化。

从古代的怀疑论到近代的不可知论,它们的产生都有其历史根源。在克拉底鲁、庄周的时代,实践的水平很低,人们对自然界的认识极为肤浅,谈不上有独立的自然科学。从十五世纪后半期以来,产生了近代的自然科学,但一直到康德生活的年代,人类对自然界的认识还是零碎的,至于对社会的认识就更贫乏了。

但是,不管是老的不可知论,还是新的不可知论,都不可能限制人们对客观世界的认识。随着实践的发展,被称为不可认识的"自在之物",不断地转化为"为我之物",许许多多"不解之谜",都一一转化为"已解之谜"。实践每前进一步,都是对不可知论的驳斥,这是毫无疑义的。马克思主义是认识论的乐观主义。无产阶级能够认识世界,这意味着它能够通过实践改造世界。

科学就是 探索未知	世界可知,这是科学存在和发展的根据,但这并不意味着科学对世界的秘密已经揭示无遗了。在现实世界中,确实还有许许多多"不解之谜"需要我们去探索。科学就是探索未知,如果说,一切都已揭示无遗了,还要科

学干什么呢?

马克思主义哲学关于世界可知的原理是科学探索中乐观主义精神的理论依据。世界上的事物,只有已知和未知的区别,根本不存在不可认识的东西。今天未知的事物,随着实践的发展,通过科学的探索,将会成为已知的事物。我们现代人比起古代人已经是知识的巨人了,但在大自然的奥秘面前,我们还是小学生,还有许多不知道的东西。但这些不知道的东西,经过我们以及后人的努力,都是可以逐步认识的。

科学的任务,就是要研究我们所不知道的东西,化未知为有知。旧的未知认识了,新的未知又会产生,促使我们不断发现,不断把认识提到更高的水平。

我们反对否认世界可知的怀疑论,但并不是说科学探索中不需要怀疑。

认识未知,要善于利用前人的成果,但又不能盲从,不能迷信。科学权威提出的观点,未必都是真理;大家深信不疑的思想,不见得就一定正确。地心说被宗教利用以后,成了不可触犯的教义;错误的燃素说,统治近代化学界也有百余年的历史。马克思在抒发自己的"自白"中,把"怀疑一切"作为他"最喜爱的箴言"。恩格斯在评价马克思时说,在前人认为已有答案的地方,他却认为只是问题所在。科学的发展证明:不怀疑不能见真理。早在十一世纪,我国沈括经过细致观察,对磁针正指南北的观念发生怀疑,从而第一个发现了磁偏角,为物理学的发展作出了重大贡献。在中世纪的欧洲,宗教把灵魂的邪说强加于人,西班牙的塞尔维特怀疑灵魂的存在,提出了"灵魂本身就是血液"。现在看来,这个看法并不正确。但是,由于触犯了宗教,他被教徒烧死。二十年后,哈维仍怀疑宗教邪说,根据对自然的观察,提出了血液循环的学说,为心脏血管生理学的发展奠定了基础。二十世纪,卢瑟福怀疑原子核结构是一个不可分的实体,认为应该具有复杂的结构,进而提出了原子核结构模型,打开了原子的禁区。即使对待已经被实践证明了的真理,我们的思想也不能僵化。真理本身也要随着实践的发展,加以修正、补充和深化。在科学史上,许多重大的新发现、新创造,常出自无所畏惧的年轻人,如伽利略十七岁发现钟摆原理,牛顿二十三岁创立微积分,伽罗华十七岁提出群论,海森堡二十四岁建立量子力学。这并不奇怪。"初生牛犊不怕虎",青年人最少保守思想,有闯劲,容易打破旧框框。怀疑,并不是什么可怕的东西,辩证法包含着怀疑的因素,只是不归结为怀疑论罢了。这种怀疑不过是怀疑那些和事实不相符的东西,怀疑那些经不起实践检验的东西,这是有唯物主义根据的怀疑,而不是毫无根据地怀疑一切。在科学研究中,提出必要的怀疑,不是怀疑论,也不是不可知论,而是发展科学必不可少的一个环节。

认识无止境。在十七世纪以前,人们只能用肉眼观察世界,可以看到的范围十分有限。然而现在,人们运用射电望远镜,可以观测距离我们100亿光年的遥远星系;借助高能粒子束,已经探测到 2×10^{-16} 厘米小范围内电子的行动,人类的认识能力空前地提高了。可以肯定,人类认识世界的步伐,将会日益加快。但是,这并不意味着,人类对世界的认识从此就十分容易,可以不费力气。

人的视野扩大了,需要认识的东西增多了,科学的任务也就更加繁重了。爱因斯坦说过这样的话:"用一个圆周代表我所学到的知识,但是圆周之外是那么多的空白,对我来说就意味着无知。而且圆周越大,它的圆周就越长,它与外界空白的接触面也就越大。由此可见,我感到不懂的地方还大得很呢!"

世界可以认识,但这不是唾手可得的。探索未知,也是一个艰巨而漫长的过程。在科学的征途上,只有勤奋自学、知难而进、永不自满的人,才能攀登高峰。

认识世界,是为了改造世界。掌握自然科学和社会科学的知识,在更大的范围内揭示自然界的规律和建设社会主义社会的规律,为实现四个现代化多作贡献,是今天历史赋予我们的神圣任务!

上面我们在认识论中划分了不可知论和可知论的界限。在可知论中,又区别了唯心主义的可知论和唯物主义的可知论。在唯物主义的可知论中,我们又区分了费尔巴哈等旧唯物主义的认识论和以实践为基础的马克思主义认识论。马克思主义哲学继承了唯物主义反映论的思想,把实践的观点引入认识论作为它的基础,这就在认识论中引起了一系列的革命变革。下面,我们要进一步说明实践和认识的关系,说明这些变革。

第十八讲：
摩尔根和他的著作《古代社会》
——实践是认识的来源

1877年，美国人摩尔根的《古代社会》一书发表了，马克思很快发现了它的价值。恩格斯称赞它为"今日划时代的少数著作之一"，并运用书中的成果，写了《家庭、私有制和国家的起源》。这部经典著作专门列了一个副标题："就路易斯·亨·摩尔根的研究成果而作"。

《古代社会》是一部研究原始社会的杰作。在摩尔根以前，人们对原始时代的社会组织几乎一无所知。《古代社会》根据印第安人部落社会的大量实际材料，对这种社会组织作了深入的研究，提出了一系列有重大科学价值的见解。

摩尔根生活在美国资本主义上升时期，他怎能如此透彻地了解原始社会的氏族状况？原来，这里面还有一段故事。

在已经建立起资本主义生产关系的美国，还残留了一些没有开化的原始部落。摩尔根早在青年时期，就领导了一个研究印第安民族易洛魁人的风俗习惯的团体。他多次探访印第安人的住地，观察他们的生活方式，并与印第安人交友，频繁往来。为了直接取得对印第安部落社会的认识，1846年，他干脆当了易洛魁人的养子，成为这个部落的一个成员，和他们一起生活。这样，就使他得以认识印第安人不向外人透露的习俗和仪式，了解到他们的经济、社会组织、婚姻、家庭、习俗、艺术和宗教等，掌握了极其丰富的第一手材料。加上他还到了美国和欧洲其他地区旅行、调查，加以分析比较，于是，获得了对原始部落社会的认识。

从摩尔根写作《古代社会》这件事，说明了一个重要的哲学道理：一切真知都是从直接经验发源的，实践是认识的基础。

在上一讲里，我们谈了实践是对不可知论最有力的驳斥，这一讲要进一步谈实践是认识的来源。研究马克思主义的认识论,处处离不开实践的观点,那么,什么是实践呢?我们就从这里谈起。

> **实践是人类有目的地改造客观世界的物质活动**

实践,不是一个新名词,马克思主义以前,就有不少哲学家使用过。但是,对什么是实践的解释,各派哲学却大相径庭。有的唯心主义者把实践看做是思想的活动。如我国明朝主观唯心主义哲学家王阳明,主张"知行合一",认为思想活动本身就是实践。我国历史上还有的唯心主义者,把实践解释为个人的"修身养性",或者说成是封建的礼仪活动。

在唯心主义哲学家当中,对实践提出过深刻见解的,是黑格尔。他接触到实践是创造活动这一本质特性,但在黑格尔那里,实践也不过是"绝对观念"的精神活动而已。"现代资产阶级"的实用主义哲学,把实践理解为个人的盲目冒险活动,这和科学的实践概念是风马牛不相及的。马克思主义以前的唯物主义者,例如费尔巴哈,也讲实践,但他把实践局限于起居饮食等日常生活实践。虽然费尔巴哈在批判唯心主义的时候,常常提到这种实践的作用,零星地猜测到实践的意义,但始终没有获得对实践的科学理解。这正是旧唯物主义的一个主要缺陷。

那么,什么是实践呢?马克思主义第一次对实践作出了科学的说明,把实践看做是人类有目的地改造客观世界的物质活动的整体。显然,马克思主义的实践观和唯心主义的实践观是对立的。唯心主义把实践看做是精神活动,而马克思主义则认为实践是物质活动。马克思主义的实践观和旧唯物主义也是不同的。旧唯物主义者由于对实践的褊狭的了解,看不到实践所具有的变革客观世界的能动作用。

我们有时也把日常生活的一些活动称做实践,例如,尝一尝,看一看,摸一摸等。这是不是实践呢?是的,这是生活实践。它也是人们有目的地作用于客观对象的一种活动。但是,在人类的实践活动中,最基本的是生产活动。工人炼钢、农民种地、牧民放羊、渔民出海,以及其他借助于一定的生产工具变革自然界,从而获得物质生活资料的活动,都是生产活动。人们只有进行生产,才有粮食吃,才有衣服穿,才有房子住,才有可能从事政治、科学、艺术等方面的活动。生产活动是人类一切活动的基础。

在生产活动中,表现了人类实践活动的一些基本特点。

首先,生产是改造自然界的物质活动。这也就是说,实践是改造客观世界的感性的物质活动。物质世界是通过物质力量而不是通过意识改变的。在劳动过程中,人作为物质的自然力使用劳动资料作用于自然界,通过劳动本身生产出物质生活资料。在这个过程中,人改变周围的自然界,也改变人自己的本性。

其次,生产劳动是有目的的活动。和动物的本能活动不同,实践是在意识指导下进行的活动,而不是无意识地自然发生的过程。

再次,人类生产从一开始就具有社会性,实践是社会的实践。只有在社会实践中,才能有与此相联系的个人的实践活动。社会是发展的,实践的形式也是历史地发展的。随着社会分工的发展,实践也分化为各种形式的实践。

总之,有目的地改造客观世界的物质活动,可以看做是实践的最本质的特征。

马克思说:"社会生活在本质上是实践的。"①社会实践是以生产实践为基础的多层次的社会活动的整体。

科学实验是近代从生产实践中分化出来的一项相对独立的实践活动。它利用仪器设备,控制实验条件,对有计划地造成的自然现象的变化作精密的观察和研究,直接或间接地服务于生产实践。科学实验的作用日益显著,已经成为人类认识自然、改造自然的强有力的手段。

实践活动还有其他的方面,以改变社会生活条件为主要目的的社会政治生活,就是一项内容十分广泛的实践活动。在阶级社会中,阶级斗争具有决定性的意义,它影响着社会生活的各个方面。此外,文化、教育、艺术等活动,也都是实践活动,作为客观活动来说,它们是包含有精神生产这一面在内的物质活动。

总之,人类的实践活动,从天文观察到摩尔根式的社会调查到艺术实践,是多层次的多种形式的物质活动。不承认生产活动是最基本的实践活动是不对的,而把实践只局限于生产领域也是不对的。

---

① 《关于费尔巴哈的提纲》,《马克思恩格斯选集》第1卷,第18页。

> **认识来源于实践**

马克思主义能够科学地把握实践在社会生活中的意义,这是因为历史唯物主义发现和论证了生产劳动在人类生活中的地位、作用。由此,马克思主义认识论才能把实践和认识联系起来,强调实践是认识的基础。

以往的哲学家只是孤立地研究认识问题,特别是孤立地考察单个人的认识能力等问题,因此无论如何也弄不清楚认识的本质。马克思主义论证了人类社会和自然界是通过实践进行物质交换的,这样,认识不能脱离实践,它没有独立的意义,而只能是人类实践过程中的一个因素。认识服务于实践,它的产生和发展又必然依赖于实践。把实践的观点引入认识论,作为它的基础,马克思主义才能在认识论上引起一系列的革命变革。

马克思主义以前的唯物主义,承认认识是客观世界的反映,这是正确的,但它们把认识看做像照镜子那样简单,看不见实践的能动作用,这是消极的直观的反映论。马克思主义把实践作为认识的基础,才科学地解决了认识如何反映客观世界的问题。马克思主义的认识论是能动的革命的反映论,即建立在实践基础上的唯物主义反映论。马克思主义以前的唯物主义认为,客观世界作用于人,人才能反映即认识客观世界。其实,人只有作用于客观世界,改造客观世界,才能认识客观世界。认识正是来自改造客观世界的实践。下面让我们举例作一些说明。

认识是人脑对客观事物的反映。但是,离开实践,认识就不会发生。印度发现过狼孩。小孩幼时被失去狼崽的母狼带入狼穴,跟狼一块生活、长大,这些小孩养成了狼的习性,吃生肉,在地上爬行,不会劳动,不会说话,也不会思维。

我国明朝,明成祖为了夺取建文帝的皇位,把建文帝的儿子朱文珪关闭起来。当时朱文珪只有两岁,一关几十年,等到被释放出来时,已是五十七岁的人了。按照孔子讲的"三十而立,四十而不惑,五十而知天命"的要求,应该是很有些见识的人了,但是,释放出来的朱文珪却连牛马也不识。

狼孩有人的头脑,但失去了人的智慧。朱文珪活到五十多岁,对客观世界却一无所知。可见,人光有头脑,没有实践,还不能产生认识。

我们又看到另外的情形：老渔工伏在船舱里听水声，可以分辨水下有何种鱼群。有本事的猎人，晚上能从野兽眼睛里反射出的不同光点，判断来的是野猪还是狐狸。蛇医看见被蛇咬过的伤口，能够立刻指出作恶的是眼镜蛇还是蝮蛇。老渔工、猎人、蛇医的知识是从天上掉下来的吗？

不是。他们的知识、才能不是从天上掉下来的，而是从实践中产生的。实践出认识、出智慧。毛泽东同志在《实践论》中很生动地表述了马克思主义认识论的这个道理，他说："你要有知识，你就得参加变革现实的实践。你要知道梨子的滋味，你就得变革梨子，亲口吃一吃。你要知道原子的组织同性质，你就得实行物理学和化学的实验，变革原子的情况。你要知道革命的理论和方法，你就得参加革命。"人们只有在改造客观世界的活动中，能动地接触事物，才能发现事物的相互联系，找出事物的规律，把握事物。

实践不仅是认识的来源，而且是认识发展的动力。

人的认识为什么会从不知到知，从知之不多到知之较多，从低级到高级地向前发展呢？唯心主义无法作出科学的说明，直观的唯物主义把认识看成是照镜式的反映，也无法作出科学的说明。只有马克思主义哲学才指出这是由于认识和实践的矛盾运动的结果。从认识和实践的矛盾运动过程来看，在一定条件下，虽然也会出现认识走在实践的前面推动实践发展的情况，比方说，有了某项理论研究的成果，才开辟了相应的生产技术部门，但总的来说，不是因为认识的需要而去实践，而是由于实践的需要而发展认识。通常是实践向认识提出课题。近代自然科学就是适应资本主义生产的需要而发展起来的。恩格斯说："社会一旦有技术上的需要，则这种需要就会比十所大学更能把科学推向前进。"[①]控制论、核物理学最初是由于在第二次世界大战中发展武器的需要而发展起来的。对社会的认识也是如此，十九世纪四十年代，欧洲工人运动的实践需要产生了马克思主义。十九世纪末二十世纪初，俄国无产阶级革命的实践，推动了马克思主义向前发展，产生了列宁主义。

实践不仅向认识提出了课题，而且给认识提供了必要的手段。二十

---

① 《恩格斯致瓦·博尔吉乌斯》，《马克思恩格斯选集》第4卷，第505页。

世纪自然科学的几大成就:相对论的创立;原子结构与基本粒子的发现和量子力学的产生;电子计算机的发明和控制论、信息论、系统论的形成;分子生物学的成就,特别是核酸的分子结构和遗传密码的发现,不仅是实践的需要,而且也是实践提供了必要的手段才有可能产生的。牛顿虽然伟大,但是在他的那个时代是无法创立相对论的。没有望远镜,伽利略就不可能在1608年认识到银河是由许多星星聚合而成;没有显微镜,胡克就不可能在1665年看到细胞,也就不可能出现施来登和施旺的细胞学说;不建成粒子加速器,就不能深入认识原子核内部的结构和进行基本粒子物理的研究;没有强大推动力的火箭发动机,就不可能把宇航员送上太空,登上月球,深入地认识宇宙的物质运动规律。

实践不仅对认识提出课题、提供手段,而且认识成果的应用和发展也离不开实践。例如,蒸汽作为一种动力,人们早就知道了。古代亚历山大里亚的希罗曾用蒸汽开动他的机械玩具;文艺复兴时期的达·芬奇曾遗留下一个用蒸汽开动大炮的图样;十七世纪又有许多人设计了抽水的蒸汽泵。但是,由于还没有需要应用蒸汽作动力的工业,这些设计便无法得到应用和推广。只有到了十七世纪末十八世纪初,由于资本主义大工业的兴起,矿井排水和纺织业的工具机,都迫切需要动力,这才导致了瓦特蒸汽机的发明和应用,一直发展到今天的水平。

恩格斯说得完全正确:"人的思维的最本质和最切近的基础,正是人所引起的自然界的变化,而不单独是自然界本身;人的智力是按照人如何学会改变自然界而发展的。"[1]

综上所述,可见认识的产生和发展是一点也离不开实践的,正因为这样,马克思主义哲学才把实践看做是认识论的第一的和基本的观点。

实践不仅是认识的来源、认识发展的动力,而且是检验认识是否正确的标准,又是认识的目的。这些,我们在以后还要谈到。

> 人的头脑是产生思想的加工厂

我们说,认识来源于实践。这里说的认识,包括知识、才能在内,它们都是从实践中来的。从人类认识的总体来看是这样,对个人来说,也是这样。说到个人,有些人就不以为然了,他们认为,

---

[1] 《自然辩证法》,《马克思恩格斯选集》第3卷,第551页。

一个人的聪明才智,全靠有一个好的脑子。有一个好的脑子,重要不重要呢?重要。但是,如果我们只凭一个好的脑子,不通过实践,能不能成才呢?不能。

我国著名教育家陶行知,年轻时受王阳明的"知是行之始"的影响,取名为"陶知行"。后来,他从实践中发现"知是行之始"不对,应该是不行不知,行而后知,于是更名为"陶行知"。他这个名改得好。

十七世纪法国哲学家笛卡儿提出"天赋观念",认为人有些认识是天生的。这种观点,否认实践是认识的来源,认为人生来就有认识,在哲学上叫做"先验论",是唯心主义的东西。这种观点是不对的。"生而知之"的人,谁也没有见过。

人的认识,是人脑对外部世界的反映。人脑是重要的。没有人脑,当然不会有认识。但是,人脑本身不会产生认识。人脑只有在人去接触和反映外部世界时,才能获得认识。也就是说,人如果不在实践中和外界接触,外部世界就不会反映到头脑里面来。

人脑像一个加工厂。加工厂只能加工原料,只有把原料送进加工厂,才能出产品。人脑也是一样,只能加工从实践中获得的对外部世界的感性材料,离开了实践,客观事物是不会反映到人脑中来的。任何英雄豪杰,他们的头脑和普通人一样,也只能起一个加工厂的作用,不能起更多的作用。拿牛顿来说,他是大科学家,头脑是灵敏的,但他的认识同样是来源于实践。他在科学上的辉煌成就,不是脑子的自由创造,而是对自然现象深入观察、研究的结果。同是一个牛顿,在他生活的最后二十五年,因为丢开了科学实践,专门去研究上帝,他也就不再有发明创造了。事实证明,脱离实践,封闭了认识来源的大门,人的聪明才智就会枯竭。有句谚语说:"没有实践的学者,犹如不下蛋的母鸡。"把学者比为母鸡,有失敬之嫌,但这句饱含哲理的话,生动地告诉人们:离开实践,即使本来才智横溢,也是不会大有作为的。一切思想家、科学家的卓越学说、伟大理论,都不是他们头脑里原来就有的,也不是他们头脑凭空想象出来的。我们的领导机关,要作出正确的决策,必须深入实践,调查研究。一个领导人如果断绝了与实践的联系,他就不可能提出正确的思想了。一切正确思想只能从实践中来。实践出科学,出理论。这样说,是完全符合实际的。

承认知识、才能来自实践,并不否认人在生理上的禀赋有差异。音乐家莫扎特两岁就会演奏钢琴,数学家高斯三岁时会纠正父亲算账中的错误。近几年,我国择优录取了一批少年大学生,在这些少年身上,确有出众的才能和智慧。我们也常常看到,同样的家庭环境,同样的条件,有的儿童聪明些,有的笨拙些,这里头,不可否认有某些先天的因素。健康的头脑,是获得知识、才能不可缺少的前提。一个先天性的痴呆儿,无论怎样发奋,也成不了才。我国婚姻法规定直系和三代以内的旁系亲属不得结婚,正是为了避免先天性畸形和痴呆病的发生。随着社会主义文化教育、卫生事业的发展,还要采取各种相应的优生措施,这对保证新生儿的健康很有关系。但是,优生学不能回答认识论提出的问题。

天资高,是成才的一种可能性,要变成现实,还必须有一定的条件。除了社会、环境等客观条件之外,个人的刻苦实践有着重要的意义。莫扎特成为音乐家,不是偶然的,他曾经每天进行十六七小时的刻苦练习。梅兰芳的成就,是经过了多年的艺术舞台的实践的结果。你能想到吗?在他小的时候,他的启蒙老师认为他笨得无法学戏,说是"祖师爷"没有赏给他这碗饭吃!天资高的人,离开了后天的实践,成不了才。我国宋朝时江西金溪有个方仲永,五岁能写诗,写得很快,"指物作诗立就",脑子是够灵的,但后来失去教育和锻炼,智力走下坡路,到二十岁时,就变成了默默无闻的人物了。天资不那么高的人,成才的很不少。达尔文念小学的时候,被老师认为是智力平庸的。美国有个小孩,有一次蹲在鹅蛋上,要孵出小鹅来,大家都笑他笨。他在小学读书时成绩很差,被认为不堪造就。这个小孩后来却是个了不起的人物,你道他是谁?他就是你所熟悉的大发明家爱迪生。

总之,人要获得知识,要有一个健康的脑子,脑子的生理素质好,是出智慧、出才能的有利因素,但是,人脑毕竟只是个加工厂,没有从实践中输送来的原材料,它是不会有什么成品的。

这里着重讲到了个人的知识、才能的获得,但是我们一刻也不能忘记,实践是社会的实践,人的认识能力也是社会的产物。从一个社会来说,没有人们之间的信息交换,就不能有个人的认识活动。从历史的发展来说,"我们只能在我们时代的条件下进行认识,而且这些条件达到什么程度,我们便认识到什么程度"。① 当然,我们不能否认像李时珍、爱因斯坦这样的个人对人类认识的发展所作的巨大贡献。

直接经验和间接经验　人的一切知识都是从实践中来的,也就是从人的直接经验中来的。但是,地理历史,天上人间,个人不可能事事直接经验。我们有谁登上过喜马拉雅山之巅,有谁探寻过万里长江之源,有谁考察过东北的蛇岛,又有谁去过西双版纳观看珍禽异兽?去过这些地方的人是很少的,绝大多数人总是从去过的人那里或是从他们拍摄、编写的电影、报刊、书本上获得有关的知识。

一切知识都来自实践,这是从知识的总体上来说的。个人的知识,则有直接经验和间接经验两部分。其间接经验,在别人那里又是直接经验。我们没有去蛇岛,关于蛇岛的认识,对我们来说是间接经验,对于去过蛇岛的人则是直接经验。我们是从去过蛇岛的人那里得到关于蛇岛的认识的,所以,我们关于蛇岛的认识,也还是发源于直接经验。

个人从直接经验得来的知识,当然是宝贵的。但这部分知识毕竟有限,个人必须大量地吸收间接经验。宇宙航行员登上月球,了解到月球是一个没有空气、没有水、没有生命的寂静的世界。这种认识记录下来,也就理所当然地成为其他人的共同财富,其他人用不着都往月球上跑。十六世纪,麦哲伦和他率领的二百六十五名水手,花了近三年时间,历尽艰险,付出二百四十七人牺牲的代价,绕地球环行一周,证明了地圆说。今天,我们了解地圆说,就不必重演麦哲伦的历史。可见,间接经验也是宝贵的。牛顿说过:"假如我能比别人瞭望得略为远些,那是因为我站在巨人的肩膀上。"任何科学成就,都必须吸取前人的认识成果。

马克思主义哲学认为认识来源于实践,强调实践第一的观点,绝不是否认书本知识的重要。书本是知识的海洋,多读书,才能博古通今,广开视野。片面地强调实践的重要性,贬低读书的意义,这也不是马克思主义。

我们要搞现代化,不读书不行,书读少了也不行。马克思知识渊博,

---

① 《自然辩证法》,《马克思恩格斯选集》第 3 卷,第 562 页。

成为天才,固然与他直接参加了工人运动的实践有关,但是,马克思之所以成为马克思,创立了马克思主义学说,其中一个重要原因就是书读得很多。他依靠了人类在资本主义制度下所获得的那些知识的坚固基础。"凡是人类社会所创造的一切,他都用批判的态度加以审查,任何一点也没有忽略过去。"①他在伦敦大英博物馆看书,时间长了,在固定位置的水泥地上,竟然踏出了两个明显的脚印。这已成为后人传诵的佳话。我们要学习马克思的好学精神,孜孜不倦,博览群书。

多读书,脑子接受得了吗？接受得了。据现代科学家研究,一个人的脑子在一生中可能储藏的各种信息的最高值,可以相当于五亿本书的知识。一个图书馆如果藏书一千万册,五亿本书,就是五十个这样的大型图书馆。人脑的记忆能力潜力实在很大。尤其是在人的青年时期,记性好,是用脑的黄金时代,更应充分发挥大脑的作用。有句老话说:"少壮不努力,老大徒伤悲。"这仍然是值得记取的。趁着年富力强,珍惜时间,多读点书。当然,人的精力毕竟有限,读书也要注意选择,不能滥读。

无疑,读书代替不了实践。对间接经验的理解,一般说来也要以直接经验为基础。我国宋代著名诗人陆游写过一首诗,勉励他的小儿子,诗云:"古人学问无遗力,少壮工夫老始成。纸上得来终觉浅,绝知此事要躬行。"说明了既要刻苦读书,又要注意实践的道理。摩尔根没有亲身的实践就写不出《古代社会》,就没有学术上的创新。

---

① 《青年团的任务》,《列宁选集》第4卷,第347页。

第十九讲：
魏根纳是怎样提出"大陆漂移"说的
——感性认识和理性认识

人类对客观世界的认识,是在社会实践中产生和发展的,是通过个人的认识实现的。人们的认识有哪些形式?它们的关系又是怎样的?这一讲就让我们来讨论这些问题。

1912年,奥地利科学家魏根纳(1880—1930),提出了"大陆漂移"说,当时震动了世界地学界。后来,地质古生物学家、古气候学家和古地磁学家,又从不同方面证实了这个学说。魏根纳提出这个学说的经过是这样的:他生病住院时,一天,病房墙壁上的世界地图吸住了他的视线,他发现大西洋两岸大陆的海岸线凸凹恰恰相反,愈看愈觉得欧洲、非洲、南北美洲四块大陆可以拼凑成一块。特别是非洲西海岸和南美洲东海岸简直像一张撕成两半的报纸。这是为什么?他苦苦思索,出院之后,便翻阅了大量地质学方面的书籍,逐渐形成了一种想法:是否由于某种驱动力,使原来连在一起的非洲和南美洲两块大陆分裂了,天长日久,便为大西洋所隔。同样的原因,印度次大陆向北移动,同亚洲大陆相撞,形成了今天的喜马拉雅山脉。据此推理,魏根纳得出结论:南美洲、非洲、印度次大陆和澳洲原是集合在南极周围,连成一整块的古大陆,即同瓦纳古陆。

魏根纳提出"大陆漂移"说的过程,说明了人的认识是从生动的直观开始,进而达到抽象思维,也就是从感性认识到理性认识的过程。

> **感性认识是认识的初级形式**

所谓感性认识,就是人们在实践中凭借感官,直接把客观事物所显示的各种信息传递到大脑皮层,形成客观事物的具体映像。

感性认识的基本形式有感觉、知觉和表象。

感觉是客观事物或人体自身内部运动直接作用于人的感觉器官,在头脑中产生的对这些作用的反映。来自客观事物引起的视觉、听觉、触觉、味觉和嗅觉,使人感知客观事物的颜色、声音、温度、味道、气味等个别属性。来自人体自身运动的感觉,有动觉、触摸觉、平衡觉和机体觉等,它们使人感觉自己身体所发生的变化,饿、饱等就是这类感觉。

人在实践中获得的认识,是从感觉开始的。客观事物作用于人的感觉器官才会引起感觉。客观事物(包括人体内部运动)是产生感觉的唯一泉源,感觉器官失灵了,断绝了与客观世界的联系,就不会有感觉产生。比方说,一个生下来就失明的盲人不知道什么是颜色,聋子不知道什么是声音,等等。

人的感觉能力又是在实践中不断完善和发展的,专门从事某种工作的人,和某种客观事物接触多了,对这一类事物的感觉能力就比常人发达。炼钢工人能十分精细地辨别炼钢炉中浅蓝色火焰的微小差别,音乐家的听觉对乐声有高度精确辨别能力,调味师有超乎寻常的嗅觉和味觉,等等。

动物也有感觉。但人的感觉能力和动物不同。恩格斯说过:"鹰比人看得远得多,但是人的眼睛识别东西却远胜于鹰。狗比人具有更敏锐得多的嗅觉,但是它不能辨别在人看来是各种东西的特定标志的气味的百分之一。"[1]这是因为人的感觉能力不像动物那样只停留在自然选择的水平上,而是随着社会实践和人本身智力活动的发展而不断完善和发展的。人能创造各种劳动工具和发明各种科学仪器来武装自己的感官,使感觉阈限不断突破,感觉能力不断提高。例如,现代射电天文望远镜已把人的视野扩展到和地球相距100亿光年的天体。二十世纪六十年代以来天文学上关于类星体、脉冲星(中子星)、星际分子和宇宙微波背景辐射等新发现,都是借助于射电望远镜观测得到的。在认识微生物过程中,有了显微镜,人们才直接观察到细菌的活动。当代发明了高能加速器、乳胶室、云雾室、气泡室等高能实验设备和探测仪器,人们利用它们才逐渐地观察到肉眼不能直接看到的物质基本粒子的运动情况。这样,就把人们的视野扩展到微观世界和宇观世界,大大地提高了人的感觉器官的能力,丰富了人们对客观事物的感性认识。

---

[1] 《自然辩证法》,《马克思恩格斯选集》第3卷,第512页。

人和武松

知觉是人脑通过感觉对客观事物各个部分和属性的整体反映。任何客观事物都是由多种属性和部分组成的综合体。感觉是对某个综合体的个别属性的反映,而知觉则是这些个别属性的综合,感觉和知觉在人们感知事物过程中是不能分割的。我们看到红色的东西,或者是一面红旗,或者是一朵红花,或者是其他红色的物体,但不会有离开具体事物的单纯"红"的感觉。红花的知觉,是花的红色和花的形状以及其他属性的综合。人们对客观事物个别属性的感觉越丰富,对事物的知觉就越完整、越正确,也就是对客观事物的反映越相似、越符合。

和感觉一样,人们的知觉也是在实践活动中发展起来的。实践活动的内容和性质决定了人有选择地去知觉对象和如何去知觉对象。有经验的农民到田头走一走就能看出庄稼的长势怎样。有经验的工人听到机器声音就知道机器运转情况正常与否。一个生物学家,可以从显微镜下复杂的图形中,形成细菌活动的完整形象,而一个没有这方面知识的人,只看到显微镜下斑斑点点,而不能获得细菌完整形象的知觉。

表象是过去感知的事物形象在记忆中的再现。我们到长城游览过后,长城的雄伟形象仍长期保留在美好的记忆中,每回想起长城,就仿佛看见它那蜿蜒在崇山峻岭中的雄姿。《列子》上说,韩娥歌声"余音绕梁,三日不绝"。这是古人的夸张,但说明,人听到悦耳的歌声后,可以长时间地保留在听知觉的记忆中。

表象是对知觉的直接综合和概括。有了表象,人才能在头脑中保持已经获得的事物的印象,以此与当前再感知的事物形象作分析比较。这样,人的大脑皮层才能进行思维运动。因此,表象在感性认识中是一个重要的形式。在人的记忆中留下的对客观事物的表象越全面、越丰富,就越有助于达到对事物的本质的、全体的认识。

从感觉、知觉到表象,体现了人的认识过程从直接到间接、从具体到抽象的发展趋势,但不论感觉、知觉或表象,都属于认识的感性形式。其特点有二:第一,它是客观事物的直接反映;第二,它反映的是客观事物的表面现象。所以说,它们只是认识的初级形式。

一切知识都发源于感性认识。在科学史上,许多重大的创造发明都离不开对自然物的直接感知。传说我国古代大发明家鲁班,在一次攀登山崖时,抓住一撮丝茅草,被草叶的细齿划破了手,他从这里受到启示,发明了锯子。今天,科学技术高度发展了,也还需要对自然物的直接感知。大自然是一位最精巧的设计师,它以各种形态丰富了人们的感性认识,促进了人的创造性思维的发展,为人们研制新机械、仪器、工艺和建筑结构等,提供了可靠的借鉴。对社会的深刻理解,也要广泛地接触各个领域的社会现象。没有对商品的各种现象的感受,也不能进一步理解商品的本质。感性认识是深入揭示事物本质的基础。但是,要把握事物的本质和规律性,只凭感性认识不行。凭感觉既不能把握光的速度,也不能测量各星体之间的距离、恒星和太阳的质量以及其化学成分。丹麦天文学家第谷用了三十年的工夫观察行星运动,积累了大量的感性材料,对行星运动的感性认识可谓丰富极了,可就是没有发现其运动规律。后来他的助手开普勒对他所获得的感性材料进行概括总结,发现了行星运动的三大定律,才使人们对行星运动的本质有了认识。爱因斯坦就这件事发表过一条很中肯的意见。他说:"开普勒的惊人成就,是证实了下面这条真理的一个特别美妙的例子,这条真理是:知识不能单从经验中得出,而只能从理智的发明同观察到的事实两者的比较中得出。"在资本主义社会中,人们大大和商品打交道,但并没有认识它,只有马克思吸收了前人的科学成果,全面研究资本主义的生产关系和社会关系,才发现了它的本质。

  印度有一个饶有趣味的故事,传说舍罕王打算重赏象棋的发明人、宰相西萨·班·达依尔,国王问他有何要求。这位宰相说:从棋盘第一格赏给一粒麦子、第二格二粒、第三格四粒,这样依次加倍直到第六十四格的麦粒,都赏给他。国王一听,认为这区区赏金微不足道,于是,满口答应了。结果怎样呢?一袋麦子还没有计算到第二十格就完了,如果要计算到第六十四格,即使拿出印度的全部麦子也还不够。因为按照这位宰相的要求,需要 18446744073709551615 颗麦粒!一蒲式尔(计量单位折合 35.2 升)麦子约有 500000 颗,把这数折成蒲式尔,那就要四万亿蒲式尔,此数正是全世界在两千年内生产的全部麦子的总和。舍罕国王根本没有这种巨大数量的感性知识,即使比他经验丰富、知识广博的现代人,也不能一下子直接觉察到这个数量,只有借助于数的概念,通过抽象的数字运算,才能把握到。

  可见,感性认识是有局限性的,要认识事物的本质和规律性,还必须使感性认识上升为理性认识。

> **理性认识是认识的高级形式**

所谓理性认识,就是在感性认识的基础上,借助理论思维对客观事物的本质和一般特性的反映。它的基本形式有概念、判断和推理。

概念是思维的基本形式之一。人们在社会实践中,积累了大量的感性材料,经过分析与综合,把事物的共同特点抽象出来概括为一般的本质的东西,就出现了飞跃,产生了概念。例如,从井水、河水、湖水、雨水等事物中抽象出"水"的概念,从行星、恒星、星系等事物中抽象出"天体"的概念。"概念这种东西已经不是事物的现象,不是事物的各个片面,不是它们的外部联系,而是抓着了事物的本质,事物的全体,事物的内部联系了。"[①]概念是随着人的实践活动的发展而发展的,一个概念的形成有时要经过漫长的过程。就拿人类居住的大地来说吧,它的形状是怎样的?经过几千年的探索,才获得了科学的概念。起初,靠近高山的居民说大地是根通天柱,靠近河谷的居民说它像个圆盘,居住在平原上的人说它是四四方方的一块平板。后来,人们又普遍认为天圆地方是天经地义的真理。有一次曾子问孔子:"你说天是圆的,地是方的,那它怎能吻合在一起呢?"孔子回答说:"这就是天的道理。"并以此宣扬天尊地卑的等级观念。西方宗教神学也说大地是上帝殿堂的一块地板。直到哥伦布、麦哲伦的航海实践,从东方出发,而从西方回到原来的出发点,从此才证实了大地是个庞大的球体。

概念是构成理论体系的单元。科学概念的形成和发展,促进科学理论的革新。爱因斯坦的狭义相对论,正是提出了狭义相对性原理和光速不变原理,代替了牛顿体系的绝对运动和绝对时空的概念,这才形成了新的理论体系。同时,由于各门科学之间新概念的相互移植,打破了原来的界限,科学也得到进一步发展。如量子力学的波函数概念,移植到化学、生物学中去,开辟了量子化学和量子生物学的新领域。任何一门科学都是由于有自己的概念而独立存在,并由于提出新概念或纠正错误概念而发展起来。哲学范畴是广泛的概念,各门科学都要运用它们,而哲学本身也要从具体科学中引进新的概念,例如"信息"的概念等,来丰富自己,使

---

① 毛泽东:《实践论》。

理论更精确化。

判断就是概念的展开。任何一个概念必须借助一个或一系列的判断来展开它,才能获得明晰的内容。例如,法拉第关于磁场和磁力线概念的形成,就是如此。他在实验中发现,磁铁附近的铁屑在纸上排列成线状图案,联想到磁铁周围小磁针的指向规律,他判定:即使没有铁屑,这些线也是存在的。这就把磁极和磁力的概念,通过对新的实验现象的判断,提出了新的磁力线的概念,从此,人们对磁的性质认识得更清晰了。进一步,他建立起磁力线模型,又得出了磁场的概念。又如,前面讲过关于"物质"的概念,列宁作过这样的判断:"物质是标志客观实在的哲学范畴,这种客观实在是人通过感觉感知的,它不依赖于我们的感觉而存在,为我们的感觉所复写、摄影、反映。"①这里把哲学的"物质"概念展开为"客观实在",这个"客观实在"具有能通过感官感知的具体性,又有不依赖感觉而存在的客观性和感官能反映的可知性。这三性又是对"客观实在"的规定。这样,哲学的物质概念,就既是高度概括的,又具有明确的内容。

推理就是由已知判断过渡到新判断的理性活动。概念组成判断,判断组成推理。已知判断叫前提,推出的新判断叫结论。推理就是由前提和结论组成的。在推理过程中要得出正确的结论,必须前提真实,推理合乎逻辑。推理是由复句或句群表达的,是人们常用的思维形式。

人们在对客观事物的认识中,有些判断的真理性要用推理来证明。如前面也已经谈过,人们从经验中得知,绘制地图只要有四种颜色就能把相邻的区域区别开来。这就是有名的"四色定理"。但是为什么是这样的呢?为了证明这个问题,耗费了人们一百多年的精力。直到1976年美国数学家阿佩尔和黑肯用电子计算机进行了一百亿个逻辑判断,证明了上千个定理,才完成这个证明,使人们从经验上升到理论的认识。可见,没有推理就不能认识事物复杂的深层的本质联系。

推理的作用还表现在能总结过去和预测未来。我国地质学家李四光创立的地质力学原理,不仅科学地解释了地壳构造和地壳运动的历史,还为预测地震和寻找油矿等提供了有关数据。人们对天体的认识,有些并不是直接观察到的,而是根据观测资料,通过计算、推理发现的。

---

① 《唯物主义和经验批判主义》,《列宁选集》第2卷,第128页。

可见,概念、判断、推理对客观事物的反映,已经不是停留在事物的外部现象,而是深入到事物的本质和内部联系了。

人们凭感觉器官不能直接把握到的东西,理性认识能够把握。在微观领域,谁也不能直接观察到基本粒子本身;在宇观领域,到目前为止,人们还不能直接到太阳系之外的星球上去实地考察。但是,微观世界和宇观世界都是客观存在的,人们还是可以认识的。这就需要依靠理性抽象,依靠运用理性抽象形成的科学理论去把握。

列宁说:"物质的抽象、自然规律的抽象、价值的抽象及其他等,一句话,那一切科学的(正确的、郑重的、不是荒唐的)抽象,都更深刻、更正确、更完全地反映着自然。"①理性认识所以是认识过程的高级形式,就是这个道理。

感性认识和理性认识的辩证统一　感性认识和理性认识是同一认识过程的两种不同水平的认识形式。它们都是在实践的基础上产生的。它们是有区别的,又是不可分割的。感性认识需要深入到理性认识,理性认识必须依赖于感性认识。

在人类认识史上,由于生产力和科学水平的限制,人们对认识过程的辩证性质,往往不能正确理解。有一些哲学家只看到感性认识的作用,认为既然一切知识都起源于感觉经验,那么"凡是在理智中所有的,最先无不在感觉之中",概念只不过是人们给客观事物的标记而已。这么一来,理性认识的作用被抹杀了,感性认识的作用被无限地夸大了,这种观点在哲学史上叫经验论。英国哲学家洛克(1632—1704)就是经验论的著名代表。在经验论者看来,认识客观事物凭感性经验就足够了。我们把实际工作中只靠经验办事的人,叫做经验主义者。他们犯的就是这样的毛病。他们不能从特殊的经验中概括出一般的东西,原封不动地到处套用过去的经验,就不可避免地要犯主观主义的错误。

与经验论相反,另一些哲学家只承认理性认识的作用,认为理性认识是先于感性认识而存在的,不承认感性经验是认识的开端和知识的

---

① 《哲学笔记》,《列宁全集》第38卷,第181页。

起源。这种观点在哲学史上叫唯理论。笛卡尔就是一个唯理论者。他认为普遍概念、基本原则和公理等是人们获得确定性知识的基础,从"不证自明"的公理出发,一步一步推演出其他命题,构成了知识系统。这些概念、原理、公理又是从哪里来的呢?笛卡尔认为,是天赋的、与生俱来的。我们把实际工作中只靠马克思主义书上的只言片语办事,不能把一般原理和具体实践相结合的人,叫做教条主义者。他们犯的是属于这类性质的错误。唯理论的错误,在实践中必然会造成主观和客观的分离,陷入主观主义。

经验论和唯理论对认识过程的感性形式和理性形式各持一端,看起来是截然相反的两种倾向,究其病根却又是同一个东西,这就是形而上学地把感性和理性割裂开来了。本来,感性认识和理性认识是统一的,不论是感性认识还是理性认识,都是头脑对客观事物的反映,只不过在反映形式上有直接和间接的层次不同,内容上有具体印象和抽象概念的区别。事实上,人们在认识客观事物的过程中,感性认识和理性认识通常是互相渗透的:对具体事物的感性认识中也使用概念,也有理性的东西;理性认识也以感性认识为基础,其中也有感性的东西。正如在个别和一般的关系中,没有不包含一般的个别,也没有完全离开个别的一般一样,不存在不包含任何理性认识的感性认识,也不存在完全离开感性认识的理性认识。把二者截然分割,是不符合认识过程中的本来面目的。

为了弄清楚感性认识和理性认识的互相渗透,我们有必要进一步研究分析与综合在思维过程中的作用。

在感性认识中是否需要分析与综合呢?肯定是需要的。

从感性认识到理性认识,都是分析与综合的思维活动。感觉、知觉、表象和概念一样,都是经过大脑皮层的分析和综合形成的。拿感觉来说,视觉能直接区分红、黄、白、黑等颜色,听觉能直接区分雷声、炮声、音乐声,嗅觉能直接区分各种气味。区分就有分析,也有综合。我们看电视、电影,既闻其声,又观其形,是听和看的综合活动。在二十世纪五十年代时,人们认为人脑类似一台由 10^{11} 个电子管构成的电子计算机(大脑皮层约有 10^{11} 个神经细胞)。现在,生理学家们又进一步认为,一个神经细胞不是相当于一个电子管,而是相当于一台微型电子计算机,而每一台微型电子计算机又跟其他大约一千台同类型的微型电子计算机有联系。这样,人脑就类似一个由 10^{11} 台微型电子计算机组成的信息处理系统。这说明,不仅人的每一个感觉器官在接收和传递外界信息时要分析和综合,而且每一神经细胞就是一个分析和综合的处理信息的单元。可见,在感性认识中,大脑皮层上形成的具体印象,是一个大规模的分析和综合的思维活动。离开了分析和综合,就不可能形成知觉、表象。

分析与综合,在大脑皮层中有一定分工,大脑右半球的皮层以具体印象为主,大脑左半球的皮层以抽象概念为主。但是,两半球皮层上的思维活动又是相互联系、相互制约的。两半球在连合部位完整的情况下,每个半球上的皮层都从全部感官接收感觉信息,又通过连合部互相传递,进行分析综合。一旦连合部被切断,一个半球收到的感觉信息,就不能传到另一个半球了。在医院临床上有这样的情况:切除右半球的人,手术后说话没有困难,用右手书写也很顺利,但临摹就很费劲,没有图形知觉能力;切除左半球的人,手术后语言困难,但能临摹各种几何图形。可见,大脑两半球是不能分割的统一的整体,虽然思维活动有分工,但都要以感觉的信息为基础,并互相传递、互相补充。如果只有左半球或右半球,或者切断连合部,都不能完善地反映客观事物。

包括感性认识和理性认识在内的思维活动,是随着人们的社会实践的发展而发展的。人在改变自然界的实践活动中,产生了有声语言,后来又形成了书面语言,给已经认识过的各种事物用词标以名称,并逐渐形成知识系统,积累下来。于是,人的思维所反映的,不仅是直接感性给予的事物,而且也是知识系统所提供的事物。所以,被人改变的客观事物愈多,知识就愈丰富,人的思维就愈向前发展。从人类应用知识的发明创造来看,据统计,十六世纪的各种新发现、新发明不过 26 项;十七世纪则有 106 项;十八世纪有 156 项;十九世纪达 546 项;到了二十世纪,头五十年就有 961 项,而近十多年来,科技的新发明创造更是突飞猛进。现在,人的思维能力已经进入了以电子计算机、人工智能为标志的新时代。

在人们学会改变自然界的思维活动中,感性认识和理性认识都不能偏废。在实践中接触客观事物愈多,对客观事物的具体印象就愈丰富,概括出来的抽象概念就愈加明确和深刻。没有丰富的具体印象,就没有正确的科学抽象。同样,在人们头脑中获得了关于客观事物的各种具体印象,若不进行分析研究,不把它们概括为抽象概念,那"就会连两件自然的事实也联系不起来"。① 在科学史上这样的教训是不少的。例如,催眠术本是与自然睡眠相类似的生理和心理现象,被催眠者的大脑皮层仅部分受到抑制,未受抑制的部分能使被催眠者接受某种暗示,从而做出各种动作。在十九世纪,由于科学水平限制,传教士与江湖术士相勾结,诱导受催眠的少女做出各种动作,用以证明上帝存在。这些骗局不仅迷惑了一般群众,著名的生物学家、与达尔文同时提出物种进化论的华莱士,化学家克鲁克斯,也都成了降神术的信奉者,这在科学史上是一个从狭隘经验论出发走向唯心主义的典型事例。

所以,对感性认识和理性认识的关系,要辩证地理解,既要反对那种轻视感性经验、脱离实际的"苦思冥想",也要反对轻视理论思维的经验主义倾向。要多思,不仅在读书的时候要用脑子想一想,就是在实践过程中,也要积极地思考,自觉地进行分析与综合,充分地发挥思维活动的能动作用。

在实践基础上,坚持感性认识和理性认识的辩证统一,才能发现真理,排除谬误,不断发展真理性的认识。

---

① 《自然辩证法》,《马克思恩格斯选集》第 3 卷,第 482 页。

第二十讲：
"真理是在同谬误作斗争中间发展起来的"
——真理和谬误

毛泽东有一句名言："真理是在同谬误作斗争中间发展起来的。"① 这句话深刻地说明了真理发展的规律。的确，真理和谬误是人类认识过程中产生的一对冤家兄弟，它们相比较而存在，相斗争而发展。认识的前进不是通过真理的简单积累来实现的，它同客观事物本身的发展一样，走着一条曲折复杂的道路，充满着真理和谬误的斗争。认识真理发展的这条客观规律，对于我们坚持真理、修正错误，自觉地为真理而斗争，有着十分重要的意义。

> 真理与谬误既相互对立又不可分离

什么是真理？真理就是对客观事物及其规律的正确反映。谬误则是对客观事物及其规律的歪曲反映。同是反映，一个是正确的反映，一个是歪曲的反映，它们是互相对立的。我们决不可以将它们等同或者混淆。混淆了这个界限，对在特定条件下获得的认识，说它"既是真理，又是谬误，又对又不对"，这就要陷入相对主义、诡辩论和怀疑论。正如战国时期楚国的爱国诗人屈原（前340—前278）所说，这就是"变白以为黑兮，倒上以为下。凤凰在籢（笼）兮，鸡鹜（鸭）翔舞。同糅（混杂）玉石兮，一槩（无区别）而相量"。列宁在《唯物主义和经验批判主义》一书中说："把相对主义作为认识论的基础，就必然使自己不是陷入绝对怀疑论、不可知论和诡辩，就是陷入主观主义。"② 所以，真理与谬误的对立，是不容抹杀的。研究真理和谬误的关系时，首先要看到这

---

① 毛泽东：在中国共产党全国宣传工作会议上的讲话（1957年3月12日）。
② 《列宁选集》第2卷，第136页。

一个方面。

同时,也要看到,真理与谬误又是密不可分的。它们共生于整个认识过程之中,是互相联系着的两个对立面。没有真理,无所谓谬误;没有谬误,也无所谓真理。它们是相比较而存在的。对真理的肯定,同时也就是对谬误的否定。这是因为认识是一个复杂的辩证发展过程。这个过程,既不像人们照镜子端详自己的脸庞那样径情直遂,也不像漫步东西长安街那样平坦惬意,如列宁所说,"不是简单的、直接的、照镜子那样死板的动作,而是复杂的、二重化的、曲折的、有可能使幻想脱离生活的活动"。[①] 也就是说,在认识过程中,既可能使主观正确反映客观,达到主观与客观的一致,产生真理性的认识,同时,由于客观事物的无限复杂性和人们主观认识上的限制,也有可能歪曲地反映客观,导致主观与客观的分离,引出谬误的结论。在哲学发展史上,从来就有唯物主义和唯心主义、辩证法和形而上学的斗争。如果没有唯心主义、形而上学的存在,那么,说唯物主义、辩证法,也就是毫无意义的了。就个人的认识来说,也总是一分为二的,有正确,也有错误,不可能有从来不发生谬误的"神人"。这种情形,即使对于大科学家也在所难免。1934年被称为原子弹之父的费米,用中子照射铀,得到了半衰期为10秒、40秒、13分和90分的四种放射性元素,他宣称人工造出了"超铀元素",引起了轰动。但是,后来证明,费米弄错了,他得到的只是铀核被击碎后裂变放出的原子碎片。所以,不论在人类认识过程中,还是个人认识过程中,真理总是伴随着谬误而同时出现。如果真的有某一天,我们正确地认识了一切,再也没有谬误,就是说已经穷尽了真理,那么,认识也就不会发展了。而这是根本不可能的,因为客观世界本身不但是无限复杂的,而且是无限发展着的。

真理与谬误的相互转化

我们要区分真理和谬误,但是,又必须看到真理和谬误的界限并不是绝对的,在一定条件下,真理转化为谬误,谬误转化为真理。恩格斯在《反杜林论》中说:"真理和谬误,正如一切在两极对立中运动的逻辑范畴一样,只是在非常有限的领域内才具有绝对的意义……如果我们企图在

[①] 《亚里士多德〈形而上学〉一书摘要》,《列宁全集》第38卷,第421页。

甲：下雨好极啦！　乙：下雨糟透了！

这一领域之外把这种对立当做绝对有效的东西来应用,那我们就会完全遭到失败;对立的两极都向自己的对立面转化,真理变成谬误,谬误变成真理。"①这是因为真理都是具体的,是对一定条件下的客观事物及其规律的正确反映。当条件变化了,客观事物及其规律也就变化了,因而人的认识也必须随着变化,如果仍然固守原来的那个真理性的认识,那么,本来是真理性的认识就会变成谬误。以波义尔定律为例,根据这一定律,一定质量的气体,在温度保持不变时,气体的体积和压力成反比。这个定律只有对理想气体才能严格成立,它仅能近似反映实际气体的情况。压强越大,温度越低,偏差越大。所以,波义尔定律只是在一定范围内才是正确的,超出这个范围,它就变成谬误了。

俄国革命民主主义者车尔尼雪夫斯基(1828—1889)也曾举过一个很通俗的例子说明真理的条件性。他说,如果问:下雨是好事呢,还是坏事?这个问题是抽象的,要对它作出肯定或否定的回答,是不可能的,应当给一定的条件,比如问:当谷物播种完毕,接连五小时下雨,这雨对谷物有益吗?这时,如果回答是有益的,这就是正确的回答。可是,当已经积涝成灾,天还下倾盆大雨,这雨对庄稼是有益的吗?这时就应当回答,是有害的。这也是正确的回答。离开一定的条件,就无法说清某个认识是真理还是谬误。列宁说,如果把真理说得"过火",把真理运用到实际所能应用的范围以外去,便会弄到荒谬绝伦的地步。所谓"过火",就是绝对化,把真理说成是无条件的。某一项具体经验,例如种双季稻,对于某个地方或者某一类地方是成功的,但是,如果把它夸大,认为在一切地方,不管气候、水利、土壤、人力和肥料等情况如何,都要照搬,也要走向反面。所以,我们要防止真理向谬误转化,一定要克服绝对化的思想,坚持具体问题具体分析的马克思主义辩证法。

有人觉得,真理转化为谬误,这是容易理解的,可是说谬误也会转化为真理,似乎就不好理解了。其实,道理是一样的。谬误向真理的转化大致有两种情况。一种是,有些谬误之所以成为谬误,是因为把原来真理性的认识用到了它所适用的范围以外去了。如果客观事物本身发生了变化,出现了新的条件,那么,原来是谬误的认识就可能变为真理。比如,在

---

① 《马克思恩格斯选集》第 3 卷,第 130 页。

水利没有过关的地方硬主张去种双季稻,显然是错误的,如果搞了农田基本建设,水利过了关,在这个地方主张种双季稻就可能是正确的。又比如,在长期的民主革命过程中,我们党的工作重心一直是在农村,建立农村根据地,以农村包围城市,这当然是正确的,而城市中心论则是完全错误的。但是,这个正确与错误的界限并不是绝对的。当解放战争进入尾声,全国胜利前夕,毛泽东同志曾提出:"从现在起,开始了由城市到乡村并由城市领导乡村的时期。"①这是正确的路线。谬误向真理转化还有一种情况,就是指对谬误进行科学的分析和研究,懂得它错在哪里,以及为什么错了,从中吸取有益的教训,从而更好地去发现真理。通常说的"失败为成功之母"、"错误是正确的前导",就是这个意思。英国化学家戴维(1778—1829)说:"我的那些最重要的发现是受到失败的启示而作出的。"荣获1977年医学与生理学诺贝尔奖的两位美国科学家吉尔曼和沙利,为了证实人脑组织可以分泌激素,花了整整二十一年的时间,前十三年半是完全在失败的阴影中度过的。但是,他们不怕失败,不断从失败中总结经验教训,终于在数百万头羊和猪的脑中分离到几个毫克的脑激素,在科学史上开辟了神经激素这一新的领域。建国三十多年来,我们曾经犯了"左"的错误,只要认真总结经验教训,就可以化错误为正确,避免重蹈前车之覆,使我们的事业更顺利地向前发展。犯了错误,从中吸取必要的教训,分析犯错的根源,找出克服错误的办法,从而避免重犯同类性质的错误,这样,人们就向真理前进了一步。人们常常说,发现错误其意义不亚于发现真理,就是这个意思。真理和谬误的相互转化,都要有一定条件,没有条件就不会转化。

谬误产生的根源

人们在追求真理的过程中,总会出现这样那样的谬误。"一贯正确"的人,根本就不存在。列宁说:"只有什么事也不干的人才不会犯错误。"②毛泽东同志也说:"金无足赤,人无完人。"任何人,即使是无产阶级的领袖人物,也不可能不犯错误。党的十一届三中全会

---

① 《在中国共产党第七届中央委员会第二次全体会议上的报告》,《毛泽东选集》1960年版,第4卷,第1428页。
② 《论战斗唯物主义的意义》,《列宁选集》第4卷,第609页。

公报指出:"要求一个革命领袖没有缺点错误,那不是马克思主义。"

那么,人为什么会犯错误呢?这里既有社会历史的根源,又有认识论上的根源,既有客观原因,又有主观原因。

从社会历史根源来说,一般地讲,在阶级对立的社会中,革命的、进步的阶级,由于其阶级利益同历史发展的客观规律相一致,总是在不同程度上能够正确地反映客观事物的本来面目。而反动阶级,由于他们的阶级利益同历史发展规律相违背,因而总是在涉及他们阶级利益的问题上陷入种种谬误。

但是,这并不是说,革命的、进步的阶级就不会犯任何错误了。因为谬误的产生不但有社会历史的、阶级的根源,而且有认识论的根源。由于客观事物本身的复杂性和发展的无限性,处于一定历史条件下的人们的认识能力的有限性,因而主观和客观之间的矛盾将永远存在,主观和客观不一致,出现这样或者那样一些错误,也就难以完全避免。因此,人类认识过程本身就包含有产生谬误的可能性。而人们思想方法上的毛病,就会把这种可能性变成现实,形成种种谬误。这种思想方法上的毛病主要是:

第一,主观性。就是在认识上,不是如实地反映客观事物的本来面目,而是主观地附加外来成分。有个民间故事说,一天,皇帝外出狩猎,他在车马劳累之中呛了一口风,咳嗽了一阵子,吐了一口痰。恰巧,这口痰就吐在一页麻布片上。随从侍卫一看慌了神。哎哟不好了,皇帝老爷痰里带了一根毛。随猎的大官们回到府邸,郑重地对家人说,皇上今日欠安,吐了一团毛。紧跟着,家人们又向四邻传播这个不幸的消息,说皇上吐了一个毛茸茸的东西。没隔多久,消息就在京城传开了,都说皇帝今日吐出一只会跑的白兔。这个故事未免有点夸张,可是,对那种"附加外来成分"的讽刺,却也淋漓尽致。本来,客观事物原来是什么样子,就应当照原样去认识,一是一,二是二,钉是钉,铆归铆,不得外加事物本来所没有的东西。恩格斯说,"唯物主义的自然观不过是对自然界本来面目的朴素的了解,不附加以任何外来的成分"。[①] 这一点说起来简单,真正做到却不容易。遇事不调查研究,靠想当然作判断;或者在调查研究中主观上先

[①] 《自然辩证法》,《马克思恩格斯选集》第3卷,第527页。

有了一个框框,然后按照框框去找材料,合者取,不合者弃;或者从原则出发,单凭逻辑推论等,都是主观性的表现。这样,是没有不犯错误的。

第二,片面性。客观事物本身都包含有矛盾,各种事物之间是互相联系的,只有从联系中把握事物,研究事物的一切方面、一切联系和"中介",才能真正认识事物。如果满足于对事物的某一个方面、某一个局部的认识,割裂了事物相互间的这种复杂联系,只见树木不见森林,只见部分不见整体,只见正面不见反面,只见现状不见过程,就要犯片面性的毛病。瞎子摸象的故事就是对片面性的一种讽刺,摸到象腿的瞎子说,大象像根圆柱;摸到象牙的瞎子说,大象像根棍子;摸到象身的瞎子说,大象像一堵墙壁。他们对客观事物的反映是不是真实的呢?对于他们各自所接触到的局部来说,是真实的,但是,对于大象这个整体来说,他们则只接触到各个片面,以偏赅全,就是不真实的了。由于社会分工的不同,我们每一个人都在一定的岗位上工作、学习和生活,我们的所见所闻,往往是某一个局部的东西。因此,当我们观察社会,分析形势,认识事物时,就要力求避免片面性。所谓"兼听则明,偏信则暗",说的就是要学会全面地看问题。决不能抓住一些枝节,搜集到一点例子,就作结论,下判断。列宁说:"罗列一般例子是毫不费劲的,但这是没有任何意义的或者完全起相反作用,因为在具体的历史情况下,一切事情都有它个别的情况。如果从事实的全部总和,从事实的联系去掌握事实,那么,事实不仅是'胜于雄辩的东西',而且是证据确凿的东西。如果不是从全部总和、不是从联系中去掌握事实,而是片断的和随便挑出来的,那么事实就只能是一种儿戏,或者甚至连儿戏都不如。"①

第三,表面性。人对事物的认识,总是从认识现象开始,透过现象,把握本质。对事物的这种认识并不容易,有真相与假象、正面现象与反面现象、大量的普遍的现象与个别的特殊的现象,对这些如果不加以区分,就要受骗上当。认识了事物的现象以后,必须进一步把握事物的本质,而且要从事物的初级本质深入到它的二级本质、三级本质以至更深刻的本质。

如果只见现象,不见本质,或者只停留在初级本质,不去研究更深刻的本质,就要犯表面性的错误。伯乐善于相马,就是因为他能够透过现象

---

① 《统计学和社会学》,《列宁全集》第23卷,第279页。

抓住本质。他常常"得其精而忘其粗,在其内而忘其外",准确地抓住好马的本质特点。在科学研究工作中,最忌表面性。维勒是德国的化学家。1830年,他在研究中发现褐色铅矿中含有多种颜色的化合物,以红色化合物最为显著。根据这种现象,他曾经设想这可能是一种新元素,但他又想当然地认为这种元素是早已知道的铬,没有寻根问底地深入一步。后来瑞典化学家塞夫斯特隆确定了这个红色化合物是新元素——钒。这样,伟大的发现已碰到了维勒的鼻尖,而他却让它溜走了。

总之,主观性、片面性、表面性是产生谬误的认识论根源。我们在认识过程中,要做到百分之百的客观、全面、深入,那是不可能的,但是力戒主观性、片面性、表面性则是应该做到的。

真理在斗争中发展

毛泽东同志指出:"正确的东西总是在同错误的东西作斗争的过程中发展起来的。真的、善的、美的东西总是同假的、恶的、丑的东西相比较而存在,相斗争而发展的……这是真理发展的规律,当然也是马克思主义发展的规律。"①

纵观人类科学史和认识史,从一定意义上说,它们的每一页都是真理和谬误作斗争的生动记录。自然科学的无数辉煌成就是在同迷信、偏见的斗争中取得的,唯物主义是在同唯心主义、辩证法是在同形而上学的斗争中发展的。马克思主义"在其生命的途程中每走一步都得经过战斗"。②

古往今来,多少仁人志士为追求真理前仆后继,不屈不挠,他们坚信,真理是不可战胜的。真理之所以不可战胜,是因为它正确地反映了客观事物及其发展规律,经得起实践的检验,是任何力量都不可能把它推翻的。然而在探求真理、传播真理和实现真理的过程中,道路又是曲折的,需要经过斗争,有时甚至需要付出巨大的代价乃至牺牲。一百多年来我国的民主主义者、共产主义者为了探寻和坚持救国救民的真理,又有多少人贡献出自己宝贵的生命!真理既然是一种正确的认识,为何也会遭到

---

① 《关于正确处理人民内部矛盾的问题》。
② 《马克思主义和修正主义》,《列宁选集》第2卷,第1页。

厄运？这里有多方面的原因。在阶级社会，人们对真理的认识和运用不能不受到人们阶级地位的制约。当真理触犯到某一个反动阶级和集团的利益时，他们为了维护自己的利益，总是想方设法扼杀真理、保护谬误、利用谬误。因此，先进的阶级和人们在探求、实现真理过程中往往要付出重大的代价。在社会科学研究领域中，由于它直接涉及到一定阶级、集团人们的利益，这种斗争往往是尖锐、激烈的。自然科学方面的真理，一般地说，是能够为各个阶级所认识和利用的。即使这样，如果它一旦触犯了反动阶级的利益，也是要遭到反对的。恩格斯在谈到近代自然科学的发展时指出："自然科学当时也在普遍的革命中发展着，而且它本身就是彻底革命的；它还得为争取自己的生存权利而斗争。"[①]哥白尼的"日心说"，由于触犯了宗教教条，便受到种种攻击，什么"疯子"啊，什么"只有傻瓜才想把整个天文学推翻"啊！有人甚至编写闹剧对他进行人身攻击。布鲁诺积极宣传哥白尼的学说，并且更进一步认为宇宙是无限的，太阳不过是无数恒星之一，宇宙中可以居住的星球也是无限的。他因此被迫流亡国外多年，1592 年回到意大利，被一个绅士出卖给宗教裁判所，1600 年，教会把他活活烧死在罗马的鲜花广场上。

认识是一个极其复杂的过程，人们掌握材料的多少不同，观察问题的角度和深度不同，研究的方法和途径不同，也会产生真理和谬误的分歧。一些旧的传统、习惯、偏见等，都不可避免地使得真理只能在斗争中发展。这样的事例，也是俯拾即是。1859 年当达尔文的《物种起源》问世的时候，反对者中不仅有教会人士，竟然还有一些著名的科学家，如英国第一流的比较解剖学家欧文，就曾经激烈地反对过进化学说，声称"高等动物不可能从单细胞动物沿单一系列传递下来"。又如，爱因斯坦的光量子假说，本来是对普朗克量子论的继承和发展。不料，普朗克对此却火冒三丈，武断地指责爱因斯坦"太极端"、"失足"。特别是，有些谬误由于有前人的思想资料作依据，又有一定的实验材料的支持，往往以真理的面目出现，这就增加了人们对谬误识别的困难，使真理与谬误的斗争变得更加曲折而复杂。科学史上出现并流行多年的"热素说"、"燃素说"等谬误的理论，都曾经被视为真理而广为传播。但是，它们最终仍被科学的真理所

---

① 《自然辩证法》，《马克思恩格斯选集》第 3 卷，第 446 页。

代替。

探索和实现真理绝非一帆风顺,必然要经过斗争。这种情况即使在社会主义制度下也难以完全避免。社会主义社会并不是某个天才头脑的产物,也不是从天上掉下来的神迹,而是从旧的社会制度脱胎而来的。在这个社会中,旧社会阻碍真理发展的那些因素和条件并没有完全消失,各种社会阶层、集团之间的差异和矛盾仍然存在;至于真理和谬误产生的认识论上的原因,在社会主义条件下也是同样存在的。因此,新的谬误、迷信与偏见也还会产生,真理也仍然要在斗争中发展。

毛泽东同志总结历史的和现实的经验提出了"百花齐放,百家争鸣"的发展科学和艺术的方针。这是自觉利用真理发展规律、促进真理发展的唯一正确的方针。人类历史上,凡是出现百花齐放、百家争鸣的局面,科学就发展,艺术就繁荣,就出现生气勃勃的局面。中国春秋战国时代的百家争鸣,五四运动时期和欧洲文艺复兴时期的思想解放运动,都大大地推动了科学的进步和艺术的繁荣。反之,压制民主,实行文化专制主义,真理就会被窒息,科学和文化就陷于停顿。在我国现阶段,我们要坚持党的十一届三中全会以来的方针、政策,必须同各种"左"的和右的倾向作斗争。但是,除了对于那些极少数敌对分子的破坏活动必须实行法律制裁以外,在人民内部,这种斗争必须是充分说理的、民主的、和风细雨的,而不是教条主义的和简单粗暴的。对于科学、文化、艺术领域中的各种分歧,尤其要注意采取十分慎重的态度,绝不能搞无限上纲、乱扣帽子、乱打棍子。只有实行民主的方法、讨论的方法,开展批评与自我批评,才能发展正确意见,克服错误意见,促进真理的发展。过去我们只要坚持这个立场,采取这个方法,就曾使我们的事业得到顺利的发展。毫无疑问,今后我们在党中央领导下坚持采取这样的立场和方法,必将引导我们取得更大的胜利。

第二十一讲：
从牛顿到爱因斯坦
——谈真理的客观性、绝对性和相对性

前面谈了真理和谬误的关系等问题，这里要进一步谈谈真理论的其他方面的一些问题。

先秦哲学家庄周擅长用寓言、比喻来阐述他的哲学思想。在《齐物论》中，他讲过这样一段话：人睡在潮湿的地方会得腰痛病，泥鳅也这样吗？人爬到高树上觉得胆怯，猿猴也这样吗？人、泥鳅、猿猴，究竟谁选择的住处合适？出色的美人毛嫱、丽姬，人以为是美的，但是鱼见了她们吓得潜入水底，鸟见了她们高飞，麋鹿见了她们赶快跑开，美不美，究竟以谁的尺度作为衡量的标准呢？于是，他得出结论说："彼亦一是非，此亦一是非。"就是说，你有你的是非，他有他的是非。这也就是俗话所说的："公说公有理，婆说婆有理。"谁对谁错，没有个准。

这里，涉及到真理的客观性、绝对性和相对性的关系问题。的确，真理是有条件的、相对的，庄周看到了这一点，可是，如果把它无限夸大，连真理的客观性也一概否定，这就大错特错了。在哲学史上，像庄周那样抓住真理的相对性，否定真理的客观性的，还大有人在。在现实生活中，这种思想方法也屡有所见。我们研究真理论时，首先要把这个问题弄清楚。

> 真理是客观的

"真理"是一个美好的字眼，没有谁去公开反对它，可是，要问什么是真理，答案就五花八门了。不过，基本上可以分成两种。由于对存在和思维何者是第一性的不同回答，决定了对真理的两种不同看法。一种把真理看成是主观的，这是唯心主义的真理观。唯心主义者认为，思维是第一性的，存在是第二性的，他们就必然否认真理具有客观内容。另一种则认为真理是客观的，这是唯物主义的真理观。唯物主义者

认为,存在是第一性的,思维是第二性的,就会承认真理是客观事物及其规律在人的意识里的正确反映。我们通常把前者称为主观真理论,后者称为客观真理论。

主观真理论也有这一派那一派,我们不必一一介绍了。其中值得一提的是现代资产阶级的实用主义哲学,因为它比较露骨地道出了主观真理论的实质。实用主义认为,真理是"有用的"、"给人带来利益的"、"使人满意的东西"。它完全抹杀了真理的客观内容。在旧中国颇有影响的实用主义者胡适说过一段有代表性的话,他说:"真理原来是人造的,是人造出来供人使用的,是因为它大有用处,所以才给它以'真理'的美名的。我们之所谓真理,原不过是人的一种工具,真理和我手里这张纸、这条粉笔、这块黑板、这把茶壶是一样的东西,都是我们的工具。"这段话,作为对主观真理论的表达,是相当典型的,它毫不掩饰地把真理看成是人为了某种主观上的需要而制造出来的东西。显然,按照这种理论,只要是能够给人带来某种好处的言论、判断,哪怕是谎言、诡辩、欺诈,也可以给它真理的美称。难怪希特勒的宣传部长戈培尔直言不讳:谎言重复一千遍就是真理。

其实,主观真理论者的所谓"真理",叫什么名称都行,就是不能叫做真理。

什么是真理?如前所说,指的是客观事物及其规律在人的意识里的正确反映。真理,作为人的一种认识、反映,其形式是主观的,从这一点看,它自然离不开认识主体。但是,真理之所以为真理,是因为它是一种和客观事物及其规律相符合的认识,它包含着不依赖于认识主体,不依赖于人或人类的客观内容。正是在这个意义上,我们说真理是客观的。一种认识所以被称为真理,从来不是因为有人去吹捧它,歌颂它,给它戴上什么样的桂冠,不是因为人们主观上觉得如何而定,而是因为它具有和客观事物及其规律相一致的内容。离开了这个客观内容,就无真理可言了。真理为什么颠扑不破、不可战胜,其力量也正是在于它的客观性。伽利略的故事是大家所熟知的,他在1632年出版了《关于两种世界体系对话》,反对托勒密的地心体系,支持和发展了地动说,积极宣传哥白尼的"日心说"。第二年,罗马宗教法庭将他定为"狂热信奉异端邪说的可疑分子",宣判将他终身监禁。在对他的判决书中说:"对于地动谬论作出如下的决定:太阳是世界的中心而位置不变;地球不是世界的中心,它围绕太阳转动并且自身在不断转动的说法是荒谬的。从信仰上看应属于邪教,因为这种说法明明和《圣经》上的记载相反。"但是,哥白尼的"日心说"揭示了地球围绕太阳转动的客观规律,这是任何权势都不可能把它推翻的。地球围绕太阳转动,已经成为小学生的常识,这个判决显得如此愚蠢可笑。1980年10月,罗马教皇也不得不公开为伽利略平反,承认三百多年前对伽利略的审判是不公正的,宣布撤销给伽利略定的罪名。这一事实又一次雄辩地说明:真理的客观性并不因权势而改变,不以人的好恶为转移。其实,不管罗马教皇是否给伽利略平反,《圣经》既然改变不了天体运动规律,也就改变不了哥白尼学说的客观真理性。

可见,真理是客观的。不管什么人,只要他尊重客观事实,对客观事物及其规律作出正确的反映,他就有真理;反之,谁要是蔑视客观实际,甚至和客观规律背道而驰,那么,即使他身居高位,也没有真理。从唯物主义的观点看问题,一个人有没有真理,不是看他地位高低、权力大小,而是看他有没有正确地反映了客观实际。所谓"有权就有理"的说法,尽管可以喧闹于一时,归根到底,是站不住脚的。权力和真理之间,没有任何必然的联系。十八世纪俄国学者罗蒙诺索夫,有一次在宫廷中与贵族舒瓦洛夫伯爵发生争论,舒瓦洛夫理屈词穷,于是企图利用权势把罗蒙诺索夫压下去,他蛮横地说:"我要把你开除出科学院!"罗蒙诺索夫却坦然地回答说:"请原谅,无论怎样,你也决不能把科学从我身上开除出去!"在"文化大革命"中,一大批手上有真理的人——革命家、科学家、作家、教授、干部、工人、"四五事件"的英雄被诬陷为走资派、修正主义分子、反动学术权威、叛徒、特务、反革命分子,甚至被迫害致死,但是他们手上的真理却无法被夺走。党的十一届三中全会恢复了唯物主义的思想路线,尔后,平反了一大批冤假错案,许多被诬为修正主义的理论、方针、政策重新恢复,被诬为毒草的书籍、电影重新出版、放映。"在真理面前人人平等"被规定为共产党员在政治生活中必须遵循的一条准则。事实证明,谁要是敢于向客观真理挑战,到头来,都必然要受到客观真理的惩罚。

口大真理多

> **真理是绝对的又是相对的**

承认真理的客观性,是辩证唯物主义真理论的立足点。一切被我们称为真理的认识,都在一定范围、一定程度上正确地反映了客观事物及其规律,就是说,都有它的真理性,这是绝对的。不如实反映客观,没有任何真实性的认识,绝不能叫做真理。

但是,人们对真理的获得又并非是一蹴而就的,真理是过程。客观世界是无限的,人对这个客观世界的反映,也没有止境。从无限发展的人类认识的总体来说,能够认识这个客观世界,这是毫无疑义的,但是,认识又总是通过一定历史时代、一定的人去实现的。任何时代、任何个人所获得的真理性的认识,总是有局限性的,它只能正确地反映客观世界的一定过程、一定部分和一定的层次,而不可能穷尽客观世界,所以,任何真理又都是有条件的、相对的。

这么说来,真理又是绝对的、又是相对的吗?是的,情况正是这样。这里,涉及到辩证唯物主义真理论另一个重要原理,这就是真理的绝对性和相对性、绝对真理和相对真理的辩证关系问题。

承认客观真理就要承认绝对真理,承认人有认识绝对真理的权利。绝对真理是对客观世界的完全的、绝对的认识。然而,任何客观真理又都既是绝对的,又是相对的。真理有相对性的一面,任何时代、任何个人认识真理都是相对真理。真理又有绝对性的一面,任何相对真理中又都包含着绝对真理的颗粒、成分。把绝对真理比作长河,每一个相对真理就是这个长河中的水滴。绝对真理是相对真理的总和。它们是对立的,又是统一的。绝对真理和相对真理的辩证关系说明,人类认识的过程,是从相对逐步逼近绝对的无限深化的过程。马克思主义哲学科学地界定了绝对真理和相对真理的范畴,揭示了它们之间的辩证关系,从而深刻说明了人类认识的辩证发展过程,以及认识发展的趋势、方向。人类认识的发展,科学的进步,证实了绝对真理和相对真理辩证关系原理的正确性。

伟大的科学家牛顿在弥留之际,讲了一段意味深长的话,他说:"我不知道世界上的人对我的观感如何;不过,以我自己看来,只不过像一个孩子,在海滨嬉戏,时常拾到一块较平常光滑些的石子,一个较平常美丽些的贝壳,聊自赏玩,至于真理的大海洋则在我的面前完全未被发现。"这里,固然包含着科学家自谦的成分,却也讲出了一个重要的哲学道理。

牛顿对科学的贡献是举世公认的。仅物理学方面来说,他创立了完整的古典力学理论体系,开创了一个"牛顿时代"。牛顿力学定律正确地反映了宏观物体低速运动的客观规律。三大运动定律迄今在科学技术上诸如设计机器、汽车、轮船、飞机及高层建筑等方面有着广泛的应用;万有引力定律有效地应用于计算围绕太阳公转的行星的运行轨道以及人造卫星、宇宙飞船的运行轨道,它甚至可以使人们分秒不差地预报百余年后在地球上某处能够看到的日食、月食的时间。牛顿力学的真理性是毋庸置疑的。

那么,把牛顿的力学理论奉若神明,看做是完美无缺的"绝对真理",行吗?不行的。十九世纪末,一系列新的发现和新的实验事实向牛顿古典力学理论提出了挑战,出现了牛顿力学无法解释的难题。那时,有一些头脑比较僵化的老科学家企图对牛顿力学体系作一些修改补充,以维护牛顿力学的"绝对权威"。然而,此路不通。可喜的是,科学家的队伍中出现了一批新秀,他们大胆地对牛顿力学提出怀疑。众所周知,爱因斯坦就是这些新秀中的佼佼者,他认识到要解决新实验事实同旧理论的矛盾,就得对物理学的理论基础进行根本性的改革。1905年,他的狭义相对论问世,打破了以往被看做天经地义的绝对时空观,采用了相对的概念,导出了相对论力学和相对论电动力学,提出了包括宏观世界和微观世界在内的物质运动规律,奠定了现代自然科学的重要基础,这是一个重大的突破。

从牛顿力学到爱因斯坦的相对论,揭示了真理的相对性,它表明,任何科学真理,哪怕像牛顿力学那样完备的理论,都有它的适用范围,不可能包罗万象。那么,爱因斯坦的相对论是否就达到了顶峰?非也!牛顿力学碰到的麻烦,不是独无仅有。它是真理存在和发展的正常现象,并非牛顿犯了什么不可饶恕的错误。还是爱因斯坦说得好:"牛顿啊……你所发现的道路,在你那个时代,是唯一的道路。"纵观科学发展的历史,有哪一门科学,哪一种学说,不是走着同牛顿力学一样的道路呢?现在,人们一提起"地心说",往往加罪于托勒密。其实,托勒密的体系,形成于公元二世纪,肯定了大地是球形的观点,并进一步建立了太阳、月亮和五大行星的旋转运动的天体体系,包含了相对真理,在科学史上有一定的功绩。反过来说,大家公认哥白尼学说在天文学的发展史上具有划时代的意义,它推翻了"地心说",揭示了地球绕太阳运行的客观规律;但是,哥白尼的"日心说"也是有局限的,它没有摆脱神学的影响,它的所谓宇宙是以太阳为中心的,以恒星天层为界的有限的宇宙。在哥白尼之后,布鲁诺提出了"宇宙无限,没有中心"的新见解,把哥白尼学说向前推进了一步。布鲁诺对天体的认识,是否穷尽了呢?显然,同样没有。

这么说来,承认真理的相对性,不是和本讲开头提到的庄周讲的"彼亦一是非,此亦一是非"没有多少差别了吗?不,有差别,而且有原则的差别。上面的事实说明的,是人的认识通过相对真理向绝对真理无限接近的过程。

所谓"彼亦一是非,此亦一是非"这个论断,是根本错误的。它只讲真理的相对性,不讲真理的客观性和绝对性,或者说,借口真理的相对性,否定真理的客观性。这是一种相对主义的思想。相对主义要导致不可知论,导致主观真理论。而辩证唯物主义真理论,则是在承认真理的客观性和绝对性的前提下,承认真理的相对性的。我们说,真理是相对的,并不排斥真理的客观性和绝对性。事实正是这样。爱因斯坦向前推进了牛顿力学,可是,并没有把牛顿力学根本推翻,而只是限定了牛顿力学理论体系的界限。牛顿力学对于它所适用的范围来说,它的真理性是绝对的,因为它反映了这个范围内物质运动的客观内容。列宁在说明辩证唯物主义真理论和相对主义的原则区别时说过:"马克思和恩格斯的唯物辩证法无疑地包含着相对主义,可是它并不归结为相对主义,这就是说,它不是在否定客观真理的意义上,而是在我们的知识向客观真理接近的界限受历史条件制约的意义上,承认我们一切知识的相对性。"[①]

由此可见,我们不但要看到真理是客观的,而且要看到真理是绝对的,又是相对的。任何真理都反映了一定的客观内容,不可抹杀,所以说,它是绝对的;任何真理又都有一定的范围、一定的界限,不是一成不变的东西,所以说,它是相对的。真理的绝对性和相对性是不可分割的。绝对性寓于相对性之中,相对之中有绝对。认识总是从相对真理向绝对真理不断发展、深化的。

---

① 《唯物主义和经验批判主义》,《列宁选集》第2卷,第136页。

王伯伯：天在上面！ 约翰伯伯：天在上面！

既要反对绝对主义，又要反对相对主义

真理的绝对性和相对性的辩证关系，说起来并没有多少深奥的道理，可是，要把握好二者的关系，却不是很容易的。从哲学史上来看，总是有人这样或那样地割裂它们的联系，或者只承认真理的绝对性，犯了绝对主义的错误；或者只承认真理的相对性，犯了相对主义的错误。在现实生活中，如果我们细心考察一下人们的思想方法，也往往会发现这两种倾向。

绝对主义的错误，就在于把真理的绝对性夸大为真理的唯一特性。十九世纪德国的杜林发表了一系列谬论，攻击马克思主义。恩格斯的名著《反杜林论》就是对他的批判。杜林在真理问题上是一个绝对主义者，他把自己的某些理论说成是最后的终极的真理。杜林的理论是对的还是错的这一点不谈，退一步说，即使他的某些论断是真理，能不能说是最后的终极的呢？显然不能。恩格斯针对杜林的绝对主义的错误，分析了真理的绝对性和相对性的辩证关系，并着重指出个人认识的局限性，他说："这些认识所包含的需要改善的因素，无例外地总是要比不需要改善的或正确的因素多得多。"[①]"我们还差不多是处在人类历史的开端，而将来会纠正我们的错误的后代，大概比我们有可能经常以极为轻视的态度纠正其认识错误的前代要多得多。"[②]《反杜林论》是一部很有影响的著作，它对真理的绝对性和相对性辩证关系的深刻阐述，使觉悟工人认识到：马克思主义并没有结束真理，而只是为真理的发展开辟了道路。列宁在俄国历史条件下，对马克思主义学说的发展，毛泽东、邓小平集中集体的经验和智慧，在我国的条件下对这个学说的丰富、补充和发展，都证明了这一点。

相对主义是另一个极端的错误，它夸大真理的相对性，不承认相对真理中有绝对性的成分。十九世纪末二十世纪初，在俄国工人政党内，有一批人自称为相对主义者。他们把真理的相对性和绝对性割裂开来，认为承认真理的相对性，就不能承认真理的绝对性，否则就是折中主义。列宁在《唯物主义和经验批判主义》这部著作中，对这种相对主义的错误作了

---

① 《反杜林论》，《马克思恩格斯选集》第3卷，第125页。
② 同上。

深刻的批判,指出从相对主义出发,必然要滑到否认客观真理的唯心主义的泥坑。

值得注意的是,相对主义和辩证法,表面上看确有某些相似的地方,辩证法讲发展,相对主义也讲发展;辩证法反对凝固化,相对主义也反对凝固化。相对主义者往往就是打着辩证法的旗号,混淆是非。其实,只要我们掌握了真理的相对性和绝对性的辩证关系,是不难把它们区分开来的。在当代,对待马克思主义的态度,辩证论者和相对主义者是根本不同的。辩证法反对把马克思主义看做僵死的教条,认为马克思主义要向前发展,它的个别原理、结论也是可以改变的;同时,又认为马克思主义是客观真理,它的基本原理、原则没有过时,仍然是我们必须坚持的。向前发展马克思主义,正是给马克思主义真理宝库增添新的内容。不如此,它就不能正确解决当代涌现出来的新问题。相对主义者的结论却恰恰相反,他们认为马克思主义已经不灵了,甚至否定马克思主义是客观真理。他们所谓发展马克思主义不过是取消马克思主义的一种代名词罢了。对此,我们要保持清醒的头脑,不要误入相对主义者的圈套。

事情正像列宁说的:"遵循着马克思的理论的道路前进,我们将愈来愈接近客观真理(但决不会穷尽它);而遵循着任何其他的道路前进,除了混乱和谬误之外,我们什么也得不到。"[①]

[①] 《唯物主义和经验批判主义》,《列宁选集》第2卷,第143页。

第二十二讲：
"布丁之证明在于吃"
——实践是检验真理的唯一标准

西方人吃饭有个习惯，吃完几道主菜之后，常常还要来个布丁。没有吃过布丁的人，没法想象它是什么味道。听某甲说，布丁是甜的，又软又松；听某乙说，布丁是咸的，又酥又脆。甲说的是真，还是乙说的是真？无法判断。英国有句谚语："布丁之证明在于吃。"也就是说，只要你去吃上一回，布丁到底是什么滋味就得到了证明。

用哲学的语言来概括，这就叫做实践是检验真理的标准。在人类生活的漫长岁月中，人们常常是自发地运用这个实践标准去检验自己的认识。可是，在许多哲学家那里，却偏偏不理解这个事实，或者故意不承认这个事实。

前面我们讲过什么是真理。马克思主义认为，真理就是对客观事物及其规律的正确认识、反映。那么，怎样判断人们的认识是否符合客观实际呢？怎样来区分真理和谬误呢？这就是检验真理的标准问题。几千年来，对什么是真理的标准，真可以说是众说纷纭，莫衷一是。只是在马克思主义产生以后，辩证唯物主义把实践的观点引入认识论，这就不仅解决了认识的来源问题，而且解决了认识的真理性的标准问题。在这一讲里，我们就来谈谈这个问题。

> 一切主观标准都是错误的

古今中外，对真理标准的议论尽管名目繁多，但是，概括起来，基本上不外有两种：一种是主观标准，一种是客观标准。

先让我们看看主张主观标准论的几种有代表性的观点吧。

第一种可以叫做"权威"标准。一些人把皇帝、"圣人"、《圣经》奉为绝对权威,奉为真理的最高裁决者。我国汉代的扬雄说:"万物纷纭,则悬诸天;众言淆乱,则折诸圣。"他把"圣人"的言论当做真理的标准。自汉代以来,罢黜百家,独尊儒术,"以孔子之是非为是非"。在我国历史上,皇帝因为是人间的最高统治者,执行"天"的旨意,"金口玉言",他的话也就成了检验真理的最高标准。在中世纪的欧洲,《圣经》成为鉴别是非的唯一标准。前面说过,哥白尼的日心说,达尔文的进化论等,都曾经因为触犯了《圣经》,被教会宣布为"异端邪说"。伽利略在一封信中说:有一个学生告诉自己的经院哲学教师,说他看见了太阳上的黑点。那位教师便对他的学生说:"我的孩子,回家去吧,无论在圣经或亚里士多德的学说里都没有谈到黑点,这些黑点只在你的眼睛里,而不是在太阳上。"显然,这些都完全不是什么真理的标准,而是蒙昧主义。

第二种是以我的意见为标准。中国明代的思想家李贽(1527—1602)反对以孔子之是非为是非,在他看来,儒家经典也并不是"万世之至论"。这在当时无疑是有积极意义的思想。那么,到底应该以什么为标准呢?他说:"以吾心之是非为是非。"这样,他虽然反对了对"圣人"的迷信,出路却没有找到。如果每个人都以自己的意见为标准,那就变成"公说公有理,婆说婆有理",实际上也就没有是非标准了。

第三种是以多数人的意见为标准。这个观点有一定的迷惑性,因为它说的是多数人,比起那种以我为标准的"唯我论"来,似乎要"客观"一点。其实,这同样是不能成立的。从人们把握真理的过程来看,真理,往往是由个别人或少数人首先发现,而多数人却暂时不能摆脱传统偏见的束缚。众所周知,门捷列夫提出元素周期律时,就曾经遭到多数人的怀疑。真理常常是在冲破众人的偏见中为自己开辟道路的,如果把多数人的意见作为真理的标准,只能淹没和扼杀真理。何况,有的时候所谓多数只是由于慑服于某种权势所造成的。所以,多数人同意绝不能作为真理的标准。

第四种是以观念的是否清楚、明晰为标准。这实际上是心理学的标准。法国哲学家笛卡儿就是这样主张的。他用理性论反对对宗教神学的盲从,提出:"凡是我们十分明白、十分清楚地设想到的东西,都是真的。"他认为像几何学的原理就是这种无可怀疑的真理。这种心理学的标准也是不能成立的。欧几里得几何学的真理性不在于它的清楚明白,而在于它是对近似平面空间关系的正确反映。同样是这个清楚明白的原理,如果把它运用到曲面空间关系上,它就不是真理了。况且,某一种观念对张三是清楚明白的,而对李四却可能是既不清楚也不明白的。可见,把清楚明白作为检验真理的标准也是行不通的。

第五种是以符合"思维经济原则"作为标准。这是一种在当代实证主义科学家中颇有影响的说法。他们认为科学的思维并不是客观事物的规律性的反映,而是在进行思维时如何做到最经济、费力最小。列宁在批驳马赫主义的这种主观唯心主义观点时指出,设想物质不存在而只有感觉存在,这是最"经济"的了,然而这是荒谬的。列宁说:"人的思维正确地反映客观真理的时候才是'经济的',而实践、实验、工业是衡量这个正确性的准绳。"①

第六种是以是否有用为检验真理的标准。这是大家熟悉的实用主义哲学。美国实用主义者詹姆斯说:"凡是有利于我们的工作,并使我们获得效果的东西就是真理,这也是真理的唯一标准。"他公然说,上帝的观念是真理,因为"上帝的观念至少能给人以安慰的效果","至少可以给我们以星期日休息的利益"。按照这个逻辑,剥削和侵略对帝国主义是有利的,因而也就成为"真理"了。这显然是十分荒谬的。它同马克思主义哲学所讲的实践标准虽然在词句上仿佛是差不多的,但实质却完全是两码事。列宁在批判实用主义时指出:"在唯物主义者看来,人类实践的'成功'证明着我们的表象和我们所感知的事物的客观本性的符合。在唯我论者看来,'成功'是我在实践中所需要的一切,而实践是可以同认识论分开来考察的。"②实用主义者抛开主观是否同客观相符合这个认识论问题,孤立地把效果当做真理的标准,这种效果就只能是指的满足主观上的某种需要,因而也是彻头彻尾的主观标准。

以上,我们把主观标准论的表现略举了六种,还可以举出第七种、第八种……但是,这种种说法,尽管有些差异,却有一个最本质的共同点,这就是从主观范围内去寻找真理的标准,用认识去检验认识。然而,真理是客观的,要检验认识的真理性,只在主观领域兜圈子,是不会有结果的。

---

① 《唯物主义和经验批判主义》,《列宁选集》第2卷,第171页。
② 《唯物主义和经验批判主义》,《列宁选集》第2卷,第139页。

> **实践是检验真理的唯一标准**

主观真理论必然要采取主观真理标准,这是由它的认识论的唯心主义路线决定的。那么,马克思主义以前的唯物主义者是不是正确地解决了真理的标准问题呢?没有。他们承认客观真理,认为真理是主观认识同客观实际相符合,这当然是正确的。但是,他们由于不懂得社会实践在认识中的地位和作用,因而也没有真正找到检验真理的标准。例如,古希腊的唯物主义哲学家伊壁鸠鲁(前341—前270)提出,感觉是判断真假的标准,他说:"一切感官都是真理的报道者。"这就陷入了主观标准。我国东汉的唯物主义哲学家王充(27—约97)提出"论莫定于有证",即辨别论断的是非要靠验证。这种朴素的观点,对反对唯心主义有积极的意义,但还远不是对真理标准问题的科学的解决。十八世纪法国唯物主义者提出以实验作为检验自然科学真理的标准。拉美特利说:"观察实验所否定的东西称为假。"狄德罗说:"除了实验以外,没有别的办法可以识别错误。"这些,都是对经院哲学以《圣经》作为真理标准的有力批判,在发展唯物主义方面是个进步。但是,他们只看到社会实践的一种形式即自然科学实验对自然科学理论检验的作用,而看不到生产实践对这种理论检验的意义。不仅如此,一到社会领域,他们就要用"理性"来判断一切,就要依靠主观标准了。

马克思主义把实践作为认识的基础,提出只有实践才是检验真理的唯一标准,从而科学地解决了真理的客观标准问题。这和"布丁之证明在于吃"的生活经验是一致的,但又是彻底的、科学的解决。马克思说:"人的思维是否具有客观的真理性,这并不是一个理论的问题,而是一个实践的问题。"[①]这是马克思主义哲学关于真理标准的一个经典论述,是马克思主义哲学在认识论上实现的一个伟大的变革。

为什么说只有实践才是检验真理的唯一标准呢?前面我们说到,人们主观范围之内的认识是否符合客观外界的实际,在认识范围之内没有办法把二者加以比较,是找不到标准的;而客观事物本身也不可能直接作出回答,不能直接"表态"。唯一的办法只有通过实践。人们根据在实践中获得的对客观事物的认识,制定出一定的理论、计划、方针、办法,指导

---

① 《关于费尔巴哈的提纲》,《马克思恩格斯选集》第1卷,第16页。

实践去改造客观事物,造成一定的物质结果,这样,人们就能够把指导实践的认识同改造实践的结果进行比较,如果原来的理论、计划、方针、办法等同实践的结果相符合,达到了预想的目的,那就证明原来的认识是正确的;否则,就是不正确的。由此,客观事物通过实践的结果,向人们"表态":原来的认识对或者不对。列宁说:"实践高于(理论的)认识,因为实践不仅有普遍性的优点,并且有直接现实性的优点。"① 所谓普遍性的优点,是指在实践中包含有一般的、规律性的东西,只要具备同样的条件,不管什么人去实践,都会造成同样的结果。例如人人摩擦东西都要生热。理论也有普遍性,这是它与实践相同的地方。"摩擦生热",作为一种理论也是普遍适用。但是,理论不具有"直接的现实性的优点"。因为理论是观念的东西,不是直接现实的东西。口中念一千遍"摩擦生热",东西也并不会热起来。而实践具有直接的现实性,它能变革事物,能够取得为人们看得见、摸得着的物质成果。你摩擦了,东西就真的热起来了。马克思说,实践是一种"客观的活动",是"感性活动"。② 正是因为实践具有客观性、物质性,所以,它才能成为检验真理的客观标准,才能把真理和谬误区别开来。这是从理论(认识)和实践的特性方面来说的。从作用方面来说,认识本来是来自实践又为实践服务的,除此而外它没有任何别的意义。认识如果没有反映客观实际,就不能指导实践达到改造世界的预期目的。它必须也只能在实践中受到检验,来判定它的真理性。实践是检验真理的唯一标准,归根到底是由社会生活的本质决定的。马克思主义以前的唯物主义者不懂得社会生活在本质上是实践的,也就找不到检验认识的真理性的标准。

二十世纪五十年代以前,一些外国地质学家认为中国是"贫油国",说什么"中国永远也不能生产大量的石油"。我国杰出的地质学家李四光不同意这种观点,他全面分析了我国的地质条件,指出:新华夏主要凹陷带对储存石油有较好的条件,东北平原、渤海湾和两湖地区可做工作,物探钻探都可以。两种观点针锋相对,究竟哪一个正确?光在理论上争论,是不会有结果的。通过石油开发的实践,大庆、大港、胜利、任丘等大油田的

---

① 《黑格尔〈逻辑学〉一书摘要》,《列宁全集》第38卷,第230页。
② 《关于费尔巴哈的提纲》,《马克思恩格斯选集》第1卷,第16页。

相继发现,就宣告了"中国贫油论"的破产,证明了李四光地质理论的正确。

马克思主义是不是真理?归根到底,这也不是靠争论能够最后解决的,而是被千百万人民群众的实践所反复证明了的。毛泽东同志说:"马克思列宁主义之所以被称为真理,也不但在于马克思、恩格斯、列宁、斯大林等人科学地构成这些学说的时候,而且在于为尔后革命的阶级斗争和民族斗争的实践所证实的时候。"①列宁领导的俄国十月革命的胜利,我国和其他国家人民革命的胜利,都证明了马克思主义的客观真理性。经过十年内乱,有的青年认为马克思主义不灵了。马克思主义是不是不灵了呢?不是的。十年内乱恰恰从反面证明了,马克思主义的基本原理是违反不得的;违反了,就要犯错误,甚至会犯像"文化大革命"这样给党和国家造成巨大灾难的错误。而当我们党一旦纠正了错误,重新回到马克思主义路线的轨道上来以后,我们的事业便又重新向前发展了。所以,建国以来的实践证明,不是马克思主义不灵了,而是证明:什么时候按马克思主义办事,什么时候革命和建设就胜利,就发展;什么时候违背了马克思主义,什么时候就受到挫折,遭到失败。正是经过了多年的实践检验,我们才在社会主义革命和建设中,比较清楚地分清了什么是马克思主义、什么是违反马克思主义的东西、什么是科学社会主义、什么是对社会主义的错误理解,这就使我们的思想重新走上了正确的轨道。

> 逻辑证明是以实践证明为基础的

有人说,实践是检验真理的标准,这我同意,但说"唯一"标准,是不是太绝对了?逻辑证明不也是检验真理的标准吗?这个问题必须搞清楚。

逻辑证明是一个重要的理论思维方法,在探索和认识真理的过程中,起着非常重要的作用。恩格斯说:"如果我们有正确的前提,并且把思维规律正确地运用于这些前提,那么结果必定与现实相符。"②在一定的条件下,依靠逻辑证明,我们还可以判定某种认识是否正确。比方说,有人扬言要设计一台不消耗任何能量的永动机,你不必

---

① 《实践论》。
② 《〈反杜林论〉准备材料》,《马克思恩格斯全集》第20卷,第661页。

等他失败,就可以断定这种想法是错误的,因为根据能量守恒与转化定律,我们就可以判断它是不可能的。又比方,某某想长生不老,这也不必等他死去,就可以断定这不过是一种奢望。因为根据逻辑推理,人皆有死,某某是人,当然也不免一死。运用逻辑证明作出的科学预见,有时是非常准确的。例如,人们根据牛顿力学的基本规律,通过演算、推理,可以准确地推算出彗星等天体运行的轨道。事实上,在生活和工作中我们都大量运用逻辑证明的方法。在当代十分复杂的工程设计中,大量的工作就是使用逻辑证明的方法,只是在一些关键的环节才用实验的方法来加以检验。如果事事都靠实践检验从头做起,那就成了不相信科学和理性的可笑的经验主义者了。

这样说来,逻辑证明是不是也可以说是检验真理的另一个标准呢?不能。逻辑推理中的前提必须是在实践中被证明是正确的知识。推理中使用的逻辑规则也是在实践中产生,并且是在社会实践中被亿万次检验过了的。因此,归根到底,逻辑证明的方法是以实践为基础的。作为检验真理的标准,只能是社会实践。

不仅如此,在一定情况下,单靠逻辑证明还会得出错误的结论。由于实践和科学技术水平的限制,人们并不能保证前提总是正确的;由于思维能力的限制,也不能保证在推理的一切环节上都不发生任何错误。这样,推理的结果也可能是不正确的。例如,在很长一个时期,人们以为哺乳动物都是胎生的。根据这个前提,曾作出这样的推理:鸭嘴兽是哺乳动物,所以,鸭嘴兽也是胎生的。但事实上,鸭嘴兽会下蛋,这是怎么回事?逻辑上的错误吗?不是。毛病是出在"哺乳动物都是胎生的"这个前提是不全面的,因为单孔动物有整整一个亚纲是卵生的哺乳动物。1895年3月12日,恩格斯给他的朋友康·施米特写信时说:"1843年我在曼彻斯特看见过鸭嘴兽的蛋,并且傲慢无知地嘲笑过哺乳动物会下蛋这种愚蠢之见,而现在这却被证实了!"①于是他不得不"请求鸭嘴兽原谅"。又如,1921年卡介苗开始在人身上做实验时,医生们对于它的安全性和有效性,在理论上争论不休。直到1958年,美国人做了两组上千人的对比实验,证明实验组比对照组免疫力大五倍,争论才告结束。可见,单凭逻辑证明,是

---

① 《恩格斯致康·施米特》,《马克思恩格斯选集》第4卷,第518页。

不能确认某种认识的真理性的。

至于说"凡人皆有死","张三是人",因此"张三终必一死"这样一些推理,它的结论的正确性,完全在于实践早已反复证明了它的前提是正确的。前提是全称判断,结论是特称判断,实际上结论早已包括在前提之中了。这里的证明不过是证明真理是不能违反的。而真理本身的成立与否,逻辑推理本身是无能为力的。

所以,逻辑证明是重要的思维方法,在判定认识是否正确,在推论新知识中有不可代替的特殊的作用,但是,决不可以夸大这种作用,更不能把它同实践并列起来,看成是检验真理的第二个标准。

> 理论对实践有指导作用,但不是检验真理的标准

实践是检验真理的标准,那么,科学理论,例如马克思主义,究竟能不能作为真理的标准呢?上面在论述逻辑证明的作用时,实际上已经包含了对这个问题的回答。把理论作为标准,这也就是把理论作为逻辑推论的前提,来判断某种意见、主张、命题的真假、对错。这其实就是逻辑证明问题。下面,主要以马克思主义理论的作用为例,来进一步说明这个问题。

马克思列宁主义、毛泽东思想是科学的思想体系,是实践检验过的真理。"没有革命的理论,就不会有革命的运动。"[①]马克思列宁主义、毛泽东思想对实践有巨大的指导作用,但是不应该用它来代替实践,作为检验真理的标准。

前面说过,逻辑证明在一定条件下能起到判断是非的作用。马克思列宁主义、毛泽东思想的科学体系包括一般原理、普遍真理,也包括有个别原理、个别结论。它们在逻辑证明中所起的判断是非的作用的情况是不一样的,在实践中所起的指导作用的情况也是不一样的。

马克思主义的一般原理是普遍真理,在任何情况下都不能违背。例如,如果有人说某种事物是不能一分为二的,那么我们可以断定这是谬论,不必用实践去检验,因为这已经为反复的普遍的实践检验过了的。个别原理、个别结论,也对实践起指导作用,但只在一定条件和范围内起这

---

① 《怎么办?》,《列宁选集》第1卷,第241页。

种作用，离开这种条件和范围就可能不再是真理，而不起这种作用。例如，通过城市武装起义夺取政权，只在一定条件下是真理，用它来判断中国条件下武装斗争的道路，就要得出错误的结论。中国民主革命要走乡村包围城市，最后武装夺取全国政权的道路。它的真理性也是被实践所证明的。

科学理论有重要的方法论作用。但是，指导方法不能代替对具体问题的研究，不能从方法本身直接得出关于具体问题的具体结论。我们只能以一般的科学方法论为指导，去具体分析我们所要研究的对象。比如，"事物都是一分为二的"，这个观点虽然不能违背，但是，你所面临的具体事物，包括怎样的两方面？这两方面的关系是怎样的？它们怎样互相联结、互相斗争，又互相转化？"一分为二"这个方法本身是不能告诉我们的。这就需要具体分析，而分析的结果正确还是不正确，只能靠实践去检验。在自然科学和生产斗争中，坚持用马克思主义作指导，可以使我们少犯错误，少走弯路。但是，在这个方针指导下，人们研究的结果是否正确，只能靠实践来证明。现在，在宇宙天体、基本粒子、生命的起源等许多领域，都有许多未知的东西，都有许多不同的看法，马克思主义本身能够直接回答哪种看法是真理、哪种看法是谬误吗？显然不能。能够证明的，只能是科学实验和生产斗争的实践。例如，恩格斯关于原子绝不能被看做已知最小实物的论断是正确的，但并不能据此得知原子的结构。卢瑟福设计了巧妙的 α 粒子散射的实验，让 α 粒子射击重金属箔，其中大多数 α 粒子穿过去，有一些发生偏转，还有极少数被弹回来。从这个实验事实出发，卢瑟福才得出了这样的结论：原子的大部分地方没有任何大质量的东西，而在原子内必有一个质量集中的地方，所以会把 α 粒子反弹回来，这就是原子核。

正确的理论有科学预见的作用，但科学预见并不是单纯从某种理论直接推论出来的，而是以实践为基础的，是在科学理论的指导下对具体事物进行分析的结果。一般地说，预见只能指出事物发展的大体方向和趋势，而不可能预见一切具体细节。预见是在实践的基础上作出的，又总是依据新的实践不断补充、丰富、修正和发展它，从而使认识逐渐精确化起来。

理论是随着实践的发展而发展的。任何科学理论都不是包罗万象、囊括一切的百科全书，并没有穷尽一切认识。马克思主义也是一样。马克思主义的一般原理不会为实践的发展所推翻,但它们也要在实践中得到丰富和发展。至于某些具体论点就更不能拘守不变了。实践的发展不断提出新的课题要求人们去研究,去回答。回答得对还是不对?你以马克思主义本本为标准,那么本本里没有讲过的,你怎么办呢?即使本本里讲到了,由于客观条件的变化,也需要提出新的理论、方针、办法,难道能够因为本本上不是这样讲的而去削足适履、否定一切新的理论吗?按照这种观点,马克思没有提出过帝国主义理论,列宁的帝国主义论就是错误的了?由于列宁没有提出过农村包围城市的理论,毛泽东同志提出农村包围城市的道路也是错误的了?显然这是十分荒谬的。实践是检验真理的唯一标准,只要实践证明是正确的,即使马克思主义本本里没有讲过,或者不是这样讲的,那也是真理。否则,马克思主义就不能向前发展了。

十九世纪德国作家歌德有一句名言:"理论是灰色的,而生活之树是长青的。"这句话当然不是说理论纯粹是消极的东西,只是说,一切理论,包括正确的理论,都是一定条件下具体实践的产物,而实践却是万古长青、永无止境的。实践发展了,理论也必须随之发展。如果把一定条件下产生的理论当做检验真理的标准,那只能堵塞真理发展的道路。事实上,马克思主义经典作家本人都是经常根据实践的发展而不断发展自己的理论的。就拿无产阶级专政的理论来说,《共产党宣言》中说:"工人革命的第一步就是使无产阶级上升为统治阶级。"但是,怎样上升为统治阶级,当时并没有指出来。马克思在总结1848—1851年革命的经验时才得出这样的结论:无产阶级必须摧毁资产阶级国家机器。1871年巴黎公社的伟大实践证实了马克思的这一论断,并使我们有可能回答用什么来代替资产阶级国家以及无产阶级国家是什么样子的问题。列宁总结了俄国革命的经验,发展了无产阶级专政的理论,创立了苏维埃政权这个无产阶级专政的国家形式。我国又创造了人民民主专政的无产阶级专政的国家形式。可见,理论由实践赋予活力,它是无限发展着的东西,如果我们一旦把理论本身当做检验真理的标准,那么,已有的理论就变成了僵死的教条,人们的认识也就不会向前发展了。

坚持实践是检验真理的唯一标准,就是不管什么理论,不管什么人说过的话、办过的事,都要经过实践的检验。不"唯书",不"唯上",要唯实。这个根本观点立不起来,判断是非就没有客观的标准,思想就不可能真正

"立竿为何不见影?"

解放。

现在,我们的社会主义革命和建设事业进入了一个新的发展时期。在向现代化进军的新长征中,必然会遇到许多新的矛盾、新的问题,从经济体制到政治体制,都需要进行改革。正确处理这些矛盾,解决这些新问题,是不可能通通从马克思主义的本本中找到现成的答案的。只有坚持四项基本原则,以马克思主义的基本原理为指导,从客观存在的情况出发,对具体问题具体分析,才能形成适应新的社会实践需要的理论,找到解决问题的正确方针和方法。中国特色社会主义理论体系正是在这种情况下产生的。它是马克思主义的基本原理同当代中国实践和时代特征相结合的产物,是毛泽东思想在新的历史条件下的继承和发展,是马克思主义在中国发展的新阶段。

辩证地理解实践标准

实践是检验真理的唯一标准,那么,关于有没有"宇宙人"的争论,是不是也可以拿到实践中去检验呢?当然可以。但是,在这里却暂时碰到难题。因为今天的实践既不能对它证实,也不能把它驳倒。这又怎么解释呢?

实践是检验真理的唯一标准,并不是说任何时候的实践都可以证实或驳倒人的任何一种认识。实践对真理的检验是一个过程,它既有绝对性,又有相对性。我们应当辩证地去理解。

还是让我们从有没有"宇宙人"这个问题谈起吧。

很久很久以前,人们就猜测到"地外有人,天外有天",曾经流传过许多描述这类奇迹的美丽故事。这些,毕竟只是神话、幻想,我们就不去说它了。我们这里说的"宇宙人"不是神话,而是随着现代科学发展提出来的新问题。自从生物科学证实了构成生命的最基本物质是氨基酸以来,科学家们为探索地球之外有没有生命,进行了一系列研究,提出了种种假说。根据生命合成的基本过程,又加上天文学家的分析、推断,有人提出,光在我们银河系里,就可能有一百多万个文明社会,其中有的星球的文明可能早就超过地球了。为了探个究竟,科学家们煞费苦心,利用了现代最新的科学技术手段,作过探访"宇宙人"的种种尝试。在二十世纪七十年代,曾多次发射分别携带金属标记牌和"地球之音"唱片的宇宙飞船,企求获得地球以外"人"的回音。可是宇宙广阔无垠,飞船的速度实在慢得叫人不耐烦,携带唱片的飞船要到1989年才能到达海王星,而携带金属标记牌的飞船,飞到离地球最近的恒星竟也要八万年之久,看来,靠宇宙飞船这种实践工具去探访"外星人"是很困难的。科学家们又曾企图用无线电波去试探,1974年,第一次向宇宙星体发送了无线电信号,即使一切设想顺利,要得到"外星人"的"回电",也是二十一世纪中叶以后的事情了。这么说来,我们这一代人要获得有没有"外星人"的答案,可能性极小。就是说,今天的实践对这个问题无法作出肯定或否定的判断。

读者也许会说,"外星人"这个例子未免玄乎一点。其实,何止"外星人"有这种情形呢?固然有许多科学家在提出他们的科学假说之后,很快得到实践的证实,在他们活着的时候,能够享受到成功的欢乐,但是,一种理论的提出,不能立即得到证实,而是在几十年几百年之后才见分晓也不乏其例。英国的内科医生威廉·哈维在1628年就提出了关于血液循环的理论,但是,由于当时科学技术水平的限制,长期未能证实。只是在六十年后,由于显微镜的发明,物理学和化学技术的进展,荷兰人列文虎克直接用显微镜观察到蝌蚪的血液循环,才证明了这一理论。

科学家们提出自己的理论、学说,无疑希望马上能够得到证实,但并非都能如愿以偿。有些人不但享受不到成功的欢乐,反而带着屈辱的罪名离开人间,这虽然是非常遗憾的事情,但又是常常不可避免的。这种情况是由实践的历史局限性所决定的。实践是一个无限发展的过程。一切主观领域的东西,都要受到它的检验而得到证实或驳倒,这是确定不移的、绝对的。但是,人类的实践活动,又总是在一定的条件下进行的,一定时代的实践,由于受到主观和客观条件的限制,不可能尽善尽美,不可能不带有历史的局限,因而也就不能完全证实或驳倒它那个时代提出来的一切理论、学说。这是实践标准的相对性。但是,今天的实践回答不了的问题,以后的实践终究会回答它,这又是实践标准的绝对性。列宁说:"这个标准也是这样的'不确定',以便不至于使人的知识变成'绝对',同时它又是这样确定,以便同唯心主义和不可知论的一切变种进行无情的斗争。"①

---

① 《唯物主义和经验批判主义》,《列宁选集》第2卷,第142页。

所以，对"实践是检验真理的唯一标准"这个命题，必须从它的"确定性"和"不确定性"即绝对性和相对性的辩证统一加以把握。否定实践标准的"确定性"，固然会陷入唯心主义和不可知论的泥坑；而否定实践标准的"不确定性"，认为任何一种条件下的实践都能够证实或驳倒任何一种认识，这种形而上学观点也不可能和唯心主义、不可知论划清界限。

马克思说："人应该在实践中证明自己思维的真理性，即自己思维的现实性和力量，亦即自己思维的此岸性。"① 实践的结果，正确的认识得到证实，证明了自己的力量，改造了客观世界。错误的认识在实践的结果中暴露出来，人们从中总结教训，修正错误。在这两种情况下，认识都得到丰富和发展，从而指导实践，达到进一步改造世界的目的。

---

① 《关于费尔巴哈的提纲》，《马克思恩格斯选集》第1卷，第16页。

第二十三讲：
最蹩脚的建筑师也比最灵巧的蜜蜂高明
——认识世界和改造世界

"蜘蛛的活动与织工的活动相似,蜜蜂建筑蜂房的本领使人间的许多建筑师感到惭愧。但是,最蹩脚的建筑师从一开始就比最灵巧的蜜蜂高明的地方,是他在用蜂蜡建筑蜂房以前,已经在自己的头脑中把它建成了。"① 这段饶有风趣的话出自马克思的名著《资本论》。它说明了一个道理:动物的活动是无意识的、本能的,人的活动是有意识的、自觉的。人能够认识世界,并以这种认识为指导,通过实践,有计划、有目的地去改造世界。人的这种认识世界和改造世界的能力,就是我们通常说的自觉的能动性。马克思主义哲学的任务就是以科学的世界观和方法论武装人们,以便在能动地认识世界的基础上去能动地改造世界。马克思主义哲学的重要内容就是科学地说明这种能动性的作用,说明正确发挥这种能动性的条件。上面在讲到马克思主义的唯物主义、辩证法和认识论时,都涉及到了这个问题。在这里,要作进一步的研究。

自觉的能动性是人区别于动物的特点

动物,特别是某些高级动物,为了自身生存,要同周围的自然界打交道,表现出它对外界的某种"能动"的特点。人们常常举出这样一些例子:"狡兔三窟",说明它能用诡计逃避人的捕杀;猴子可以拾起地上的木棍和石头,将树上的果子打下来,以大饱其腹。至于说到大猩猩那就更加"主动"了。据说,有一个叫苏尔坦的黑猩猩被关在木槛子里,槛外放着一个蜜柑,它多么想吃啊!于是,它伸手去拿,可惜够不到。它拾起竹竿去拨,竹竿依然显得太短。它恼怒了,暴躁

---

① 《马克思恩格斯全集》第23卷,第202页。

不安。经过一番尝试,它终于用一根竹竿插入另一根较粗的竹竿中,最后把蜜柑拨到了自己的跟前,达到了目的。

但是,动物的能动性和人的能动性毕竟有着原则的、本质的区别。

首先,动物的活动不管表现得多么的"能动",都不过是一种无意识的、本能的活动。

表面看来,蜘蛛织网和纺织工人织布差不多,蜜蜂酿蜜和榨糖工人制糖差不多,水獭筑堤和人垒坝差不多。但是,动物在做这些事情的时候,并不知道自己是在做什么,也不知道为什么要这样做。只是由于一种先天的本能的驱使,它们反复地用同一种材料、同一种方法,甚至在同一个季节,进行同一种活动。这如同它们在生活中不能不饮食、不生殖一样,都是无意识地进行的。当客观条件发生了变化,这些活动对于它们的生存本来已经毫无意义了,它们还是要继续进行。比如,有人做过一个实验,捉来一只幼獭,把它放在木笼子里,然后在它的身边放上一些泥土,等它长大以后,它就会自动地筑起堤来。显然,堤坝对于远离水边、置身于木笼子里的水獭来说,完全是多余的。尽管如此,本能决定它不能不这样做。

其次,动物只能利用自然界现成的东西来适应自己的需要,不可能通过改造客观世界来达到自己的目的。事情是很清楚的,再狡猾的兔子,都不过是利用已有的地形来隐蔽自己,却不会构筑暗堡和工事;猴子可以利用自然界的木棍和石头,却不能制造出自然界所没有的哪怕是最简单的一件工具。黑猩猩苏尔坦算是够聪明的了,它能够把两根粗细不同的竹竿连接起来,但是,如果把两根粗细完全一样的竹竿摆在它的面前,它就无能为力了,它不会把其中的一根削细,然后再连接起来。这是因为动物不能认识自然界的规律,因而也就不能利用这些规律改造自然界。人对自然界表现出来的自觉能动性,就完全不一样了。首先,和动物的无意识的本能活动相反,人的活动是有意识的活动。它是在一定的思想指导下,有计划、有目的地进行的。种田先有一个打算,造机器、盖房子先有一个设计图样,打仗先有一个方案,做一切事情都先有一个设想,在不同的条件下,提出不同的目的,采取不同的方法。马克思说:"劳动过程结束时得到的结果,在这个过程开始时就已经在劳动者的表象中存在着,即已经观念地存在着。"[①]最蹩脚的建

[①] 《资本论》,《马克思恩格斯全集》第 23 卷,第 202 页。

筑师之所以比最灵巧的蜜蜂高明，就在这个地方。其次，和动物只能适应自然界的被动状况相反，人能够认识客观世界的本质和规律，因而能够利用这些规律去制造和使用工具，创造出一个为人类生存所需要的"客观世界"。人的这种自觉的能动性是和人类的社会生活同时产生的。我们看，即使是原始人用的骨针石斧、木巢土穴，就已经不是自然界固有的现成事物，而是人类改造自然界的成果，更不用说现代化的各种工具，以及利用这种生产工具创造出来的物质文明了。高分子化学可以帮助人造出"人工物质"，应用遗传工程可能造出自然界不存在的生物品种。所以恩格斯说："动物仅仅利用外部自然界，单纯地以自己的存在来使自然界改变；而人则通过他所作出的改变来使自然界为自己的目的服务，来支配自然界。这便是人同其他动物的最后的本质的区别。"①

唯心主义者把这种能动性故意神秘化。马克思以前的唯物主义者对人的这种自觉的能动性，无法作出科学的理解，而这个重要的方面却被他们的哲学忽略了。

马克思在批判费尔巴哈的时候指出，费尔巴哈没有看到他周围的感性世界并不是某种开天辟地以来就已存在、始终如一的东西，而是工业和社会状况的产物，是历史的产物，是世世代代活动的结果。实际情况是这样：人的自觉能动性在他力所能及的范围内，到处打上了自己的印记。从穴居野处到高楼大厦，从被开垦的处女地到栽满果树的山野，从钻木取火到原子能发电，从刀耕火种到现代化农业生产，从牛车、马车到火车轮船，以至宇宙航行器……所有这些，无一不是人类发挥自觉能动性认识世界和改造世界的结果。随着人类的出现和发展，人周围的自然界已经远远不是史前的"洪荒之世"，而是不断地"人化"了的自然。

人的自觉能动性和意识的作用是分不开的。

> **社会生活过程中意识的能动作用**

唯物主义的原理告诉我们，物质是第一性的，意识是第二性的，物质世界是不依赖于人的意识而独立存在的。在这里，我们又说，自然界是"人化"了的自然，到处打上了人的意志的印记。这岂

---

① 《自然辩证法》，《马克思恩格斯选集》第3卷，第517页。

不是自相矛盾吗？不，这是一点也不矛盾的。辩证唯物主义承认物质第一性、意识第二性，并不否认意识有能动作用。这一点，在本书的第五讲就已经指出来了。

意识就其产生来说是高度发展的物质的产物，物质是第一性的，意识是第二性的。不承认这点就不是唯物主义。意识就其作用来说，它又不是物质的消极产物，在一定条件下，它能对物质的发展进程起巨大的能动作用。不承认这一点就不是辩证唯物主义。前面已经说过，意识的出现以自然界的长期发展为基础，而它一开始就是社会的产物。它随着人类社会的产生而产生，随着社会的发展而发展。意识的能动作用，和它的社会本性分不开。无论是意识对物质的反映，或者是意识对物质发展进程所起的反作用，都是以社会实践为基础的，是人的自觉能动性的表现。

那么，意识有一些什么作用和功能呢？首先，意识有反映客观世界的作用，也就是有认识的功能。这种反映又是在实践基础上的能动的反映。这种能动性，表现在意识对从外界得到的信息进行加工，不仅能用感性认识的形式反映事物，而且能用理性认识的形式反映事物，不仅能认识事物的现象，而且能认识事物的本质和规律。

不借助意识的这种认识作用，人就不能通过实践能动地有效地改造客观世界。认识的最高形式和最高成果表现为科学理论的形式。

一个医生要正确地诊断和治疗疾病，需要有系统的生理、病理和医药等医学理论作指导；一个土木工程师要以材料力学、结构力学等科学的建筑理论作指导；搞工业、农业等各项生产活动，都要有关于各自领域的科学理论作指导。否则，就没有正确的方向和方法，达不到预期的目的。

马克思主义科学理论对无产阶级和被压迫人民、民族解放的指导作用，是有目共睹的。"十月革命一声炮响，给我们送来了马克思列宁主义。"[①]从此，长期受尽苦难和凌辱的中国人民，才看到了自己的国家、民族的出路，从而掀开了我国历史的新篇章。没有马克思列宁主义同中国革命实践相结合的毛泽东思想，就没有我们今天的新中国。同样，没有马

---

① 《论人民民主专政》，《毛泽东选集》1960年版，第4卷，第1476页。

克思列宁主义、毛泽东思想的指导,也就不会找到一条适合我国情况的社会主义现代化建设的正确道路。

以反映、认识的作用为基础,意识的作用还表现为科学理论所具有的预见、预测的作用。科学理论揭示的是事物发展的客观规律性、事物的内在联系和必然趋势,我们掌握了科学理论,就可以预见未来,洞察事物发展的方向、进程和前途。

在自然科学方面,人们常常以门捷列夫元素周期律的例子,说明科学理论的预测功能。的确,这个事例是富于启发性的。在门氏发现元素周期律以前,人们已经积累了不少关于化学元素的知识,但是,这些元素之间有什么联系呢?是否还会有新的元素发现呢?当时人们是搞不清楚的。门捷列夫则抓住了问题的关键,他说:"一想到物质的时候,除了关于物质的原子的一切概念之外,对我来说,决不能避开两个问题:什么物质和多少物质,而这和化学元素的质量的概念也正相符合……因此使我不由得产生一种想法,以为在质量和化学元素中间必然有联系,因而物质的质量(虽然不是绝对的而是相对的)最后总要表现在原子里,那么就应该找到在元素的性质和它们的原子量中间的关系。"在这个思想认识的指导下,他经过反复研究,终于发现了元素的性质和它的原子量之间的对比关系,制定出了元素周期表。由于当时还有许多元素未被发现,在周期表中不免空着许多格子,然而,门氏坚信自己确实发现了元素之间的内在联系,认为有些元素虽然尚未发现,但是一定存在着,并且预言了这些元素的性质和原子量。十多年后,他的这些预言果然一个个地应验了,而且十分准确。当他在彼得堡得知巴黎的列科克发现镓以后,写信告诉列科克说:镓就是我预言的埃卡铝,其原子量为接近68,比重在5.9上下。列科克回信说:我是用一块1/15克重的新物质测定比重的,结果得出新元素的比重为4.7。门氏回答说:不对!应该是5.9,您那物质也许不够纯。列科克复查了一下,结果证明,镓的比重确实是5.9。这个事实说明,人们一旦掌握了科学理论,可以作出何等准确的预见,这种预见在人们头脑中产生的信念又是一种多么可贵的精神力量!科学家们百折不挠的精神正是从这里产生出来的。

社会现象比自然现象要复杂得多,但是,科学的社会理论,同样具有准确地判明形势、洞察事变的未来和进程的功能。马克思和恩格斯没有见过社会主义社会,但是由于他们发现了历史发展规律,深刻地分析了资本主义社会存在的条件,因而他们能够坚定地指出,社会主义一定要代替资本主义。就是在一些具体的历史事变中,我们也看到科学预见的作用。恩格斯在第一次世界大战前的二十七年,就以惊人的准确性预言了战争的发生和它的结果。他在1887年写道:"对于普鲁士德意志来说,现在除了世界战争以外已经不可能有任何别的战争了。这会是一场具有空前规模和空前剧烈的世界战争。那时会有800万到1000万的士兵彼此残杀……三十年战争所造成的大破坏集中在三四年里演出来并遍及整个大陆……旧的国家及其世代相因的治国才略一齐崩溃。"①如列宁所指出的,许多事情都是"照他所写过的"一样地实现了。这不是什么神奇,而是因为恩格斯根据阶级斗争的理论对当时资本主义国家的本质作了精确的分析。我国民主革命时期,毛泽东同志的《星星之火,可以燎原》、《论持久战》等著作都是这种科学预见的光辉篇章。大家知道,事情的基本进程正是像毛泽东同志预见的那样发生的。

当然,马克思主义者不是算命先生,他们不可能像数学计算那样精密地测定某个国家的革命在哪年哪月哪天发生。在社会生活的复杂事物中,过分夸大科学预见的精确性,也是不正确的。科学理论的作用在于指出了事物变化发展的方向和趋势。

有了以上的作用,意识就可以有确定目的、选择目标和为了实现这些目的、目标,规划一定的行动程序、计划、方法和战略策略等功能和作用。在实现目的、目标的过程中,意识又体现为完成这些目的的意志,指导和控制人们的行动。

反映社会存在的社会意识,还具有调整人们行动的规范等作用,约束社会、阶级、集团的成员的行动,等等。

以反映、认识为基础,意识的作用和功能是多方面的。这多方面的作用综合起来,形成指导实践、改造客观世界的强大的反作用力量。在社会主义社会,意识的这些作用是巨大的,并且带有自己的特点。意识、精神的作用虽然不是万能的,但是贬低意识、精神的作用,并不是科学的唯物

---

① 《波克罕〈纪念一八〇六至一八〇七年德意志极端爱国主义者〉一书引言》,《马克思恩格斯全集》第21卷,第401页。

主义,而是对唯物主义的庸俗的错误的理解。

主观和客观认识和实践的辩证统一　　马克思主义哲学重视意识的能动作用。但是,任何意识,即使是正确地反映了客观世界规律性的科学理论,终究还是属于主观世界的东西。"思想根本不能实现什么东西。为了实现思想,就要有使用实践力量的人"。① 当我们谈到意识的能动作用,谈到科学理论对改造客观世界的作用时,是一点也不能离开实践的。只有通过实践,才能变客观的东西为主观的东西,又变主观的东西为客观的东西。这样,才能实现主观和客观的统一,达到改造客观世界的目的。在这里,我们接触到常见的两对范畴:主观和客观,认识和实践。这两对范畴是有区别的,又是有联系的。但是,不论是认识和实践,还是主观和客观,都是矛盾的统一,它们互相对立,又互相制约。

在认识和实践的辩证关系中,实践是基础。前面几讲着重讲了认识对实践的依赖关系,认识只能是一定时代社会实践的产物,实践发展到什么程度,认识才能达到什么程度。例如二十世纪初,人们发现光电效应只与光的波长有关而与光的强度无关,这个新的实践成果暴露了古典物理学的矛盾,使人们对物质结构有了新的认识。又经过多次实践,才创立了量子力学,由此揭示了原子的结构和变化规律。一句话,人的认识、理论的产生,是受实践制约的。这是认识和实践相互关系的一个重要方面。认识和实践的相互关系还有另外一面,这就是,实践在一定意义上也受认识的制约。认识发展到什么程度,实践的效果才能达到什么程度。没有量子力学的建立,没有固体物理理论的发展,就不会有晶体管和其他半导体器件的发明。同样的道理,没有微波波谱学的理论研究,就不会有微波波段、激光的发明,也不会有光波波段激光器的诞生。由此可见,认识和实践是以实践为基础互相制约的。

从实践到认识,从认识到实践,不是简单的周而复始,而是否定之否定过程。从实践到认识是一次飞跃,从认识到实践也是一次飞跃,每一次的循环,都有新的东西产生。毛泽东同志在《实践论》中指出:"实践、认

---

① 《神圣家族》,《马克思恩格斯全集》第2卷,第152页。

识、再实践、再认识,这种形式,循环往复以至无穷,而实践和认识之每一循环的内容,都比较地进到了高一级的程度。"

从实践到认识,是以实践为基础、变客观的东西为主观的东西的过程,也就是人的意识能动地反映客观世界的过程。从认识到实践,是通过实践变主观的东西为客观的东西的过程,也就是人以意识为指导而能动地改造客观世界的过程。主观和客观的对立,只有在实践的基础上才能得到统一。

在哲学书籍中,我们常常遇到主体和客体这对范畴,这与意识和物质的范畴是等同的吗?不是的。

首先,客体并不等于物质。客观世界在发展的一定阶段上,成为人的实践和认识对象的那个部分、层次,才是和主体相对立的现实的客体。例如,电子作为一个客观实在的东西一直是存在着的,但是,在很长的一段时间中,它并没有进入人的实践和认识活动的领域,没有成为人们实践和认识的客体。只有在十九世纪末二十世纪初,随着现代物理学的发展,微观世界才以其无限的丰富性展现在人们的面前,成为二十世纪人们实践和认识的客体。可见,客体不是指客观物质世界的全部,而是指成为主体实践和认识对象的那一部分的客观实在。

其次,主体也不等于意识。主体是指有意识又有实践能力的人,是指把客观世界的事物变为实践和认识客体的人。人是实践的主体,也是认识的主体。这里所说的人,是指社会的人。单个的人的实践活动和认识活动,只有在社会中才能存在和发展。所以,主体不是指单个的个人,而是指人类社会中实践着的人们的整体。主体是有意识的,人为了生存不是简单地占有自然物品,而是不断改造它们以适应自己的需要,从这一方面来说,他具有主观的因素;意识不能脱离肉体而存在,从这一方面来说,他又具有客观的物质的因素。所以,主体并不就是意识。

揭示主体和客体这对范畴的含义及其对立统一关系,是正确地理解人的自觉能动性的重要环节。唯心主义者黑格尔也讲主体和客体,而他所讲的主体指的是绝对精神,客体则是绝对精神在外部的显现。主体和客体的统一,在黑格尔看来,就是绝对精神自我创造、自我认识的统一。费尔巴哈批判了黑格尔的唯心主义观点,并正确地指出了意识是人的特性。但是,费尔巴哈把人仅仅看成是自然物,不了解人的社会性,不了解人是在实践活动中认识并创造了一个成为自己认识和实践对象的客观世界。所以,费尔巴哈也不可能理解人何以能够成为实践和认识的主体。

马克思主义哲学把实践的观点引入认识论,科学地揭示了主体和客体的对立统一关系。从实践和认识方面来说,没有实践和认识的客体,就没有与之相对立的主体;反过来说,没有进行实践和认识的主体,也就没有实践和认识的客体。客体制约着主体,主体又能动地改造着客体。只有在实践的基础上,才有主体和客体的互相依存的关系。随着人的实践和认识水平的不断提高,自然界将会有越来越多的方面成为主体的客体。主体和客体的相互作用,正是人的自觉能动性的体现。正确把握主体和客体的辩证关系,又要以正确把握物质和意识关系这一哲学基本问题为前提。

从必然王国向自由王国的飞跃

我们在上面反复讲了经过人的实践改造过的自然客体,是"人化"了的自然,这里到处被打上了人类意志的印记。这是不是说,客观世界就可以任人摆布了呢?不是的。一切客观存在的东西,包括已经成为人的实践和认识对象的客体,都有其内在的客观必然性。在没有认识它之前,人们仍然是被动的、没有自由的。只有认识了客观的必然性,才有可能利用这种必然性去征服它、改造它,获得一定的自由。马克思主义哲学把还没有被人所揭示的受客观必然性支配的领域称为必然王国,把被人认识了的客观必然性称为自由王国。认识世界的目的,就是要不断实现从必然王国向自由王国的飞跃,从而不断获得改造世界的胜利。

从必然王国向自由王国的飞跃,是一个充满着矛盾的过程。在马克思主义的科学世界观诞生之前,如果说人们对自然现象的客观必然性的认识和对自然界的改造取得了相当的成果的话,那么,在社会领域中,客观必然性却一直作为一种盲目的异己的力量在支配着人们。在私有制和分裂为对抗阶级的社会里,不可能有人类的真正的自由。只有在消灭了剥削制度和阶级对立的社会主义社会里,人,才第一次成为自己的社会关系的主人,自觉地掌握着自己的命运。人类只有成为自己的社会关系的主人,也才能成为自然界的真正的主人,自觉地、有计划地、大规模地改造

"挖个坑也能钓大鱼!"

自然界。恩格斯说:"只是从这时起,人们才完全自觉地自己创造自己的历史;只是从这时起,由人们使之起作用的社会原因才在主要的方面和日益增长的程度上达到他们所预期的结果。这是人类从必然王国进入自由王国的飞跃。"①

社会主义社会的建立,消灭了阶级对立,这是人类从必然王国向自由王国飞跃的开始。但是,绝不能简单地认为,在社会主义社会里,人们的行动就不受客观必然性的制约了。例如,二十世纪五十年代后期,我国社会主义改造和社会主义建设取得了伟大的胜利,我们党内有不少同志在胜利面前滋长了骄傲自满情绪,夸大了主观意志和主观努力的作用,在社会主义建设中违背经济规律而急于求成,其结果,国民经济蒙受了很大损失。这种教训是极其深刻的。马克思说:"人们自己创造自己的历史,但是他们并不是随心所欲地创造,并不是在他们自己选定的条件下创造,而是在直接碰到的、既定的从过去继承下来的条件下创造的。"②这段话,同样适用于社会主义社会。今天,无论对自然界的认识还是对社会主义社会的认识,在我们面前,还有一个很大的必然王国。人民群众是实践和认识的主体,我们要揭示实现社会主义现代化的客观规律,把我们的国家逐步建设成为现代化的、高度民主的、高度文明的社会主义强国,就需要提高全体人民尤其是青年一代的认识能力,充分掌握自然科学知识、社会科学知识和哲学科学知识,提高思想水平、政治水平和道德水平。一个"科盲"充斥的国家,不管是哪一方面的"科盲",是没有充分自由可言的。

马克思主义在中国的胜利,为我们开辟了通向自由王国的光明大道。中国共产党是社会主义社会实践和认识的指导力量。在中国共产党的正确领导下,充分发挥人的自觉的能动性,我们就一定能够一步一步地实现从必然王国向自由王国的不断飞跃,完成历史赋予我们这一代的认识世界和改造世界的新的任务。

马克思在创立新世界观——马克思主义哲学时,讲过一句至理名言:"哲学家们只是用不同的方式解释世界,而问题在于改变世界。"③把认识

---

① 《反杜林论》,《马克思恩格斯选集》第3卷,第323页。
② 《路易·波拿巴的雾月十八日》,《马克思恩格斯选集》第1卷,第603页。
③ 《关于费尔巴哈的提纲》,《马克思恩格斯选集》第1卷,第19页。

世界和改造世界联系起来的是实践。实践不仅是认识论的范畴,也是全部马克思主义哲学的最基本的范畴之一。马克思、恩格斯把他们的唯物主义称为"实践的唯物主义",以区别于旧唯物主义。关于实践的观点,在本书的以后各讲还要谈到。

第二十四讲：
把唯心主义从最后的避难所赶出去
——两种根本对立的历史观

1939年9月1日拂晓，希特勒德国的机群侵入波兰，进行狂轰滥炸。紧接着，德国的摩托化部队越过德波边界，分三路向华沙进逼。从此开始了历时六年的第二次世界大战。战火蔓延欧、亚、非三洲，先后有六十多国、占全世界五分之四的人口卷入。无数的城市和农村变成废墟，数百万犹太人被纳粹分子赶进毒气室、焚尸炉，几千万人被淹没在血泊之中。几十年过去了，人们对这场大灾难记忆犹新。那么，这段悲惨的历史是怎么引起来的呢？有一位外国学者说，这完全是希特勒的那本《我的奋斗》引起的。希特勒在这本书中，宣扬极端反动的沙文主义、种族复仇主义，使得纳粹分子发动了这场战争。这位学者认为，如果早些时候，世界上开明的政治家读了这本书，加以预防，这场世界性的大灾难本来是可以避免的。一本书的思想，竟然有这样大的神通，能够左右人类的历史命运，这种观点对不对呢？下面我们就会看到，这是不对的，在社会历史中起决定作用的，是物质的力量，而不是人的思想。这位学者不是用唯物史观，而是用唯心史观分析问题的。

> 社会历史领域是唯心主义的最后避难所

第二次世界大战究竟是什么原因引起的呢？这只有考察德意日法西斯的社会制度和当时的历史背景，才能找到正确的答案。帝国主义是垄断的资本主义，它为了榨取最大限度的垄断利润，不仅要残酷地剥削本国劳动人民，而且必然要实行侵略扩张的政策，疯狂地掠夺殖民地和别国人民。第一次世界大战结束后，战败国德国经过一段时期的恢复和发展，羽毛逐渐丰满，便又纠合意大利和日本再次投入了争夺世界霸权、重新瓜分世界的斗争。1929年至1933年发生的席卷资本主义世界的经济危机,使资本主义的各种矛盾更加尖锐,进一步加剧了这种斗争,终于导致第二次世界大战的爆发。

可见,这次战争的发生,有着深刻的社会经济根源,是帝国主义各种矛盾尖锐发展的结果。当然,希特勒反动思想的宣传不是同战争的发生毫无关系,贪婪的野心、无穷的欲望,对于战争的发生也是起了作用的,然而它毕竟不是战争发生的根源。

思想是第二性的东西,是存在的反映,是由存在决定的。希特勒的反动思想,不是天生的,它形成于腐朽的资本主义制度,是当时德国的社会经济条件的产物。他的思想反映和适应了德国垄断资产阶级的需要。从这里,我们应该得出如下结论,我们在分析社会历史问题的时候,必须坚持唯物主义,用唯物主义来观察社会现象。也就是说,必须遵循历史唯物主义。

当然,遵循历史唯物主义,并非轻而易举的事。马克思主义产生以前,在历史观中唯心主义一直居于统治地位,成为人们的传统观念。

认为历史是由天命或神决定的,这是旧社会流行的一种唯心史观。《三国演义》说的:"天下大势,分久必合,合久必分。"这是什么原因呢?我们知道,当时天下所以发生变动,这是由封建社会内部矛盾的发展所规定的。可是,《三国演义》的作者并不这样看。他认为,三国鼎立、统一于晋,都是先天命定的。全书最后引了一首古风,其中有两句话:"纷纷世事无穷尽,天数茫茫不可逃。"我国旧社会还流行这样一句话,叫做"万般皆有命,半点不由人",认为从个人的活动到社会的变化,都是受"命"支配的。"天数"也好,"命"也好,指的都是神的旨意,一种超自然的精神力量。这类观点,把精神力量看做是社会存在和发展的决定因素,是历史的主宰。

认为历史是由帝王将相、英雄豪杰的思想、意志决定的,这是另一种形式的唯心史观。我国宋代唯心主义哲学家朱熹认为,决定历史变化的主要原因是人心的好坏,特别是帝王心术的好坏。不仅朱熹,还有不少的人也认为,创造历史的不是人民群众,而是超人、英雄。据说这些超人、英雄"胸怀大志,腹有良谋,有包藏宇宙之机,吞吐天地之志",他们"心理之动进稍易其轨,而全部历史可以改观",也就是说,他们的非凡的思想和意志,决定着战争的胜负、历史的发展和人类的命运。这种唯心史观,人们常用一句话加以概括,叫做"英雄造时势"。

唯心史观不论采取何种形式，它们在一点上是共同的，即都是从思想或精神中寻找历史发展的最终原因。黑格尔的历史观也不例外。这位哲学家不愧为辩证法的大师，他用辩证的观点分析历史，认为历史是不断变化、发展的，并且认为历史变化、发展的原因，不是人们的思想，不是英雄人物的意志，而是另有更为深刻的东西。但是，他把这个东西仍然看做是一种精神，他称为宇宙精神，又叫"绝对观念"黑格尔认为，人类的历史所以发展到今天这个样子，就是由"绝对观念"决定的。这种"绝对观念"无所不在，无所不能，极为玄妙，它走到哪里，哪里就文明发达。他举例说，"绝对观念"是从东方向西方移动的，到了十八世纪，已经移到了欧洲，所以，东方落后了，欧洲发达了。这种精神支配历史的观点，和传统的唯心史观自然没有本质的不同。列宁曾嘲笑黑格尔的这种观点"已经老朽不堪，成了古董"。①

对于唯心主义者，他们这样看待历史的发展，是不奇怪的。他们在解决思维和存在这一哲学基本问题的时候，既然是唯心主义的，自然就不可能在这个基础上形成唯物主义的历史观。

马克思主义以前的唯物主义者，他们的社会历史观点是不是贯彻了唯物主义的原则呢？没有。他们仅仅在个别问题上提出过一些有价值的论点，而从总体上说，仍然是唯心主义的。我国东汉时期唯物主义哲学家王充在观察历史上乱与治同人们经济生活的关系时，曾说："夫世之所以为乱者……由谷食乏绝，不能忍饥寒。"又说："传曰：仓廪实，民知礼节，衣食足，民知荣辱。"他力图用朴素唯物主义观点，从物质的原因去解释一些历史现象。但是，他又把物质生活的好坏归结为自然条件，如风调雨顺或水旱虫灾等，这样就不可避免地又陷入了唯心主义的命定论。十八世纪法国唯物主义者爱尔维修反对宗教神学，提出过"人是环境的产物"这个命题。但是，他所说的环境主要指的是政治法律制度，结论是："法律制造一切。"而政治法律制度又是由占统治地位的人们制定的，所以，"全民的美德，靠的是法律的完善，法律的完善，靠的是人类理性的进步"。他绕了一个大圈子，又回到了"意志支配世界"的唯心主义历史观。马克思主义以前，最后一位伟大的唯物主义哲学家费尔巴哈曾经激烈地批判过唯心

---

① 《哲学笔记》，《列宁全集》第38卷，第351页。

主义和宗教世界观,可是,他反对的仅仅是有神论的宗教,而并不是宗教本身。他认为,人类社会的基础正是宗教,各个时代之所以不同,是由于不同的宗教决定的。因此,他认为,要建立一个完善的社会,就得建立一种完善的宗教,这种宗教,就是他鼓吹的"爱的宗教"。从这里可以看出,旧唯物主义者对自然界的解释,是唯物主义的,而对社会历史的看法,却是唯心主义的。或者说,他们的世界观,下半截是唯物主义的,而上半截却是唯心主义的。因为,归根到底,他们也是用人们的社会意识去解释社会的存在和发展。

可见,在马克思主义以前,不仅唯心主义者的历史观点不能不是唯心主义的,而且连唯物主义者的历史观点也是唯心主义的。社会历史领域,成了唯心主义的最后避难所。

人类社会的发展是有客观规律的

马克思主义产生之前,对社会历史的看法,为什么唯心主义观点占了统治地位呢?这是有深刻的历史根源、阶级根源和认识根源的。生产力水平的低下,生产规模的狭小,限制着人们的眼界。剥削阶级的阶级地位,决定他们总是要歪曲历史的本来面目。此外,还由于社会历史现象比较复杂,人们往往夸大社会历史现象的特殊性,从而得出了错误的结论。

的确,人类社会的发展,与自然界的发展,具有不同的特点。在大自然中,万物的生长、发育、成熟,在没有人们参与的情况下,都是无目的的,自然而然地进行的。我们不能说,花儿长得鲜艳,那是专门为了让人看的,老鼠生下来,那是专门为了喂猫的。可是社会生活就不同了。在社会中,一切活动都是人的活动。而每个人从事任何活动,都是有意识、有目的的。因此,在社会生活中,就出现了比自然界更为复杂的情况。有人由此产生了迷惑,一位西方历史学家曾说,他所看到的历史发展,只是像一浪逐一浪那样一些不可预见的事件,而人类命运的发展,只不过是一些偶然的、不可知的力量的游戏罢了。这些话是什么意思呢?就是说,人类历史的发展,是杂乱无章的,是毫无规律可循的。这样一来,历史的发展就具有了任意性,谁想怎么干就可以怎么干,任何一种思想,都可以随便变更历史进程,历史的发展完全是依人们的意志为转移的。

但是,社会历史的发展,却并不是这样的,它并没有按照不同人的主观愿望,而产生了无数个发展方向。相反的,人们的个人愿望,在绝大多数场合下,都没有得到完全满意的结果,历史的发展往往与许多人的愿望相反。希特勒发动了第二次世界大战,当初他何等得意,何等猖狂,一心要吞掉欧洲,称霸世界,可是结果怎么样呢?他的军事优势很快消失了,节节败退,最后在柏林帝国总理府十五米深的地下室里,自己结束了自己的性命。我国辛亥革命后,大野心家袁世凯不甘心于帝制的灭亡,妄图重温皇帝美梦。于是,在清朝遗老遗少的鼓吹下,在国外反动派的怂恿下,他在1916年3月,黄袍加身,演了一场复辟丑剧。可是,袁世凯在皇帝宝座上还没坐稳,全国各省就纷纷通电反对,起兵讨伐。无可奈何,他只好宣布取消帝制,在全国人民的唾骂声中,气急败坏,呜呼哀哉!

这些活生生的历史事实说明了一个根本的道理:人类社会历史的发展,像自然界的发展一样,都是不以人们的意志为转移的,它的发展,也有客观规律。人类历史由低级向高级的发展,由原始公社制,经由奴隶制、封建制和资本主义,发展到社会主义、共产主义,尽管一次又一次遭到反动阶级的反抗,但是,历史前进的这个总方向,是不可抗拒的。世界上没有任何力量可以挽救资本主义的必然崩溃,也没有任何力量能够阻挡社会主义和共产主义的必然胜利。因为这是不以任何人的意志、也不以任何阶级的意志为转移的客观规律。在这一点上,社会历史的发展,和自然界的发展是相同的。

当然,历史唯物主义也承认,社会历史的发展的确有它自己的特点。

历史的发展规律虽然不以人的意志为转移,但它却是由人们的有目的的活动去实现的。比如说,清朝的封建君主制的灭亡,这是中国社会发展的必然规律决定的,不是谁愿意还是不愿意的事情。这与月蚀出现是一样的,你希望也好,不希望也好,到了时候,它是一定要出现的。但是,月蚀的出现,那是自然而然的事情,不需要任何人参与。而清朝封建君主制的灭亡就不同了,它是被人民革命推翻的。为了发动这次革命,孙中山领导的革命党人前仆后继,流血牺牲,唤醒民众,经过了十几年的努力,才最后成功。这说明,反动势力、落后制度是必然要灭亡的,但又不会自动灭亡。

从这里我们可以看到,社会历史发展的特点在于,它一方面受客观规律支配,是不以人们的意志、意识为转移的;另一方面,历史过程是人们创造的,历史发展的规律,是通过人们的自觉活动实现的。这两个方面并不是互不相干、绝对地互相排斥的。问题在于,人们自觉地创造历史的活动同历史发展的客观规律之间的关系是怎样的?为什么人们不能随心所欲地创造历史?这正是历史唯物主义需要回答的问题。

> 唯物史观的创立是科学思想中的最大成果

前面说过,马克思主义哲学产生之前,社会历史领域是唯心主义的最后避难所。这是因为在自然观上是唯物主义的哲学家,他们在历史观上仍然是唯心主义的。马克思主义的任务就在于把唯物主义贯彻到底,运用于历史,把唯心主义从历史观这个最后的避难所中驱逐出去。

资本主义的发生和发展,使以前被封建等级制掩盖着的社会阶级关系简单化了、明朗化了,人们能够更容易看清楚社会发展的经济根源了。资本主义的大机器生产又打破了地方的和民族的闭塞状态,扩大了人们的眼界,人们可以更好地比较研究社会发展的规律性问题。正是在这样条件下,马克思根据对人类历史的研究,特别是对于资本主义社会历史的研究,彻底推翻了以往的唯心主义偏见。他第一次指出,有生命的个人的存在是全部人类历史的第一个前提,而人们要"创造历史",要进行哲学、政治、宗教等活动,必须吃、穿、住,也就是说,必须有物质生活条件作前提,必须先进行物质资料的生产。因此,在社会生活现象中,物质资料的生产,就是决定的因素,就成了整个历史发展的基础。物质资料的生产构成人们的物质生活的基本内容,并决定着人们的思想,也就是社会存在决定着社会意识。马克思概括说:"物质生活的生产方式制约着整个社会生活、政治生活和精神生活的过程。不是人们的意识决定人们的存在,相反,是人们的社会存在决定人们的意识。"① 也正是根据这一理解,马克思、恩格斯把历史唯物主义界定为"描述人们实践活动和实际发展过程的真正的实证科学。"②

---

① 《〈政治经济学批判〉序言》,《马克思恩格斯选集》第 2 卷,第 82 页。
② 《德意志意识形态》,《马克思恩格斯全集》第 3 卷,第 30—31 页。

和历史唯心主义的社会意识决定社会存在的观点相反,历史唯物主义的根本原理是社会存在决定社会意识。在我们今天看来,这已经是常识了。但是,在马克思那个时代,这种观点却是一场科学革命,是对社会历史观的根本改变。恩格斯说过,马克思发现了人类历史的发展规律,好像达尔文发现了自然界的规律一样,是对人类历史的极重大贡献。他又说,仅就社会存在决定社会意识这一原理的提出,就是对一切唯心主义的当头一棒。为什么这样说呢?因为这个原理的确立,把唯物主义原则真正全面运用到了社会历史领域中去,使唯心主义再无藏身之地了。这样,就克服了先前的一切唯心史观的下列两个致命缺点,把对社会历史的看法放在科学的基础之上。

第一,以往的唯心史观在研究历史的时候,只是着眼于人们历史活动的思想动机,而不去研究社会发展的最终的原因——物质生产的发展。所以,他们总是认为,社会的发展,是上帝、神、天意或人们的意志、愿望决定的,或者说,社会的发展,是可以由长官的意志(或者社会意志、政府意志)决定的。在今天看来,肃清这种唯心史观的错误观点,也仍然有现实意义。从唯物史观的观点看,在社会发展中,思想、精神、意志是第二性的,是社会存在的反映。它们对社会存在有反作用,在一定条件下甚至能起巨大的积极作用,但它不能改变社会发展的规律。错误的、反动的思想对历史发展会起阻挠、破坏的作用,可是终究不能阻止历史车轮滚滚向前。

第二,从社会意识决定社会存在这个错误观点出发,以往的一切唯心史观,总是把整个人类的历史归结为个别人物的活动,所以决定历史发展的,不是人民群众,而是个别的英雄豪杰。反之,从唯物史观的立场上看,既然承认社会存在决定社会意识,承认社会发展史首先是生产的发展史,那么,社会发展史同时也就是物质资料、生产者本身的历史,劳动群众的历史。历史唯物主义并不否认个人在历史上的作用,但是,它认为在历史发展中起决定作用的是人民群众。有一段时期,把个人的作用看得高于一切,把党的领袖加以神化,这是一种唯心史观的表现。

总之,马克思所阐明的社会存在决定社会意识这个唯物史观的根本原理,确实是对唯心史观的致命打击,摧毁了它的两大支柱:思想决定一切和个人决定一切,把唯心主义从它的最后避难所赶出去。于是,一种科学的历史观诞生了,人类思想发生了一次空前的大革命。所以,列宁把马克思所创立的唯物史观称为"科学思想中的最大成果"。① 历史唯物主义是由一系列的根本规律和范畴组成的完整的科学体系,它为无产阶级的革命和社会历史的研究提供了科学的指南。

---

① 《马克思主义的三个来源和三个组成部分》,《列宁选集》第2卷,第443页。

第二十五讲：
打开社会历史迷宫的钥匙
——生产和生产方式

现在说来，人们也许会觉得奇怪：关于人类自身究竟是从哪里来的问题，几千年中人们都没有弄清楚。古今中外都曾经流传过一些神话故事。在我国，相传人是用五色石子补天的女娲按照自己的形象用泥土做成的，然后她让男女结为夫妻，世代相传。在欧洲等地方，据《圣经·创世记》记载，是"全智全能"的上帝用尘土造了男人亚当，又从亚当身上取下一条肋骨造了女人夏娃，这就是人类的始祖。在非洲，古埃及相传第一个人是由哈奴姆神在陶器场里用陶土塑成的。在美洲，也有一些类似的传说。十八世纪英国作家丹尼尔·笛福（约 1660—1731）在《鲁滨孙漂流记》中描述了这样一个情节，当鲁滨孙问他的奴仆"星期五"，人是从哪里来的，"星期五"毫不犹豫地回答：是一个叫贝纳木基的老人造出来的。关于人类起源，曾经是这样的众说纷纭。

至于谈到人类历史又是怎样从茹毛饮血的原始状态发展到登上月球的今天；为什么一个个民族、国家此盛彼衰，此兴彼亡；为什么在奴隶制时期，一些人只能充当会说话的工具，而在资本主义时期，"自由、平等、博爱"又成了时髦的口号；如此等等，社会历史就仿佛是一座千回万转、烟锁云封的迷宫。人们在探讨，思考。有的猜想，过去一切历史变迁都是由那种具有"非凡的"智慧和意志的英雄人物随心所欲地决定的。还有些人相信，社会历史的变迁是由神、真主、上帝等神秘的力量决定的。也有的人说，一个民族创造了一种文明，也就完成了历史任务，另一个民族又取而代之，进行新的创造，等等。这些说法显然都没有正确解释人类历史的发展。不少人在探索人类历史迷宫的道路上洒下了心血，但就是他们当中最有成就的人，也没有能够从这座迷宫走出来。因为没有一个人能够找到打开历史迷宫的钥匙。就连杰出的唯物主义哲学家费尔巴哈，历史对他来说也是"一个感到不愉快的和可怕的领域"。

经过几千年的探索,直到十九世纪四十年代,马克思和恩格斯"在劳动发展史中找到了理解全部社会史的锁钥,"①从此,历史迷宫大门上的锁才被打开了。

有劳动,才有人类历史

来到北京颐和园的游人,都会被其精美的园林建筑、秀丽的湖光山色所吸引。仰望那高耸蓝天的佛香阁,远眺那碧波荡漾的昆明湖,漫步于曲径长廊之上,沉浸在花草芳香之中,赏心悦目之余,定会有许多人想到:这座夏宫名不虚传,不愧是中国人民辛勤劳动的结晶。是的,劳动美化了环境,改造了自然,创造了世间数不清的奇迹。不仅如此,劳动还创造了人类本身。

人类生活的大地是四十多亿年前形成的一个球体。在这个大地上,人类祖先古猿生活在距今约六百万年到一千多万年前。达尔文周游世界各地考察,用大量事实证明,人类和其他高等动植物一样,是从比较低级的生物进化而来的。1871年,达尔文的名著《人类起源与性的选择》出版了。在这一著作中,他进一步论证了赫胥黎(1825—1895)关于人类与现存的类人猿有着共同祖先的观点,指出人类是由已经绝灭的古猿进化来的。这个发现当然是很重要的,它用科学的事实证明,人不是上帝创造的,不是从"伊甸乐园"中被驱逐到下界。但是,达尔文没有说明人是如何从动物中分化出来的。

古猿是怎样变成人的?马克思主义第一次科学地回答了这个问题,指出劳动创造了人类和人类社会。大约在达尔文的那本书出版五年之后,恩格斯写成了《劳动在从猿到人转变过程中的作用》一文,用唯物史观的原理,具体地说明了这个过程。

人们常说,社会发展史是从"猴子变人"讲起的,意思是指现在生活在地球上的黑猩猩、大猩猩、长臂猿等高等灵长类,都是人类的近亲,曾经和我们有着共同的祖先。这些类人猿和人类共同的祖先就是古猿。从古猿进化为会制造工具的人类,经历了漫长的岁月。古猿最初生活在森林中,

---

① 《路德维希·费尔巴哈和德国古典哲学的终结》,《马克思恩格斯选集》第4卷,第254页。

攀折树枝,采摘果实。大约在六百万年到一千四百万年前,气候发生变化,森林显著减少,古猿中除一部分仍留在森林外(这部分后来演变成为现代类人猿),其余的被迫离开长久居住的丛林,到平地上来寻觅食物。为了适应新的环境,这些古猿只好多用前肢活动。这就促进了它们的前肢和后肢的分工,走路逐渐地完全由后肢担任,古猿也就直立行走了。由于直立行走,猿手可以拿着石头和树枝抵御野兽的攻击,采集和猎取食物。于是,手在劳动中变得更加灵巧,上肢和身体各部器官也跟着发展起来。随着手的发展以及随着劳动而开始的对自然界统治的加强,对自然对象的认识越来越丰富,人们彼此之间结合也越来越紧密,就有了相互对话的需要,语言从劳动中产生了,语言又进一步促进了脑髓的发达。这样,首先是在劳动、然后是在语言和劳动的推动下,猿的脑髓就逐渐变成了人的脑髓。与此同时,身体各部器官也完善化了。从猿到人转变完成的标志,是劳动工具的制造和使用。当我们的祖先把石头做成石斧、石刀,逐渐使用起工具来,猿的动物性"劳动"就变成人类的生产劳动,从前主要依靠自身的生理器官来适应自然界的古猿,就发展成能够有意识、有目的地改造自然的人类了。不久前,有人在非洲发现了三百六十万年以前古人类足迹化石,这表明在三百多万年以前就有了人类。从一部分古猿到人的转变过程中可以看出,劳动是实现这一转变的决定性因素。所以,在这个意义上讲,劳动创造了人。

劳动不仅使猿变成了人,而且使原始人变成了现代人。我们人类今天的头脑,已经拥有空前发达的思维能力和认识能力,不光是能制造简单的工具,还能制造电子计算机、宇宙飞船等非常精密复杂的东西。所以,劳动不仅创造了人,也把人变成了巨人。

伴随着从猿到人和从原始人到现代人的转变,出现了原始氏族公社,并且逐渐进展到我们今天这样的具有一定物质文明和精神文明的现代社会。

生产方式是社会历史发展的决定力量

上面我们考察了劳动怎样创造了人和人类社会。这里已经涉及,人通过劳动同自然界进行的特殊的物质交换,对人和人类社会存在的意义。当我们考察人类社会又是怎样发展的时候,就要进一步研究生产劳动和其他社会物质生活条件在社会发展中的各自的作用。

　　社会是广义的自然界的一部分,它的存在和发展,当然离不开周围的自然界,离不开地理环境的条件。地理环境是指一定社会所处的自然条件的总和,包括土壤、气候、山脉、河流、动植物、矿藏、海岸线等,这就是构成人们生活和活动基础的那一部分自然界。人类所需要的一切物品,归根到底都是周围的自然界即一定的地理环境提供的。但是,自然界不会自动满足人的需要。人要凭借自己的体力和脑力,凭借畜力、风力、水力、电力以及化学和原子的能量,凭借自己制造的生产工具,从自然界索取自己所需要的生活用品和生产用品。这就是社会和自然的物质交换过程,它体现了社会和自然的相互关系。因此,地理环境不能不作用于人们的生产以至交换活动,从而对社会生活和社会发展发生影响。在历史上,草原和平原、河流交错地带的差异,形成了第一次社会大分工——畜牧业和农业分离的自然基础。"资本的祖国不是草木繁茂的热带,而是温带"①。我们生于斯、长于斯的可爱祖国,幅员广阔,大部属温带、亚热带,气候宜人,有丰富的矿藏和水力、水产资源等,这些对中华民族的发展,都是极其有利的地理环境的条件。在现代社会中,人类征服自然的能力大大加强了,但地理环境并不因此显得不重要了。例如,有些阿拉伯国家所以成为石油输出国,日本所以成为原料加工国,显然在一定程度上都是与地理环境分不开的。

　　但是,畜牧业的分离以及资本主义的产生、发展,毕竟不是单纯由于地理环境的缘故,那些阿拉伯国家和日本的社会面貌、社会性质以及社会制度的更替,也不是用地理环境就能够说明的。拿我国来说,几十年来,我国的地理环境没有多少变化,然而社会制度却由半殖民地半封建经过新民主主义转变为社会主义,发生了翻天覆地的变化。由此可见,地理环境只是为人类社会的发展提供了必要的自然条件,但不是社会发展的决定力量。正如黑格尔说的那样:"我们不应该把自然界估量的太高或太低:爱奥尼亚的明媚的天空固然大大地有助于荷马诗的优美,但是这个明媚的天空不能单独产生荷马。"

　　人口也是社会发展的一种物质生活条件。恩格斯曾经指出:有两种

---

① 《资本论》,《马克思恩格斯全集》第23卷,第561页。

生产,一方面是生活资料的生产,"另一方面是人类自身的生产,即种的繁衍"①。人是社会生活和社会生产的主体,一定数量、一定密度的人口是社会存在和发展的必要条件。人口的数量、增长率、密度和地区分布,都会对社会发展产生一定的影响。每一种社会都有它自身的具体的人口规律。一般说来,生产的发展,在其他条件相同的情况下,人口稀少的地区可能比人口充足的地区慢一些,但如果人口的密度和增长率超过一定的限度,也会影响社会的积累和消费,阻碍生产的发展和人民生活的改善。如在古希腊和罗马,周期性地强迫移民曾经成为一种固定的制度,因为他们如果不把人口控制在一定限度内,自由民就要陷入奴隶般的境地,古代文明就有毁灭的危险。但是,人口数量、密度等是由多方面的因素决定的,它们同样不能说明社会性质和社会制度的更替。因此,人口也不是社会历史发展的决定因素。

那么,在社会历史发展过程中,起决定作用的因素到底是什么呢?

一个基本的事实是,人们为了能够"创造历史",必须能够生活。为了生活,首先就需要衣、食、住以及其他东西。因此,人类的第一个历史活动就是生产满足这些需要的资料,即物质生活资料的生产。这是人们仅仅为了生存就必须每日每时进行的历史活动,是一切历史的基本条件。这个基本事实看起来很简单,但在马克思主义产生以前,却被人们忽略了。在旧的唯心史观那里,生产和一切经济关系,只是被当做"文化史"的从属因素顺便提到过。到了马克思和恩格斯,才充分揭示了这个基本事实。他们对于这一事实的全部意义给予了足够的重视,并从中引出了科学的具有划时代意义的结论。

这样说来,发现生产在社会生活和历史发展中的意义,不就决定于马克思和恩格斯个人的偶然认识吗?当然不是。以往的各个历史时期,生产发展缓慢,使人们看不清它和历史变迁的关系。资本主义的大工业出现后,情况就不同了,"生产的不断变革,一切社会关系不停的动荡,永远的不安定和变动,这就是资产阶级时代不同于过去一切时代的地方"②,这使人有可能看到生产的变化是一切社会关系变化的基础。摆脱了剥削

---

① 《家庭、私有制和国家的起源》,《马克思恩格斯选集》第4卷,第2页。
② 《共产党宣言》,《马克思恩格斯选集》第1卷,第254页。

阶级偏见的无产阶级思想家马克思和恩格斯把这种可能变成了现实。按照他们的观点,物质资料的生产构成现实生活以及人类历史的基础,而物质资料的生产又总是在一定的生产方式中进行的。因此,社会发展的决定力量只能是物质生活资料的生产方式。生产方式包括生产力和生产关系,是二者矛盾的统一体。它回答的是人们怎样进行生产的问题。

生产力就是我们人类社会生产物质财富的能力,它表明的是人们在生产中同自然界的关系。生产力的要素有生产资料和劳动者。马克思说:"劳动过程所需要的一切因素:物的因素和人的因素,即生产资料和劳动力。"①生产资料又分为劳动对象和劳动资料。

劳动资料以生产工具为主。生产工具介于劳动者和劳动对象之间,劳动者利用它的各种属性依照自己的目的作用于劳动对象,使劳动对象发生预定的变化。因此,它是劳动者发挥自己力量的必要手段。在一定意义上,各种生产工具都是人体自然器官的延长。比如,起重机是肢体的延长,射电望远镜是眼睛的延长,电子计算机是人脑的延长,机器人是人体各部器官的综合延长,等等。人通过工具延长了自己身体的某些器官,也就大大加强了自己同自然界斗争的力量。使用什么样的工具生产,这反映和体现了人类改造自然能力的大小,所以,生产工具不仅是社会生产力发展水平的测量器,而且也是赖以从事劳动的社会关系的指示器。石器产生的是原始社会,青铜器、铁器产生的是奴隶社会,手推磨产生的是封建社会,蒸汽磨产生的是自由资本主义社会,等等。

劳动对象也是生产力中不可忽视的一个要素。所谓劳动对象就是人们对它进行加工的东西。它包括两部分:天然存在的劳动对象和以前劳动加工过的劳动对象。前者指的是被人利用而进入生产中的那部分自然物,如在砍伐中的山上树木,在开采中的地下矿石等;后者指的是生产原料,如工业中的钢材、棉纱,农业中的种子,建筑中的木板。它们本身已经是劳动产品。劳动对象是生产力中不可缺少的要素,它直接影响到生产者力量的发挥和生产工具的利用、改进。

上面,我们讲了生产力中物的要素。仅有物的要素还不能构成生产力,物的要素必须为人所掌握和使用,才能成为现实的生产力。生产工具

---

① 《资本论》,《马克思恩格斯全集》第23卷,第209页。

的制造和改进，劳动对象的改造和利用，都是通过劳动者实现的。因此，劳动者是生产中起主导作用的要素，是生产力系统中的主体。如同一切社会的人一样，劳动者也不是抽象的。他不仅有一定的体力，也有一定的智力，有进行生产所必需的知识、经验和技能。这些又是随历史的发展而变化的。社会主义社会的发展将消灭体力劳动者和脑力劳动者之间的差别，并为其实现创造条件。在工场手工业中，劳动者是"局部工人"，资本主义大机器的发展把工人变为"机器的附属品"，而在社会主义条件下，科学技术的发展却使劳动者向全面发展的真正自由的人迈进。对于社会主义劳动者来说，掌握更多的文化知识和现代化的科学技术，已成为时代的迫切要求。

科学的发展对于生产力的发展有着极为重要的意义。科学是从生产中产生的。然而它一经产生，就反转过来影响生产，从而成为"一种在历史上起推动作用的、革命的力量"。[1] 科学的作用，从根本上说，是通过它向生产力的转化实现的。科学在被应用于生产过程以后，体现在生产力的诸要素中，成为直接的、现实的生产力。例如，从1976年到1980年五年间，我国杂交水稻累计播种面积二亿五千多万亩，增产粮食260多亿斤，平均每亩比其他良种增产100斤以上。1980年全国种植鲁棉一号一千多万亩，增产皮棉近200万担。这些事实有力地说明了科学对生产的促进作用。所以，马克思说："生产力里面也包括科学在内。"[2]

生产力中的诸要素构成了一个矛盾的系统，它们是相互作用和相互影响的。劳动者在对劳动对象加工时，也改变、发展和提高自己，产生出自己的技巧、才能、知识、经验。积累起来的经验、知识被应用到生产工具等劳动资料中，又产生出新的生产手段。而这些新的生产手段一旦出现和投入使用，又改造生产的主体，产生出新的劳动者。例如，当机械织布机、纺织机和蒸汽机刚发明并投入生产时，就出现了新型工人。这种相互作用和相互影响，构成了生产力自身内部发展的逻辑，然而劳动者却始终是生产劳动的主体。

---

[1] 《在马克思墓前的讲话》，《马克思恩格斯选集》第3卷，第575页。
[2] 《政治经济学批判大纲》草稿第3分册(1857—1858年)，1963年版，第349—350页。

在生产过程中,人们除了同自然发生关系外,彼此间也发生一定的关系,这种关系就是生产关系。人们为了进行生产,就必然发生一定的联系和关系,只有在这种社会联系和社会关系的范围内,才会有他们对自然界的关系,才会有生产。有人认为,也不尽然,鲁滨孙生活在孤岛上,不也照样生产自己所需要的生活资料,活下来了吗?是的。但他是怎样活下来的呢?按照《鲁滨孙漂流记》的描述,他手中有社会为他提供的枪支,有人们留给他的火药,有从破船上找到的装有刀子、斧子、钉子等各种工具的小箱子。这些都是别人的劳动产品。有了这些,他才能对付野兽,猎取食物,驱走、击毙吃人的生番,砍伐树木,盖起房屋。后来,他已经不是一个人,而是有了自己的仆人——当地土人"星期五"。他们一起在荒岛上播种庄稼,驯养家畜,战胜大自然和其他外来的威胁。所以,小说中描写的鲁滨孙绝不是与社会完全隔绝的人。小说中的人物如此,谈到现实生活中的人物,又怎能设想他能与世隔绝呢?一句话,人们要获得生活资料,就不能不结成一定关系进行生产。生产在任何时候和任何条件下都是社会的生产。

人们的社会生产关系,包括以下三个方面:

第一,生产资料的占有关系,也就是生产资料所有制形式。这不是人对物的关系,而是在人对物的关系上表现出来的人和人的社会关系。它表明了人、社会集团对生产资料的地位,即生产资料归谁所有和由谁支配。这种占有关系决定了生产资料和劳动者结合的方式。生产资料所有制有公有制和私有制两种类型。从奴隶社会、封建社会到资本主义社会都是以生产资料私有制为基础的。在资本主义社会里,资本家占有生产资料;没有生产资料的工人,为了生活,不得不出卖自己的劳动力。按照马克思、恩格斯的设想,在未来的共产主义社会,生产资料归全体社会成员所有,实行社会公有制。在我国现阶段,实行以生产资料公有制为主体、多种经济成分并存的制度。这种生产资料所有制形式是与我国现阶段的生产力发展水平相适应的。

第二,人们在生产中的地位和相互关系,这就是人们在生产中互相交换其活动的关系。没有这种活动的交换,就没有社会的生产。在不同的生产关系中,交换的情形是不一样的。例如,在资本主义生产关系中,资本家扮演生产活动组织者的角色,而工人则出卖劳动力,直接参加生产劳动。这也是一种活动交换,但这种活动的交换是由私有制决定的剥削与被剥削、统治与服从的关系。劳动分工在任何社会中都存在,都要交换活动。在我国现阶段的生产关系中,生产资料公有制占据主体地位,劳动者的根本利益是一致的,在生产的组织者、领导者和生产者之间,在工业劳动者和农业劳动者之间,在脑力劳动者和体力劳动者之间,在各部门、各工厂、企业的劳动者之间,他们的活动交换是分工协作、互助合作关系。

第三,产品分配关系。在私有制社会里,占有生产资料的剥削阶级占有大部分或绝大部分果实。在我国现阶段,与生产资料的所有制形式相适应,实行按劳分配为主体、多种分配形式并存的分配制度。

生产关系是物质的关系,它决定了思想关系和其他一切社会关系。

生产关系的三个方面是互相联系的,它们相互作用、相互制约,而生产资料的占有关系是其中最基本的和决定的方面。生产关系的三个方面综合起来就构成一定社会的经济制度。人类社会历史出现过的原始社会、奴隶社会、封建社会、资本主义社会和社会主义社会,就是根据生产关系的不同类型划分的。

以上,我们分别对生产力和生产关系作了说明。生产力和生产关系的统一,就构成社会的生产方式。生产方式是社会发展的决定力量。

生产方式对于社会发展的作用,主要表现在两个方面:

第一,生产方式决定社会的性质和面貌。一个社会的基本制度、阶级结构以及政治、法律、道德等观念,归根到底是由生产方式决定的。恩格斯指出:"直接的物质的生活资料的生产,因而一个民族或一个时代的一定的经济发展阶段,便构成为基础,人们的国家制度、法的观点、艺术以至宗教观念,就是从这个基础上发展起来的。"[①]

第二,生产方式的变化决定着从一种社会形态向另一种社会形态的转变。当一种生产方式发展到一定时期,不得不为另一种生产方式所代替时,随之而来的必然是整个社会制度的变化。人类历史表明,从原始社会向奴隶社会、封建社会、资本主义社会、社会主义社会的转变,都是由生产方式的更替所决定的。

---

① 《在马克思墓前的讲话》,《马克思恩格斯选集》第3卷,第574页。

生产力决定生产关系，生产关系对生产力的反作用

构成生产方式的两个方面（生产力与生产关系）的作用是不一样的，它们的发展变化情况也不一样，其中，直接作用于自然界的生产力是最革命最活跃的因素。它处在经常不断地发展变革的过程中。在生产力的系统里，通常是生产工具先发生变化，而后其他要素也跟着发生变化。例如，先有拖拉机的出现，而后才出现拖拉机手。生产关系的具体形式也经常发生变化，但同生产力比较起来，生产关系的系统则是相对稳定的。一种性质的生产关系一经形成，就在一定的历史时期表现为相对固定的形式。

在生产方式中，生产力是起决定作用的方面。生产力规定生产关系的性质、形式和发展方向。这里所说的决定作用，就是这种规定的作用。每一种生产关系都是适应于一定的生产力状况而建立起来的。在使用简陋的石器工具的情况下，个人无力单独同自然界相抗衡，只能共同劳动，产生集体的原始公社的生产关系。以金属工具为主的较为进步的生产力，导致了有限的剩余产品的出现，使剥削他人的劳动成为可能，决定了奴隶制生产关系的产生。由于金属工具的改进，特别是冶铁技术的进步，农业和手工业的生产力得到了更大的发展，使以家庭为单位进行生产的农民比在棍棒监督下进行集体劳动的奴隶，能提供更高的劳动生产率，奴隶制的生产关系就为封建制的生产关系所代替。从使用手工工具逐步过渡到机器生产，是资本主义的生产关系最终战胜封建主义生产关系的标志。任何一种生产方式，都以一定的生产力为内容，而与之相适应的生产关系则是生产力赖以发展的社会形式。内容决定形式，形式必须适应于内容。有什么样的生产力，就会产生什么样的生产关系；生产力向前发展到一定阶段，就会或迟或早地引起生产关系的根本变革。另一方面，无论哪一种社会的生产关系，在它所能容纳的全部生产力发挥出来以前，是绝不会灭亡的。人们常把生产力比作儿童身体，把生产关系比作衣服。当衣服大小还足以保护身体发育时，身体就可以继续发育，当衣服窄小到束缚身体、影响发育时，就得换成大号的了。

生产力决定生产关系，这是历史唯物主义最基本的原理之一。这个原理深刻地揭示了社会历史发展的源泉，指出生产力是生产方式中的决定力量，从而也是人类社会存在和发展的基础。在生产力发展的基础上改变生产关系,推动社会从低级形态向高级形态发展,这是不以人们的意志为转移的客观过程。这样,就使人们"有可靠的根据把社会形态的发展看做自然历史过程"。①

生产力对生产关系固然有决定作用,但生产关系也不是消极的、被动的,它又反作用于生产力。不同的生产关系提供了不同的生产目的。生产归根到底是为了满足社会和人的需要,需要推动着生产的发展。但并不是社会和人的需要在任何生产关系的条件下,都能构成生产的直接目的和发展生产的动机。也就是说,社会需要并不直接推动生产,而是经过生产关系的作用影响生产力的发展。不同的生产方式有不同的生产目的和不同的经济运动规律。在社会主义条件下,情况发生了根本变化。由于工人阶级和劳动人民掌握了生产资料,成为自己的生产关系的主人,满足人民不断增长的物质和文化生活的需要,就成了生产的目的和推动生产力发展的原因。可见,不论何种生产关系都使生产服从于自己的特殊目的。生产关系规定的社会生产的目的,成为发展生产的原因,对生产力的发展发生积极的或者消极的影响。

这是因为,生产力不能脱离开生产关系而自动地发展,只有在一定的生产关系中,劳动者和生产资料才能以一定方式结合起来,使可能的生产力要素成为现实的生产力,才能进行生产。因此,在被生产力所决定的条件下,生产关系又反作用于生产力,以自己的特殊的生产目的和发展生产的原因,促进或者阻碍生产力的发展。

生产力和生产关系之间的相互作用,构成了生产方式的矛盾运动。这种矛盾运动,表现为生产关系和生产力由适合到不适合、再到新的适合这样一个不断循环往复的前进运动过程。在新的生产关系建立起来以后的一定时期,生产关系同生产力虽然也存在着矛盾,但基本上是相适合的,对于生产力的发展具有积极的推动作用。当着社会生产力继续向前发展,到了一定程度,原来适合于生产力发展要求的生产关系,就逐渐成为生产力的桎梏,人们为了不致丧失已经获得的社会生产力,只能改变生产关系来适应生产力发展的要求,由此就产生了根本变革生产关系的必然性。当生产关系的根本变革实现以后,生产关系同生产力的不适合又

---

① 《什么是"人民之友"以及他们如何攻击社会民主主义者?》,《列宁选集》第1卷,第8页。

转化为基本适合,开始了二者之间的新的矛盾运动。可见,生产方式的矛盾运动不是杂乱无章进行的,而是遵循着一种客观的秩序,遵循着生产关系一定要适合生产力性质的规律。

生产关系一定要适合生产力性质的规律,贯穿于人类社会的各个发展阶段,但在各个社会中具体表现形式又是不同的。在私有制社会里,生产力和生产关系的矛盾要发展到剧烈的对抗和冲突,体现为剧烈的阶级斗争,这种矛盾不可能由该社会制度本身来解决,而只有通过代表新的生产力发展要求的先进阶级和劳动人民起来进行社会革命,才能解决。例如,在现今的资本主义社会里,垄断资本为了追逐利润,也可以利用国家政权的力量来对生产关系进行某些干预和调整,利用现代科学技术,通过剧烈竞争在世界范围内开辟新市场,组成跨国公司,使产业部门的重新组合具有更广大的规模,把剥削和对资源的掠夺,推行到更广大的地区,等等,使生产在一定条件下可以较快地发展,使生产的绝对量有较大的发展。有的人看到一些表面现象,就认为资本主义制度好得不得了,似乎可以永世存在下去。但资本主义的生产关系没有能力从根本上消除生产的社会性同生产资料的私人占有这个资本主义制度的根本矛盾,现代资本主义是在更大的范围内和在更高的程度上发展了这种矛盾。因此,它也没有能力消除机器设备大量闲置、人类智慧结晶的科学技术得不到正常运用、大量土地停止耕种、失业大军此消彼长、周期性经济危机等弊病。而这些都不可避免地要引起阶级矛盾和社会矛盾的尖锐化。由此可见,世界上的资本主义制度终将为社会主义制度所代替,这个人类历史发展的前景,是任何力量都无法改变的。

生产关系一定要适合生产力性质的规律,是我国无产阶级政党制定路线、方针和政策的客观依据。当着社会主义生产关系中某些方面阻碍生产力发展时,必须及时采取有力措施,调整和改革这些和生产力发展不相适合的方面,使社会主义生产关系逐步完善,当着建立了适合于生产力性质的生产关系以后,就要使新的生产关系在一定时期内保持相对稳定,充分发挥它的优越性,而不能随意变革这种生产关系。社会主义生产关系的某些方面应当加以改革还是应当使之相对稳定,不依赖于人们的主观愿望,而是决定于它是否同生产力的性质和状况相适合。

社会主义生产关系的发展并不存在一套固定的模式。它的具体形式依不同国家、不同阶段的生产力状况的不同而有所不同。现实中的社会主义的历史并不长,是一种崭新的生产方式、社会制度。列宁说:"劳动生产率,归根到底是保证新社会制度胜利的最重要最主要的东西。"①在我国社会主义初级阶段,实行公有制为主体、多种所有制经济共同发展的基本经济制度,同时实行社会主义市场经济体制。在以公有制经济为主体的前提下,发展多种经济成分,确立和完善社会主义市场经济,充分发挥市场调节的作用,这些都有利于发展我国的社会生产力。随着生产力的发展,从实际出发,寻找最适当的社会主义生产关系的具体形式,改革落后的经济体制和管理制度,以便最大限度地发展生产力,这是生产关系一定要适合生产力性质规律的根本要求。只有在生产力高度发展的基础上,社会主义才能过渡到共产主义。

在我国,基本上完成了生产资料私有制的社会主义改造以后,社会主义的生产方式得到建立、巩固和发展。我们已经消灭了剥削制度和剥削阶级,使占世界人口近四分之一的中国进入了人类历史上崭新的社会主义社会。这是中国历史上最深刻的社会变革,也是世界人类进步事业中一次具有深远意义的飞跃。

特别是改革开放以来,我国的经济和各项社会事业都获得了迅猛的发展,取得了举世瞩目的成就。这雄辩地证明了毛泽东同志的论断是完全正确的:只有社会主义能够救中国。我们振兴中华的民族宿愿,也只有在社会主义制度下才能实现。

---

① 《伟大的创举》,《列宁选集》第4卷,第16页。

第二十六讲：
从"秃头的历史观"说起
——经济社会形态，经济基础和上层建筑

二十世纪二十年代初，在我国展开过一场关于"科学和人生观"问题的大辩论。资产阶级实用主义哲学在中国的鼓吹者胡适，针对马克思主义的一元论的唯物史观，提出一个所谓"多元"的历史观。他否认经济在社会发展中起决定作用，认为经济、思想、知识、言论、教育等因素，具有同等的重要性，它们都可以"变动社会，解释历史，支配人生观"；并说，这样就"用不着戴什么色彩的帽子了"，意思是说可以不戴唯心主义或唯物主义的帽子了。所以，他把这种"多元"的历史观也叫做"秃头的历史观"。

胡适标榜他的历史观既不唯心也不唯物，是最"客观"、最"公允"的。其实，胡适的这种"多元"的历史观，并不是什么新东西，它同当时在欧洲流行的一种"因素论"是一路货色。这是资产阶级折中主义的历史理论，表面上主张多元论，骨子里却是唯心主义的一元论。

现在我们结合对历史唯心主义的"秃头的历史观"的剖析，谈谈历史唯物主义关于经济社会形态的理论，关于经济基础和上层建筑的理论。

> **经济社会形态是有骨骼和有血有肉的社会肌体**

什么是社会？构成社会最本质的东西是什么？社会生活中各种现象之间的关系是怎样的？这是历史观必须回答的问题。在这些问题上，马克思主义和资产阶级的社会历史理论存在着根本的分歧。

在资产阶级社会学家那里，对以上问题有着各种各样的说法。例如，社会学中的"心理学派"力图证明人们的心理活动是社会的基础，它决定社会的经济生活和政治生活。社会学中的"地理学派"，则完全用地理环境来解释历史的发展。他们认为，气候、土壤、地形、水源等地理环境直接

决定人们的心理和道德,决定经济的盛衰和国家的强弱,并由此决定社会制度的性质和更替。社会心理、地理环境对社会生活是有影响的,但它们不起决定作用。不论是"心理学派"也好,还是"地理学派"也好,都明显地否认经济在社会历史中的决定作用。"因素论"者的观点与此并没有实质的不同,不过多少变换了一些花样罢了。他们不公开否认经济因素的作用,而是把经济因素和其他因素平列起来,认为社会是地理环境、经济、政治、科学、教育、道德等各种因素的机械的结合,这些因素彼此隔离,独立地对社会的发展发生作用,分不出哪个是主要的、哪个是次要的。这种观点貌似全面,然而把本质的与非本质的、决定因素与非决定因素混为一谈,就会把任何微小的现象看做是社会发展的根本原因,从而否认社会历史的客观规律。胡适在谈到个人作用的时候说过这样的话:"他吐一口痰在地上,也许可以毁灭一村一族,他起一个念头,也许可以引起几十年的血战。他也许'一言可以兴邦,一言可以丧邦'。"①总之,资产阶级社会学家由于阶级的和历史的局限,对社会生活各种现象的关系不可能作出正确的解释,只有马克思主义才第一次科学地解释了这个问题。

我们知道社会生活现象是多方面的,有经济的、政治的、法律的、宗教的、道德的,还有家庭的、阶级的、民族的,等等。这些现象不是孤立的、互不联系的,社会也绝不是这些现象不分主次的机械的结合,而是这些现象有机地联系在一起的完整的社会体系。我们只有从这些现象和关系中,分辨出哪些是主要的、哪些是次要的、哪些是决定的、哪些是被决定的,才能揭示出各种社会现象之间的内在联系,才能科学地说明社会的结构和发展,从而正确地认识社会肌体。

马克思和恩格斯的伟大贡献就在于,他们把唯物主义贯彻到社会历史领域,"从社会生活的各种领域中划分出经济领域来,从一切社会关系中划分出生产关系来,并把它当做决定其余一切关系的基本的原始的关系"。② 这就是说,在各种社会关系中,经济关系即生产关系是最主要、最基本的,其他一切关系,归根到底都是生产关系决定的。建立在一定生产力基础上的生产关系有如社会肌体的骨骼,其他关系有如包裹在骨骼上

---

① 《介绍我自己的思想》,《胡适论学近著》第1集。
② 《什么是"人民之友"以及他们如何攻击社会民主主义者?》,《列宁选集》第1卷,第6页。

面的血和肉。

历史唯物主义认为,一定社会的生产关系构成该社会的经济基础。在这个经济基础上,形成一定的思想观点以及按照这些思想观点建立起来的组织和设施,构成该社会的上层建筑。如在阶级社会和存在阶级斗争的社会,在一定经济基础上,形成一定的政治关系和意识形态。政治关系主要体现在政治、法律制度以及与此相适应的政权机关、党派团体等组织和设施上。意识形态包括政治观点、法律观点、道德、哲学、艺术、宗教等。所有这些,就是这个社会的"上层建筑"。一定的经济基础和上层建筑的有机的统一,就构成一定的经济社会形态。

"经济社会形态"是历史唯物主义的一个基本范畴。马克思主义以前的历史观没有这个概念,它们把社会的变化往往看做是社会因素的量的变化,而不能从质的方面去把握。例如,有的人甚至荒唐地把原始人使用的棍棒看成是资本的原始形态。事实上,原始社会、奴隶社会、封建社会、资本主义社会和社会主义社会,正是由于不同的经济社会形态,因而区分为不同性质的社会。上述每一种经济社会形态,都标志着人类社会从低级向高级不断发展的一定历史阶段。

我们判断一个社会属于何种形态,就是看这个社会的经济基础、上层建筑如何,而主要的又是看它的经济基础如何。拿我国社会来说,它所以是社会主义社会,最根本的标志,就是在于社会主义公有制占了主导地位,消灭了剥削制度。

当然,任何事物都不是那么纯的,"纯粹"的社会形态是不存在的。在每个具体的社会形态里,无论是经济基础还是上层建筑,除了占主导地位的以外,还会有某些旧的残余和新的萌芽掺杂其间。因此,要正确认识某一社会形态,还必须对这种复杂情况进行全面的具体的分析。

马克思主义把人类社会的历史看做是经济社会形态形成、发展和更替的历史。经济社会形态的发展是一种自然历史过程,就是说,社会历史的发展是有客观规律性的,它同自然现象一样,是不以人们的意志为转移的。为什么说经济社会形态的发展是一种自然历史过程呢?这就需要进一步弄清社会的经济基础即生产关系是怎样产生的,它的发展和变化又是由什么决定的。马克思主义揭示出,生产关系是由生产力的发展所决定的,每一种特定的生产关系都是生产力发展到一定阶段的产物,有什么样的生产力就有什么样的生产关系。人们不能任意选择生产力和生产关系,当然也就不能任意选择社会形态。社会发展的一般进程是:随着生产力的发展,必将引起生产关系的变革,随着生产关系的变革,全部庞大的上层建筑也迟早要发生变化。人类各个经济社会形态的更替和发展,归根到底是生产力发展的结果。所以列宁说:"只有把社会关系归结于生产关系,把生产关系归结于生产力的高度,才能有可靠的根据把社会形态的发展看做自然历史过程。"①

社会历史的发展既然有着自己的规律,人们当然就不能违背它的规律。社会由低级形态向高级形态发展,资本主义社会必然为社会主义社会所代替,人类历史终将进入共产主义,这都是不以人的意志为转移的。

马克思主义关于经济社会形态的理论,第一次对极其复杂的社会现象作出了科学的分析,阐明了社会的本质、社会的结构和社会的发展,从而宣告了资产阶级唯心主义的社会理论的破产。

> **经济基础决定上层建筑,上层建筑对经济基础有反作用**

每一种社会形态都有它特定的经济基础和上层建筑。那么,经济基础和上层建筑的关系又是怎样的呢?在资产阶级"因素论"者看来,社会的经济因素和政治、法律、道德等因素对社会的发展具有同等的作用,彼此不分主次。当谈到这些因素之间究竟发生何种关系时,有的"因素论"者空洞地承认经济影响政治,政治影响经济,但到底谁决定谁,不能作出回答。有这样一个俄罗斯民间故事:古时候,有一个孩子问一位老人:水在什么上?老人说,水在地上。孩子又问,地在什么上?老人说,地在鲸上。孩子又问,鲸在什么上?老人说,鲸在水上。当孩子再问水在什么上时,老人说,不是告诉过你吗?水在地上。这个故事说明,来回兜圈子,就会把关系弄得混乱不堪。"因素论"者否认某种最终的起决定作用的因素,正像这个故事一样,什么问题也没有解决,只是增加了混乱。

马克思主义并不否认经济、政治、地理环境、教育、道德等各个方面都会对社会生活发生作用。问题在于,它们的作用是不是同等的?如果说

---

① 《什么是"人民之友"以及他们如何攻击社会民主主义者?》,《列宁选集》第1卷,第8页。

它们之间有相互作用,那么这种相互作用又是在什么基础上发生的呢? 马克思主义认为,在各种因素中,经济因素是最基本的,它们之间的相互作用是在经济因素最终起决定作用的基础上发生的。正如恩格斯指出的:"这是在归根到底不断为自己开辟道路的经济必然性的基础上的互相作用"①,"其中经济运动是更有力得多的、最原始的、最有决定性的"②。

马克思主义认为,经济基础和上层建筑的关系,是对立统一的关系。在这个矛盾统一体中,经济基础决定上层建筑,上层建筑反作用于经济基础。

经济基础对上层建筑的决定作用,表现在:

经济基础规定了上层建筑的性质。不同的上层建筑是在不同的经济基础上产生和形成的。恩格斯指出:"每一时代的社会经济结构形成现实基础,每一个历史时期由法律设施和政治设施以及宗教的、哲学的和其他的观点所构成的全部上层建筑,归根到底都是应由这个基础来说明的"。③ 在原始社会,由于没有私有财产,没有剥削,没有阶级的对抗,因此,也就没有像国家这样的组织,没有剥削阶级的意识形态。在阶级社会,由于建立了以私有制为基础的经济制度,也就相应地产生和形成了各个剥削阶级在政治上和思想上占统治地位的上层建筑。在以公有制为基础的社会主义社会,其上层建筑就不能不是无产阶级专政性质的国家,不能不是社会主义的意识形态。在我国社会主义社会,一切封建主义的、资产阶级的腐朽思想的影响,例如搞不正之风、官僚主义,崇拜资本主义、主张资产阶级自由化,把资产阶级的损人利己、唯利是图作为自己的道德信条,不是大公无私、全心全意为人民服务,而是"一切向钱看",搞无政府主义、极端个人主义等,都是与社会主义的经济基础不相容的。总之,有什么样的经济基础,就要求有什么样的上层建筑。

经济基础的变化也决定上层建筑的变化。经济基础改变了,上层建筑必然要相应地发生变化,不变化是不可能的。但是,上层建筑各个部分的变化是不平衡的,有的早些,有的晚些,有的快些,有的慢些。在上层建筑的变革中,当着政治、法律制度根本改变以后,某些旧的意识形态则还

---

① 《恩格斯致符·博尔吉乌斯》,《马克思恩格斯选集》第4卷,第506页。
② 《恩格斯致康·施米特》,《马克思恩格斯选集》第4卷,第487页。
③ 《反杜林论》,《马克思恩格斯选集》第3卷,第66页。

"老把式"

需要相当长的时间才能发生彻底的变化。比如在我国,虽然已经建立了社会主义的经济基础,但仍然存在着封建主义和资产阶级的腐朽思想,存在着小生产的习惯势力。这些旧的上层建筑的残余只有经过长期的艰苦的斗争,才能最后肃清。

既然在社会发展的过程中,经济基础对上层建筑起决定作用,那么,能否说政治、思想等上层建筑只是经济基础的消极反映,它对社会的发展不起什么作用呢?一些资产阶级社会学家胡说历史唯物主义只承认经济的决定作用,而否认政治、思想等因素在社会发展中的作用,把历史唯物主义说成是"经济唯物主义",这是蓄意的歪曲和诬蔑。

历史唯物主义确认经济基础的决定作用,这决不意味着它否认上层建筑的积极作用。相反,它在承认经济基础决定上层建筑的同时,又承认上层建筑对经济基础具有重大的反作用。上层建筑在经济基础上产生,同时又反过来积极为经济基础服务,帮助经济基础的形成、巩固和发展。我们知道,各个统治阶级不建立自己在政治上和思想上的统治,就不能巩固和发展自己在经济上的统治。在阶级社会里,各个以私有制为基础的经济制度的巩固和发展,借助于各个剥削阶级的强大的国家机器和自己的意识形态的力量。同样,在社会主义社会里,没有无产阶级和人民群众的国家政权,没有社会主义的民主和法制,没有马克思列宁主义思想作指导,没有无产阶级政党的领导,社会主义的经济基础是不可能巩固和发展的。

上层建筑对经济基础可以发生不同的反作用。恩格斯在谈到政治权力对经济发展的反作用时指出,归根到底有两种,或者是推动经济的发展,或者是阻碍经济的发展。也就是说,当生产关系适合生产力的发展时,建立在这种生产关系上的政治权力,对社会的发展起着推动的作用;反之,当生产关系已经不适合生产力的发展,建立在这种生产关系上的政治权力,对社会的发展就会起阻碍的作用。政治权力是这样,上层建筑的其他组成部分,如道德、艺术、哲学、宗教等社会意识形式,也是这样。然而,上层建筑对经济发展的阻碍作用不论多大,它终究不能改变历史发展的方向。经济总是要为自己的发展开辟前进的道路的。

综上所述,经济基础和上层建筑的关系是辩证的,经济基础规定上层建筑的性质,决定上层建筑的变化,在这个前提下,上层建筑对经济基础又有重大的反作用。因此,我们在实际生活中,要注意防止两种错误倾向。一种是否认经济基础的决定作用,片面地夸大上层建筑的作用。如林彪、"四人帮"就曾经利用我们过于强调上层建筑的作用的错误,把上层建筑的反作用夸大到极端,鼓吹"上层建筑决定一切"的谬论,在理论上和实践上都造成了极为严重的后果,这是一个十分沉痛的教训。另一种是只强调经济的作用,忽视上层建筑的积极作用。如不重视对上层建筑的改革,忽视政治思想工作,不积极克服和反对剥削阶级的思想。总之,我们在现实生活中,只有正确处理好经济基础和上层建筑两者的关系,坚持社会主义道路,坚持人民民主专政即无产阶级专政,坚持共产党的领导,坚持马克思列宁主义和毛泽东思想,不断调整上层建筑中与经济基础不相适应的部分,才能推动我国社会主义现代化建设事业胜利地向前发展。

社会历史发展过程的统一性和多样性

马克思主义关于经济社会形态的理论,揭示了社会的本质及其发展的客观规律性,为我们认识各种社会现象,提供了科学的理论和方法。但是,掌握社会发展的一般理论并不能代替对各种社会现象的具体研究。因为社会历史是一个极端复杂的领域,各个具体社会形态的发展和变化,并不是千篇一律、简单划一的,而是多种多样、丰富多彩的。因此,社会历史发展过程,既有普遍性和统一性,又有特殊性和多样性。我们在研究各种社会现象时,必须从实际出发,把一般原理和具体情况紧密地结合起来。

例如,生产关系要适合生产力的发展,上层建筑要适合经济基础的发展,这是社会发展最一般的规律,它们对任何社会形态都发生作用。但是,这些规律的作用,在各个不同的社会形态里,又是通过各种具体的、不同的形式表现出来的。各个社会形态不仅受一般规律的支配,而且还有它自己的特殊的规律。因此,只有通过对各个社会形态进行具体的研究,才能对各个社会形态获得正确的认识。马克思在他的巨著《资本论》中,正是通过对资本主义经济形态的各个方面作了大量的具体的分析和研究,从而揭示出资本主义产生、发展和灭亡的规律。这种研究方法,为我们树立了光辉的榜样。

再如,马克思主义关于经济社会形态的理论,揭示了人类社会的发展的五种基本形态,即原始的、奴隶的、封建的、资本主义的和共产主义的(包括社会主义的)。这是不是说,每个民族都必须依次经历其中的每个阶段呢?不一定。马克思主义关于五种经济社会形态的理论,是说明人类社会从低级向高级发展的一般趋势,说明各个民族最终都要过渡到共产主义社会,这是生产力和生产关系矛盾运动的必然结果。至于各个民族,由于所处的历史条件等情况的不同,它们在发展速度和所经历的发展阶段等方面不可能完全一样。历史事实告诉我们,有的经历了比较典型的各个阶段,有的则越过了其中的某个阶段,有的还出现了某种另外的发展道路和形式等。比如,欧洲有些民族就没有经过奴隶制的社会形态,而从原始社会直接过渡到封建社会。我们中国就没有经过资本主义社会的发展阶段,而是从半殖民地半封建的社会,经过新民主主义革命和社会主义改造,进入中国特色的社会主义。

此外,即使在同一种经济社会形态中,各个民族的发展也是不平衡的。比如,各个资本主义国家,虽然都是以资本家占有生产资料为特征的私有制社会,政权的性质都是资产阶级专政,但是,这并不排斥它们在政治、经济、文化等方面具有各自的特点。现实中的社会主义国家也是如此,虽然它们的经济基础都是社会主义公有制,政权都是由无产阶级政党领导的,但是,它们在革命的具体道路、政权的组织形式、经济的管理体制、文化生活等方面,却是多种多样的。

社会历史发展过程之所以呈现多样性,是由于社会历史的发展受着多种因素的制约,除了生产方式起决定性的作用外,地理环境、人口、各民族之间的相互影响以及本民族的传统习惯等因素,对社会的发展也发生一定的影响,这就决定了各个民族不可能按照一个统一不变的模式发展和变化。

总之,各个经济社会形态的发展是具体的、历史的。它既是统一的,又是多样的。因此,我们在研究社会历史时,必须贯彻理论和实际相统一的原则,既要坚持以马克思主义的普遍真理为指导,又要反对把一般原理当做僵死的教条和现成的公式,生搬硬套。恩格斯在反对把唯物史观简单化、庸俗化时指出:"对德国的许多青年作家来说,'唯物主义的'这个词只是一个套语,他们把这个套语当做标签贴到各种事物上去,再不作进一步的研究,就是说,他们一把这个标签贴上去,就以为问题已经解决了。

但是我们的历史观首先是进行研究工作的指南,并不是按照黑格尔学派的方式构造体系的方法。"①又说:"不把唯物主义的方法当做研究历史的指导线索,而把它当做现成的公式,将历史的事实宰割和剪裁得适合于它,那么唯物主义的方法就变成和它相反的东西了。"②恩格斯的这些话,在今天仍然具有十分重要的意义。

马克思主义关于经济社会形态的理论,科学地阐明了人类社会的本质、结构及其发展的客观规律性。它是历史唯物主义的重要原理,是批判资产阶级唯心主义社会理论的锐利的思想武器。掌握关于经济社会形态的理论,对于我们树立科学的历史观是非常必要的。

---

① 《恩格斯致康·施米特》,《马克思恩格斯选集》第4卷,第475页。
② 《恩格斯致保尔·爱因斯特》,《马克思恩格斯论艺术》(一),第178页。

第二十七讲：
"一条指导性的线索"
——阶级和阶级斗争

前面我们讲过，掌握生产发展史这把钥匙，才能打开走出社会历史发展迷宫的道路。问题并没有到此为止。有了文明史以来，为什么有人穷，有人富，一些人受另一些人的奴役？这是"命由天定"吗？为什么又有人类互相大规模残杀这种战争现象？这是出自"人类的本性"，将要万古长存吗？"一个社会中一部分人的意向同另一部分人的意向相抵触，社会生活充满着矛盾，历史告诉我们，各民族之间、各社会之间以及各民族、各社会内部经常进行斗争，此外还有革命时期和反动时期、和平时期和战争时期、停滞时期和迅速发展时期或衰落时期的不断更换，这些都是人所共知的事实。"这是列宁指出的事实和现象，对它们产生的原因和规律性，是需要进一步作出回答的。列宁接着说："马克思主义给我们指出了一条指导性的线索，使我们能在这种看来迷离混沌的状态中发现规律性。这条线索就是阶级斗争的理论。"①是的，回答这类问题，说明这种事实，就要进一步研究马克思主义关于阶级和阶级斗争的学说，确立历史唯物主义的阶级观点，掌握阶级分析方法。

说到阶级斗争，不由人不想到"文化大革命"。那时候，天天喊"阶级斗争"，仿佛处处是"阶级敌人"。而林彪、"四人帮"一伙乘机大肆叫嚣什么"全面专政"、"向走资派夺权"、抓"党内资产阶级"，把整个中国闹得乌烟瘴气。回顾这段历程，人们很自然地会产生各种各样的问题："文化大革命"的搞法，是怎样违背马克思主义的阶级斗争理论的？什么是马克思主义的阶级斗争理论？马克思主义的阶级斗争理论今天还有哪些指导意义？为了搞清楚这些问题，也需要从马克思主义有关的基本原理说起。

---

① 《卡尔·马克思》，《列宁选集》第 2 卷，第 586—587 页。

阶级是一定历史阶段上经济关系的产物

有的人认为,只有马克思主义才讲阶级和阶级斗争,其实不然。马克思自己就说过:"无论是发现现代社会中有阶级的存在或发现各阶级间的斗争,都不是我的功劳。在我以前很久,资产阶级的历史学家就已叙述过阶级斗争的历史发展,资产阶级的经济学家也已对各个阶级作过经济上的分析。"①

阶级是客观存在着的一种社会现象,它在长达几千年的奴隶社会和封建社会中,由于被纷繁的社会矛盾,特别是复杂而森严的等级制度所掩盖,再加上统治阶级的欺骗宣传,因而不易被人们清楚地认识到。例如,成书于我国春秋时期的《左传》中就有这样的记载:"天有十日,人有十等,下所以事上,上所以共(供)神也。故王臣公、公臣大夫、大夫臣士、士臣皂、皂臣舆、舆臣隶、隶臣僚、僚臣仆、仆臣台。"这种等级的区分,淹没了阶级的差别。其实,这里讲的十个等级,是分别属于奴隶主和奴隶两大对立阶级的。王、公、大夫和士四等属于奴隶主阶级,而皂、舆、隶、僚、仆、台六个等级则都属于奴隶阶级。印度在奴隶制国家产生过程中出现了有名的"种姓制度"的社会等级制度。种姓分为婆罗门(居于首位的僧侣贵族)、刹帝利(掌握军政实权的武士贵族)、吠舍(包括农民、手工业者、商人的社会基本生产者)、首陀罗(从事"卑下"劳动,毫无权利的被压迫阶层)。不仅一个阶级中可以有不同的等级或阶层,而且一个等级中也可能包含有不同的阶级。如西欧封建社会末期的"第三等级",就包括了资产阶级、无产阶级、农民等不同的阶级。可见,阶级和等级是不能混为一谈的。在资本主义条件下,等级制度一般地要在法律上加以废除,但是阶级仍然存在着。

到了近代资本主义社会,随着大工业生产的发展,阶级关系越来越变得简单明了,各个阶级同经济活动的联系也表现得特别明显,这就为揭示阶级差别的实质提供了客观条件。

英国资产阶级古典政治经济学的重要代表人物亚当·斯密,第一次从经济上说明了资本主义社会的阶级结构。他指出,资本主义社会有三

---

① 《马克思致约·魏德迈》,《马克思恩格斯选集》第4卷,第332页。

大基本阶级:地主阶级、工人阶级和资本家阶级,他们分别以土地地租、劳动工资和资本利润为其经济收入。另一个英国古典政治经济学的著名代表人物大卫·李嘉图,则进一步揭示并说明了阶级之间的经济对立。但是,他们都把资本主义生产方式看做社会生产的自然形式,因而不可能进一步揭示阶级产生的根源,更不可能指出阶级消灭的途径。

马克思批判地吸取了前人的积极思想成果,进一步指出,阶级的存在,仅仅同生产发展的一定历史阶段相联系。阶级是在一定历史阶段上,由于生产力的发展而引起的人们之间的经济关系的产物。在人类历史上,阶级不是一开始就存在的,也不能永远存在下去。它是一种历史现象。据考古发现,人类社会至少有了三百多万年的历史。而阶级社会的出现,只不过是近五六千年中的事情。古代东方进入阶级社会比较早,亚洲和非洲东北部的黄河、印度河、底格里斯河、幼发拉底河及尼罗河诸流域的民族于公元前四十世纪到公元前二十世纪初先后进入奴隶社会。古希腊、古罗马在公元前八到前六世纪才先后进入奴隶社会。我国从建立于公元前二十一世纪的夏朝开始进入第一个阶级社会——奴隶社会。

在原始社会的漫长时期,生产工具简单,生产技术落后,使用木棒和石器,生产力水平很低,只能采取集体劳动的形式。人们共同劳动,财产公有,平均分配。到了原始社会末期,铜器工具、铁器工具逐渐采用,生产力水平显著提高,原来必须采取集体劳动的形式,现在可以改变为个体家庭劳动的形式,土地等生产资料以及劳动产品也就相应地由公有变为私有。

同时,由于生产力提高,出现了剩余产品,使占有他人劳动成为可能。在原始社会初期,人们的劳动所得仅仅可以维持自身的最低生活需要,没有剩余产品。这时,部落之间在战争中抓来的俘虏,因为不能提供剩余产品,一般都被杀掉。生产力水平提高后,一个人的劳动可以生产出比维持自己生活需要更多的产品,于是,战争中得到的俘虏就不再杀掉,而强迫他们劳动,以便剥削他们的剩余劳动产品。这些俘虏就成了奴隶。

随着剩余产品的出现和商品交换的产生,氏族内部也开始分化。那些富裕的家庭,以及酋长、军事首领等,拥有越来越多的生产资料和生活资料,并且从战争中获得大批奴隶。而另一部分成员,由于天灾人祸,日益贫困,靠借债度日,为了还债,甚至不得不把自己或自己的妻子儿女抵押,出卖给富裕家庭充当奴隶。这时候,公社社员之间的平等关系已经没有了,"自由人"不多,整个社会主要分为两极:一方面是富人,他们拥有奴隶、较多的生产资料和生活资料;一方面是穷人,他们没有生产资料,被掠为奴或卖身为奴。富人自己不劳动,靠着他们占有的生产资料,强迫奴隶为他们劳动,剥削奴隶们的剩余产品。这样,在人类社会历史上,以私有制的出现为基础,第一次分裂为剥削者和被剥削者这两个阶级——奴隶主阶级和奴隶阶级。人类社会也由原始社会过渡到了奴隶社会,从此,阶级社会开始了。

人类历史经历过三个阶级对抗的社会,即奴隶社会、封建社会和资本主义社会,并相应地产生了奴隶和奴隶主、农民(或农奴)与地主、工人和资本家。它们是这些社会的互相对抗的基本阶级。它们之间的斗争是各个阶级社会特定的生产方式的基本矛盾的表现。

从阶级的产生及其发展的历史事实本身,我们可以看出:阶级是生产发展到一定历史阶段所必然引起的。阶级的差别和斗争表现在政治、经济、思想等各个方面,但是,阶级的产生,是由于经济的原因。经济上的差别是阶级差别的基础。因此,划分阶级只能以经济上的区别作为标准,而不能另外从其他方面去寻找划分阶级的根据。什么是阶级?列宁给它下过科学的定义:"所谓阶级,就是这样一些大的集团,这些集团在历史上一定社会生产体系中所处的地位不同,对生产资料的关系(这种关系大部分是在法律上明文规定了的)不同,在社会劳动组织中所起的作用不同,因而领得自己所支配的那份社会财富的方式和多寡也不同。所谓阶级,就是这样一些集团,由于它们在一定社会经济结构中所处的地位不同,其中一个集团能够占有另一个集团的劳动。"[①]

从列宁关于阶级的定义中可以看出,阶级指的是在一定生产关系中处于不同的经济地位的集团。这种不同的经济地位,包括对生产资料占有关系的不同,在社会劳动组织中所起的作用不同,以及领得自己所支配的那份社会财富的方式和多寡不同三个方面。其中,起决定作用的,是人们对生产资料占有关系的不同。所谓剥削阶级,就是社会上一部分人占有生产资料,因而能够占有另一部分人的劳动,即剥削另一部分人。剥削

---

① 《伟大的创举》,《列宁选集》第4卷,第10页。

阶级和被剥削阶级的对立,根源于经济利害上的对立,由此产生政治、思想、感情、道德等一系列的差别和对立,并因此而展开各种形式的复杂斗争。

剥削阶级的代表人物,为了掩盖自己的阶级实质,维护阶级剥削和阶级压迫,总是极力在阶级产生的原因上制造混乱,歪曲阶级划分的标准。他们或者抹杀阶级差别的存在,或者企图证明它的天然合理。中国古代的思想家讲:"天生蒸民,作之君,作之师。"就是说,老天爷创造了老百姓,同时也创造出统治和管教这些老百姓的君主和师长。西方有的剥削阶级思想家把工人和农民比作人的手和脚,把统治阶级比作人的头脑,借此说明老百姓生来就应该接受剥削阶级的统治。另外,也有人干脆不承认阶级存在的事实。如中国的买办文人胡适,为了给帝国主义侵略辩护,为了给反动阶级开脱,胡诌什么中国本来就没有地主、资本家和军阀,帝国主义也不是祸害,中国所以落后、腐败,是因为有贫困、疾病、愚昧、贪污、扰乱这"五鬼闹中华"。当前,还有一些资产阶级的学者宣传说,在资本主义国家,现在是"人民资本主义",资本家和工人已经没有阶级矛盾,成为平等的伙伴关系了。这一类说法,都是对抗马克思主义的阶级斗争学说、麻痹人民群众的欺人之谈。在"文化大革命"中,康生鼓吹用政治思想作为划分阶级的标准,则是对马克思主义阶级学说的公然篡改。

因此,正确地掌握划分阶级的标准,掌握马克思主义的阶级分析方法,是十分重要的。只有这样,才能把握纷繁复杂、变化万千的社会现象,识破形形色色的谎言和欺骗,在革命斗争中分清敌我,制定正确的战略、策略和政策,取得革命事业的胜利。

阶级斗争是阶级社会发展的直接动力

既然有阶级,就必然产生阶级斗争。那么,阶级斗争在阶级社会中起什么作用呢?

十九世纪后期,德国工人政党内部出现了一股改良主义思潮,鼓吹阶级合作,反对阶级斗争,这对当时工人阶级的革命事业是极其有害的。因此,马克思、恩格斯向德国工人政党的领袖们及时发出警告,严肃地指出:"将近四十年来,我们都非常重视阶级斗争,认为它是历史的直接动力,特别是重视资产阶级和无产阶级之间的阶级斗争,认为它是现代社会变革的巨大杠杆;所以

"命该如此"

我们决不能和那些想把这个阶级斗争从运动中勾销的人们一道走。"①

在阶级社会中,阶级斗争是历史发展的直接动力。这是历史唯物主义的又一条基本原理。

社会历史所以能由低级向高级发展,从根本上说,是由于生产发展的结果。生产的发展、生产力和生产关系的矛盾运动,是社会前进的最根本的动力。在每一种生产方式中,当生产力发展到一定程度时,就会与原来的生产关系发生尖锐矛盾。原来的生产关系由于不适合生产力的发展,因而成为生产力发展的障碍。于是生产力就要求冲破旧的生产关系,建立起与之相适应的新的生产关系,形成新的生产方式。同时,随着生产关系也就是经济基础的变更,上层建筑也要发生相应的变革。这样,社会就从一种比较低级的形态过渡到一种比较高级的形态,社会历史就向前迈进了一大步。但是,在阶级社会中,这种历史的变革,需要经过阶级斗争才能实现。

旧社会制度的灭亡,新社会制度的诞生,总是伴随着一系列阶级斗争的风暴。

在西方奴隶社会的史册上,记载着古希腊、古罗马的亚里斯托尼哥起义、西西里奴隶起义以及最有名的斯巴达克起义的壮举。在我国的古籍中,也有卫国工匠起义、郑国萑苻之泽起义、陈国庶民起义等奴隶起义的记载。

从秦末的农民起义到太平天国,我国封建社会的农民起义大小数百次,波澜壮阔、连绵不断,其规模之大,在世界历史上是仅见的。其中,秦末的陈胜、吴广起义,西汉的赤眉、绿林起义,隋末的瓦岗军起义,元末的红巾军起义,明末的李自成起义等,直接导致了当时的封建王朝的灭亡。也有的农民起义曾迫使统治者不得不改变某些严重阻碍和破坏生产发展的政策。例如,明朝初年,朱元璋派兵到作为元朝末年农民起义根据地的郧阳地区镇压农民武装,并驱赶全部居民,将该地设为禁区,不许农民进入。求生路的农民不顾官府禁令,一再冲入禁区,遭到残酷镇压,因此引起大规模的流民起义,迫使官府开放禁区,因而发展了生产,新垦田地十万顷以上,使原来的荒山野岭,变成了"连逾山岭,桃李缤纷,山芪夹道,幽

---

① 《给奥·倍倍尔等人的通告信》,《马克思恩格斯选集》第3卷,第374页。

艳异常,山坞之中,居庐相望,沿流稻畦,高下鳞次"的锦绣河山。

由于奴隶和农民不是新生产方式的代表者,这两个阶级都没有能够成为新社会的主人。虽然如此,奴隶和农民的起义沉重地打击了当时的反动统治阶级,每次起义通常都迫使统治阶级在局部范围内和一定程度上调整了某些过分阻碍生产力发展的生产关系和上层建筑。在新的生产方式的更迭中,这种斗争和起义,动摇了旧社会制度的根基,为建立新的社会制度扫清了障碍,从而有力地推动了生产的发展和历史的进步。

由于生产力的发展,在封建社会的后期孕育着资本主义的生产关系,并终于产生了资产阶级和无产阶级。这时,封建的生产关系越来越严重地阻碍着生产力的发展,资产阶级作为新的生产力的代表,要求用资本主义的生产关系代替封建的生产关系。地主阶级为了自己的生存,竭力使用掌握在手中的国家机器,维护封建的生产关系。资产阶级与地主阶级的矛盾日益尖锐。最后,当着资产阶级在各方面都强大起来时,就联合农民等其他阶级,发动资产阶级革命,推翻地主阶级的政权,用资本主义的生产关系代替封建的生产关系,资本主义社会诞生了。

于是,摆脱了封建羁绊的大工业生产获得了极为迅速的发展。"资产阶级在它的不到一百年的阶级统治中所创造的生产力,比过去一切世代创造的全部生产力还要多,还要大。"①大工业生产迅速发展的结果,使生产的社会化和生产资料与产品的私人占有制又发生了越来越尖锐的矛盾。这种矛盾只有通过无产阶级革命才能得到解决。

无产阶级革命是阶级斗争历史上"最后的斗争"。无产阶级的阶级斗争有经济斗争、政治斗争和思想斗争三种形式,三种形式是互相结合的,而以政治斗争为中心。无产阶级反对资产阶级的斗争,必然由初期的经济斗争逐步发展成为政治斗争。为了政治斗争的胜利,又必须从思想上揭露资产阶级的欺骗宣传,在马克思主义理论的指引下,坚持斗争的正确方向,制定科学的战略策略。而只有通过政治斗争,才能最后推翻资产阶级的统治,建立无产阶级专政。无产阶级只有利用这个专政,才能彻底消灭资本主义制度和一切剥削制度,建设社会主义新社会,逐步过渡到共产主义社会。

---

① 《共产党宣言》,《马克思恩格斯选集》第1卷,第256页。

各阶级在阶级斗争中,会由本阶级的最积极的力量组成政党,阶级斗争又集中表现为不同阶级的政党之间的斗争。同一资产阶级,由于某些集团局部利益的不同,也会出现不同的政党,它们之间也会有矛盾斗争,而在对无产阶级的根本态度上则又是一致的。无产阶级为了胜利进行阶级斗争,必须有由本阶级先进分子组成的、以马克思主义武装起来的无产阶级政党的领导,统一意志,统一指挥,统一行动。没有中国共产党的领导,就没有中国无产阶级和中国人民的民主革命的胜利,也不会有社会主义事业的胜利。

从上面的概述,我们可以看出,阶级斗争对于社会发展的推动作用,不仅突出地表现在一种社会形态转变为另一种社会形态的质变过程中,而且表现在某种社会形态本身发展的量变过程中。一种社会形态向另一种社会形态转变,新的生产关系取代旧的生产关系,归根到底是生产力发展的必然结果。但是,这种转变和取代,并不是自发地实现的,而必须经过激烈的阶级斗争。因此,马克思和恩格斯说,阶级斗争是阶级社会发展的"直接动力",是"巨大杠杆"。社会发展的根本动力,是生产力与生产关系的矛盾运动,所谓"直接动力",也就是说阶级斗争本身是这种矛盾在阶级社会中的体现。

> **社会主义就是消灭阶级**

建立一个平等的、没有阶级、没有压迫的社会,是千百年来人们的一个美好愿望。为了实现这个愿望,不知有多少思想家设想出了各种各样的方案。从我国古代的大同思想到近代欧洲的空想社会主义,都是这种出色的人类智慧之花。在春秋战国时代,我国有一部叫《礼记》的古书,其中的"礼运篇",把人类这种理想的社会,叫做大同世界。据说,在那个大同世界里,财产公有,没有私心,没有欺骗,没有盗贼,没有战争,人尽其才,物尽其用,和睦友爱,各得其所。那是多么美好的社会啊!后来,许多人都在发挥这一思想。清末思想家康有为,按照他的改良主义幻想,发挥了中国古代的大同思想,写了一本《大同书》。康有为设想的未来大同社会,也十分诱人。那里没有国家,没有帝王,没有阶级,没有家庭,没有私产,人人自由,人人平等,大家都成了极乐世界中的神仙。但是,康有为没有也不可能找到一条到达大同的道路。在欧洲,从资本主义的早期,就出现过一些批判资本主义制度、批判私有制、憧憬理想社会的空想社会主义者。有一个英国人叫托马斯·莫尔(1478—1535),在1516年出版过一本很有名的书,名叫《关于最完美的国家制度和乌托邦新岛的既有益又有趣的金书》(又名《乌托邦》)。在莫尔的理想社会乌托邦新岛里,没有私有制,没有穷富之分,人人都劳动,所有的公务人员都要经过选举,大家都过着幸福而愉快的生活。这种境界当时是很令人神往的,但是通往这一境界的道路却无法指出。"乌托邦",按照希腊文,是"乌有之乡"的意思,即实际上不存在的地方。后来,人们常常用这个词来形容那些空想社会主义者的主张。到了十九世纪初,又出现了法国的圣西门、傅立叶、英国的欧文三大空想社会主义者。他们思想中的积极部分,成为科学社会主义的直接理论来源。

马克思主义者也提出了消灭阶级的明确目标。列宁指出过:"我们的目的,也是世界社会主义的目的,是要消灭阶级。"[①]这不只是美好的愿望和坚定的信念,而且是对社会发展客观规律的科学反映。

以科学的历史观武装起来的马克思主义揭示阶级产生和存在的原因,因而也就指明了阶级消灭的必然性和条件。人类社会所以产生阶级,是社会生产有了一定发展而又发展不足的结果,因此,社会生产的充分发展,是消灭阶级的基本前提。在社会生产不大发展的情况下,社会总劳动所提供的产品除了满足社会全体成员最起码的生活需要以外,只有少量剩余。在这种情况下,社会成员中的绝大多数人,必须以全部或几乎全部的时间,从事物质生活资料的生产,而不可能使自己获得全面发展和全面参加社会活动的机会。结果,文化教育只能为少数人所垄断,社会的公共事务,也只能专门由一小部分人来担任。这种社会分工,就使这一小部分人有可能把对社会的管理变成对群众的剥削,由社会的公仆变成社会的主人。而在私有制的条件下,就必然形成互相对立的阶级。可见,由于生产不充分发展而造成的狭隘的社会分工,是阶级划分的基础。而当社会生产力得到充分发展,因而所有社会成员的体力和智力都有可能得到充分的自由的发展和运用时,某一特殊的社会阶级占有生产资料和产品,从而垄断文化教育,垄断公共事务,就不仅成为多余,而且成为社会发展的

[①] 《全俄苏维埃第七次代表大会》,《列宁全集》第30卷第217页。

障碍。只有在这时,阶级差别才完全失去它存在的客观基础。这种客观基础,在大工业生产出现之前还不可能存在。因而,当时尽管有消灭阶级的美好愿望,却不能成为现实。

随着现代大工业的发展,资本主义制度与生产力发展的矛盾日益发展、日益尖锐起来,其结果,必然导致资本主义制度的灭亡和无产阶级专政的建立,经过无产阶级专政,最后完成消灭阶级的历史使命。

这是马克思主义为我们揭示的客观真理,也是我们正在实践着的伟大事业。我国人民在中国共产党的领导下,经过长期的艰苦斗争,推翻了帝国主义、封建主义和官僚资本主义的统治,建立和巩固了工人阶级领导的、以工农联盟为基础的人民民主专政即无产阶级专政的国家。1956年社会主义改造基本完成以后,社会主义制度在我国已经建立起来。作为阶级的地主阶级、富农阶级和资本家阶级不再存在,小生产得到了改造。应该说,在消灭阶级的历史道路上,我们已经取得了决定性的伟大胜利。几千年来的剥削制度在我国终于被埋葬,我国的面貌发生了翻天覆地的巨大变化。

在我国,剥削阶级作为阶级消灭以后,阶级斗争已经不是主要矛盾。大量存在的不属于阶级斗争范围的各种社会矛盾,应该采取不同于阶级斗争的方法来正确地加以解决。

在巨大的胜利面前,清醒地看到胜利后的斗争,是完全必要的。但是,我们决不可因此夸大阶级斗争现象。长时间以来,特别是"文化大革命"中,在"左"的思想的指导和影响下,片面强调"以阶级斗争为纲",混淆敌我矛盾和人民内部矛盾的界限,人为地扩大和制造阶级斗争,并形成以此为主要内容的"无产阶级专政下继续革命"的理论,给党和人民的事业带来了巨大的危害。这种"左"倾思想的流毒,至今还有待于继续肃清。把不属于阶级斗争的社会矛盾动辄"上纲"为阶级斗争的错误做法,再也不能重复了。阶级斗争扩大化的历史,再也不容许重演了。

当然,我们并不是说今天就要否定阶级斗争的存在。由于国内的因素和国际的影响,在我国,阶级斗争还将在一定范围内长期存在,在某种条件下还有可能激化,阶级斗争已经熄灭的观点也是完全错误的。目前,在我国,还有极少数剥削阶级的残余分子、新老反革命分子及各种严重危害人民利益的刑事犯罪分子,看不到这一点,放弃对他们的斗争,是完全错误的。意识形态具有相对独立性,在我国旧的经济基础改变之后,封建的和资产阶级的剥削阶级思想影响还将长期存在,削弱以至放弃用无产阶级的世界观克服这些思想影响的斗争,也是完全错误的。为了有益于实现社会主义现代化的伟大事业,我国与世界各国广泛交往,国际上的阶级斗争也会以各种方式在我国反映出来。随着对外开放而来的资产阶级腐朽生活方式及思想的污染也不能低估。我们青年人由于缺乏社会生活经验,如果不懂得阶级分析的方法,完全失去警惕,不加区分地接受外来的影响,就难免会受到剥削阶级腐朽思想的毒害。有的人甚至不顾国格、人格,陷在资产阶级腐朽生活方式的泥潭中,那是十分危险的。

剥削阶级的消灭还不等于阶级的完全消灭。完全消灭阶级,消灭私有制带来的历史后果,是一个长期的历史过程,需要创造各方面的条件。列宁说:"为了完全消灭阶级,不仅要推翻剥削者即地主和资本家,不仅要废除他们的所有制,而且要废除任何生产资料私有制,要消灭城乡之间、体力劳动者和脑力劳动者之间的差别。这是很长时期才能实现的事业。要完成这一事业,必须大大发展生产力。"[①]如果没有这个前提,那么,想完全消灭阶级,不过是缘木求鱼,无限美好的共产主义社会将成为一种不可企及的空中楼阁。党的十一届三中全会以来,我们党把工作的着重点转移到社会主义现代化建设上来,把发展生产力作为一切工作的中心。这是非常正确的战略决策。我们只有实现社会主义现代化,才能为巩固人民民主专政建立雄厚的物质基础,才能满足人民群众不断增长的物质和文化生活的需要,并为将来完全消灭阶级和阶级差别,从社会主义过渡到共产主义创造条件。

人类已经经历了几千年的阶级社会,但从整个人类发展的历史看,这毕竟是一个短暂的时期。恩格斯曾经指出,只有社会占有了生产资料,生存斗争停止,阶级和阶级斗争以及与之相伴随的人对人的奴役、战争现象消灭之后,"人才在一定意义上最终地脱离了动物界,从动物的生存条件进入真正人的生存条件"。[②] 由此说来,阶级社会不过是人类的史前时期罢了,它只是整个人类社会无比光明的前景的序幕。我们祖国已经走上

---

① 《伟大的创举》,《列宁选集》第 4 卷,第 11 页。
② 《反杜林论》,《马克思恩格斯选集》第 3 卷,第 323 页。

社会主义康庄大道,也就是向真正人的历史时期跨出了第一步。我们正在继续前进。我们从事的工作不管看来多么平凡,都汇合在这一伟大的历史行动之中;因此,社会主义劳动是光荣的、豪迈的。

第二十八讲：
"一个被弄得混乱不堪的问题"
——国　家

许多人都看过电影《白毛女》和《星火燎原》。《白毛女》这部电影描绘了农民在旧中国的苦难遭遇，《星火燎原》这部电影描绘了中国无产阶级争取解放的壮烈斗争。不知你是否看过这两部电影，如果看了，又是否曾经想过这样的问题：为什么忠厚、淳朴的杨白劳，辛勤劳动了一辈子，到头来含冤而死？为什么无辜的少女喜儿，受到欺凌和侮辱，被逼逃往深山，过着野人的生活？为什么正直、善良的铁路工人林祥谦为争取工人的生存权利，惨遭杀害？为什么坚持真理的律师施洋，被送上断头台？为什么那些吃人肉、喝人血的地主黄世仁和军阀吴佩孚却逍遥法外？为什么在旧社会穷人有理无处诉，富人横行霸道，无人能阻挡？人们可以这样提出问题：那时不是也有国家吗？不是也有法律吗？不是也有法院吗？

从旧社会生活过来的人们，都会清楚地记得这样一句俗话："衙门口朝南开，有理没钱别进来。"这就是说，旧社会的"衙门"、法院和法律都是为剥削阶级服务的，那时的国家政权是反动统治阶级统治、压迫和剥削广大劳动群众的工具。杨白劳、喜儿、林祥谦、施洋怎么可能得到反动政权的保护呢？黄世仁和吴佩孚之流正是依靠了他们手里有政权，才能横行霸道，猖狂一时。因此，历来的反动统治阶级总是把他们的国家政权看做是命根子。蒋介石鼓吹的"国家至上"，就是把当时的反动的国民党政权，说成是神圣不可侵犯的东西。

在人类历史上，国家已经存在四千多年了。但是究竟什么是国家呢？不同阶级的人有不同的回答。历代剥削阶级的代言人，制造了种种谎言，掩盖国家的阶级实质，以此来模糊人民群众的阶级意识，愚弄被压迫人民，妄图永远保住他们的国家政权。正像列宁说的，国家问题"是一个被资产阶级的学者作家和哲学家弄得最混乱的问题"①。

我国的人民民主专政即无产阶级专政,是社会主义的国家政权。它和剥削阶级的国家又有什么区别,它向哪里发展呢? 面对诸如此类的问题,我们不能不有一个正确的答案,也就是说对于什么是国家、国家的本质和作用、国家的发展和消亡等基本道理,应当有一个马克思主义的分析。

国家是阶级矛盾不可调和的产物

国家是一种政治组织,是建立在一定经济基础之上的政治上层建筑。社会可以有各种政治组织,如政党等,国家则是权力组织,它可以向全社会发号施令,强制实行,是最重要的政治组织。阶级和阶级之间有经济关系,也有政治关系,国家是阶级之间的政治关系在国家权力上的具体体现。要具体地了解国家的本质和作用,澄清各种错误说法,需要对国家的产生和发展作一番历史的考察。

国家是怎样产生的? 过去的剥削阶级曾经编造了一大堆谬论,千方百计要使他们的国家有一层神圣的色彩。比如,奴隶主阶级和封建地主阶级的一些代表人物,总是说他们的国家是代表天意的,是永恒的。中国古时候有一种很流行的说法,叫做"君权神授",说皇帝的权力是"受命于天",把皇帝称做"天子"。资产阶级的哲学家、社会学家、法学家关于国家的起源问题,也制造了各种各样的"理论"。如:十八世纪法国有一个叫卢梭(1712—1778)的大思想家,把国家说成是由于人们互相约定而产生的。黑格尔说,国家是由"绝对精神"创造的,是人类最高道德的体现。十九世纪英国有一个社会学家叫斯宾塞(1820—1903),说像生物机体必须有头脑一样,国家也是人类社会永恒需要的。资产阶级的学者关于国家的产生问题,虽然有各种各样不同的说法,但是,他们的国家学说却有一个共同点,即都认为国家是永恒存在的,是神圣的,国家政权由资产阶级掌握,是天经地义的。

国家究竟是怎样产生的? 它是不是永恒存在的? 为了说清楚这些问题,我们先从历史学家们对古代史的研究谈起。

---

① 《论国家》,《列宁选集》第4卷,第41页。

世界上许多人类学家、社会学家和考古学家,用他们多次发现的原始社会遗址和文物,证明人类曾经历了几十万年没有私有制、没有阶级、没有国家的历史时期。在那个历史时期里,人们以血缘关系为纽带组成了各个社会集团——氏族部落和部落联盟。在氏族部落里,全体成员共同占有生产资料,共同劳动,平均分配产品,人们之间是平等互助的。在每一氏族公社(后来扩大为公社的联盟)里,为了组织共同劳动,维护社会秩序以及处理本族与外族以及本集团与别的集团的纠纷、冲突,由全体成员选出自己的领袖,代表全体成员处理公共事务。这些领袖人物的权威主要依靠传统的习惯力量、道德力量,依靠领袖的威信和群众对领袖的尊敬、信任,而不是依靠什么特殊的强制机关。他们在全社会的监督下,被赋予全权,代表整个集体的共同利益,组成一定的机构,执行自己的社会职能。这时还没有政治组织,这些社会机构也还不是政治组织。因此,在原始社会里不需要、也没有作为国家的主要的、决定性特征的暴力组织,例如:军队、警察、法庭和监狱等。那时人们根本不知道国家机构为何物。在中国历史上传说的燧人氏、有巢氏、神农氏、伏羲氏一直到尧、舜、禹这些所谓"圣王"的故事,以及那时实行的禅让制度,就是我国原始社会的情形。据说从前有首歌谣,可能就是对原始社会生活的怀念:"日出而作,日入而息,凿井而饮,耕田而食,帝力于我何有哉!"意思是说,大家自食其力,跟国家政权没有什么太大的关系。

随着生产力的发展,由于产品有了剩余,有了剥削的可能,才出现了私有制,开始了奴隶劳动。当私有制在人们的经济生活中占了主导地位,奴隶劳动也随着占了主导地位的时候,原始社会就完全瓦解了,人类历史进入了奴隶制社会,这时才出现了国家。马克思、恩格斯根据他们对大量历史材料的研究,对这个问题给予了科学的回答。以雅典等为典型,揭示了国家在氏族制瓦解的基础上逐步形成的过程。从这个分析中,我们可以看到,当人类社会进入奴隶制的时候,当阶级对立具有普遍的、不可调和的性质的时候,占人口少数的奴隶主为了镇压占人口多数的被剥削的奴隶的反抗,为了保护奴隶主的生产资料占有制,为了保持和巩固奴隶制的社会秩序,他们就建立了一种经常性的统治机关,这种机关就是军队、警察、监狱、法庭等暴力机器和各种有强制力的机关。这就是国家。原来的处理原始公社公共事务的机构变成了阶级统治机构,原来的社会公仆变成了社会的主人,成了统治者。所以列宁说:"国家是阶级矛盾不可调和的产物和表现。在阶级矛盾客观上达到不能调和的地方、时候和程度,便产生了国家。"① 由此可见,国家并不是从来就有的,也不是人类社会永恒的需要,而是阶级矛盾不可调和的产物。在中国历史上,据传说从禹和他的儿子启开始了父子相传的"家天下"的制度,结束了原来的禅让制度,建立了第一个王朝夏朝,从夏朝以来进入了奴隶社会。从此,就开始有了国家。

国家是阶级统治的工具

由于社会分裂为阶级,便产生了国家。那么,国家在社会生活中,到底起什么作用呢?

这个问题,也被剥削阶级的理论家搞得混乱不堪。他们说,国家是凌驾于社会之上的一种力量,国家是全民利益的保护者,它是为社会的各个阶级服务的,等等。这也是现代资产阶级所宣扬的"全民福利国家"谬论,它完全是欺人之谈。请问:国家既然是为每个阶级服务的,对大家一视同仁,为什么又要有为统治阶级服务的军队、警察、监狱这些镇压机器呢?显然,国家并不代表所有阶级的利益,而是为掌权的那个阶级的利益服务的。

一切政治权力最初总是以执行某种经济的、社会的职能为基础的。随着社会生活的复杂化,国家也担负着多方面的职能,进行多方面的活动。从对内活动来说,国家也调整统治阶级成员、集团之间的关系,规定并调整家庭、民族以及其他社会组织的社会关系,在经济、教育、文化等方面进行国家活动。但是,这些并不是国家的基本职能。不仅如此,这些方面的活动,都是为了巩固一定阶级的政治统治和维持一定的社会秩序,最终是维护其经济利益,按照这样的方向进行的。

那么,什么是国家的本质和基本职能呢?

从上面关于国家产生过程的叙述,我们已经可以明白,国家既然是阶级矛盾不可调和的产物,是由一个阶级压迫另一个阶级的需要而建立起来的,那么,国家就必然是那些在经济上占统治地位的阶级的统治工具。一个在经济上占统治地位的阶级,只有当它掌握了国家机器的时候,才能

---

① 《国家与革命》,《列宁选集》第3卷,第175页。

成为在政治上也占统治地位的阶级;也只有这样,才能维护它在经济上的统治地位。列宁说:"国家是维护一个阶级对于另一个阶级的统治的机器。"①因此,国家不管具有什么样的形式,都是统治阶级的强力工具,是阶级对阶级的专政。例如:在奴隶制社会里,国家是奴隶主压迫和统治奴隶的工具,是奴隶主阶级专政;在封建社会里,国家是封建主压迫和统治农民和其他被统治阶级的工具,是封建主阶级专政;在资本主义社会里,国家是资产阶级压迫和统治无产阶级和其他劳动人民的工具。在半封建半殖民地的旧中国,国家是帝国主义、官僚买办资产阶级和封建地主阶级压迫和统治无产阶级、农民阶级和其他广大人民群众的工具,实行的是地主和官僚买办资产阶级的专政。国家从来就不是什么"自由的"、"保护一切人们的利益"的,而只是保护统治阶级的利益的。

由于国家是统治阶级统治的工具,就决定了一切剥削阶级的国家有两种基本的职能。第一,对内的(主要的)职能,是镇压被剥削阶级、被统治阶级的广大人民群众;第二,对外的职能,是对别国的侵略、掠夺或是保护本国统治阶级利益,以防他国的侵略。国家的这两种职能是互相联系的。一般地说,对内职能决定其对外职能,对外职能是对内职能的继续。

为了弄清国家的阶级实质问题,还必须弄清国体和政体的问题。一些人往往由于看不清现代资本主义国家的本质,而被他们的民主制的表面现象所迷惑。什么叫国体呢?国体问题就是国家的阶级性问题,也就是关于各个阶级在国家中的地位问题,是哪个阶级实行专政的问题。例如,在美国、法国、英国和日本等资本主义国家中,资产阶级是处于统治的地位,而无产阶级和其他劳动人民是处于被统治的地位。因此,就国体来说,就国家的阶级性来说,它们是一样的,都是资产阶级的国家,是资产阶级专政。什么叫政体呢?所谓政体,是指国家政权的具体组织形式,是指一定的阶级采用什么具体形式实现专政。例如:美国的政权组织形式是民主共和制,而日本则是君主立宪制。这就是说:同样是资本主义国家,他们的政权组织形式可以是不同的。他们的政体所以不同,是由于他们建立资产阶级国家时具体的历史条件不同的缘故。

国体决定国家的性质,而政体则不能决定国家的性质。一些人往往

---

① 《论国家》,《列宁选集》第4卷,第48页。

只看到这些资产阶级国家的形式,而未能看清它们的实质,因而也就容易被它们的虚假民主制所蒙骗。就拿号称最民主的美国来说吧,什么人能当选总统呢?只能是那些能代表美国大资产阶级利益的人,才有可能。另一方面,无论哪一届美国的政府、总统、议会,他们所制定、实行的政策,都是为美国大资产阶级服务的。因此,他们的国家仍然是资产阶级统治无产阶级的工具。在劳动人民争得了普选权的资本主义国家里,由于社会矛盾的尖锐化,无产阶级、其他劳动阶级及其政党,在选举中也有可能取得一定的成功,以至可以有代表进入政权机构。但是历史经验证明,只要不打碎并从根本上改变旧国家机器,国家的资产阶级性质也就不可能改变。

国家行使其阶级统治的职能通常要依据一定的法律。法是由国家确定的行为规范的总和。在马克思主义看来,法不过是被奉为法律的统治阶级的意志。这种意志归根到底是反映了统治阶级在一定经济关系中的经济利益和愿望。若没有国家这种强制力量的工具,就不能保证它的执行,而成为一纸空文。

这些事实告诉我们一条马克思主义真理:从来没有什么超阶级的国家,任何国家都是阶级统治的工具。

无产阶级专政的历史任务

如前面所说,国家并不是从来就有的,那么它是不是会永远存在下去呢?像任何事物一样,它既然有产生,也就必然有灭亡。社会发展史告诉我们,人类历史经历了奴隶制社会、封建制社会,资本主义社会则是人类历史上最后一个阶级对抗的社会,无产阶级反对资产阶级的阶级斗争,是人类历史上最后一场阶级斗争。资产阶级为了维护自己在经济上和政治上的统治地位,它总是不断地加强自己的国家机器,绝不允许自己的国家机器有任何的削弱。资产阶级国家像其他任何剥削阶级的国家一样,是不会"自行消亡"的。因此,无产阶级要想摆脱自己在经济上被剥削、在政治上被统治的地位,第一步就必须争得统治权,建立起无产阶级专政,然后,依靠国家政权的力量,迅速发展社会生产力,为消灭一切私有制、消灭阶级、消灭一切阶级差别,最后为实现共产主义创造条件。只有到了共产主义社会,国家才会消亡。所以,马克思说,阶级斗争必然导致无产阶级专政,而这个专政本身不过是达到消灭一切阶级和进入无阶级社会的过渡。①

中国无产阶级和广大人民群众,在中国共产党领导下,在马克思列宁主义、毛泽东思想的指引下,经过长期的革命战争,打碎了蒋介石的反动的国家机器,建立了工人阶级领导的、以工农联盟为基础的人民民主专政的国家政权。在社会主义革命中,我国的人民民主专政执行了无产阶级专政的职能。无产阶级专政的国家可以有不同的形式。马克思、恩格斯设想过议会制民主共和国的形式,列宁肯定了工农代表苏维埃的形式。在我国,采取了人民民主专政的形式。它们都是无产阶级专政的不同形式。

无产阶级专政的国家也是阶级统治的工具。但是,它与过去一切剥削阶级国家相比较,有着本质的不同。它已经不是原来意义上的国家了。过去的一切国家,都是占人口少数的剥削阶级对广大劳动群众的统治。无产阶级专政则是无产阶级联合占人口大多数的广大劳动群众对少数的已被推翻的剥削者和其他各种反抗社会主义的反动分子的专政。在无产阶级专政下,无产阶级和广大劳动人民第一次成了国家的主人。这是人类历史上从未有过的新型的民主制。这种民主制度的本质是消灭人对人的剥削,因此,它是人类历史上迄今为止最广泛的民主制度。过去的一切剥削阶级的国家都是为维护和巩固剥削制度服务的。而无产阶级专政的根本任务,是要建立没有私有制、没有阶级和没有国家的共产主义制度。所以说,无产阶级专政的国家,已经不是原来意义上的国家,而是一种过渡性的国家,是一种由国家向非国家过渡的国家。

但是,阶级的消灭,无产阶级专政国家的消亡,并不是轻而易举的,它需要具备一系列条件,是一个长期的历史过程。为了消灭一切阶级和阶级差别,为了给国家消亡创造条件,必须坚持无产阶级专政,这是历史的辩证法。在这个历史过程中,为什么要坚持无产阶级专政呢?

阶级在历史上是自发地产生的,但是阶级却不能自发地消亡,而是无产阶级自觉活动的结果。无政府主义者鼓吹个人的绝对自由,反对任何权力和权威,他们宣称,无产阶级革命应当从废除国家这个所谓产生一切

---

① 参见《马克思致约·魏德迈》,《马克思恩格斯选集》第4卷,第332—333页。

罪恶的根源的政治组织开始。马克思主义在批判这种反动思潮时指出，无产阶级取得胜利后遇到的唯一现成的政治组织正是国家。无产阶级不是废除国家，而是打碎旧的国家机器，代之以新的无产阶级专政的国家机器，利用这个强力工具，按照客观规律和现实条件，有步骤地消灭阶级，建设起新社会。

这个新国家机器为什么必然是无产阶级的阶级专政，由无产阶级对它进行领导呢？列宁这样说过："如果我们把无产阶级专政这个历史学的、哲学的、科学的拉丁名词译成普通话，那就是说：在推翻资本压迫的斗争中，在推翻这种压迫的过程中，在保持和巩固胜利的斗争中，在建设新的社会主义的社会制度的事业中，在完全消灭阶级的全部斗争中，只有一个阶级，即城市的和一般工厂的工人，即产业工人，才能领导全体被剥削劳动群众。"① 彻底消灭一切私有制、阶级和阶级差别，这是客观的历史地位赋予无产阶级的使命。无产阶级只有完成这个使命，才能解放全人类，使自己得到最后的解放。无产阶级也只有和其他劳动阶级、革命人民结成联盟，由人民当家作主，才能有效地利用这个国家工具，去完成自己的使命。所以，这个国家政权只能由无产阶级领导，它的阶级实质和阶级属性，只能是无产阶级的阶级专政。而共产党作为无产阶级政党，是这个国家政权的核心领导力量，它也是其他政治组织和社会组织的领导力量。

那么，无产阶级专政的职能和任务是什么呢？

无产阶级专政要镇压阶级敌人的反抗和破坏。就国内来说，资产阶级政权被推翻以后，他们必然要进行疯狂的反抗，必须加强无产阶级专政。在我国，在生产资料私有制社会主义改造完成以后，作为阶级的资本家阶级、富农阶级和地主阶级虽然已被消灭，但是，能不能说，就不再需要坚持无产阶级专政呢？不能这样说。实践经验告诉我们，在这种改造基本完成以后，还有一个相当长的时期，在一定范围内存在着阶级斗争，存在着反动的剥削阶级的残余分子、贪污盗窃分子、破坏社会主义的坏分子以及其他各种反抗社会主义的反革命分子，他们对社会主义革命和建设总是要进行破坏和捣乱的。这时，阶级斗争虽然已经不是主要矛盾了，然而阶级斗争并没有结束，在某种条件下还有可能激化。因此，还必须坚持

---

① 《伟大的创举》，《列宁选集》第4卷，第10页。

无产阶级专政。对外来说,为了防御国外敌人的颠覆和侵略,也必须有强大的无产阶级专政国家机器。

无产阶级专政要确立和发展社会主义生产关系。社会主义生产关系不可能在旧制度内部产生。无产阶级要依靠无产阶级专政,通过对资本家的剥夺,把他们的生产资料收归国家所有,建立社会主义经济。在我国对官僚资产阶级采取了没收的办法,对民族资产阶级则是采取了和平赎买的办法。任何小私有者都不会自发地走向社会主义。然而,对待小私有者是不能采取剥夺办法的。无产阶级只有通过国家的政策、法律,在政治上给予保护和引导,在经济上给予大量的支援,在文化科学上给予帮助,采取民主的、说服教育和示范的办法,才能保证他们在无产阶级领导下,走上社会主义发展道路。因此,无产阶级专政确立以后,它的重要任务之一,就是既要剥夺剥夺者,又要改造小私有者,为建立、巩固和发展社会主义的经济基础而奋斗。

无产阶级专政要组织和发展社会主义经济和文化建设。在剥削阶级消灭以后,这成了无产阶级专政国家政权的主要职能和任务。无产阶级的最终目的,是要完全消灭阶级,建立共产主义。为了彻底消灭阶级,过渡到共产主义,不仅要依靠无产阶级专政完成生产关系方面的社会主义改造,还必须由国家有计划地组织和发展社会主义的经济和文化事业。不建立起强大的物质技术基础和高度的社会主义精神文明,社会主义制度就不能巩固和发展,就不可能消灭工农之间、城乡之间、脑力劳动者和体力劳动者之间的差别,因而也就不可能过渡到"各尽所能,按需分配"的共产主义社会。总之,只有高度发展的生产力、高度发达的科学文化,只有高度的物质文明和高度的精神文明,才有可能造成使资本主义既不能存在也不能再产生的条件。在我国现阶段,为了加速社会主义现代化建设,我们必须坚持无产阶级专政,否则,现代化建设就没有保证。

无产阶级专政对内要处理人民内部的关系,对外要发展同其他国家和人民的关系。无产阶级专政是新型的民主。正像毛泽东同志深刻指出的,它必须严格分清和正确处理敌我之间和人民内部这两种性质完全不同的矛盾。对人民内部的矛盾只能用民主的方法解决,而不能使用对敌人的专政方法。在人民内部关系中,包括了民族、家庭等各方面的关系。在对外关系上,要反对帝国主义、霸权主义、殖民主义和种族主义,维护世界和平,在和平共处原则的基础上,发展同世界各国的关系和经济文化往来;要坚持无产阶级国际主义,支持被压迫民族的解放事业、新独立国家的建设事业和各国人民的正义斗争。任何与此相反的做法,都是违背无产阶级的根本利益的。

无产阶级专政的国家在行使权力时,必须制定并且依据反映社会主义经济关系和无产阶级、广大人民意志的社会主义法律,而不能无法可依、有法不依、执法不严或以人代法、以言代法、以权代法。任何人都不能有特权。在法律面前人人平等,是人们在社会主义经济关系中的平等在政治法律方面的反映。

以上说的无产阶级专政的各种职能和任务,是互相联系的。随着社会主义发展阶段的不同,它们的地位也发生变化。当剥削阶级消灭之后,发展生产力,发展经济和文化,就成为国家政权的工作重点。

坚持无产阶级专政,是为了给国家消亡、过渡到共产主义创造必要的条件,那么,究竟具备了哪些条件国家才能"自行消亡"呢?

无产阶级国家的自行消亡,是一个历史过程,是一个逐渐的发展过程。无产阶级专政建立起来以后,当外部还有进行颠覆和侵略的敌对力量,当国内还存在着阶级斗争时,无产阶级专政的国家不但不能消亡,而且还必须强化它;强化它,正是为了创造条件使它最终消亡。一旦条件具备,无产阶级专政的国家就开始"自行消亡"了。从现在看,这些条件大约有如下几个方面:

只有当共产主义已经在全世界范围内取得决定性胜利,防御外部敌人侵略的任务不再需要;当国内阶级、阶级斗争已经消灭,工农差别、城乡差别、脑力劳动者和体力劳动者的差别已经不存在,因而人们之间的事实上不平等的根源也已经不存在;当生产力已经有了高度发展,社会物质财富十分丰富,社会已经可以实现"各尽所能、按需分配"的原则;人们的科学文化水平和觉悟程度已有了极大提高,他们能够自愿地尽其所能来工作的时候,劳动已经不仅仅是谋生的手段,而且本身成了生活的第一需要之后,人们已经十分习惯于遵守公共生活的基本规则的时候……总之,只有到任何专政机器都成为多余的时候,人们才会再也不需要国家了,代之而出现的,必将是另一种更高级的人类社会组织形式。

由此可见,国家是合乎规律地产生的,也将合乎规律地消亡。正如毛泽东同志说的:"我们和资产阶级政党相反。他们怕说阶级的消灭,国家权力的消灭和党的消灭。我们则公开声明,恰是为着促使这些东西的消灭而创设条件,而努力奋斗。共产党的领导和人民专政的国家权力,就是这样的条件。不承认这一条真理,就不是共产主义者。"[①]

[①] 《论人民民主专政》,《毛泽东选集》1960年版,第4卷,第1473页。

第二十九讲：
引人注目的问题
——人权和民主

青年朋友,你们可曾想过这个问题——生活在全世界二百多个国家和地区的六十多亿人,有多少还没有在政治上获得当家作主的民主权利？有多少甚至连做人的基本权利还没有？他们在想啥？只是浑浑噩噩地苟且偷生吗？只是埋怨命运之神不保佑、祈求上帝降福吗？

"不愿意做奴隶！不愿意做马牛！""不自由,毋宁死！"这些被压迫民族和被压迫人民的战斗呼声不仅响彻斗争激烈的领域,而且也回荡在表面上灯红酒绿、纸醉金迷、乍看起来是一片太平盛世的地方。

人权、民主、自由、平等、博爱,曾经拨动过多少人的心弦啊！当年欧洲资产阶级革命家把它们写在自己的战旗上、宪法上,铸造在硬币上,雕塑在建筑物或纪念碑上,引以自豪。时间已经流逝了几个世纪,我们可以看到,这些写在资产阶级宪法上的东西,直到今天同现实有多么大的距离,它们之间又是多么矛盾啊！早在一百多年前,二十五岁的青年恩格斯就揭示了资产阶级民主的局限性,得出了自己的结论。他写道："民主在今天就是共产主义","民主已经成了无产阶级的原则,群众的原则"。①历史只有发展到社会主义,才可能有最广大人民的真正的民主。

六十多年前,我们伟大的中国人民在中国共产党领导下,推翻了帝国主义、封建主义和官僚资本主义三座大山,成了国家的主人,享受到历史上没有享受过的广泛的民主权利,全世界的进步人类是多么羡慕我们呀！历史是在曲折中前进的。"文化大革命"中,林彪、"四人帮"反革命集团用封建法西斯专政反对无产阶级专政,践踏宪法,草菅人命,恣意破坏社会主义民主和法制,给我国人民带来了一场灾难。

---

① 《在伦敦举行的各族人民庆祝大会》,《马克思恩格斯全集》第2卷,第664页。

改革开放以来,我们的党和国家在大力发展经济、文化和社会事业的同时,积极稳妥推进政治体制改革,努力扩大社会主义民主,建设社会主义法治国家,成效显著。但是,由于几千年遗留下来的封建专制主义的影响,由于社会主义民主的实现是一个长期的渐进的过程,需要经济、文化和社会各方面的条件,现阶段我们的政治体制还存在许多不尽如人意的地方,社会上压制民主、违背法制、侵犯公民权的现象还时有发生。因此,大力推进政治体制改革,切实保障人民的基本权利,充分发扬民主,是必要的,这正是我们党和政府的要求。但是,也曾有个别人公然要求外国总统来保障我们中国人的人权,提出蛊惑人心的口号,借"人权"和"民主"问题反对四项基本原则,这就完全是别有用心的了。究竟什么是"人权"和"民主"?它们和社会主义制度有什么关系?这是一个颇为引人注目的问题。

为了弄清"人权"和"民主",我们有必要对它们作一番历史唯物主义的考察。

> 人权和民主都是一定的社会历史的产物

"人权"和"民主",作为一种法定的制度,属于上层建筑中的政治法律制度;作为政治思想和法律思想,则属于上层建筑中的意识形态。

任何一种意识形态是由一定的社会存在决定的。近代史上人权与民主问题,是在资本主义经济关系的基础上形成的。在资产阶级出现以前,各个阶级在争取本阶级的政治权利、经济权利和生存权利的斗争中,都没有提出过"人权"的口号。人权在形式上排除了人们之间的性别、民族、宗教信仰和阶级的差别,包括一切人,具有普遍性。这是公开主张本阶级世袭特权的奴隶主阶级和封建地主阶级不可能提出的。奴隶阶级和农民阶级由于在历史上不是新的生产方式的代表者,也不可能提出这样普遍性的权利口号。从经济基础上看,"人权"这个口号最初的提出,只能是资本主义商品交换关系的产物。作为商品所有者,无论是拥有货币的资本家,或者是把自己的劳动力作为商品出卖的无产者,他们彼此间发生关系,是按照"等价交换"的原则进行的,在形式上是平等的;而且,他们也只有成为自由人,能够自己作主进行买卖,才能发生这样的关系。随着资本主义生产关系的发展,要求摆脱封建束缚、实现自由平等的呼声也就越加强烈。自由和平等于是被宣布为"人权",而且成了人权的主要内容。

欧洲封建社会长达一千多年,通常人们称它是野蛮黑暗的中世纪。那时候,社会结构像金字塔一样,处于顶端的是僧侣,其次为贵族,再其次是第三等级(包括农民、手工业者以及资产阶级的前身——市民)。这种森严的等级制度是以土地分封、爵位世袭为其存在的基础的。当时宗教和神学是占统治地位的意识形态,封建和迷信结合在一起,神学教条具有法律效力,宗教裁判所可以判处人死刑。《圣经》教人甘居卑贱地位,老老实实当顺民,随时想到自己罪孽深重,要在上帝面前背诵:"我是虫,不是人。"马克思曾尖锐而又形象地揭露过德国的封建专制制度,他说:"专制君主总把人看得很下贱。他眼看着这些人为了他而淹在庸碌生活的泥沼中,而且还像癞蛤蟆那样,不时从泥沼中露出头来。""君主政体的原则总的说来就是轻视人,蔑视人,使人不成其为人"。①

为了反对封建专制主义,近代欧洲新兴资产阶级的思想先驱创立了"天赋人权"的理论。首先提出天赋人权说的是十七世纪英国启蒙思想家洛克。他认为:"人类天生都是自由、平等和独立的",任何人都"不得侵害他人的生命、健康、自由或财产"。他还说:"人民有天赋的权利",这种权利"既不能变更,更无从否认"。十八世纪法国启蒙思想家的著名代表卢梭发展了洛克的思想。他强调:"每个人都生而自由、平等","放弃自己的自由,就放弃做人的资格,就是放弃人类的权利"。他还认为:"人是生而自由的,却无往而不在枷锁之中。"因此,他着重探索了人类不平等的起源,企图找到一个消除不平等的办法。他提出了一个著名的论断:不平等起源于私有制。但是,卢梭并不主张消灭私有制。他所向往的是建立在私有制基础上、绳之以法的理想社会。他认为,不平等发展到极端(例如法国专制制度),大家在暴君面前等于零,人民就会起来推翻暴君,不平等就会走向反面,转化为平等——这不是重新回到私有制产生以前的自然状态的平等,而是在更高阶段上、建立在法律之上的平等社会。他在《民约论》一书中说:"任何人都不能摆脱法律的光荣支配,这是一种有益而温和的枷锁,最骄傲的头颅也柔顺地戴着这种枷锁。"卢梭称法律为"公意",

---

① 《摘自〈德法年鉴〉的书信》,《马克思恩格斯全集》第1卷,第411页。

即人民的最高的公共意志。他认为政府的职责就是执行公意,如果政府破坏了公意,人民就有权推翻它。卢梭为天赋人权说增加了新的重要内容,即私有财产权和"主权在民"的民主思想。

从洛克到卢梭,资产阶级的人权理论和民主思想逐渐系统化。这种理论、思想的出现,不是偶然的。它们是一定的历史条件下的产物,是新兴的资产阶级在反封建的斗争中形成的意识形态,是资本主义的经济关系在政治思想上的反映。

> 资产阶级的人权和民主思想既有进步性又有局限性

洛克和卢梭的启蒙思想,反映了新兴资产阶级的利益和要求。他们的理论,否定了封建的专制制度和封建的等级制度,戳穿了封建国家是地上神物、君主神圣不可侵犯的神话,得出了人人生而平等、主权在民的革命结论。因此,人权理论和民主思想在当时有力地鼓舞着人们,推动人们起来斗争,成了资产阶级革命的一面光耀夺目的理论旗帜。

在资产阶级的革命实践中,人权和民主进一步发展为政治纲领,在资产阶级取得政权之后,又以法律形式加以确认。

1775年,北美爆发了伟大的独立战争。第二年7月4日,北美十三个殖民地通过《独立宣言》,宣布脱离英国,成立美利坚合众国。这个宣言写道:"一切人生而平等,上帝赋予他们某些不可割让的权利,其中包括生存、自由和追求幸福的权利。"宣言指出,为了保障这些权利,人们才建立政府;任何政府一旦损害这些权利,人们就有权变更它或废除它,建立新的政府。宣言把人权和民主作为政治纲领的形式提出,对于当时封建专制制度仍占统治地位的欧洲,也产生了很大影响。马克思曾经高度评价《独立宣言》的进步意义,称它为"第一个人权宣言"。[①]

卢梭死后十一年,法国爆发了1789年的资产阶级大革命。同年8月,制宪会议通过了《人权和公民权宣言》。这个宣言第一条就写了:"人生来是、而且始终是自由、平等的。"宣言提出,法律是公共意志表现,在法律面前,人人平等。这一宣言成了1791年法国制宪会议制定的宪法的序

[①] 《致美国总统阿伯拉罕·林肯》,《马克思恩格斯全集》第16卷,第20页。

言。它把资产阶级启蒙思想家提出的人权原则和民主思想以法律的形式肯定下来,这对于鼓舞人们争取自由、平等的斗争,推进资产阶级革命,起了重大的作用。

资产阶级的人权理论和民主思想在历史上起了进步的作用,但它们本身有很大的局限性。资产阶级所向往的自由、平等和民主的境界,不过是资产阶级的理想王国。他们提出的人权也好,民主也好,虽然在形式上是普遍的,但实质上绝不可能包括一切人;它们只能是资产阶级的权利、资产阶级的民主。在资产阶级占有生产资料的社会里,资产阶级有权剥削和奴役无产阶级,而无产阶级则只能"自由地"出卖自己的劳动力。因此,马克思、恩格斯说:"被宣布为最主要的人权之一的是资产阶级的所有权"①,"平等地剥削劳动力,是资本的首要的人权"。② 尽管人权被写进宪法,被叫得非常响亮,但在资本主义社会中,实际上能充分享有人权的只是资产阶级,所以马克思又说:"人权本身就是特权"③,也就是说,资产阶级不过是用金钱的特权取代了封建的等级特权和世袭特权罢了。

历史事实是,资产阶级取得政权后,并未对昨天的同盟者(无产阶级和其他劳动人民)报以平等、自由。法律规定了有高额财产资格的选举权,这就露骨地把无产阶级和劳动人民排斥在选民之外。可是,资产阶级没有想到,他们的启蒙思想同时也唤醒了无产阶级。无产阶级已经展开了本阶级的独立运动。在法国大革命中,无产阶级的领袖巴贝夫曾组织秘密的平等会,创办《人民论坛》。巴贝夫尖锐地揭露:"人权宣言是香饵和圈套紧挨着放在一起,我们仔细一看这个宣言就立刻可以认出,它是危险的。"巴贝夫已经看出,法国革命只不过是一批剥削者代替另一批剥削者,只有消灭私有财产,才有真正的平等。事情果然如此,在法国大革命之后,"自由、平等、博爱"对于无产阶级和劳动人民来说,实际上还是一句空话。作为无产阶级领袖的巴贝夫,不正是丧身在制定《人权宣言》的法国资产阶级政府的屠刀之下吗?

列宁一针见血地指出过:"资产阶级民主同中世纪制度比较起来,在历史上是一个大进步,但它始终是而且在资本主义制度下不能不是狭隘

---

① 《反杜林论》,《马克思恩格斯选集》第 3 卷,第 57 页。
② 《资本论》第 1 卷,第 324 页。
③ 《德意志意识形态》,《马克思恩格斯全集》第 3 卷,第 229 页。

在"自由世界"里钱多自由多

的、残缺不全的、虚伪的、骗人的民主,对富人是天堂,对被剥削者、对穷人是陷阱和骗局。"①资产阶级对无产阶级和劳动人民许诺的人权、民主,一般都是写在纸上、停留在口头上的东西,是"口惠而实不至"的。列宁在1905年曾引用罢工委员会的以下一段话揭露沙皇玩弄的"让步":"已经给我们集会自由,但是我们的集会仍然被军队包围着。已经给我们出版自由,但是书报检查机关继续存在着。已经允许了科学研究的自由,但是大学被军队盘踞着。已经给了人身不可侵犯的权利,但是监狱里关满了囚犯……已经给了宪法,但是专制制度继续存在。给了我们一切,但是我们一无所有。"②这几行字揭露之深,可谓入木三分。当然,在今天一些号称民主制度最完善的资本主义国家里,资产阶级不一定做得那么露骨。他们采取了一些更为巧妙的办法,甚至可以让你对总统讲几句讽刺挖苦的话,可以让你在公园里"自由演讲"一番,而实际上是"笑骂由他笑骂,好官我自为之"。一旦他们认为你有点"越轨"行动,甚至还根本谈不上已经威胁或动摇他们的资产阶级政权和资本主义制度,他们只要高兴,就会毫不犹豫地对你绳之以"法"。

这样说来,资产阶级提出的人权与民主不是毫无可取之处吗?不,问题又不那么简单。前面谈到,资产阶级提出的人权和民主,在历史上起过巨大的进步作用,这是不能否认的。而且,还应看到,某些关于人权和民主权利的规定,确实又是无产阶级和劳动人民斗争的成果。资产阶级为了维护自己的统治和剥削,也不得不容许劳动人民享有某些权利。无产阶级的人权观和民主观正是在批判地继承资产阶级的人权观和民主观的基础上而建立起来的。因此,无产阶级在揭露资产阶级的人权和民主的虚伪性、欺骗性的同时,并不是对人权和民主的口号全盘否定或一概拒绝,而是根据形势和斗争任务的需要,具体问题具体分析,灵活地制定出自己的方针、策略。

恩格斯考察了欧洲工人运动的历史,认为当资产阶级举起人权旗帜进行反封建斗争的时候,无产阶级已经紧紧相随,借资产阶级口号表达本阶级的独立要求了。他说:"无产阶级抓住了资产阶级的话柄:平等应当

---

① 《无产阶级革命和叛徒考茨基》,《列宁全集》第3卷,第630页。
② 《总解决的关头快到了》,《列宁全集》第9卷,第436页。

不仅是表面的,不仅在国家的领域中实行,它还应当是实际的,还应当在社会的、经济的领域中实行。""无产阶级平等要求的实际内容都是消灭阶级的要求"。① 这就是资产阶级和无产阶级的人权、平等要求在实际内容上的根本区别。如果不是从形式上看问题,我们就不难看到它们的阶级差别和实质。

争取人权和民主的口号,我们在国内民主革命斗争中使用过,现时国际政治斗争中也还在继续使用。在一定历史条件下,这一口号对于团结人民、打击敌人,是有积极意义的。例如,1923年的"二七"大罢工,曾经提出过"争自由争人权"的口号。1935年,中共中央发表了《为抗日救国告全体同胞书》(《"八一"宣言》),也提出过"为人权自由而战"的口号。抗日战争时期,在革命根据地制定过《陕甘宁边区保障人权财权条例》。1942年,同德意日法西斯作战的二十六个国家在华盛顿签署了一个《联合国家宣言》,针对法西斯暴行给人类造成的灾难,明确提出:"深信完全战胜它们的敌国,对于保卫生命、自由、独立和宗教自由并在本国和其他国家内保全人权和正义是非常必要的。"1945年联合国成立时颁布的《联合国宪章》重申:"决心要保全后世以免再遭我们这一代人类两度身历的惨不堪言的战祸,重申对于基本人权、人格尊严和价值以及男女平等权利和大小各国平等权利的信念。"1948年联合国大会还通过了《世界人权宣言》。近年来,许多第三世界国家把人权问题和民主问题与反对帝国主义、殖民主义、霸权主义联系起来,主张联合国应着重解决国际间人权遭受大规模的严重侵犯的问题,如种族歧视、殖民主义、外国占领和侵略等,这显然是有进步意义的。

由此看来,对待"人权"和"民主"口号,我们应当注意到这种口号的具体内容,弄清楚它是向谁争"人权"、争"民主",争的是什么样的"人权"和"民主"。如前所说,向反动势力、压迫势力争"人权"、"民主",这是进步的、积极的;但如果代表邪恶势力向革命人民争什么"人权"、"民主",那就纯粹是反动的、消极的了。一个时期以来,帝国主义、资产阶级和国内的反革命分子热衷于利用"人权"、"民主"这些口号来攻击我们的无产阶级专政和社会主义制度,诬蔑我们社会主义社会"没有自由没有民主"。有

---

① 《反杜林论》,《马克思恩格斯全集》第3卷,第146页。

的人把林彪、"四人帮"搞的封建法西斯专政和我们的无产阶级专政混为一谈,攻击我们对各种敌对势力、反革命分子、刑事犯罪分子实行专政是什么"侵犯人权"。这是极其荒谬的。这类诬蔑和攻击,或者表明他们对社会主义制度完全无知,或者暴露了某些人对社会主义革命的胜利确实是怀着刻骨仇恨的。

> 只有社会主义制度才能真正发扬民主和充分保障人民权利

无产阶级的历史使命是通过社会主义革命和社会主义建设,消灭人剥削人的制度,消灭阶级,最后实现共产主义,彻底解放全人类。这就决定了无产阶级所要保障的人权和所要发扬的民主,乃是资产阶级所望尘莫及的。马克思、恩格斯在《共产党宣言》中指出:"共产党人可以用一句话把自己的理论概括起来:消灭私有制。"[①]在资本主义社会,生产资料私有制的存在,是产生一切不平等的社会根源。只有经过社会主义社会,消灭了生产资料私有制,建立起生产资料公有制,消灭阶级,实现共产主义,解放全人类,才能保证每个人不仅得到允裕的物质享受,而且得到自由发展。因此,无产阶级的基本口号,无产阶级所要求的平等,就是消灭阶级。

1871年,法国的无产阶级把《共产党宣言》的纲领变成了伟大的实践。他们运用暴力打碎了旧的国家机器,建立了工人阶级自己的政权——巴黎公社。它虽然仅仅存在七十二天,但它为实现真正的无产阶级民主,创造了光辉的范例。当时巴黎城外有敌人的重兵围困,巴黎的无产阶级一面以革命恐怖手段坚决镇压阶级敌人的反抗,一面又在公社内部张灯结彩实行普遍选举。他们为了防止公社政权重蹈资产阶级官僚机构的覆辙,防止国家机关工作人员从社会公仆变为社会主人,毅然采取了以下措施:公社委员及政府工作人员都由选举产生,任职期间如不称职,选民随时有权撤换;取消高薪制,公社委员工资不超过熟练工人工资,等等。这些措施是何等令人敬佩的伟大创举啊!巴黎公社的存在虽是短暂的,但它的原则是永存的。它充分显示了无产阶级民主才是真正、彻底的民主,永远鼓舞着无产阶级为之实现而奋斗。

---

① 《马克思恩格斯选集》第1卷,第265页。

我国无产阶级经历了从民主革命到社会主义革命两个时期,用了几十年时间来解决一个根本问题,即怎样建立和巩固人民民主专政的国家,也就是无产阶级专政的国家。在这个国家里,把对人民内部实行民主和对反动派实行专政统一起来;在人民内部要造成既有民主又有集中,既有纪律又有自由,既有统一意志又有个人心情舒畅的生动活泼的政治局面。

1954年全国人民代表大会制定了新中国的第一部宪法,规定了全国人民代表大会是我国最高的权力机关,体现了全国人民的当家作主的权利。宪法规定了公有财产神圣不可侵犯;规定了每个公民都享有言论、出版、集会、结社、游行示威、宗教信仰自由等权利;还规定了国家机关工作人员必须为人民服务。

由于我们党在指导思想上的错误,林彪、"四人帮"反革命集团破坏,我国的社会主义革命和社会主义建设走了一条曲折的道路。粉碎"四人帮"后,全国人民看清楚了,没有无产阶级专政的法制,社会主义民主是没有保证的。旧中国遗留给我们的,不仅是落后的经济,而且还有根深蒂固的封建思想的残余。我们对于封建特权、官僚主义、家长制、一言堂等违反人民民主的东西缺乏警惕,对它们的危害往往认识不足。又由于种种历史原因,我们一度存在着法律虚无主义的错误思想,认为"法律只能束缚自己手脚",形成了以人代法、以言代法、以权代法,甚至把语录当成法律准则,把国家命运系于一人之身,这是极不正常的。十月革命后五年,在列宁主持下,1922年就制定了苏维埃刑法,而我们建国三十年后,1979年才制定第一部刑法。这就难怪一旦被林彪、"四人帮"这伙野心家、阴谋家窃取了党和国家的部分领导权力之后,他们就可以"和尚打伞——无法(发的谐音)无天",恣意妄为,人民的民主权利毫无保障。

1978年党的十一届三中全会,是一次具有伟大历史意义的会议。会议总结了历史教训,强调指出,为了保障人民民主,必须加强社会主义法制,使民主制度化、法律化。1979年五届人大二次会议又通过了人民代表大会和地方各级政府组织法以及刑法、刑事诉讼法等七项法律,这些文件对于保障公民人身权利、民主权利以及其他权利不受侵犯,有了明确的法律规定,体现了在社会主义现代化建设中,全国人民要求健全法制、要求发展社会主义民主的历史趋势。

社会主义民主是社会主义制度的本质的东西。社会主义革命根本上不同于以往任何社会革命的地方正在于,以往的任何革命,群众不过是被利用的工具,革命之后,群众还是不能摆脱被压迫、被剥削的地位;而社会主义革命却是真正给人民以民主,使人民不再受压迫和剥削,上升为国家的主人。在社会主义制度下,人民享有的民主权利是任何资本主义国家所不能比拟的。社会主义民主不仅和资产阶级民主有量的区别,更重要的是有质的区别。党的领导就是领导和帮助人民实现当家作主的权利。没有社会主义民主,没有人民在党的领导下真正成为国家和社会的主人,就没有社会主义的发展,就没有社会主义社会。

就拿选举这件事来说,资本主义国家的选举一般都是由资本家当后台老板,由金钱来决定的,对大多数劳动人民采取种种限制。有的国家规定,竞选人要交一定数量的保证金,得的选票不到一定数量,保证金就要被没收。有的国家搞一次总统竞选,就要花上亿元的美金,劳动人民哪儿来借大一笔竞选费?不少资产阶级的候选人在竞选中争取选票,往往随口许愿,当选后根本不实行。列宁说得十分深刻:资产阶级的两党制,资产阶级的选举,只不过是"每隔几年决定一次究竟由统治阶级中的什么人在议会里镇压人民压迫人民"。① 而社会主义民主,则保证了广大人民真正当家作主、行使管理国家的权利。我们的选举是真正人民大众的民主选举,和资产阶级的选举有本质的区别。我们的民主是真正供广大人民享用的。当然,它也有一个逐步完备的过程。

必须指出,社会主义民主和极端的无政府主义、资产阶级自由化,有本质的区别。无政府主义者主张建立"你喜欢怎么做就怎么做,喜欢怎么想就怎么想"的没有服从、没有制裁的"绝对自由"的社会,即无政府状态的社会。无政府主义是一种小资产阶级的反动思潮,是改头换面的资产阶级个人主义。事实上人人都要有绝对自由,也就会人人都没有真正的自由。在十年内乱中,林彪、"四人帮"一方面鼓吹政权即"镇压之权",对人民实行法西斯专政;另一方面又煽动打、砸、抢,砸烂公检法,掀起无政府主义思潮,破坏一切应有的法律、制度、规章、条例。他们蛊惑青年一代要成为"头上长角、身上长刺"蔑视一切的"造反英雄"。他们的罪恶行径,不仅损害了社会主义制度的光辉形象,也毒害了青年的身心。事实证明,

---

① 《国家与革命》,《列宁选集》第3卷,第209页。

不要社会主义法制的民主,不要党的领导的民主,不要纪律和秩序的民主,不要民主集中制,就绝不是社会主义的民主。民主集中制是我们社会主义国家和共产党的根本制度。它要求既有民主,又有集中;既有自由,又有纪律。

实现任何权利正如实现任何义务一样,都要受历史的物质条件和文化条件的制约。在我们这样一个经济还不很发达、文盲还不少的国家里,要使每一个公民都充分行使自己的民主权利,显然还有一定的困难。而且,我们的民主制度也还有不完善的地方。但是,可以肯定,随着我国物质文明和精神文明的不断改革和提高,随着政治体制的不断改善,我国人民享受的社会主义民主,也一定会达到更高的水平。社会主义民主水平的提高,又会反作用于经济基础,巩固和发展我国的社会主义经济制度,并健全社会主义经济,促进生产力的发展。

列宁说:"资本主义社会里的民主是一种残缺不全的、贫乏的和虚伪的民主,是只供富人、只供少数人享受的民主。无产阶级专政,即向共产主义过渡的时期,将第一次提供了人民享受的、大多数人享受的民主,同时对少数人即剥削者实行必要的镇压。只有共产主义才能提供真正完全的民主,而民主愈完全,它也就愈迅速地成为不需要的东西,愈迅速地自行消亡。"[①]列宁这段话对人权与民主这类问题,作了历史唯物主义的总结。

---

① 《国家与革命》,《列宁选集》第3卷,第248页。

第三十讲:
别善恶,知荣辱
——道　德

　　社会意识是社会生活的重要领域,它的具体形式有政治观点和法律观点、道德、艺术、哲学、宗教等。社会意识不是简单的各个个人的意识的总和,而是社会地形成的某一社会、阶级、集团的意识,并且制约着该社会、阶级、集团成员的意识。某一社会、阶级、集团的社会意识总是通过各个人的意识表现出来,但它不是个别人的特殊生活条件的反映,而是该社会、阶级、集团的物质生活条件和社会地位、利益的反映。社会意识一旦形成之后,便具有相对的独立性,对社会存在起重大的能动作用:先进的思想和理论对社会发展起重大的促进作用,腐朽的思想和理论对社会的发展起阻碍作用。前面已经涉及到政治观点和法律观点,从这一讲起,我们要进一步谈谈道德、艺术、宗教等社会意识形式的本质和作用。

　　看过《红岩》这部小说的同志,都会记得许云峰这个共产党人高大的形象。由于叛徒的出卖,许云峰同志落到了敌人的手里。在刑讯室中,敌人的十四套刑具未能使他有半点动摇,他给敌人的回答,只是轻蔑的一笑。在白公馆那个棺材式的地窖里,许云峰忍受着无穷的折磨,然而对革命的胜利却充满了信心。他以难以想象的顽强毅力,用手指挖通了越狱的地道,但是,他把生的希望留给了同志们,却毅然地献出了自己的宝贵生命。在生命的最后时刻,他脸不变色心不跳,并且自豪地说:"我已看到了无产阶级在中国的胜利,我感到满足……人生自古谁无死?可是一个人的生命和无产阶级永葆青春的革命事业联系在一起,那是无尚的光荣。"

　　看到这里,人们会问:许云峰的这种英雄气概,是由什么样的力量支配着的呢?毫无疑问,这是来自共产党人的政治信念,同时也是来自共产主义的道德力量。道德又何以有如此巨大的精神作用呢?让我们作一点简要的考察。

> **道德是调整人们的关系的行为规范的总和**

从许云峰的英雄行为和崇高品德中，我们看到，他把党的正义事业、人民利益、祖国前途，看得比自己的生命更重要，把为革命而献身看做是无尚的光荣。这里表现了一个革命者的政治理想，同时也具体体现了他的世界观和人生观、善恶观、荣辱观、生死观等。从这里就能很自然地得出一个结论：正义与非正义、善与恶、光荣与耻辱等观念，实际上反映了自己对别人，个人对集体、对阶级、对人民、对祖国的一种态度。这种反映着人与人之间、个人与集体之间的关系、而又能从内心制约人们的行为的观念，通常被称为道德准则、道德规范。道德靠内心的信念、习惯、传统、教育或者社会舆论的力量而为人们所遵守。人们以善与恶等道德概念评价人们的行为。

道德规范和法律规范很相近，都是用来调整人们之间、个人与社会之间的关系，并从而约束人们的行为的。但是两者又有不同。

一是，法律随国家的产生而出现，而道德则出现得更早，在原始公社中人们就以传统、习惯调整人们间的相互关系；在未来的共产主义社会中，法律将随国家的消亡而消失，道德则将继续存在，发挥更大的作用。

二是，法律固然也要求自觉遵守，但要以国家的强制手段作为实行的保证；道德规范的实行则只能靠内心的信服和舆论的力量。在我们社会主义国家里，违犯法律规范一定也违犯道德规范。例如，玩忽职守，造成重大责任事故固然是犯法，难道不是也要受社会舆论的谴责吗？但是违犯某些道德规范，并不都违犯法律规范。例如，别人排队他"加塞"，对这种不道德的行为，你只能侧目而视，说声"不像话！"他却不能算犯了法，无法对他作法律处理。道德的作用更加广泛，渗透在爱情、友谊等人和人的关系的各个方面，这又是法律所不能代替的。

三是，在阶级社会中，一个社会只有一种法的体系，但却存在着各阶级、各行业的不同的道德准则，等等。

通过这样的对比，我们大体上就可以了解到道德在社会生活中的作用。历史唯物主义的道德观和以往的道德理论、伦理学的分歧，主要不在于是否承认道德的作用，而在于对道德实质的理解上。只有历史唯物主义才科学地说明了道德的本质、它的产生和发展的规律性。由此它也就能正确地说明道德的作用。

马克思主义以前的道德理论,本质上是唯心主义的,也是形而上学的。

人们会问:善恶观念、正义非正义观念等,究竟是从哪里来的?这个问题,历来有不同看法。中国古代哲学家孟轲(约前372—前289)主张"性善论",他说:"恻隐之心,人皆有之;羞恶之心,人皆有之;恭敬之心,人皆有之……"而这些观念,"非由外铄我也,我固有之也"。与孟轲相反,荀况(约前313—前238)主张"性恶论",他说:"人之性恶,其善者伪也。"他认为人性本来是恶的,善是后来获得的。但他们有一点是相同的,即都认为人的道德观念、道德品质是先天就有的。这显然是一种历史唯心主义的观点。

历史唯物主义认为,道德和政治观点、法的观点、艺术、哲学、宗教等其他社会意识一样,是社会存在的反映,是由社会存在决定的。道德作为上层建筑的一部分,归根到底,是一定的经济基础的反映,是人们的经济关系的反映。比如在资本主义社会中,资本主义的生产关系把人们之间的关系变成了商品交换关系、赤裸裸的冷酷的金钱关系。这种经济关系,在剥削阶级的道德观念上的突出反映,就是损人利己、唯利是图、尔虞我诈。莎士比亚笔下的威尼斯的商人,巴尔扎克小说中所描写的老葛朗台,就是这样行事的。恩格斯说:"人们自觉地或不自觉地,归根到底总是从他们阶级地位所依据的实际关系中——从他们进行生产和交换的经济关系中,吸取自己的道德观念。"[①]可见,道德观念是由一定的经济制度的性质以及不同阶级在这种经济关系中所处的地位决定的。

道德是经济基础的产物,但它并不是消极的产物,作为上层建筑的一部分,它对经济基础有能动的反作用。作为社会存在的反映的道德规范,可以成为一种精神力量,成为人的行动的内在的动机,化为责任感、义务感,来制约人的行动。为了某种被认为是善的、正义的事业,人甚至可以"杀身成仁"、"大义灭亲"。道德的这种作用,依它的性质不同而不同,反映先进生产关系的道德,对新经济基础起巩固、促进的作用;腐朽的过了

---

① 《反杜林论》,《马克思恩格斯选集》第3卷,第133页。

时的道德,维护落后的生产关系,对先进生产关系的产生和发展,就会表现出一种阻碍、破坏的作用。

> **道德的阶级性、历史性和继承性**

在原始社会中,虽然还没有形成道德理论,但人们是有着朴素的公共道德观念和道德标准的。由于阶级的产生和国家的出现,各阶级由于经济利益不同,就形成了不同的甚至根本对立的道德观念。道德的这种阶级性,使阶级社会中不可能有统一的、超阶级的道德。比如恩格斯就指出,十九世纪欧洲的资产阶级国家存在三种类型的道德:基督教封建主义的道德、资产阶级的道德和无产阶级的道德。第一种是从中世纪转到资本主义社会的,第二种是该社会中占统治地位的道德,第三种代表着现状的变革,代表着未来。

在阶级社会里,占统治地位的道德,总是统治阶级的道德。这是因为统治阶级掌握着生产资料、国家政权和宣传机器,他们处于物质资料生产的支配地位,必然要求精神资料生产也处于支配地位。他们把有利于少数人的道德原则说成是全社会的原则,为此或者用宗教来加以神圣化,或者说是与生俱来的,或者用精巧圆滑的形式作唯心主义的哲学论证。

在封建社会里,占统治地位的道德是封建地主阶级的道德。这种道德,在西方表现为中世纪基督教的道德;在中国封建社会里,则表现为封建礼教。封建礼教最典型的道德规范,是所谓"三纲五常"("三纲"指"君为臣纲,父为子纲,夫为妻纲"。"五常"通常指"仁、义、礼、智、信"),以及"忠孝节义"、"三从四德"等信条。封建统治阶级以此来束缚农民阶级,调整封建社会中的阶级关系,调整本阶级成员间的关系,维护封建的土地所有制、封建等级制度和封建社会的秩序。

当然,在封建社会中,也没有统一的道德。农民阶级受着封建道德的严重压迫和束缚,但同时也在劳动中和阶级斗争中形成了自己的与封建地主阶级道德相对立的道德观念。他们要求"等贵贱"、"均贫富",以勤劳、节俭、善良、正直、忠厚、朴实、友爱、互助等作为美德。

在资本主义社会中,资产阶级和无产阶级在道德观念上是尖锐对立的。资产阶级道德的基本原则是个人主义,它是以生产资料私有制为基础的资本主义生产关系的反映。资产阶级的个人主义,在反封建斗争中是起过积极作用的,它以要求自由和个性解放的名义,反对了封建的人身依附关系、封建等级制度和封建宗法关系,推动了新生产方式的建立和巩固。但是,资产阶级的个人主义道德,毕竟是以财产私有为基础的,它反映了资产阶级追求个人发财致富的愿望,是为维护资本主义制度服务的。它的本质特征,是个人利益高于一切,把个人的利益和幸福建筑在别人的痛苦之上。在资本主义社会中,这种极端利己主义的道德通过金钱关系表现出来。金钱成了资产阶级衡量道德的真正标准。正如马克思刻画的:"货币的特性就是我——货币持有者的特性和本质力量。因此,我是什么和我能够做什么,这决不是由我的个性来决定的。我是丑的,但是我能给我买到最美的女人。可见,我并不丑,因为丑的作用,丑的吓人的力量,被货币化为乌有了。我——就我的个人特点而言——是个跛子,可是货币使我获得二十四只脚;可见,我并不是跛子。我是一个邪恶的、不诚实的、没有良心、没有头脑的人,可是货币是受尊敬的,所以,它的持有者也受尊敬。货币是最高的善,所以,它的持有者也是善的。"①这是对资产阶级拜金主义道德的生动写照。

与资产阶级个人主义道德相对立的,是无产阶级的共产主义道德。恩格斯说过,在资本主义社会里,"工人比起资产阶级来,说的是另一种习惯语,有另一套思想和观念,另一套习俗和道德原则"。② 共产主义道德的产生,是与无产阶级的阶级地位分不开的。在资本主义社会,无产阶级一无所有,只能出卖自己的劳动力,忍受资本家的剥削。他们在资本主义的大工业生产中间,在同资产阶级的阶级斗争中间,逐渐形成了集体主义精神、团结互助、同情被压迫群众等崇高的共产主义美德。无产阶级评价人们的行为,有了与资产阶级根本不同的新的善恶标准。无产阶级道德,反映了无产阶级的根本利益和要求,符合社会的发展方向。

我们说在阶级社会里,道德是有阶级性的,这并不意味着不同的阶级的道德毫无相同之点。其实,不同的阶级处在共同的历史背景中,或者是处于同样的经济发展阶段上,他们的道德观念不免会有某些共同之处,或多或少是相互一致的。例如,在动产私有制的社会里,"勿偷盗"就是一条

---

① 《1844年经济学哲学手稿》,《马克思恩格斯全集》第42卷,第152—153页。
② 《英国工人阶级状况》,《马克思恩格斯全集》第2卷,第410页。

共同的道德戒律，都把"偷盗"看做是不道德的行为。还有，在人们的社会生活中，也存在着大家公认的"起码的公共生活规则"，如遵守公共秩序、讲究公共卫生、文明礼貌等。这就是我们所说的社会公德。

上面谈了道德的阶级性。但是，人们的这些道德观念、道德准则，是不是永恒不变的呢？对这个问题，人们的看法也是不同的。有一些坚持形而上学观点的哲学家认为，世界上存在着一些永恒不变、永远适用的道德规范。很显然，这种观点是不符合历史事实的。人类社会的历史发展表明，并不存在一种超时代或超历史的道德规范，道德规范是随着历史的发展而不断发展的。这就是道德的历史性。

著名生物学家达尔文，在一次环球旅行考察中听人说过，十八世纪，火地岛上的土著民族在饥饿的冬天到来时，常常要把老太婆杀死充饥。这在今天看来，是很不道德的。可是在那个时候，生产力水平极低，劳动产品极有限，不能劳动的老年人成了社会的极大负担，为了养活他们，青壮年就可能饿死，整个部落就可能灭亡。因而，杀老人充饥，并不被认为是不道德的。但是，随着生产力水平的提高，产品日益增加，这种现象就逐渐消灭了。在我们社会主义社会中，尊敬和爱护劳动了一生的老人，是社会提倡的道德风尚。法律明文规定，遗弃和虐待老人是犯罪行为。可见，不同的时代，人们的道德观念是很不相同的。正像恩格斯说的那样："善恶观念从一个民族到另一个民族、从一个时代到另一个时代变更得这样厉害，以致它们常常是互相直接矛盾的。"①

我们还可以从对人的道德评价标准的变化上，来进一步理解道德的历史性这个问题。我们都知道，在封建社会中，地主阶级是把高贵的出身和享有特权看做是荣誉的标志，把爵位的高低当成是衡量身价的尺度。到了资本主义社会，这种荣誉标准就逐渐不适用了。前面我们已经说过，在资产阶级看来，世界上只有金钱是最可靠的，有了金钱就有了一切，谁的钱多，谁就更受尊敬。金钱成了资产阶级的主要荣誉标志。在我们社会主义社会中，尽管还残存着旧道德观念的影响，但人们公认的荣辱观念已经发生了根本性的变化。我们衡量一个人的荣誉的标准，不是也不应该是看他钱财多少、职务高低、从事什么职业，而是看他对国家、对人民、

---

① 《反杜林论》，《马克思恩格斯选集》第3卷，第132页。

对社会、对人类作出的贡献。一个人能力有大小,但只要他具有全心全意为人民服务的精神,荣誉就应当属于这样的人。

人们的道德观念为什么会发生这种历史性的变化呢?从根本上说,是因为道德是一定社会的经济基础的产物,它是随着经济基础的发展而发展的。所以,我们不能把某种道德观念看成是僵死的、凝固不变的,更不能用那些过了时的腐朽的道德规范,作为今天人们的行为准则和评价的标准。

马克思主义肯定道德规范的历史性和阶级性,并不否认道德本身的发展和继承。

无产阶级道德所以能够成为人类历史上最进步的道德,除了因为它反映了无产阶级的阶级历史地位这个根本原因之外,还由于无产阶级继承了人类历史上一切优秀的道德成分,并加以改造和发展。其中,主要是历代劳动人民所表现的一系列美德,同时也包括历史上其他先进阶级和杰出人物的某些道德观念和道德风范。如孟子的"富贵不能淫、贫贱不能移、威武不能屈"的思想,戚继光的爱国主义思想和行动,海瑞在权势面前的刚正不阿等,不是都被我们吸收过来,并且赋予新的意义吗?

道德在发展中之所以有历史的继承性,这是因为,道德和其他各种社会意识形式一样,虽然是由经济基础决定的,但一经形成之后,本身又有相对独立性,有自己特殊的发展规律。在不同时代的道德观念之间,有着历史的发展联系,这种历史的连续性就表现为道德的继承性。先进道德是如此,落后的、腐朽的道德也是如此。因此,在道德教育上,我们不但要注意批判和肃清落后的腐朽的道德的残余影响,为进行共产主义道德教育扫清思想障碍,也要注意继承历史上优秀的道德遗产,使之发扬光大。

共产主义道德在社会主义社会中的作用

在对抗性的阶级社会中,个人与社会、自我与他人的利益是截然对立的。因此,尽管马克思主义以前的伦理学在人的"本性"中发现了利己和利他的矛盾,他们却无法找到一种方式、一种途径把二者结合起来。这是由生产资料的私有性质及由此产生的阶级利益的对立决定的。这使得在阶级剥削的社会里,通行的道德原则只能是"各人管各人,上帝管大家"、"人对人似豺狼"。列宁说得好:"旧社

如此"破四旧"

会依据的原则是:不是你掠夺别人,就是别人掠夺你;不是你给别人做工,就是别人给你做工;你不是奴隶主,就是奴隶。可见,凡是在这个社会里教养出来的人,可以说从吃奶的时候起就染上了这种心理、习惯和观点——不是奴隶主,就是奴隶,或者是小私有者、小职员、小官僚、知识分子,总之,是一个只关心自己而不顾别人的人。"[①]

在资本主义社会中开始出现的无产阶级的共产主义道德,在资本主义范围内,只能存在于工业无产阶级中间,存在于无产阶级的先进分子中间,而不可能成为社会中占统治地位的、大多数人的道德。

在社会主义条件下,由于消除了阶级剥削和阶级对抗,建立了以生产资料公有制为基础的社会主义生产方式,人们之间的关系和人们与社会的关系都发生了根本变化。在人民内部个人与个人之间,个人与集体、国家之间,根本利益是一致的,其发展也是互为条件的。这样,就为利己和利他的统一,提供了客观基础。正是这种自我利益和他人利益,个人利益和集体、国家利益的根本上的一致性,使无产阶级的共产主义道德可以由个别先进阶级和少数先进人物的道德,逐步扩展和普及为全体人民群众的道德,从而成为普遍的社会风尚。

我们说在社会主义社会,自我利益和他人利益,个人利益和集体、国家利益在根本上是一致的,但这并不是说它们之间就不存在差异和矛盾了。这种差异和矛盾是客观存在的,并且有时在某些问题上还表现得十分尖锐。特别是在市场经济条件下,势必会造成不同社会阶层、集团、行业乃至个人收入上的不平等和两极分化,诱发拜金主义和极端利己主义倾向,从而产生不同利益主体之间的矛盾和冲突。因此,也就产生了对待这些关系、这些矛盾的态度问题,就需要用共产主义道德对这些关系加以调整。

在社会主义社会中,共产主义道德是通过克服各种旧道德观念的影响而起作用的。由于社会意识落后于社会存在,旧的意识形态就不可能随着经济基础的变更而立即销声匿迹。道德的作用,在很大程度上是依赖于传统、习惯等这些历史的惰性而发生的,这无疑会使道德比起政治观点、法的观点等社会意识来变化更加缓慢,旧道德观念的影响将更为久长。在我国早已消灭了封建主义的生产关系,根本改变了资本主义的生

[①] 《青年团的任务》,《列宁选集》第 4 卷,第 354 页。

产关系,建立起了社会主义的经济基础,但是几千年的封建道德观念的残余和资产阶级道德观念的影响,在现实生活中它们不是还明显地存在、起着消极的作用吗?

另外,由于国际交往的扩大,国外资产阶级的腐朽道德和糜烂的生活方式也不可避免地会通过各种方式、途径渗透到我们的社会生活中来,个别人醉心于腐朽的外国资产阶级生活方式,甚至发展到不惜丧失人格、国格的地步,这不是突出的例证吗?因此,在我们面前存在着如何对待各种旧的腐朽的道德观念的问题。这些旧的道德观念有碍于社会主义生产关系和社会关系的巩固和发展,对我们的社会起腐蚀作用,需要用共产主义道德来教育和武装人民和青年,消除和战胜它们的影响。

所以,共产主义道德在社会主义社会中,是调整人们之间的种种社会关系、同各种旧的腐朽的道德观念作斗争、团结人民群众进行社会主义建设的必不可少的精神手段。它的作用是极广泛的,它渗透到社会生活的各个方面、各个角落。

那么,什么是共产主义道德的基本原则呢?它和旧道德观念的原则界限是什么呢?共产主义道德问题,也就是我们每一个人对社会、对国家、对民族、对人民、对阶级、对党、对集体组织、对他人的共产主义态度问题。它的内容就体现在处理这些社会关系的原则之中,通过种种行为原则、规则、规范而表现出来。

个人对社会、对国家、对民族、对人民、对党、对阶级、对集体组织等的关系,从广义上说,可以总括为个人与集体的关系。在处理这些关系方面,共产主义道德的基本原则是无产阶级的集体主义。因为,在客观上,只有在阶级的解放中才能解放无产者个人,只有在集体的发展中才能发展自己。所以,在主观上、在道德观念上,要求人人都自觉地把集体的利益看成高于一切,个人利益服从集体利益,公而忘私。无产阶级的集体主义,就是无产阶级用以评价人们道德行为的善或恶、荣或辱、公正或偏私等的标准。刘少奇同志说:"为了党的、无产阶级的、民族解放和人类解放的事业,能够毫不犹豫地牺牲个人利益,甚至牺牲自己的生命……这就是共产主义道德的最高表现。"[①]在为人民、为阶级解放的斗争中,在敌人的

---

① 《论共产党员的修养》,1962年版,第37—38页。

法庭上、刑场上,李大钊、林祥谦、刘胡兰等无数先烈的坚贞不屈、从容就义,在战场上,董存瑞、邱少云等千千万万革命战士的壮烈牺牲,都是天地为之动容、山河为之生色的共产主义道德的最高典范。在社会主义社会中无限忠于共产主义理想,坚持真理,全心全意为人民服务,为社会服务;热爱社会主义祖国,发扬社会主义国家主人翁责任感;热爱社会主义劳动,自觉遵守劳动纪律;爱护公共财物,反对损公肥私、化公为私;遵守社会主义法纪,维护社会公德等,都是这种集体主义的要求和表现。

共产主义道德的集体主义原则和资产阶级的个人主义原则是根本对立的。共产主义道德反对以个人为本位,一切从个人出发、从小团体出发。它反对用个人利益损害国家利益、用小集体的利益损害全社会的利益,把个人、小集体的利益凌驾于国家、社会的利益之上。它要求在必要时自觉牺牲个人和小集体利益来维护国家和社会的利益,使局部利益服从全局利益、眼前利益服从长远利益。在共产主义道德的实践中,雷锋毫不利己、专门利人,为我们留下了伟大的雷锋精神。为了坚持真理,张志新、遇罗克等人在林彪、"四人帮"反革命集团的迫害下,献出年轻的宝贵的生命。为了建设社会主义,从工人到知识分子的千千万万的先进人物,自觉地一贯地进行无私的忘我的劳动。这些都是集体主义精神、共产主义精神的典范。

我们提倡无私的不计报酬的共产主义劳动态度,这和坚持按劳分配的社会主义原则是否矛盾呢?不,并不矛盾。由于社会的、历史的、经济的条件,在社会主义条件下必须也只能实行各尽所能、按劳分配的原则,而不能搞平均主义。但是在社会主义社会里,人民群众是国家和社会的主人,为国家、社会劳动,也是为自己劳动,在客观上是根本利益一致的关系。而在主观上、在道德观念上,劳动者本人就要具有国家主人翁的态度,发扬不计报酬的共产主义劳动态度,克服和反对"一切向钱看"的雇佣观点。客观上按不同的劳动的质和量有不同的报酬,在主观上、在观念的动机上又不计报酬,这样才能更快地发展社会生产,造成对每个人都有利的结果。这就是要求用革命精神从事劳动和工作。要做到人人都有这种劳动态度,还需要长期的教育工作,使人们都能意识到这种关系。

无产阶级的集体主义原则,是说集体利益高于个人利益,而不是说要抹杀和否定个人利益。在私有制社会里,社会的发展是通过少数人剥削和压制多数人实现的,个人利益和社会利益是相对抗的。于是在剥削阶级的思想家中就出现了要求压抑和限制个人利益的主张,由国家和社会吞掉个人,任意处理个人的私有财产。马克思主义与此相反,它认为在社会主义社会里,个人利益和国家、社会的利益在根本上是一致的。党、国家机关和社会的一切活动,归根到底都是直接间接为全体人民服务的,这是它们的最高目的。社会主义社会发展生产,发展教育、文化和科学事业都是为了满足不断增长的全体人民物质文化的需要。因此,全心全意为人民服务,又是共产主义道德对党、政府和其他有关社会组织的领导者、干部和工作人员的根本要求。它反对那种对人民的切身利益、对人民的疾苦漠不关心的官僚主义,反对那种讲什么"有权不用,过期作废"而拼命利用职权为一己谋私利的不道德的做法,反对各种特权思想,等等。在这方面周恩来同志为我们树立了光辉的榜样。作为党和国家的领导人,他把毕生精力无私地献给了人民。为了人民的利益,他鞠躬尽瘁,死而后已。"人民总理人民爱,人民总理爱人民,总理人民心连心,人民总理不可分。"这就是广大人民群众对周恩来同志崇高的共产主义道德品质的赞歌。

在社会主义社会中,共产主义道德不仅调整个人和集体的相互关系,也调整劳动人民内部个人和个人的关系。在处理人民内部人与人之间的关系方面,共产主义道德的基本原则是无产阶级的利他主义,也就是"毫不利己,专门利人"。具有了这种共产主义精神,不仅能处理好个人与集体的关系,而且能处理好个人与个人之间的关系。真诚的同志关系,无私的友谊,坚贞不渝的爱情,尊老爱幼的风尚等,都是在这样的思想基础上产生的。在社会主义社会中,人民内部是互相合作的关系,这就要求人们树立先人后己、舍己为人、关心他人比关心自己为重的共产主义道德风尚。在一个分成利益直接对立的阶级的社会里,许多所谓圣人贤人也曾经提倡"人类之爱",要求人们在处理与他人关系时,既要考虑到自己,也要考虑到别人,要推己及人,做到"己所不欲,勿施于人",要尊重人的"天赋权利",尊重人的尊严,如此等等。然而在阶级社会中,他们这些道德规范是不可能实行的。剥削阶级只有通过经济上的剥削和政治上的统治,才能维护自己的利益和确保自己的地位,他们怎么可能牺牲自己的利益来满足被剥削者的要求呢?他们的幸福总是建立在别人的痛苦上,怎么能指望他们做到"己所不欲,勿施于人"呢?他们必然是"己所不欲,必施于人"。在一个贫富悬殊的社会里,人和人的关系早已变为冷冰冰的金钱关系,这里怎么能真正做到尊重人的尊严呢?由此可见,共产主义道德的利他主义和剥削阶级的利己主义是根本对立的。共产主义道德反对尔虞我诈、损人利己、"以邻为壑"的剥削阶级思想和行为,也反对小私有者的"各人自扫门前雪,莫管他人瓦上霜"的自私自利的处世哲学。"主观上为自己,客观上为别人",这种说法也是错误的、不切实际的想法。首先,它在动机上就不符合共产主义道德的利他的原则,而是利己主义。其次,在效果上也不可能有利于别人。因为,我们说在社会主义社会里个人利益和他人的利益是一致的、统一的,这是从根本上说的,但是这种统一是差别的统一、矛盾的统一。如果在个人与他人的利益发生矛盾时,处处想到为自己,在主观上就不为他人着想,那么,在客观上也不会得到为别人的结果。

共产主义道德在处理个人与个人的关系时,不能离开个人和集体关系的正确处理。现在有些人讲究"哥们儿义气","为朋友两肋插刀"。这种说法,通常是指不顾社会利益,不讲原则,拉帮结伙,去干不正大光明的事情。这不仅有害于社会,也有害于"哥们儿",有害于自己。这当然不是共产主义式的友谊,而是流氓无产阶级的习气、作风。

从以上共产主义道德在各种社会关系中的表现可以看出,共产主义道德是人类历史上出现的最先进、最高尚的道德。它使人有一颗晶莹无瑕的美的心灵、最纯洁的道德情操和最崇高的"善"。共产主义道德的进步性的实质在于,它是用共产主义精神去对待、处理人们所处的各种社会关系、社会矛盾,是建立在共产主义的理想和信念的基础上的,体现了无产阶级"解放全人类"的伟大胸怀,它为巩固和发展社会主义社会关系,起着广泛的巨大的积极作用。共产主义道德在克服一切旧道德观念残余中不断扩展阵地,又是过渡到共产主义社会的重要的精神条件。

在当前,无产阶级的爱国主义是一个有着重要现实意义的道德规范。爱国主义是一种崇高的道德感情。列宁说:"爱国主义就是千百年来固定下来的对自己的祖国的一种最深厚的感情。"[①]爱国主义表现了人们的民

---

① 《皮梯利姆·索罗全的宝贵自然》,《列宁选集》第3卷,第608页。

族自尊心、自信心以及对国家前途、命运的强烈的责任感和义务感。无产阶级的爱国主义坚持爱国主义和国际主义的统一,坚持爱国主义和社会主义的统一,是历代人民热爱自己祖国的高尚情感的一种自然的最高的发展。它要求人们热爱自己的社会主义祖国,热爱自己的民族,要求人们把个人的命运同国家民族的命运联系在一起,把个人的前途同国家民族的前途联系在一起。

我们国家是一个有悠久历史的文明古国。我国人民的爱国主义传统也是十分悠久和古老的。民主革命过程中,无数革命先烈为了挽救国家民族的命运、建立新中国,抛头颅、洒鲜血,用自己的生命写下了崇高的无产阶级的爱国主义的壮丽诗篇。建国以来,在各条战线上,在工农兵和知识分子中涌现出了许许多多保卫社会主义祖国和建设社会主义祖国的英雄模范人物,在他们身上发出了无产阶级的爱国主义的灿烂光彩。爱国主义是我国各族人民的光荣传统,也是一切真正的革命者的高贵的道德品质。

当前,摆在我国全体人民和全体青年面前的历史任务是,进一步把我国建设成为一个具有高度的物质文明和精神文明的社会主义现代化强国。所谓精神文明,当然不仅是指发达的教育、科学和文化,这也包括共产主义的理想、信念和道德。有志气、有抱负、有理想的青年应该继承先辈们的爱国主义传统,发扬无产阶级的爱国主义精神,艰苦创业,为实现这个宏伟的目标,为振兴中华而奋斗。同时,也就在这个伟大斗争中间,锻炼和陶冶自己,成为"一个高尚的人,一个纯粹的人,一个有道德的人,一个脱离了低级趣味的人,一个有益于人民的人"[①]。

[①] 《纪念白求恩》,《毛泽东选集》1952年版,第2卷,第630页。

第三十一讲：
"人也按照美的规律来建造"
——艺　术

美国著名演员威廉·巴支在纽约演出莎士比亚的名剧《奥赛罗》，以精湛的演技将他扮演的雅果的卑劣无耻性格刻画得惟妙惟肖，使台下的观众对雅果这一人物痛恨得咬牙切齿。当台上演到奥赛罗误中雅果巧施的诡计将苔丝德梦娜掐死时，台下的一军官怒不可遏，竟开枪打死了正在出场的雅果。顿时，台上台下一片混乱，该军官终于明白这是演戏，深为悔恨，也就当场自杀了。此事震动了纽约全市，市民们最后将这两位戏剧艺术的牺牲者合葬在一起，并在墓碑上写着："最理想的演员与最理想的观众"。类似的事情在我国也发生过：在解放区演出《白毛女》一剧时，由于观众对地主黄世仁的愤恨，竟要上台痛打黄世仁，剧场上响起了"打倒地主黄世仁"的口号声，群众情绪激昂。由此可见艺术的感染力之强。

以生动、具体、感人的艺术形象反映现实生活，以潜移默化的社会作用，影响人们，教育人们，这就是艺术的主要特点和社会职能。

艺术的特点　　人们在实践中同周围世界发生的关系中，不仅有认识关系（这是"真"和"假"），有道德伦理关系（这是"善"和"恶"），而且有审美关系（这是"美"和"丑"）。人根据规律和条件，有意识有目的地改造周围世界时，也按照自己的审美要求来进行这种改造活动。马克思说，人和动物不同，"懂得怎样处处都把内在的尺度运用到对象上去，因此，人也按照美的规律来建造"。[①] 从原始社会到今天，人们生产产品时，不仅讲求实用，不是也尽可能按照"内在的尺度"讲点"美"吗？艺术的萌芽出现在原始的劳动

[①] 《1844年经济学哲学手稿》，《马克思恩格斯全集》第42卷，第97页。

中,后来逐步分化成为精神活动的特殊形式,艺术创造则专门由艺术家进行。而艺术家和人民群众能够有共同语言,正在于人对周围世界有这种普遍的审美关系,有这种不同形式的"按照美的规律"的生产。

艺术是反映社会存在的社会意识的一种形式,是建立在经济基础之上的上层建筑的一部分,它是用具体、生动、感人的艺术形象来反映现实和评价现实的一种特殊的美学形式。艺术和科学一样经历了漫长的历史发展过程,形成了建筑、绘画、雕塑、音乐、舞蹈、戏剧、文学等形式。

艺术和其他社会意识形式一样,是客观世界的反映。但是,艺术所反映的直接对象主要是人类的社会生活。艺术即使是反映自然现象,如星星月亮、山脉河流、花草虫鱼、飞禽走兽等,也反映了社会生活,反映了人的思想感情。比如,郑板桥画的竹,齐白石画的虾,徐悲鸿画的马,都表现了某种感情、某种审美趣味。这些作品抒发了作者的情怀以及对现实生活的感受和见解,因而都不同程度地反映了人类的社会生活。我们看了齐白石画的那些栩栩如生的虾,看了他画的在那金黄色的稻穗底下捕捉害虫的青蛙,我们会感到生活中充满了活力。总之,离开人的社会生活、人的斗争、思想和感情,便没有艺术。"人民生活中本来存在着文学艺术原料的矿藏……它们是一切文学艺术的取之不尽、用之不竭的唯一的源泉。"①因此,深入生活,了解生活,是从事艺术创作的必经途径。

艺术既然是上层建筑的一部分,在阶级社会里,它就必然具有阶级性。这是艺术的又一个显著特点。一般来说,艺术是不能不反映艺术家所属阶级的根本利益的,因为艺术家本人总是属于一定阶级的。鲁迅说:"文学不借人,也无以表示'性',一用人,而且还在阶级社会里,即断不能免掉所属的阶级性,无须加以'束缚',实乃出于必然。"毛泽东同志在谈到人性论时指出:"只有具体的人性,没有抽象的人性。在阶级社会里就是只有带着阶级性的人性,而没有什么超阶级的人性。"②关于"超阶级的人性"、"超阶级的艺术"、"为艺术而艺术"的论调,无非是剥削阶级掩盖其阶级性的骗术,或者是小资产阶级作家的幻想而已。事实表明,同样都是以活动在水泊梁山的农民起义军为题材的小说,《水浒传》和《荡寇志》对这

---

① 《在延安文艺座谈会上的讲话》,《毛泽东选集》1953年版,第3卷,第882页。
② 同上,第892页。

些人物的立场和态度却是截然相反的。这就是说,艺术是带有鲜明的倾向性。恩格斯指出:"悲剧之父埃斯库罗斯和喜剧之父阿里斯托芬都是有强烈倾向的诗人,但丁和塞万提斯也不逊色;而席勒的《阴谋与爱情》的主要价值就在于它是德国第一部有政治倾向的戏剧。现代的那些写出优秀小说的俄国人和挪威人全是有倾向的作家。可是我认为倾向应当从场面和情节中自然而然地流露出来,而不应当特别把它指点出来"。① 在小说、电影、戏剧、绘画等艺术作品中,艺术家对生活材料的选择本身决不是不偏不倚的,它总是反映了艺术家的爱憎。当然,艺术不是政治的简单的附属品,不是政治纲领的形象的图解,但艺术和政治的联系是不容争辩的。文学是要写人的命运的。但人的"命运"是什么呢?有一次,拿破仑跟歌德谈到悲剧的问题,他说古代"命运"这一概念现在要由政治来代替。他的意思是说,现代支配人们命运的东西主要是政治。他这个话讲得很深刻。艺术作为社会意识形式,它从属于经济基础,往往要通过政治作为中介,因为政治是经济的集中表现。

艺术不但要受政治的影响,也要受宗教、哲学、道德等其他社会意识形式的影响。各种上层建筑之间的关系是密切联系的、互相影响的,但推动文学艺术发展的最后动力还是经济基础。

艺术的第三个特点是,它和其他社会意识形式一样,对社会存在具有相对独立性。马克思说:"关于艺术,大家知道,它的一定的繁盛时期决不是同社会的一般发展成比例的,因而也决不是同仿佛是社会组织的骨骼的物质基础的一般发展成比例的。"②他以希腊艺术、莎士比亚的作品与现代艺术相比较为例证,说明当时的生产水平远比现代的生产水平低得多,可是希腊艺术、莎士比亚的作品又比现代艺术高得多。可见,艺术的发展与生产发展水平并不完全平行发展。我们说经济基础决定艺术,是说艺术发展方向、所反映的内容是由经济基础决定的,但并不是说艺术发展的水平一定是由生产力发展水平决定的。经济基础并不包含生产力。艺术并不直接表现社会生产力的发展水平。不明了生产力发展对于艺术的不平衡的关系,就会陷到那种认为中古艺术高于希腊、现代颓废主义者

---

① 《恩格斯致敏·考茨基》,《马克思恩格斯选集》第 4 卷,第 454 页。
② 《〈政治经济学批判〉导言》,《马克思恩格斯全集》第 46 卷(上),第 48 页。

的艺术高于文艺复兴时期的艺术的庸俗化的错误观点中去。艺术对于经济基础的相对独立性,还表现为艺术观点等观念材料的继承性。一定时期的艺术要接受和继承前人的有关观点和理论,对它们进行加工和发展。这些观点和理论就其思想来源来说并不来自目前的经济基础。但是对前人观点、理论等的取舍和加工的方向,从大的方面来说,归根到底又是由现实的经济基础和艺术家的社会地位决定的。此外,这种相对独立性还表现为,艺术与上层建筑其他各个部分之间相互发生影响。艺术除接受政治的影响之外,还接受其他社会意识形式的影响,而政治作用于艺术,艺术也反作用于政治。一句话,把上层建筑同经济基础之间以及上层建筑各种因素之间的本来是极其错综复杂的辩证关系过于简单化,这并不是历史唯物主义,而是对它的庸俗化。

艺术的第四个特点是,虽然艺术和科学有共同点,即都是反映客观现实的社会意识形式之一,但艺术同科学反映现实的方法有很大的不同。科学用概念和逻辑的形式反映现实,而艺术则用生动具体的艺术形象来反映现实。它通过艺术形象反映人们的一定地位、观点、倾向、理想和愿望。俄国文艺批评家和哲学家别林斯基(1811—1848)说:"哲学家用三段论法,诗人则用形象和图画说话,然而他们说的都是同一件事。"因此,艺术面对社会生活时,它直接描写的不是共性,而是包含着共性的个性。比如,作为艺术直接对象的地主,必须是这一个地主或那一个地主,而绝不是一般的地主。歌剧《白毛女》中的黄世仁,电影《红色娘子军》中的南霸天,小说《红旗谱》中的冯兰池,就是三个具有不同个性的地主形象。真实地再现典型环境中的典型性格,这是艺术的基本特点。恩格斯指出:"每个人都是典型,但同时又是一定的单个人,正如老黑格尔所说的,是一个'这个',而且应当是如此。"[1]艺术所描写的个性,又必须反映事物的共性,否则,不会成为好的艺术作品。

艺术典型是共性和个性的辩证的统一。所谓共性,就是指艺术形象表现了一定社会生活的本质和规律。所谓个性,是指艺术形象鲜明的个性特征。共性寓于个性之中,并通过个性来表现。艺术实践证明,凡是成功的艺术典型,就是共性和个性的完美的统一。歌德说过:"诗人应该抓

---

[1]《恩格斯致敏·考茨基》,《马克思恩格斯选集》第4卷,第453页。

住特殊,如果其中有些健康的因素,他就会从这特殊中表现出一般。"捕捉和描写现实生活中的个别偶然的现象形态,是避免艺术创作中公式化、概念化的一个途径。但是,艺术所描写的偶然现象,绝不是纯粹偶然的东西,而是包含着必然性的偶然,即本质的现象、必然的偶然。艺术典型虽然来源于生活,可又比现实生活更集中。例如,电影《泪痕》中的县委书记朱克实这个艺术典型,是概括了许多党的领导干部的优秀品质塑造出来的。艺术家不能机械地把生活素材加以整理和记录,机械地追求所谓生活的真实性。作家在创作艺术典型时,要选择和概括现实生活中最本质的现象,并通过生动的、具体的、感人的艺术形象来反映现实生活的规律性,揭示一定的社会本质。否则,就会犯自然主义的错误,即照相式地记录生活,罗列现象,忽视本质,把个性从共性中割裂开来,从而夸大个性,抛弃共性。如果没有艺术典型的创造,最多只能达到表面的逼真,而绝不能达到艺术的真实。

艺术的职能

艺术的主要职能是,通过美的艺术形象反映生活,并影响生活,反作用于经济基础。在阶级社会中,由于不同阶级的艺术家对这些问题的观点的不同,不同阶级的艺术作品的社会作用的方向也是不同的。在我国的现阶段,艺术要培养社会主义新人,增进人们对美的感受能力,培养审美观念,陶冶人的情操,树立人们的理想,提高人民的精神境界,满足人民日益增长的文化需要,促进社会主义社会的发展。一句话,艺术要为人民服务,为培养社会主义精神文明服务,为社会主义服务。

那么,艺术怎样为社会生活服务,怎样影响社会生活呢?社会主义的艺术怎样为社会主义服务呢?

首先,艺术是人们认识世界的一个工具。因为艺术可以通过生动、具体、感人的艺术形象,再现现实生活,反映生活某些本质的方面,因此能够帮助人们深刻地认识生活、理解生活。我们阅读优秀的文学作品,可以了解各个时代社会生活的真实面貌,获得丰富的社会历史知识和对生活的认识,提高我们观察生活、认识生活的能力。《水浒传》、《红楼梦》等对暴露封建社会的黑暗,《阿Q正传》、《子夜》、《雷雨》等对暴露半殖民地半封建社会的黑暗,新中国的文艺对新人物、新思想与旧事物斗争的描述,都给我们以丰富的具体的对社会生活的认识。《红楼梦》的作者曹雪芹以惊人的艺术笔触、精湛的文学语言,刻画了众多的人物形象,对封建社会没落时期的错综复杂的社会关系、思想关系、政治关系、经济关系、阶级矛盾、生活方式作了深刻的解剖。《红楼梦》是一部形象的中国封建社会没落史,也是一部关于中国封建社会的"百科全书",它有着历史科学书籍所不能代替的感人的作用。恩格斯在谈到法国作家巴尔扎克的《人间喜剧》的认识意义时指出:"他在《人间喜剧》里给我们提供了一部法国'社会'特别是巴黎'上流社会'的卓越的现实主义历史……我从这里,甚至在经济细节方面(如革命以后动产和不动产的重新分配)所学到的东西,也要比从当时所有职业的历史学家、经济学家和统计学家那里学到的全部东西还要多。"[①]

其次,艺术具有重大的教育作用。它有力地影响着人的世界观、道德品质和精神面貌。优秀的艺术作品不仅再现社会生活中的本质方面,而且能影响人们的世界观、人生观、道德观、情操和理想以及其他方面的问题。真正的艺术家不仅力求再现生活,而且向人们指明应该为什么样的理想和生活方式而斗争,在生活中应该反对什么、树立什么、学习什么。艺术作品比起科学理论有具体生动的一面,易于为广大群众所接受,因而作用也就更广泛。今天,我们的艺术是形成新思想、新道德,进行共产主义教育,团结人民,打击敌人,振兴中华,实现社会主义现代化的强有力的工具。艺术家肩负着时代赋予的重任,正如斯大林说,艺术家是人类灵魂的工程师。

艺术家在塑造典型形象时,总是向我们揭示出人的内心世界,表现人的性格和行为的美和丑。影片《喜盈门》以生动具体的艺术形象,歌颂了水莲这个农村妇女的高尚的情操和善良的品德,同时揭露、讥刺、鞭答了强英的落后思想行为、旧的传统观念。强英私心重,处处唯恐自己吃亏,时时都想占便宜。她欺压老人,整天闹着要分家。和强英相反,新过门的二媳妇水莲能顾全大局,敬重老人,温厚谦让,克己为人。水莲的这些美德,正是反映了我国社会主义制度下的家庭伦理道德。可是,在强英的眼中,水莲是"刀切豆腐两面光,里里外外装好人"。这里,强英的自私的灵

---

① 《恩格斯致玛·哈克奈斯》,《马克思恩格斯选集》第4卷,第462—463页。

魂和水莲的善良的性格形成多么鲜明的对照啊！这种艺术的教育作用显然对人会长久发生影响。

第三，艺术还能提高人的艺术趣味，培养健康的审美观念。马克思说："艺术对象创造出懂得艺术和能够欣赏美的大众。"[①]我们说培养良好的艺术趣味，就是要使人们更加深刻地理解艺术美。一个缺乏艺术修养的人，在看了一部好的艺术作品时，往往只会说"好"而不知"好"在何处。因此，必须具备一定的艺术修养。只有更加深刻地理解了艺术作品及其美的细致差别，才能更加深刻地感受到它。多看优秀的艺术作品，对于提高艺术趣味、培养健康的审美观念，是大有裨益的。一个人如果要成为有艺术修养的鉴赏家，就必须具备一定的艺术知识和其他知识。一些人以丑为美、以怪为美，迷恋于靡靡之音以及一些不健康的艺术作品，这除了受资产阶级腐朽思想的影响之外，还常常与缺乏艺术修养有关。这种人，不但对艺术表现出低级趣味，而且在实际生活中也表现出庸俗不堪的生活情趣。

俄国的美学家车尔尼雪夫斯基说过，艺术的审美职能就在于：它是"生活的教科书"。审美，涉及人对现实生活的各方面的关系。艺术的审美职能就是通过全面发展人的多种多样的审美兴趣，来培养社会主义的新人。艺术的其他一切职能都服从于这一主要职能，借助这一主要职能表现出来。

艺术中的美与丑

艺术的社会职能是通过人们的美感而起作用的。一种艺术作品，如果对人没有什么美的感染力，不能使观众感觉到什么艺术享受，那么，人们在艺术中所得到的认识作用和教育作用，势必受到严重削弱。因此可以说，艺术作品的美感作用，是艺术作品的其他作用的基础。

艺术家总是按照美的规律来创造美的艺术形象的。美的艺术形象是审美认识的集中表现，是先进的思想和完美的艺术形式的统一。

现实生活中有美好的东西，也有丑恶的东西。在我们看来，合乎规律

---

① 《〈政治经济学批判〉导言》，《马克思恩格斯选集》第2卷，第95页。

发生发展的新事物,富有创造性的蓬勃向上的东西和生活等,这是美好的东西。反之就是丑恶的东西。美与丑是对立的统一。没有美,就无所谓丑;没有丑,也就无所谓美。美是跟丑相比较,并且同它作斗争发展起来的。

艺术形象的美则是对现实生活中的美的反映。现实美是第一性的,艺术美是第二性的。艺术美是艺术家对现实美进行艺术加工、提炼的产物。

承认艺术美来源于现实美,这是唯物主义。承认艺术美又可以"高"于现实美,这是辩证法。毛泽东同志指出:"虽然两者都是美,但是文艺作品中反映出来的生活却可以而且应该比普通的实际生活更高,更强烈,更有集中性,更典型,更理想,因此就更带普遍性。"[1]艺术美是对现实美的反映,但不是机械的照相式的反映,而是能动的创造性的反映。在这种创造性的艺术实践中,饱含着作者的审美理想,因此,艺术美更显得分外动人。这是马克思主义认识论的道理在艺术创作中的深刻体现。庐山秀峰寺的黄岩瀑布气势磅礴,气象万千,煞是壮观。李白的诗《望庐山瀑布》:"日照香炉生紫烟,遥看瀑布挂前川。飞流直下三千尺,疑是银河落九天。"诗的意境所表达的艺术美,要比现实美更美。它显示了伟大诗人的艺术创造性,表现了伟大诗人的审美评价。印度诗人泰戈尔说过,仔仔细细描写一朵玫瑰算不得艺术,一朵玫瑰对一个敏感的人起了作用,而这个人又掌握了表现的技术和形式,把玫瑰在他身上起的作用表现出来,才可能是诗的创造。

艺术不仅反映现实的美,而且也反映现实的丑。艺术不仅反映真的、善的、美的事物,也要反映假的、恶的、丑的事物,才能引起人们对后者的憎恶,而更加激起对前者的向往。只要艺术家以先进的审美理想抨击、揭露现实的丑,其艺术形象仍然可以是美的。十九世纪法国著名雕塑家罗丹(1840—1917),举出本讲一开始说的莎士比亚笔下的雅果等为例说,"被这样清晰、透彻的头脑所表现出来的精神上的丑,却变成极好的美的题材"。这又是艺术中的辩证法。现代京剧《芦荡火种》中的刁德一的形象,也可称为美的形象。为什么艺术反映了现实丑会成为艺术美呢?那

---

[1] 《在延安文艺座谈会上的讲话》,《毛泽东选集》1953年版,第3卷,第883页。

是由于艺术家把现实生活加以典型化和审美化的结果。也就是说,艺术家是按照美的规律来进行创造的,艺术所反映的对象,不论美的或者丑的,只要塑造或表演得逼真,不仅形似,而且神似,那么,都将成为艺术美。在我国传统戏曲中,用以表现丑角的形象的艺术手段——声、色、舞,都是有秩序、有比例、均衡、对称、有节奏、有旋律的,甚至脸谱的画法也是富有艺术性的。总之,艺术美就是艺术的创造性。创造性是艺术美的灵魂。

对于生活在不同时代、不同社会、不同民族、不同阶级的人来说,其审美观是不同的,因而所产生的美感也就不同,甚至会把美与丑的关系颠倒。人们的审美观具有阶级性、历史性和民族性。

在阶级社会里,人们的审美观具有鲜明的阶级性。车尔尼雪夫斯基说,农民认为工作勤劳、体格强健、精力旺盛是美人的必要条件。弱不禁风的美人在劳动的农民看来是不漂亮的。因为对农民来说,不能劳动,只能带来不幸的社会后果。而没落的封建地主阶级,却往往把苍白的面容、纤细的手足、病态而瘦弱的身段等,看成是美人的条件。他们的美人是不劳动的标志。在无产阶级看来,生活就是劳动,就是为全人类的解放而奋斗。不论是自然的事物还是社会的事物,凡是能使生活向上的,就是美的。马克思曾经说过,我们从那些由于劳动而变得粗黑的脸上看到全部人类的美。因为它是人类征服自然中艰苦劳动的标志。劳动之所以是美的,就是因为它创造着美的生活。人的美感也是在劳动过程中产生并在劳动中提高的。恩格斯曾经指出,只是由于劳动,"人的手才达到这样高度的完善,在这个基础上它才能仿佛凭着魔力似的产生了拉斐尔的绘画、托尔瓦德森的雕刻以及帕格尼尼的音乐"。① 在劳动过程中,人的视觉、听觉、思维和语言不断完善和发展,因此人就有能力去理解客观现实世界和艺术作品的美,而且创造了艺术美。

人的审美观还具有历史性。历史唯物主义认为,人的审美观决定于人们的社会存在。随着社会存在的历史性的变化,人们的审美观也会发生历史性的变化。非洲许多种族的妇女曾经有在手脚上戴铁圈的习惯,富裕人家的妇女所戴的甚至重达三十多斤。这是因为当时铁是贵金属,铁的多少标志了人们的富裕程度,而这又在意识形态上反映为美的观念。

---

① 《自然辩证法》,《马克思恩格斯选集》第3卷,第510页。

今天看来,这多么滑稽! 这和中国封建社会以妇女的"三寸金莲"为美一样。时代变了,妇女的社会地位变了。"五四"时期为小脚礼赞的北京大学教授辜鸿铭,现今又能找到几个呢?! 美和美感都是历史范畴,要随历史的变化而发生变化。

人们的审美观还有民族性。由于不同民族有不同的生活特点,有不同的历史、文化传统,各个民族在审美观上也有不同。世界各国的人民在服装方面千差万别,各具特色,音乐、舞蹈也不相同,这些都反映了不同民族的审美观。随着世界各民族之间文化交往的不断发展,一个民族特有的美,会成为另外的民族共同享受的东西。但各民族总还要根据自己的特点,学习、吸收其他民族的美的东西,形成自己的新的民族性的美。例如,人民大会堂、民族文化宫等建筑,可以说是中西建筑艺术相结合的范例,既吸收了国外建筑的某些特点,又保留了自己的民族形式。艺术上的国粹主义是不可取的,艺术上的民族虚无主义也是不可取的。

艺术形象的美,应该是内在美与外在美的统一。所谓内在美,是指人的内在的心灵、思想、性格、道德情操、文化修养等。内在美也就是精神美、心灵美。所谓外在美,是指人的容貌、仪表、姿态、举止、风度、语言等。"诚于中而形于外",内在美决定外在美,外在美是内在美的表现。

艺术家按照美的规律塑造内在美与外在美相统一的艺术形象。如法国作家雨果的《巴黎圣母院》中的吉普赛卖艺少女埃斯美拉达,正是这样一个外貌美丽、心灵善良而又纯洁的少女。这一艺术形象,给人以强烈的美感。杨沫的小说《青春之歌》中的林道静,也是一个既有美丽的外貌,又有善良、纯洁心灵的艺术形象。但是,现实生活中的人,在内心与外表上的美丑有时又会是矛盾的。作为艺术,也必然反映这种内心与外表的矛盾。单从外在美出发去衡量人物的美丑,正像以貌取人一样,是会产生谬误的。《巴黎圣母院》中的敲钟人卡西摩多的外貌其丑无比,可是,卡西摩多的心灵却非常纯洁、善良。他见义勇为,把自己真挚的爱情献给了埃斯美拉达,因而博得观众由衷的崇敬。这一艺术形象,同样给人以美的享受。同时,艺术家为了针砭那些"金玉其外,败絮其中"的人物,也塑造了许多外表美丽但灵魂肮脏的艺术形象。奥斯特洛夫斯基的小说《钢铁是怎样炼成的》里面的冬妮娅就是这样的人物。如果一个人的灵魂是丑的,尽管外貌很漂亮,也不是美的。人的肉体和外貌的美,只有被他的内在精神的美所照明的时候,才是真正的美。巴尔扎克说得好,一个美人的雕塑,如果缺乏内在的性格,它就会令人想起尸体来。因此,人的外在美只有作为内美的一种表现才是真正美的。评价艺术的美与丑,不能单从外在美着眼,否则就会导致艺术上的形式主义;但也不能只顾内在美而忽视外在美,因为没有与内在美相适应的外在美来表现,也不可能产生激动人心的美的魅力。毛泽东同志说,我们对于艺术的要求是"政治和艺术的统一,内容和形式的统一,革命的政治内容和尽可能完美的艺术形式的统一"。① 这是评价艺术作品的标准,也是对艺术创作的基本要求。艺术美如此,现实美更应该如此。把心灵美和行为美、语言美、环境美统一起来,也可以说是把美的内容和美的形式统一起来。这是社会主义社会里青年人应有的新风貌。

---

① 《在延安文艺座谈会上的讲话》,《毛泽东选集》1953年版,第3卷,第891页。

第三十二讲：
"颠倒了的世界观"
——宗　教

在南美洲的圭亚那，曾经发生了一次震惊世界的大惨案，九百二十人集体自杀。这件事发生在 1978 年 11 月 18 日。自杀的是些什么人呢？他们为什么要自杀呢？原来他们是美国"人民圣殿教"这一邪教组织的教徒。这个教派创立于 1953 年，教主叫琼斯。教徒们在教主的欺骗下来到圭亚那的一片森林中，过着奴隶般的生活。这个教派有严厉而奇特的教规，入教时，每人得准备好一份"自杀遗书"，要绝对服从教主的命令。教主经常向教徒们宣传世界末日即将来临，鼓吹自杀才是"圣洁之死"，并强迫教徒们进行集体自杀演习。美国众议员瑞安来此了解到这一教派的黑幕。琼斯下令杀害了瑞安及其随行记者，然后召集教徒开会，宣布说：圭亚那的军队马上要开来了，"我们必须庄严死去"。他下令教徒排好队，每人领一小杯氰化物的果汁，饮毒自杀。有的教徒在饮毒的时候说道："今夜我们都将倒下死去，但明天他（指教主）就会使我们复活。"琼斯最后也用手枪结果了自己的生命。

这件事，发生在科学和物质文明高度发达的美国社会，是令人难以想象的！然而这毕竟是事实。这一事实，反映了资本主义世界的腐朽和精神颓废的一面；同时，也再一次告诉我们，宗教在现代社会所起的作用和影响仍然是不能忽视的，我们对它应当有一个科学的了解。

宗教的本质

在宗教的文献中，流传着关于"天堂"、"地狱"之类的说法。"天堂"被描绘成无限美好，人人都是神仙，无灾无难，生活十分快乐；在"地狱"中，却是另一种景象：阴森恐怖，各种鬼魂上刀山、下油锅，受尽折磨。"天堂"里的神仙，个个笑容可掬，满面春风；"地狱"中的魔鬼，却是青面獠牙，杀气腾腾，等等。其实，"天堂"和"地狱"，神和鬼，都是根本不存在的，但我们却可以在现实世界中找到它们的影子。"天堂"和"地狱"，实际上是对人间生活的美化和丑化；神和鬼，实际上是对人的神化和鬼化。人们在神鬼的形象中，寄托着自己的幻想和恐惧。费尔巴哈说得很好："并非神按照他的形象造人……而是人按照他的形象造神。"

"天堂"、"地狱"以及神、鬼等形象，虽然是人间现实生活和人本身的反映，然而却是虚幻的、颠倒了的反映。在阶级社会中，存在着阶级压迫，人间多灾多难，统治者对人民凶狠毒辣。但是，传说中的"天堂"，却是那么美妙无比，作为统治者的神，更显得十分慈悲。在生产力落后的情况下，人们对变化无常的大自然怀着极大的恐惧，只能听任其摆布，然而在宗教传说中，那些神却可以呼风唤雨、移山倒海。这些情况说明，宗教幻想，是人们对自己所遭受的外力压迫的一种反映，这种反映采取了虚幻的形式，是不真实的。

由此，我们对宗教的本质可以得出一个概括的看法。宗教也是社会意识的一种形式，它同样是人们对社会的现实生活的一种反映。但是，宗教和其他的社会意识形式又不同，它对现实的反映不是真实的、相似的，而是虚幻的、颠倒的。恩格斯说过："一切宗教都不过是支配着人们日常生活的外部力量在人们头脑中的幻想的反映。"① 宗教是一种世界观，然而却是一种"颠倒了的世界观"。②

宗教是自然压迫和社会压迫的产物

宗教既然是对客观世界的虚幻反映，是人们对现实生活的一种错误认识，是一种很荒唐的观念，又为什么会流传下来，至今还有许多人相信它呢？为了认识这个问题，我们应当研究一下宗教产生的根源是什么，它之所以还能存在和发展，是由什么社会条件造成的。

宗教是怎么产生的？对这个问题的看法，历来众说纷纭，只有马克思主义才科学地回答了这个问题。

---

① 《反杜林论》，《马克思恩格斯选集》第3卷，第354页。
② 《〈黑格尔法哲学批判〉导言》，《马克思恩格斯选集》第1卷，第1页。

各人心目中的上帝

有一种唯心主义的观点认为,人们的宗教观念,仅仅是人们心灵的产物,是出于人的本能。这就是说,宗教是天然地存在于人的心中的,是与生俱来、永恒存在的。这是为宗教的存在作辩护的观点。

十八世纪的法国唯物主义者,对宗教神学作了尖锐的批判,有力地揭露了宗教的虚伪和丑恶,但是,他们不能认识宗教产生的真正根源。霍尔巴赫认为,人之所以迷信,只是由于恐惧;人之所以恐惧,只是由于无知。无知和恐惧是一切宗教的支柱。梅叶说,一切宗教迷信"都是先由奸猾狡诈的阴谋家虚构出来,继而由伪预言家、骗子和江湖术士予以渲染扩大,而后由无知无识的人盲目地加以信奉,最后由世俗的国王和权贵用法律加以维持和巩固"。在这些思想家们看来,宗教不过是一群骗子、败类为了欺骗群众而制造的谎言,只要通过启发人们的思想觉悟,宗教就会自然消除。

把宗教产生的原因简单地归结为群众的无知和僧侣的欺骗,这是很肤浅的、不科学的。这种观点,不能解释宗教长期以来在群众中间广泛传播的事实。宗教既然是欺骗,为什么又总有那么多的人如痴如醉地去信仰它呢?如果说这是由于群众的无知,为什么在现代科学昌明的社会,它还仍然存在?旧唯物主义的观点,所以无助于说明这些问题,是因为它并未跳出唯心史观的束缚,不能用社会存在来说明社会意识。宗教作为一种社会意识形式,它形成的根源,不是在人的意识之中,而是在社会物质生活条件之中。

宗教观念虽然早在原始社会就产生了,但不是从来就有的。它是一种历史现象,考古学已经证明,刚刚脱离动物界的原始人是没有宗教观念的,宗教是原始社会发展到一定阶段,当人们有了一定的抽象思维能力,才逐渐产生出来的。

在原始社会,生产力水平极其低下,人们无力抗御自然灾害,经常处在饥饿、疾病与猛兽的威胁之中。于是,他们把自然的力量看成超自然的力量。久而久之,人们就把某些动植物或自然现象当做崇拜对象,认为这些东西有一种神的力量在起作用,如牛有牛神,谷有谷神,山有山神,海有海怪,月有月神,雷有雷公,等等。人们尤其把那些异常的自然现象看做是神的意志的表现:暴雨成灾,那是雨神对人间的惩罚;狂风怒号,那是风神在显示自己的威风……

由于生产力水平的低下,相应地,人们的认识水平也是低下的。人们不仅对自然界的千变万化的现象无法理解,而且对自己的身体构造、人本身的生理现象,也不能认识。最使他们迷惑不解的,莫过于做梦这种现象。为什么会做梦呢?梦中的景象使他们以为,在人的身体里存在着一种看不见、摸不着的灵魂,当人睡着的时候,它就暂时离开人的肉体单独活动。它能跟别人打交道,甚至还能和已经死了很久的人来往。他们由此认为,人死了,灵魂就离开人体到另一世界去,过着和人世间同样的生活,灵魂是不死的。我国北京周口店山顶洞人的随葬品中,有燧石石器和石珠、穿孔兽牙等装饰物。这表明,当时的人们相信,人死后其灵魂还继续过着生前的生活,还需要使用生产工具和生活资料。

在产生神灵观念的思想基础上,逐渐出现了崇拜神灵的祭祀活动,以及主持祭祀活动的固定人物,这就产生了最初的宗教。

有人可能会问:原始宗教既然是由于生产力水平低下、人们受自然压迫形成的,那么,在今天的资本主义国家,生产力水平很高,科学相当发达,为什么宗教信仰还这样普遍呢?这里,有着更深刻的社会根源。

人类进入阶级社会以后,劳动人民除了受自然力量的压迫外,还受社会力量的压迫。剥削阶级的血腥统治和残酷压迫,给劳动人民带来了深重的苦难。"苛政猛于虎",社会压迫的可怕并不次于自然压迫。劳动人民为了摆脱社会压迫,在历史上曾经不断进行过反对剥削阶级的斗争。斗争的结局有时迫使剥削阶级作出让步,但更多的是遭到剥削阶级无情的镇压,劳动人民不能从根本上改变自己的被奴役的地位。正如原始社会的人们在自然压迫面前感到无能为力一样,阶级社会的人们在社会压迫面前也会感到无能为力。当人们无法摆脱苦难处境,而又不能认识这种苦难处境形成原因的时候,就会产生宗教信仰,或者寄希望于某种神的力量来改变自己的命运,或者憧憬死后的所谓幸福生活。在原始社会,人人平等,同甘共苦,那时产生的原始宗教,没有上"天堂"、下"地狱"的观念;然而进入阶级社会,反映阶级压迫的"天堂"、"地狱"之类的宗教观念出现了。剥削阶级出于麻醉劳动人民的需要,极力扶植宗教,制造宗教和迷信,甚至运用国家权力助长宗教的发展。无疑,剥削制度和阶级压迫的存在,这是阶级社会宗教产生、发展的主要根源。

在现代资本主义社会中,生产力虽然高度发展,但是剥削制度并未改变,阶级压迫和阶级剥削仍然是严酷的事实,贫富两极分化的现象普遍存在。由于资本主义生产方式本身的矛盾,造成了周期性的经济危机,广大劳动群众生活没有保障,连中小资本家也时刻担心破产的危险,再加上社会犯罪活动猖獗,所以,在不少人中产生了一种不安全感、一种恐惧感,甚至世界末日感。许多人觉得无法掌握自己的命运,人生空虚乏味。前面谈到的"人民圣殿教"的教徒,就是一些对生活感到绝望的人和得不到社会帮助的人、吸毒者、无依无靠的老年人和孤独的人。"恐惧创造神",空虚要寻找寄托。于是,宗教活动就成了他们的精神安慰。在资本主义社会中,宗教信仰的连绵不绝,反映了人们在资本统治之下的呻吟。私有制所带来的人间苦难,成了维持宗教存在的社会条件。这正像马克思说的:"宗教里的苦难既是现实的苦难的表现,又是对这种现实的苦难的抗议。"① 因此,马克思主义比十八世纪的唯物主义更前进了,它认为同宗教作斗争,不应该限于思想上的宣传,而应该把这一斗争同消灭产生宗教的社会根源联系起来,从根本上消灭剥削制度。

也许有的人会提出这样的问题:资本主义国家有阶级压迫和阶级剥削,宗教盛行,这可以理解;可是,在我国,已经没有了阶级压迫和阶级剥削,为什么不少的人还信仰宗教呢?这不难理解。宗教是旧社会的上层建筑,它和其他一切社会意识形式一样,具有相对独立性。在社会主义社会,它当然随着旧社会经济基础的消失而大大削弱了,但并不会立即消亡,还会继续存在一个相当长的时期。再说,在社会主义社会中,事实上也还没有消除产生宗教的一切根源。另外,我国虽然已经消灭了剥削阶级,但阶级斗争仍在一定范围内存在。不仅国内,而且国外也有一种势力和我们争夺意识形态的地盘,甚至进行非法的政治活动。所以有些地方出现宗教复活的活动,一方面,当然表现了旧社会意识的流毒以及宗教本身的欺骗作用;另一方面,也表明形成这种现象还有某些现实的原因。群众生活的某些困难,这是滋长宗教情绪的一种社会原因;国内外某些势力的活动,也是不可忽视的一个重要因素。

由此可见,宗教是社会发展到一定阶段逐渐出现的,是自然压迫和社会压迫的产物。宗教的存在,归根到底是由社会经济状况、经济关系决定

---

① 《〈黑格尔法哲学批判〉导言》,《马克思恩格斯选集》第1卷,第2页。

的。宗教的根源,是在社会物质生活条件之中。

> **宗教是剥削阶级麻醉人民的鸦片**

在历史上,被压迫者在反抗压迫时曾经把宗教当做意识形态的工具使用过。例如,早期的基督教主张人人平等、仇恨富人,是奴隶和被压迫者的宗教。它反对过奴隶主阶级的残暴统治。封建社会的农民起义、近代资产阶级反对封建贵族的斗争,也曾经利用宗教作为发动群众的手段。但是,宗教并不是产生这些反抗和斗争的真实原因。反抗和斗争的真实原因在于政治上和经济上的压迫和剥削。宗教对这种原因作了一定的反映,然而却是用了颠倒的形式来反映的。所以,宗教在历史上虽然有过某些积极的作用,甚至担负一定伦理教化功能,但是更多的时候却是被剥削阶级所利用,用来维护自己的反动统治。宗教的这种消极作用,可以用马克思的名言加以概括:"宗教是人民的鸦片。"①

历史上的大量事实说明,宗教是人间苦难的精神产品,这种精神产品,由于被反动统治阶级利用,甚至成为剥削阶级的官方意识形态,反过来又成了维持苦难的人间的一服药剂。在阶级社会中,它像鸦片一样,使人们因精神麻醉而得到寄托,在行动上变得软弱无力,成为剥削阶级统治下的顺从的奴仆。宗教的宣传经常采取通俗易懂的形式,因此它的影响就更为广泛。这一点,我们只要看一下几个主要宗教的教义宣传,就会一目了然。

早期基督教存在不久,即被统治阶级利用、改造,蜕变成为他们对付被压迫群众的宗教。这种宗教鼓吹:统治者的权力来自上帝,任何人都必须服从,只有恪守教规,忍受今生的苦难,死后灵魂才能进入天堂,求得永生。基督教的教义颂扬怯懦、自卑。它的口头禅是:"要诚惶诚恐地服从你的主人","有人打你的右脸,左脸也转过来由他打","忍耐吧,忍耐到底,就能得救"。

伊斯兰教的情况也与此类似。伊斯兰的意思就是"顺从真主",就是恭顺。这个宗教的经典叫《古兰经》,它宣传真主安拉是万能的,真主的意志决定着一切。每个人的富贵贫贱、吉凶祸福、生死寿限等,当他还在娘

---

① 《〈黑格尔法哲学批判〉导言》,《马克思恩格斯选集》第1卷,第2页。

肚里的时候,就由真主安排定了。它把统治者和被统治者的关系说成是不可改变的,真主使"一部分人高出另一部分人若干等级,为的是使一部分人要另一部分人为其服务"。它鼓吹每个希望进入天堂的教徒,都必须服服帖帖地忍受暴力、贫困和各种灾难,否则就会受到下地狱的惩罚。

再看看佛教是怎么麻醉人民群众的。佛教宣扬人间世界是苦海。它说:生命就是生、老、病、死的苦海,生命就是任何欲望都得不到满足的苦海,要摆脱茫茫苦海,人们就得按照佛教的教义,进行修炼,一旦"觉悟"了,就可以"成佛",到另一个世界去享受幸福。所谓"成佛",就是达到超脱了生死的境界——涅槃。因此,它要求人们逃避现实生活,讲究修持而不要进行反抗斗争。佛教还大力宣传轮回报应,鼓吹贫贱富贵都是前世行为的结果。它说,今世行善,来世投生富贵之家;不行善事,来生就会变牛变马。以此引诱人们忍受现实的苦难,不能对现实的任何不合理现象提出抗议。

列宁说得好,历史上反动阶级的统治,从来是依靠两手的,一手是僧侣式的欺骗,一手是刽子手式的镇压。宗教在反动阶级那里,执行的就是前一职能。它鼓吹"君主受命于天",力图使群众变得麻木不仁、愚昧无知,安于苦难、任其摆布,从而成为套在群众身上的精神枷锁,维护反动阶级统治的思想工具。

在历史上,反动统治阶级总是利用宗教来制造愚昧和迷信,扼杀真理,反对科学的进步,甚至不惜使用暴力残酷地迫害科学家。公元415年,亚历山大的女数学家希帕西亚被教徒野蛮地杀死,她的唯一"罪名"就是研究数学。杰出的自然科学家布鲁诺,坚持哥白尼的学说,否认地球是宇宙的中心,被活活烧死。举世闻名的物理学家伽利略,也由于热心宣传哥白尼的学说,宣称地球不是宇宙的中心,被宗教裁判所审讯,下于狱中,最后含冤而死。中世纪的欧洲不知多少坚持真理的人,惨死在宗教裁判所的酷刑之下!

除了被用于进行欺骗宣传和摧残科学之外,宗教和迷信活动本身,也会导致社会财富的巨大浪费。据历史文献记载,我国北魏末年,全国有佛寺三万多座,僧尼二百余万人,占当时全国人口十分之一。唐代佛教鼎盛时期,全国佛寺达四万四千余座,平均二百户人家有一座佛寺,教徒多得不可胜计。这样巨大的物力、人力的投入,还不就是广大劳动人民的沉重负担吗?

　　我国由于封建社会持续的时间很长,各种宗教的影响和反动会道门等迷信活动的流毒很深。比如,1980年初,贵州省织金县一个公社的秘书张盛宏,相信骗子谢显吉所谓"升天成仙"的谎言,听任这个骗子杀害了一家十口人。另一个贵州的工人张清洪也出于同样的原因,一家四口被杀害了三口。他们在全家遇害前,心情很高兴,"整天笑得合不拢嘴",以为成仙有望。这种血淋淋的事实说明,加强科学教育和无神论宣传,同各种形式的迷信活动作斗争,是多么必要!

> **引导宗教与我国社会主义社会相适应**

　　宗教通常是反动社会势力的精神支柱,是麻醉人民群众的工具,因此,历史上不少进步的思想家、科学家,不断地同它进行斗争。但是,由于宗教是人们把握客观对象的一种独特的形式,有其存在的社会根源和认识论根源,并能够随着历史条件的变更而不断演化,所以,至今依然存在,世界上许多人还在信仰宗教。那么,我们今天应当怎样对待人们的宗教信仰呢?宗教又何时才能消灭呢?这都不是很简单的问题。

　　宗教的社会作用通常是消极的、保守的、有害的。因为它是"颠倒了的世界观",妨碍人们对社会苦难的原因的真实理解,也就使人们找不到摆脱这种苦难的正确道路。它使人们幻想在"天国"中摆脱地上的不幸,在来世免除今世的痛苦。就此而论,无神论者是坚决反对宗教的,这一点,毫无疑义。但是,对一般信教的群众来说,宗教信仰是个认识问题、思想问题,是属于世界观的问题。解决思想问题,不能靠行政命令的办法,不能使用暴力。"我们不能用行政命令去消灭宗教,不能强制人们不信教。"[①]历史上的经验教训证明了这一点。巴黎公社革命时期,曾发布过禁止宗教宣传的法令。有的国家的政府,还曾下令取缔某种宗教组织。结果怎么样呢?纸上的法令尽管严厉,但在实际上并不起作用。这样做的结果,适得其反,倒是伤了教徒的感情,甚至更加激起了教徒的宗教狂热,帮了教会的忙。恩格斯曾讽刺说,对宗教采取取缔手段,"是巩固不良

---

① 毛泽东:《关于正确处理人民内部矛盾的问题》。

信念的最好手段"①。这些都和不能运用唯物史观来分析宗教存在的根源有密切的关系。他们不是从消灭宗教存在的原因入手,看不到产生宗教的社会经济根源,不懂得用解决思想问题的办法来解决思想问题。

这种教训,在我国也得到了证实。在"文化大革命"期间,在"左"倾错误的影响下,我国某些少数民族聚居的地区一度禁止宗教活动,拆毁寺庙,强迫喇嘛还俗,甚至迫害教徒,等等。这些倒行逆施,严重地伤害了信教群众的感情,结果,反而加剧了他们的宗教情绪。

我国宪法规定,公民有信仰宗教的自由和不信仰宗教、宣传无神论的自由。信仰宗教,进行正常的宗教活动,这是受到法律保护的,是信教群众的正当权利。坚持四项基本原则并不要求宗教信徒放弃他们的宗教信仰,只是要求他们不得进行反对马列主义、毛泽东思想的宣传,要求宗教不得干预政治和干预教育。我们应该把正常的宗教活动与披着宗教外衣进行的犯罪活动严加区别;但同时,我们又应该大力宣传无神论,普及科学知识,"用纯粹的思想武器,而且仅仅是思想武器,用我们的书刊、我们的言论来跟宗教迷雾进行斗争"②,以此来帮助群众摆脱愚昧和无知,提高思想觉悟。

另外,我们还应该充分重视宗教所担负的伦理教化职能,以及宗教伦理在规范人们社会行为和调整人们之间的社会关系上所起到的特殊作用,努力引导宗教与我们社会主义社会相适应,使其在社会主义条件下发挥其积极的作用。事实证明,在我国现阶段,只要处理和引导得当,宗教是可以在中国特色社会主义事业中发挥积极作用的。

也许有人会产生这样的疑问:实行宗教信仰自由的政策,光是搞宣传、教育工作,宗教何年何月才能消亡呢?其实,宗教像其他一切历史现象一样,不是永恒的,它也有自己产生、发展、消亡的历史。

向"宗教迷雾"作斗争,当然要进行宣传教育,努力提高群众的无神论观念。但是,这并不能从根本上消灭宗教,因为宗教的根源,不在人们的思想之中,而在社会物质生活条件之中。宗教既然是现实的苦难的表现,那么,要消除这种表现,最根本的,当然就是要消除人间的苦难。当着宗

---

① 《流亡者文献》,《马克思恩格斯选集》第 2 卷,第 592 页。
② 《社会主义和宗教》,《列宁全集》第 10 卷,第 64 页。

教赖以存在的社会条件消失了,宗教本身也就会自然消亡。当生产力高度发展,人们的生活极大提高,有充分的物质保证,自然压迫的问题消除了;当阶级也已彻底消灭,没有人压迫人、人剥削人的现象,社会压迫的问题已不再存在;当人们具有高度的文化水平,普遍树立了科学的世界观的时候,神的观念由于在人的头脑中再也没有立脚之地,也就自然销声匿迹了。

可见,最后消除人们的宗教信仰,这是一个长期的、艰巨的历史任务,我们现在进行的社会主义现代化的建设,以及将来进行的共产主义的建设,就是在为宗教的消亡创造条件。我们坚信,宗教总有一天要消亡的。共产主义社会的人间乐园,定会把宗教幻想的天国从人们的头脑中最后驱逐出去。

第三十三讲：
"知识就是力量"
——科 学

三百多年前，英国著名哲学家培根曾提出"知识就是力量"，他认为科学会给人类生活提供新的发现和力量。这个思想启发着人们运用科学去征服自然和改造社会。但是，这句名言的真理性，从来也没有像今天这样表现得如此充分和明显。

长期以来，"嫦娥奔月"只是一个寄托人类征服太空的愿望的神话故事，被看成是不可能实现的。我国宋代诗人苏东坡曾写过令人神往的佳句："我欲乘风归去，又恐琼楼玉宇，高处不胜寒。"在二十一世纪，这个登月幻想变成了现实。继1957年人造地球卫星发射成功之后，1969年，美国两名宇宙航行员乘坐飞船首次到达了月球，他们在粉状的月球面上装置科学实验仪器，拍摄月球上的景色，采集月球上岩石和土壤标本，共漫游了两个多小时。人类终于在地球之外的另一个星球——月球上第一次留下了自己的足迹。

此后，人类又多次飞往月球。到目前为止，已有二十多个宇宙航行员到达月球，十二人在月球上着陆、工作、行走，甚至驾驶月球吉普车。现在，人类又向地球以外的太阳系的其他行星开始了新的长征。1976年，两架"海盗"登陆器在火星上着陆，1977年又向木星和土星发射了宇宙飞船，1980年"航行者一号"逼近土星，不久将向火星发射载人宇宙飞船，对火星进行实地考察。人类跨入另一个行星，走向更遥远的星球，已经不再是可望而不可即的事了。

社会科学也是这样。马克思主义的诞生，给人们认识社会提供了正确的理论基础和方法，使得社会历史的研究从极其混乱的状态中解放出来，成为真正的科学。它在社会实践领域中的运用，使人类社会发生了翻天覆地的变化，世界的面貌为之一新。

以上事实，充分显示了人类征服自然和改造社会的巨大威力，并表现出科学的力量。为什么科学具有这么大的力量呢？要回答这个问题，我们应当弄清楚，究竟什么是科学，科学对于人类社会的发展起什么作用，科学本身又是怎样产生和发展的，它的发展有什么规律性。我们献身社会主义现代化、热爱科学的青年一代，对比显然是很感兴趣的。

> 科学作为知识的理论体系，是社会意识的一种特殊形式

科学是人们的理论活动、认识活动的一种形式（自然科学又可以直接转化为社会生产力，和生产力直接有关），是社会意识的一种特殊形式。

科学是一种社会历史现象，它是人类社会发展到一定阶段的产物。每个社会都有许多部门，有各种分工，它们构成一个有机联系的社会整体。科学研究部门是社会分工的一个领域。现在，由于科学已经得到巨大发展，并越来越渗透到社会生活的各个方面，因此，它已经成为现代社会中一个极其重要而又庞大的领域。

什么是科学？简单地说，科学是关于自然、社会和思维的知识的理论体系。所谓知识，是人们通过实践获得的关于外部世界的一种认识，也即是对外部世界的事物、现象和过程的反映。由于反映的深度不同，也就有不同的知识，如一般生活常识知识、经验知识、科学知识等。科学知识和其他知识不同的地方就在于，它是对外部世界各种现象和过程的本质的或规律性的反映。普通的经验知识和常识对客观事物的反映，一般来说，还只是一些直观的判断，因而这些知识只能反映客观事物的个别方面和外部关系，不能提供事物的本质的规律性的认识。例如，摩擦取火，昼夜交替，这些都是人类在很早以前就已经知道的经验知识。但这些知识只能告诉人们一些事物的外部关系，如摩擦的动作同发热现象的关系，日出日没同昼夜现象的关系。它们不能告诉人们为什么摩擦能取火、生热，为什么有昼夜交替的现象出现。要回答这样的问题，需要通过这些现象，进一步深入到事物内部，揭露其本质，而这只有依赖物理学、化学和天文学才有可能。当天文学揭露了地球自转和绕日公转的运动规律，物理学揭露了能量守恒和转化的规律，化学揭露了燃烧规律之后，人们对上述现象的认识，才能上升为科学知识。也就是说，经验知识还带有零散的、片面

的性质,而科学则是系统化、理论化了的知识。

科学同艺术有明显的区别。艺术运用形象思维,通过生动、具体的艺术形象来反映现实世界,而科学却是通过抽象思维,运用概念和逻辑的形式来反映外部世界的。科学本身是一个由一系列概念、范畴构成的理论体系。

随着社会的发展和实践活动的扩大,科学知识的积累也不断增加。由于客观世界的物质形态和运动形式的多样性和复杂性,终于出现了众多的科学部门。这些部门归结起来,可以大体上分为自然科学和社会科学两大类。自然科学研究自然界的现象和规律,社会科学研究人类社会的现象和规律,哲学则是关于自然、社会和人类思维的发展的最一般规律的科学,是自然知识和社会知识的概括和总结。

关于自然科学,现在已经形成了一个庞大的体系,它包括基础科学、技术科学和各种专业技术等部类。数学是研究现实世界中的数与形的科学;物理学、化学、生物学、天文学、地学,是对自然界各种物质运动形态基本规律的理论概括,它们是自然科学中的基础科学。基础科学的主要任务是研究自然界物质运动的基本规律,为生产提供理论基础。技术科学和各种专业科学技术,则是专门研究如何应用自然界物质运动基本规律,为生产服务。

社会科学按照其研究的侧面和表现形式的不同,可分为政治、经济、伦理、法律、教育、宗教、历史、文学、艺术等方面的学科。

自然科学和社会科学虽然都属于知识范畴,但它们却有很大区别。首先,它们研究的对象和反映的内容不同。自然科学研究的对象是自然界,它反映的是自然规律;社会科学研究的对象是人类社会,它反映的是社会规律。其次,二者的来源不同。自然科学直接来源于生产实践和科学实验,社会科学则主要来源于各种社会活动和阶级斗争的实践。根据这两类学科的不同特点可以看出,关于社会的科学大体上属于上层建筑的学科,在阶级社会中有阶级性。其中有的学科如语言学,以及教育学中的某些部分不属于上层建筑,没有阶级性。自然科学不属于上层建筑。自然科学的规律可以为各阶级的人们所发现、利用,它本身没有阶级性。至于自然科学在阶级社会里怎样被利用、为什么目的服务等,则是由掌握它的阶级所决定的。

自然科学转化为直接的生产力

自然科学是关于自然界的规律性的知识。这种知识对于人类改造自然的生产活动,起着十分重要的作用。自然科学知识一方面来源于生产,同时又反过来作用于生产,变成生产过程的因素。

早在一百多年以前,马克思和恩格斯就通过研究资本主义社会的经济材料,分析了科学和生产的关系,肯定科学对生产的推动作用,并提出科学是生产力这个著名的论断。马克思认为,社会生产力可以表现为两种形态,它可能以物质形态存在,也可能以知识形态存在。自然科学作为知识形态的生产力,马克思称之为"一般社会生产力";而作为物质形态的生产力,则称之为"直接的生产力"。知识形态的生产力,可以转化为物质形态的生产力,转化的条件是自然科学必须加入生产过程。在自然科学没有加入生产过程以前,它还只是以知识形态存在着的"潜在"的生产力,一旦加入生产过程,它就转变成为直接生产力。

自然科学是怎样进入生产过程,从而转变为直接生产力的呢?它是通过与生产力中的几个基本要素相结合,即与劳动者、生产工具和劳动对象相结合,进入生产过程,从而使自然科学知识转变为直接生产力的。其中,与劳动者这个基本要素相结合是一个关键。因为,生产力中的劳动者,既是改造自然的主体,同时又是认识自然的主体。劳动者是生产力中的首要要素,生产工具的制造和使用,劳动对象作用的发挥,生产管理水平的提高,都要靠劳动者。劳动者一旦获得了自然知识,就可以通过各种途径把它运用于生产,将知识变成改造自然的巨大物质力量。

下面我们就来具体谈谈,自然科学是怎样转变为直接的生产力的。

首先,要通过劳动者。人类的最大特点是能够进行有意识有目的有计划的劳动。世界上还从未见到这样的劳动者,只会支付体力,不会用脑子。作为生产力中首要因素的劳动者,必须是体力和智力的统一体,即不但要有一定的体力,而且要有一定的生产技能、劳动经验和自然知识,否则就不能进行改造自然的生产活动。原始人和现代人,从体力上来看,差别并不大,但智力却相差很大,改造自然的能力有着天壤之别。这也就是说,二者掌握生产技术的水平极其悬殊。可以说,劳动者的生产技能或科学知识如何,在相当大的程度上影响着生产力的高低。现代生产的急剧发展,生产过程实现自动化和科学化,一个重要的原因,就是劳动者的科学知识和专业技能越来越高了。在现代化的生产中,不仅以脑力劳动为主的技术人员、工程师和管理人员具有相当高的自然科学水平,而且以体力劳动为主的工人也具有较丰富的科学技术知识,因而劳动生产率提高得很快。根据现在一些统计资料表明,二十世纪初,科技对提高劳动生产率的作用占5%到22%,现在科技所起的作用已占60%到80%。正因如此,许多国家现在都非常注意提高劳动者的科学技术知识水平。

科学知识是由人去发现,又是由人去使用的,只有通过人,科学知识才能渗透到生产过程中去,转化为直接生产力。因此,采用学习、教育和训练的办法,用科学知识武装劳动者,这是促进自然科学向直接生产力转化的根本途径。有的国家生产力水平提高很快,就是因为很注意抓这个环节。拿日本来说,多年来,一直重视振兴科学技术事业,开展以科学技术为中心的职工教育,注意培养高水平的科学技术人才、管理人才和熟练工人。目前,日本的高中生已成为企业工人的主要来源,占工厂职工总数一半以上,大学生占三分之一。日本凭借大批科技人才、熟练工人,结果只花了二十年的时间,就在科学技术上与美国拉平了差距,经济高速发展,劳动生产率跃居世界前列。

其次,要通过生产工具。劳动者的体力是有限的,为了有效地进行生产劳动,必须创造和使用工具。生产工具是用来延伸人的体力和智力的重要手段,是生产力中不可缺少的另一个基本的要素。生产工具的优良与否,直接决定着劳动者的生产效率。以带钢热轧为例,如果用人工控制和肉眼检验表面质量,轧速最多只能达到每分钟20米,采用激光检测仪和电子计算机控制后,轧速可提高到每分钟1500米,而且还能发现带钢表面上的百分之一毫米宽的划痕。

自然界并没有现成的生产工具,任何生产工具都是人类运用生产技能设计制造出来的,尤其是在今天的时代,生产工具无不凝结着自然科学的成果。即使是最原始的手工工具,也是在一定知识指导下制作的。至于一些复杂的生产工具,如纺纱机、蒸汽机、拖拉机、电子计算机,以及高度自动化的机器和高速的运载工具,更是多种自然科学知识综合运用的成果。正因为这样,马克思称机器就是"物化的智力",生产工具是科学的"物化"。显然,科学技术越进步,科学"物化"的程度越高,生产工具也就越先进,劳动生产率的提高也就愈快。所以,在劳动者掌握科学的基础上，通过技术发明的方式，把科学知识凝聚到生产工具中去，这是自然科学转变为直接生产力的另一重要途径。

再次，要通过劳动对象。劳动对象是劳动者和生产工具作用于其上的东西，也是生产力中一个重要因素。一般说来，自然界的一切物质都可以作为劳动对象，如土地、森林、动植物、矿藏、河流等。但它们并不是自然而然地成为劳动对象的。一切劳动对象，都要靠人们运用自己的知识去发现、开发和利用。所以科学越发展，劳动对象也就越凝结着科学技术知识。事实上，随着科学技术的进步，人们一方面不断改进原有的劳动对象，使已经发现的劳动对象以崭新的面貌进入生产过程，同时又不断地发现新的劳动对象。如化学工业，二十世纪以来，由于化学的急剧发展，出现了高分子合成材料，像塑料、合成橡胶、合成纤维、涂料、黏合剂、合成纸、合成木材等。这类合成材料，不仅是金属、木材、棉花、羊毛、皮革、松香等天然材料的代用品，而且具有许多优越的性能，如质轻、绝热、电绝缘、抗腐蚀等，同时制造方便，原料丰富，加工简易，能大量生产。现在，高分子合成材料已成为国民经济不可缺少的重要材料。特别是塑料、橡胶、纤维这三大合成材料，对工农业生产、国防建设、人们日常生活等方面影响很大。可见，发展科学技术，改进现有的和发现新的劳动对象，用新的手段作用于劳动对象，也是促进科学知识向直接生产力转化的一条重要途径。

上述情况说明，自然科学是可以转化为直接生产力的。我们要推动生产向前发展，必须抓住利用和发展自然科学这个重要环节。

自然科学是推动历史前进的伟大革命力量

上面已经说明了自然科学可以转变为直接生产力。说明了自然科学可以转变为直接生产力这一马克思主义的原理，也就从根本上阐明了自然科学对社会发展的作用。因为根据历史唯物主义原理，生产力是最革命的因素，是社会发展的最后决定力量。科学技术转化为直接生产力，必然影响社会的各个方面，推动人类历史迅速向前发展。正因为如此，马克思把科学首先看成是"历史的有力杠杆"，看成是"最高意义上的革命力量"。[①]

[①] 《马克思墓前悼词草稿》，《马克思恩格斯全集》第19卷，第372页。

那么,自然科学的革命作用究竟表现在哪些方面呢?

(1)自然科学渗透入生产过程,创造强大的物质生产力,推动社会迅速向前发展。在资本主义社会产生以前,科学技术发展缓慢,科学向直接生产力转化的程度很低,所以对于生产的作用并不明显。资本主义产生以后,科学迅速转化为直接生产力,作用十分显著。在这个时期,自然科学的成果较快地应用于生产,引起了几次大的技术革命,极大地提高了生产力。十七、十八世纪,力学及其他科学的迅速发展,促使生产工具发生了变革,各种机器代替了手工工具,加上蒸汽机的广泛利用,使生产走向了机械化。十九世纪,电磁理论的建立,制造出发电机、电动机,使生产实现了电气化。进入二十世纪,以量子力学和相对论为基础的一系列新学科的出现,使原子能、电子计算机、空间技术迅速被采用,生产过程实现了自动化。这三次大的技术革命形成了巨大的生产力,大大地增加了社会财富,为人类历史的前进打下了雄厚的物质基础。

(2)自然科学技术革命所引起的生产力的巨大发展,必然引起生产关系的变革。在近代史上,由于自然科学的进步,在资本主义社会中发生的三次技术革命,都引起了生产关系的深刻变化。第一次技术革命是由工作机和蒸汽机引起的,为了适应这些新的技术,工厂制度得到发展,社会上的阶级进一步分化。资产阶级凭借由产业革命壮大起来的强大经济实力,成为社会的支配力量,战胜了封建阶级,封建的生产关系终于被资本主义生产关系所代替。十九世纪电动机、内燃机带来的第二次技术革命,使资本主义生产的规模迅速扩大,更加集中,社会化的程度提高,于是资本主义生产关系内部发生了较大变化,自由资本主义转变成为垄断资本主义。二十世纪四十年代末和五十年代初,由电子计算机和原子能的利用所引起的第三次技术革命,使生产规模更加扩大,社会化的程度更高,相应地出现了国家垄断资本主义,加速了资本主义的国际化。

技术革命的深入发展,不仅引起了资本主义生产关系的内部变化,而且还促进了社会主义生产关系的诞生。马克思早就指出,十九世纪欧洲科学和工业的力量,一方面提高了劳动生产率,另一方面又引起了无产阶级的饥饿、贫困、失业,由此出现的新的社会矛盾,酝酿着社会主义革命。列宁在分析十九世纪末和二十世纪初期欧洲的情况时指出,技术革命"既使生产资料和流动资料集中起来,使资本主义企业中的劳动过程社会化,于是日益迅速地造成以共产主义生产关系代替资本主义生产关系即进行社会革命的物质可能性"。① 当代自然科学正在酝酿着新的技术革命,虽然一些资本主义国家利用技术革命暂时渡过了经济危机,但却没有能够从根本上摆脱困境。而且,随着技术革命的深入,必然会加深资本主义社会的基本矛盾,最终导致生产关系的根本变革。

(3)自然科学对上层建筑的各个方面具有直接或间接的影响。政治法律制度和社会意识形态的变革,自然科学都起了一定的作用。例如,自然科学既可以物化为武器装备,转化为军事技术,形成强大的战斗力,改变阶级力量对比,影响政治制度;又可以作为精神武器,为革命阶级制造舆论,起维护和帮助摧毁某种政权的作用。无论是在资产阶级反对封建阶级的斗争中,还是无产阶级反对资产阶级的斗争中,自然科学都发挥了巨大的作用。

自然科学对于社会意识形态也有较大影响,对于哲学的影响更加明显。自然科学是形成哲学思想的一个重要来源,也是推动哲学前进的重要力量。正如恩格斯所指出的,"在从笛卡儿到黑格尔和从霍布斯到费尔巴哈这一长时期内,推动哲学家前进的,决不像他们所想象的那样,只是纯粹思想的力量。恰恰相反,真正推动他们前进的,主要是自然科学和工业的强大而日益迅速的进步"。② 事实证明,随着自然科学领域中每一划时代的发现,唯物主义都不断地在改变自己的形式。在哲学史上,朴素唯物主义转变成机械唯物主义,机械唯物主义转变成辩证唯物主义,除了社会方面的原因以外,自然科学的巨大进步也是哲学变革的重要原因。今天,人们对物质的微观、宏观、宇观领域,以至生命领域的研究都有新的进展,这既给哲学的进一步发展积累了丰富的材料,也给哲学提出了许多新的研究课题。可以预料,随着自然科学的迅速发展,哲学也将会发生新的飞跃。

从以上可以看出,自然科学对社会发展所起的作用,不是对社会的哪一个局部或哪一个方面,而是通过影响生产力与生产关系、经济基础与上层建筑的矛盾,从根本上推动社会的发展。

---

① 《俄共(布)党纲草案》,《列宁选集》第 3 卷,第 737 页。
② 《路德维希·费尔巴哈和德国古典哲学的终结》,《马克思恩格斯选集》第 4 卷,第 222 页。

同样,社会科学的作用也是巨大的。社会科学能够帮助人们正确地认识社会生活、社会关系和各种社会矛盾,揭示人类社会发展的客观规律,指导人们去自觉地创造自己的历史。作为社会的主体、生产力中首要要素的人,一旦掌握了社会科学的有关知识,就能迅速改进劳动方法和工作方法,提高工作效率,提高管理水平。马克思主义作为社会科学,把无产阶级和广大劳动群众改造自然和改造社会的活动提高到新的境地。

当然,我们在估价科学的作用时,应当注意两种情况,即既要充分地认识科学对社会发展所起的革命作用,不要用革命排斥科学;同时也要恰当地估价科学的作用,不能用科学代替社会革命。在"文化大革命"期间,林彪、"四人帮"一伙打着革命的旗号,肆意践踏科学。他们极力蔑视知识,散布"知识越多越反动"的谬论。他们迫害知识分子,把知识分子当成无产阶级专政的对象。这一切给我国科学事业带来了极大的灾难。这一教训,我们必须记取。

实践是科学产生和发展的源泉

自然科学的产生和发展直接依赖于物质的生产活动,生产实践是自然科学产生和发展的根本源泉。

原始社会由于生产水平极其低下,自然科学仅处在萌芽状态。随着生产活动的发展,人类社会不断由低级阶段向高级阶段过渡,自然科学也逐渐从萌芽、产生,并由古代科学向近代、现代科学发展。所以,科学的发展同人类社会的发展是相互适应、相互统一的。

天文学是古代自然科学中发展最早的一个部门,这同古代生产活动是有密切联系的。由于生产活动的需要,古代人很早就注意对天象的观察,在古代畜牧业和农业的生产活动中,他们逐渐积累了关于自然界的风霜雨露、电闪雷鸣、寒来暑往、日月星辰的运行等方面的材料,积累到一定程度,经过理论概括,便产生了古代天文学。古代力学和数学,也是由于古代建筑、航海、丈量土地、衡量器物容积等生产活动的需要,并通过这种活动获得了许多关于这方面的知识而建立起来的。

近代自然科学的出现同资本主义大生产的发展相联系。资本主义生产的巨大发展为自然科学提供了丰富的研究材料。近代力学、化学、物理学,就是在纺织、钟表制造、磨坊、染色、冶金、酿酒、透镜制造等工业生产部门迅速发展所提供的丰富材料的基础上,很快建立起来的。

资本主义生产的进一步发展,不但给自然科学提供了大量的材料,而且还提供了和以前完全不同的新的研究方法和手段——科学实验。在生产实践基础上产生的科学实验,是社会实践的一种新形式。它是在实践和认识的辩证关系中,抽取出实践检验认识的环节,在这个基础上发展起来的。这种实践形式扩大了人类认识的视野,从此,人们不仅可以直接通过生产实践获得种种知识,而且还可以通过科学实验,获得从生产实践中不能得到或者不容易得到的知识。

一般地说,科学实验是以研究自然界物质运动规律为直接目的的。在实验中,人们可以根据科学研究的目的和要求,借助一些特定的仪器和设备,造成在生产过程中难以实现而又是研究某些对象所需要的特殊条件(如超高压、超高温、超低温、超真空、超强磁场等),控制某些因素或排除一些不利因素,把要研究的问题突出起来,进行精细地、反复地观察和研究,最后得出科学结论。科学史上的无数事例说明,科学实验已经成为科学知识的新的源泉。近代和现代自然科学的许多重大发现,大多数都不是直接来自生产实践,而是来自系统的科学实验。如电磁感应规律的发现和确立,是法拉第长期实验研究所取得的结果;相对论是爱因斯坦在概括了已有的实验事实的基础上提出,并经过实验进一步检验而确立的;其他如量子力学、原子物理、原子核物理、高能物理等理论,都是在大量的实验事实基础上发展起来的。很显然,科学实验在自然科学研究中起着特殊的作用,是生产实践所代替不了的。当然,生产实践也是不能由科学实验来代替的。任何自然科学理论最终要运用到生产中去,接受生产实践的更广泛的检验,才能发现问题,取得新知识,获得新的推动力。所以,生产实践和科学实验都是自然科学发展的基础,而生产实践则是自然科学发展的最根本的源泉和动力。

社会科学的发展不是直接取决于生产实践的发展,而是与社会经济关系的发展和阶级斗争实践的发展状况直接相联系。

现代科学的发展,出现了两种相互联系的发展趋势。一种趋势是学科的不断分化,这主要表现在现代科学的门类越分越细,每一门基础学科,如物理学、化学、生物学、天文学、地学都分别产生出一系列的分支学科,各门学科所研究的问题越来越专细。关于社会的科学,情况也是如此。由于客观世界本身是一个统一的物质整体,所以,这种学科细分的过程越深入,就越能探索到各种邻近学科之间的联系。因而,在出现学科不断分化的趋势的同时,又出现了另一种趋势,即各种学科的高度综合。这主要表现在各种学科之间的相互联系和相互渗透日益加强,现在出现了许多边缘学科,如物理化学、化学物理、生物力学、生物化学、生物物理、地球物理、天体物理等。不仅在自然科学内部或社会科学内部各学科之间出现这种现象,而且,自然科学和社会科学两大类之间也相互渗透、相互联系。也有这样的科学,它不仅关系到自然界,也关系到社会的某些侧面。古代就有了数学,到了现代又有了信息论、控制论被称为"横断科学"的这类科学。新出现的环境科学是一门综合性的学科,这种学科不仅要运用各种自然科学的知识和方法,如物理学、化学、生物学、地学、医学等,而且还要运用社会科学知识,把自然因素和社会因素结合起来加以研究。这类综合性学科的出现,不仅打破了自然科学或社会科学内部的界限,而且打破了自然科学和社会科学之间的界限,科学逐步走向了整体化。现代科学发展具有既高度分化又高度综合的新特点,有力地表明了客观世界的物质和运动形态,既是多样的,又是统一的。马克思早就指出了科学统一的前景,他说:"自然科学往后将包括关于人的科学,正像关于人的科学将包括自然科学一样;这将是一门科学。"[①]自然科学和社会科学要成为统一的人类改造客观世界的工具。

科学在其发展过程中,还要受到哲学思想的影响。虽然哲学同其他科学一样,也是用概念和逻辑形式来反映客观世界,但哲学对客观世界的反映更概括,更具有普遍性。哲学所要研究的是客观世界发展的最一般的规律,它相对于各种具体科学来说,起着世界观和方法论的指导作用。事实证明,科学研究总要受某种哲学的影响,它不与唯物主义和辩证法相联系,就与唯心主义和形而上学相联系。问题是唯心主义和形而上学思想会阻碍科学前进,唯物主义和辩证法则能推动科学向前发展。因此,我们从事科学研究必须自觉地掌握和运用马克思主义哲学。

上述情况说明,随着社会的发展,科学在社会中的地位和作用越来越重要了,它已经成为改造自然和改造社会的重要武器。科学和社会主义

[①]《1844年经济学哲学手稿》,《马克思恩格斯全集》第42卷,第128页。

是密切相连的,只有社会主义才能解放科学,也只有在科学的基础上才能建设社会主义。社会主义国家不仅需要依靠科学去创造高度的物质文明,而且需要运用科学去建立高度的精神文明。我们中华民族勤劳勇敢,具有无限的聪明才智和创造力,从古以来就在科学技术上作出过杰出的贡献,促进了人类文明的发展。解放以后,党的正确领导和优越的社会主义制度,带来了我国科学事业的繁荣高涨。改革开放以后,又迎来了科学的春天。在这样好的形势下,我国的年轻人更应该奋发图强,把青春献给伟大的科学事业,为社会主义祖国、为人类作出更多的贡献。

第三十四讲：
安泰和他的母亲
——个人和群众

在古希腊的神话里，有一个英雄名叫安泰，是海神和地神的儿子，他力大无比，谁也战胜不了他。他为什么有这么大的力量呢？据说，安泰对他的生身母亲——大地，有一种特殊的依恋感情，每当他和敌人搏斗遇到困难时，就往母亲身上一靠，于是就获得了新的力量。但是安泰的致命弱点也在这里，他最害怕别人使他离开地面。后来，果然有一个叫赫剌克勒斯的敌手，利用他的这个弱点，不让他和地面接触，就在空中把他扼死了。

我们可以用这个故事作个比喻，安泰和他的大地母亲的关系，好像我们所说的个人和群众的关系一样。任何英雄豪杰都是从群众中产生的，他的力量来自群众；因此，离开了群众，他就一事无成，就会失败。这个道理，是历史唯物主义的一个极其重要的原理。

> 人民群众是历史的创造者

"从来就没有救世主，也不靠神仙皇帝"，"是谁创造了人类世界？是我们劳动群众"。这是《国际歌》中我们十分熟悉的歌词。它表达了一个极其深刻而又颠扑不破的真理：人民群众是历史的创造者。人民群众是一个历史的范畴。它在不同的历史时期，有着不同的内容。在阶级社会中，人民群众有时也包括促进社会进步的非劳动阶级、阶层和社会集团在内，如在上升时期的资产阶级。但，人民群众的主体是劳动群众。

人民群众创造历史，这个道理今天已成为一般人的常识了，但是，在马克思主义之前，却一直没有得到正确认识，过去的历史理论认为少数英雄人物主宰人类历史发展。这种观点，长期占统治地位。只有当马克思主义揭示了物质生产是社会历史发展的根源，才第一次使人们了解到，社

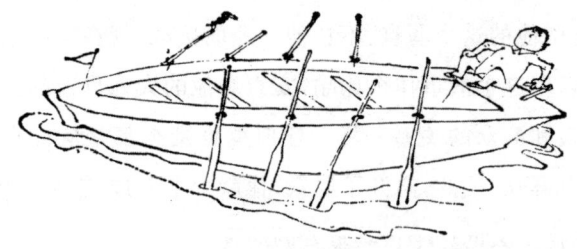

开不动的船

会发展的历史,首先是生产发展的历史,也就是物质资料生产者即劳动群众的历史。当然,就是在马克思主义产生以后,不少人仍然否认人民群众是历史的主人。

十月革命以前,俄国有一个叫民粹派的团体,他们的成员反对沙皇,同情人民,但他们根本看不起人民群众。他们把自己看做是英雄,把人民看做是群氓。从实质上说,在他们看来,英雄人物好比是由阿拉伯数字1和许多0组成的大数目(如1000000)中的1,而人民群众则好比是那些0。如果没有前面的1,后面的0再多,也是没有意义的。按照这种看法,结论只能是这样的:人民群众是没有任何创造性的,他们只能消极、盲目地跟着英雄人物跑。十九世纪英国的历史学家托马斯·卡莱尔说过:"照我看来,世界历史,即人类在这个世界上所完成的历史,实质上是那些在地球上辛勤劳作的伟大人物的历史。"十九世纪末德国哲学家尼采居然把人民群众看做是"供实验的材料",甚至是"多余的废品"。总之,在一切剥削阶级的思想家和唯心主义者的眼里,伟大人物是历史的主宰,历史只是由少数"天才"人物创造的。这种观点是完全错误的。

这种观点为什么是错误的呢?因为它根本违背了历史事实。我们只要认真想一下,就会提出这样的问题:如果说历史是少数英雄创造的,那么请问:究竟是谁供给英雄们粮食和衣服?究竟是谁给他们生产枪炮和当兵打仗?又究竟是谁兴建了房屋、宫殿?很明白,一旦离开了那些被他们看不起的、最普通的劳动群众,这些所谓大人物,不但什么也做不成,而且还要变成冻死鬼、饿死鬼。鲁迅说:"有一次拿破仑过阿尔卑斯山,说:'我比阿尔卑斯山还要高!'这何等英伟,然而不要忘记他后面跟着许多士兵。"

不过,人们在观察社会历史的时候,却有时看不到这些清楚明白的事实而产生一种错觉。由于历史运动总是由杰出人物发起和组织的,他们的活动显露于历史现象之上;而社会历史发展的动因,即生产力和生产关系的矛盾运动,则是隐蔽的,它被纷繁复杂的社会现象所掩盖,不通过科学的抽象,是不能被认识和掌握的。因此,人们往往离开一定的社会历史条件,孤立地考察杰出人物的作用,把历史归结为帝王将相、英雄豪杰随心所欲地进行活动的历史。这些人从表面上看问题,以为某些杰出人物作为历史运动的发动者和组织者,个个声名显赫,功勋卓著,从而把历史运动的成就都挂在他们的账上。相反地,对真正决定历史命运的人民群众,却只是从现象上看到他们没有名位、没有头衔,以为是些默默无闻的、无所作为的"小卒"。这就是产生英雄史观的一个重要的认识论根源。

事实上,历史不是由少数杰出人物创造的,而是由广大人民群众创造的。不论在任何时代、任何社会,劳动人民都是社会物质财富的创造者。他们以自己的辛勤劳动,不仅制造了镰刀、斧头、拖拉机、播种机等各种生产工具,为社会提供生产资料,而且为解决人类的衣、食、住、行问题,提供了生活资料。他们的生产劳动,是社会赖以存在的基础,是人们进行其他一切活动的前提。我们还知道,社会所以能够向前发展,从根本上说,这是由于生产力发展的结果。在生产力中,人又是最重要的因素,他们在创造物质财富的过程中,不断积累生产经验,改进生产工具,从而提高生产力的水平。生产力不断向前发展,最终必将引起生产关系的变革,使社会由低级形态过渡到高级形态。在阶级社会中,实现这种过渡,必须依靠人民群众的革命斗争。可见,离开人民群众,就既谈不上社会的存在,也谈不上历史的发展。

也许有人会说,在科学文化的发展上就不能这样说了吧,因为发明创造只是少数"创造天才"的事情,与人民群众没有关系。这种说法也是不对的。人民群众不仅是物质财富的创造者,而且还是精神财富的创造者。人民群众的实践活动是科学文化发展的唯一源泉。

首先,我们应当明确,所谓"创造天才"是些什么人呢?他们当中,许多人本身就是生产劳动的直接参加者。我国古代的著名发明家鲁班,是一位技巧高超的木工。列为我国古代四大发明之一的活字印刷术,是北宋的一位名叫毕昇的工匠发明的。南宋元代有一位影响很大的纺织革新家叫黄道婆,她是个平凡的劳动妇女。当然,在"创造天才"中,有许多主要是从事脑力劳动的科学家、工程师,然而他们作为知识分子,同前者一样,不也都是人民群众的重要组成部分吗?在科学技术发明中,决不能否认杰出人物个人的作用。但我们也会同意下面这个简单的道理:任何发明创造,任何科学文化活动,都必须以具备基本的物质条件作为前提。而这些物质条件,可以说,无一不是出自人民群众的创造。我们设想一下,如果没有现代工业生产出那些复杂的仪器设备,那么现代的物理实验、化学实验、天文观测,用什么手段去进行呢?

人民群众的实践活动,不仅创造了产生精神财富的物质基础,而且成为一切精神财富的唯一源泉。拿自然科学来说,它就是在劳动群众的生产实践的基础上产生和发展起来的。生产实践为自然科学提供了丰富的经验和研究的课题,不断推动自然科学向前发展。我国古代发明的指南针,是中华民族对于人类的又一伟大贡献。这一发明,就是与宋代生产的发展、进行海外贸易航行的需要分不开的。瓦特所以发明蒸汽机,在科技史上写下了光辉的一页,就是因为刚刚兴起的资本主义大生产迫切需要动力。恩格斯在分析近代科学迅速发展的原因时说过:"如果说,在中世纪的黑夜之后,科学以意想不到的力量一下子重新兴起,并且以神奇的速度发展起来,那么,我们要再次把这个奇迹归功于生产。"①

　　历史上的一切科学文化发明,从根源上说,都是劳动人民实践经验的总结。我们不妨再分析一下艺术创作。比如说,那些千年传诵的诗篇,那些脍炙人口的小说,那些笔触传神的画卷,那些栩栩如生的雕塑,是从哪里来的呢?当然凝结着诗人、作家个人的心血,不能否认他们个人卓越的才能与辛勤的劳动。然而,如果他们不善于从人民群众的实践经验中吸取营养,不充分利用民间艺术的成果,那么,他们的创作是决不会获得如此成功的。我国著名古典小说《三国演义》、《水浒传》,都是在民间口头创作的基础上,由作家整理加工而成的。人民群众的经验和智慧,是一切科学文化创作的宝库。列宁说过,千百万人的智慧所创造出的东西,比一个最伟大的天才的预见,要高超得无比。在旧社会,人民群众的才智受到压抑、摧残,但他们在历史上所起的决定作用,却是不可磨灭的事实。在社会主义时期,人民群众掌握了自己的命运,他们的革命首创精神得到了空前的发挥。如果说,在剥削阶级占统治地位的旧社会,劳动群众创造历史的活动是在"后台"起作用的话,那么,在社会主义社会,劳动群众创造历史的活动,就从"后台"走上"前台"了。当前,在我们国家里,工人、农民、知识分子同心同德、奋发图强,为实现现代化、振兴中华而奋斗,在党的领导下,正在自觉地创造着伟大的历史。总之,过去的全部历史已经证明,未来的历史还将继续证明:人民,只有人民,才是创造世界历史的动力。

---

① 《自然辩证法》,《马克思恩格斯选集》第3卷,第523页。

> **杰出人物在历史上能起重要的作用**

肯定人民群众是历史的创造者,人民群众在历史发展中起决定作用,那么,是不是说个人的作用就不值一提了,或者像有些人说的,不管是什么样的伟大人物,在历史发展的必然规律面前,都只能像木偶戏中的角色那样呢?这种看法也是不符合历史事实的。

承认人民群众是历史的创造者,决不意味着否认个人(包括普通个人和杰出人物)在历史上的作用,而是对这种作用有了更科学的看法。首先,人民群众是由无数个人组成的。个人是社会关系的主体,而"人们的社会历史始终只是他们的个体发展的历史"①。因此,在人民群众对历史的创造作用中,就包摄和融会了每个普通个人的作用。其次,就伟大人物而言,伟大人物的出现,这是历史发展的产物,是时代创造了英雄,而不是相反。任何事物的产生,都有其历史的必然性。伟大人物的出现,也是这样。比如爱因斯坦这个大科学家,为什么正好出现在二十世纪初呢?因为那时的天文学、力学等自然科学已经发展到了一个新阶段,为他创立相对论准备好了客观条件。假如爱因斯坦生活在牛顿之前,他就是再聪明一些,也不能创立相对论,因为科学发展还没有达到那样的水平,条件还不具备。

伟大历史人物的出现,也是一定的历史条件的产物。恩格斯说过:"恰巧某个伟大人物在一定时间出现于某一国家,这当然纯粹是一个偶然现象。但是,如果我们把这个人除掉,那时就会有另外一个人来代替他,并且这个代替者是会出现的——或好或坏,但是随着时间的推移总是会出现的。"②马克思、恩格斯创立了科学社会主义学说,成为无产阶级的伟大领袖,是十九世纪四十年代工人运动的产物。伟大的时代不仅需要伟大人物,而且也能造就出伟大人物。这是历史发展的必然性。

另外,历史发展的必然性,并不是孤立存在的,而总是通过偶然性表现出来的。一个伟大人物的产生,当然是历史发展的必然产物,但不能否认他个人的偶然条件。在二十世纪初必然要出现一个创立相对论的大科

---

① 《马克思致帕·瓦·安年柯夫(1846年12月28日)》,《马克思恩格斯选集》第4卷,第321页。
② 《致符·博尔吉乌斯》,《马克思恩格斯选集》第4卷,第506—507页。

学家，但为什么恰巧是爱因斯坦而不是别人？这就有偶然性。而偶然性也并不是没有原因的。因为爱因斯坦这个人既比较聪明，又能刻苦钻研，善于继承前人的科学成果。创立科学社会主义学说的，为什么恰好是马克思、恩格斯，而不是其他人呢？因为他们比当时一般人站得高些，看得远些，观察得多些和快些。如果否认了伟大人物出现的这些偶然因素的作用，说二十世纪初创立相对论的只能是爱因斯坦，而不能是别人，在十九世纪四十年代创立科学社会主义的，只能是马克思和恩格斯，而不能是别人，那么这岂不是说，在什么地方、什么时间出现一个什么样的伟大人物，都是预先规定好了的？这种说法和神秘的宿命论又有什么两样呢？

上述两个问题搞清楚了，对于个人特别是杰出人物在历史上究竟起什么作用，能起多大作用，就比较好理解了。个人的作用表现在，他可以体现和实现时代的（在阶级社会中也表现为阶级的）任务和要求。至于他能在多大程度上体现和实现这些任务和要求，又取决于个人的品德、才能等因素。总的来说，杰出人物可以起着加速历史发展或延缓历史发展的作用。这种作用取决于他们是遵循历史发展规律行事，还是违背历史发展规律行事，或者说顺历史潮流而进还是逆历史潮流而动；他们对历史发展的作用的大小，则取决于他们对历史任务的认识和实现的程度。

唯物史观不否定个人特别是杰出人物的历史作用，而是充分地肯定这种作用。人们一提起原子能科学，就会想起居里夫人的名字；一提起蒸汽机，就会想起瓦特的名字；一提起中国现代文学的发展，都会想到鲁迅的名字。这表明，在科学文化方面，杰出人物对于历史的发展起着重要的推动作用，这是明显的。在政治方面，革命的领袖人物的作用，表现得尤其显著。历史上任何一次革命，都是人民群众的有组织的行动。而要把群众组织起来，就要具有组织才能的杰出的领袖人物，提出政治纲领和战斗口号，使群众的行动有统一的意志。优秀的革命家，好像是一面战旗，成为革命的引导者；他们的思想，又好像是一个火炬，照亮了人们前进的道路。几千年来，那些伟大的革命家，在历史发展的每个重要关头，都深深地留下了自己的足迹。古代罗马奴隶起义的领袖斯巴达克思，我国封建时代农民起义的领袖李自成，法国大革命中的雅各宾领袖罗伯斯庇尔，我国资产阶级民主革命的伟大先行者孙中山，这些杰出的革命领袖，都曾做过一番轰轰烈烈的事业。历史将永远铭记着他们的不朽功绩。

历史上的这些杰出人物,为什么对社会的发展能起推动作用呢？因为他们的行动符合历史发展规律,代表了当时条件下人民群众的愿望。用孙中山的话来说就是:"适乎世界之潮流,应乎人群之需要。"这一点,对任何阶级的杰出人物都是一样的。当然,无产阶级革命领袖的历史作用,是以往任何时代的杰出人物所不能比拟的。斯大林说得好,如果把列宁和彼得大帝相比的话,列宁是大海,而彼得大帝则不过是大海中的一滴水。无产阶级革命领袖的历史作用所以更加突出,是因为他们作为人类历史上最革命、最进步的阶级——无产阶级的杰出代表,掌握了科学的世界观,能够把握历史发展规律,反映最广大人民群众的愿望,集中人民群众的智慧,受到人民群众的衷心爱戴和拥护。

中国人民的伟大领袖毛泽东和他的战友们一起,在我国革命和建设事业中,曾经起了卓越的作用,建立了不可磨灭的历史功勋。如果没有毛泽东同志的正确领导,我们的革命很可能至今还没有胜利。在我国长期革命斗争中,形成了毛泽东、周恩来、刘少奇、朱德和其他一大批卓越的无产阶级革命家所组成的领袖集团,这是我国革命取得成功的一个基本条件。

在我国社会主义建设过程中,以邓小平为代表的三代党和国家领导集体,实行改革开放,大力推进现代化建设,开创了中国特色社会主义事业蓬勃发展的局面,实现了中华民族的伟大复兴。

当然,历史毕竟是人民群众创造的,杰出人物的历史作用再大,也终归是有限度的,是受一定的社会条件制约的。

首先,杰出人物活动的舞台,必须建立在一定的社会条件的基础上,是由生产力和生产关系的状况决定的。普列汉诺夫说过,没有一个伟大人物能够强迫社会接受已经不适合于这种生产力状况的生产关系。这就是说,无论是什么样的伟大人物,都不能维护已经过时了的不适合生产力性质的生产关系,也不能"超越"生产力的性质去建立新的生产关系。历史发展有它自己的规律,任何杰出人物都不能违背这种规律,违背了就要受到历史的惩罚。

其次,杰出人物的面貌和作用,一般说来,是由他所属的阶级的面貌决定的。他们的思想不可能越出他们所代表的阶级的要求。不同阶级的代表人物,在历史上所起的作用也是不同的;即使同一阶级的代表人物,随着这个阶级的历史地位的变化,他们的作用也会发生变化。比如地主阶级的代表人物,他们在争取自己的统治和取得统治之后的一段时间内,能够在一定程度上认识社会发展的趋势,反映群众的要求,对历史发展起促进作用;但是,当他们极力维护已经过时的生产关系时,他们就起了阻碍历史发展的作用了。

最后,尤其重要的是,杰出人物对历史发生重大影响,决不能离开群众的支持和群众创造历史的活动。杰出人物所代表的群众越广泛,取得群众的支持越大,他们在历史上所起的作用也就越大。无产阶级领袖力量的深厚根源,正是在于他们和群众保持血肉联系,深深地扎根在群众之中。他们代表了最广大人民群众的最大利益,给人民群众指出正确的斗争方向,因而受到人民群众拥护,无产阶级领袖成为人民群众的带路人。

反对个人崇拜 坚持群众路线

人们常常提出这样一个问题:对无产阶级领袖的爱戴和个人崇拜有什么不同?

无产阶级领袖在人民群众中享有崇高威信,这种威信是在长期革命斗争中形成的。要指挥千军万马与阶级敌人搏斗,革命领袖的权威是不可缺少的。正如一只轮船在大海中航行,没有舵手,就不能顺利地到达彼岸;一个乐队如果没有统一的指挥,就不会演出一首和谐的乐曲。对个人在历史上的作用,必须进行科学的评价。无产阶级和广大人民群众对自己领袖的热爱,是出于真情,在本质上是对于党的利益、阶级的利益、人民的利益的爱护,这与个人崇拜根本不是一回事。所谓个人崇拜,是片面夸大个人的作用,抹杀人民群众的作用。把个人神圣化、偶像化,要人们在这种神像面前顶礼膜拜、迷信盲从,这种对个人的崇拜显然是反科学的,是唯心史观的一种表现。

防止和反对个人崇拜,是我们党长期以来所遵循的一条马克思主义原则。在党的七届二中全会上,党中央根据毛泽东同志的提议,作出了反对突出个人的决定。规定禁止给党的领导者祝寿,禁止以党的领导者的名字作为地名、街名和企业的名字,制止对个人歌功颂德。1954年,在制定我国第一个宪法时,毛泽东同志亲自删去了那些不恰当地表现领袖的个别条文,他说,这不是谦逊,而是因为那样写不恰当、不合理、不科学。毛泽东同志还说,除了科学以外,什么都不要相信。中国人也好,外国人也好,死人也好,活人也好,对的就是对的,不对的就是不对的,不然就叫做迷信,要破除迷信。1956年,我们党在《论无产阶级专政的历史经验》、《再论无产阶级专政的历史经验》两篇文章中,总结了斯大林在个人崇拜问题上所犯的错误,以及我们所应当吸取的教训。在党的第八次全国代表大会上,邓小平同志又进一步强调了反对个人崇拜的问题,重申了党的七届二中全会上所作的关于禁止搞个人崇拜的几项规定。总之,在党的八大以前的这段历史时期里,党中央对防止个人崇拜的问题是注意了的。

在"文化大革命"中,林彪、"四人帮"一伙利用了我们党在对待领袖个人作用问题上的失误,推波助澜,把个人崇拜推向极端,掀起了一场愚昧的造神运动,严重地挫伤了广大党员和人民群众的积极性和主动性,给我们党和国家事业的发展造成了巨大的损失。

个人崇拜是唯心史观的一种表现,是长期历史遗留下来的一种落后的、腐朽的东西。我国是一个封建历史很长的国家,封建专制主义思想遗毒很深,不是很容易就能肃清的,它不时地纠缠着人们的头脑,侵袭着我们党的肌体。

党的十一届三中全会根据马克思主义哲学这一科学世界观,重新肯定了实践是检验真理的唯一标准,坚决批判了体现个人崇拜的"两个凡是"的错误方针。党的十一届六中全会通过的《关于建国以来党的若干历史问题的决议》,对一度存在的个人崇拜现象作出了马克思主义的分析,科学地阐明了毛泽东同志在我国历史上的重要地位。同时,根据马克思主义关于人民群众是历史的创造者的原理,对毛泽东思想的活的灵魂的一个基本方面——群众路线,作了极为精辟的概括,指出:"群众路线,就是一切为了群众、一切依靠群众,从群众中来、到群众中去",并且把党的群众路线和马克思主义的认识论统一起来。《决议》还强调说:"我们党要坚持革命,把社会主义事业推向前进,就必须坚持群众路线。"

今天,中国特色社会主义在世界范围内已经获得了愈来愈大的影响。新生的社会主义制度在其发展过程中会有迂回和曲折,但是历史已经证明并将继续证明,社会主义制度具有强大的历史活力和蓬勃生机。我们要更加坚定不移地把马克思主义普遍真理和我国具体实际相结合,走自己的路,建设中国特色社会主义。在现阶段,我们必须继续坚定不移地执行党的基本路线,以经济建设为中心,坚持四项基本原则,坚持改革开放,自力更生，艰苦创业，坚持党的群众路线，充分发挥广大群众的积极性、主动性、创造性，为进一步把我国建设成为富强、民主、文明、和谐的社会主义现代化国家而奋斗。

按照马克思、恩格斯的设想，未来的理想社会即共产主义社会，将是一个人的自由全面发展的社会，在这个社会中，"每个人的自由发展是一切人的自由发展的条件"①。人的自由全面发展是共产主义的本质特征，也是马克思主义哲学的价值观和价值追求。所谓人的自由全面发展，是指每个人都能按照自己的意愿并通过自主地支配各种社会条件去从事各种社会活动，做到占有社会财富的总和以及发挥自己的才能的总和，实现自己的"自由个性"。这种人的自由全面发展的境界，既是一种社会理想，又是一种现实的社会运动。作为一种现实的社会运动，在我国现阶段就集中体现为建设和发展中国特色社会主义。一切有责任、有理想、有抱负的青年，都应自觉地把个人的理想、追求融入这一建设和发展中国特色社会主义的伟大实践中，为国家的富强和民族的振兴作出自己应有的贡献。

---

① 《共产党宣言》，《马克思恩格斯选集》第1卷，第294页。

图书在版编目（CIP）数据

通俗哲学 / 韩树英主编. —3版 —北京：中国青年出版社，2011.7
（2023.8重印）
ISBN 978-7-5153-0056-6

Ⅰ.①通… Ⅱ.①韩… Ⅲ.①哲学—青年读物 Ⅳ.①B—49

中国版本图书馆CIP数据核字（2011）第127186号

本版责任编辑：叶施水
原版责任编辑：曹冰峰

出版发行：	中国青年出版社
社　　址：	北京市东城区东四十二条21号
网　　址：	www.cyp.com.cn
电子邮箱：	jdzz@cypg.cn
编辑中心：	010-57350406
营销中心：	010-57350370
经　　销：	新华书店
印　　刷：	三河市君旺印务有限公司
规　　格：	700mm×1000mm　1/16
印　　张：	23.25
插　　页：	1
字　　数：	310千字
版　　次：	1982年2月北京第1版
	2007年9月北京第2版
	2011年9月北京第3版
印　　次：	2023年8月河北第26次印刷
印　　数：	2590001—2595000册
定　　价：	29.80元

如有印装质量问题，请凭购书发票与质检部联系调换
联系电话：010-57350337